W0084800

Die echte Landküche

saisonal, frisch, natürlich

ANDREAS VIESTAD
Fotografien: Mette Randem

CHRISTIAN

INHALT

VORWORT

Vor der alten Scheune, wo ich jetzt sitze, um die letzten Sätze für dieses Buch zu schreiben, wird es niemals still. Die Hühner picken nach Futter. Einige von ihnen befinden sich im Stimmbruch, doch für den Hahn trifft das nicht zu. Er kräht besonders laut, um zu zeigen, wer hier der Chef ist. Im Küchengarten explodieren die Gemüsebeete. Nach einem langen und kalten Frühsommer will jetzt alles gleichzeitig reif werden. Der Salat wächst so schnell, dass man es beinahe hören kann. Zuckererbsen, Kürbisse und Gurken warten ungeduldig darauf, sich zu zeigen. Und bald werden im Gewächshaus auch die Pfirsiche reif sein. Gerade jetzt ist die Üppigkeit hier auf dem Hof überwältigend. Doch ich finde den gleichen Reichtum am Straßenrand, wenn ich auf dem Weg zur Post plötzlich zwei Walderdbeeren entdecke.

In diesem Buch geht es um gutes, ehrliches Essen. Und damit meine ich Essen, das uns nicht nur satt macht, wenn wir hungrig sind, sondern uns auch Genuss, Freude und Wohlbefinden schenkt.

Essen ist wichtig. Und ich möchte, dass mein Essen eine Geschichte hat, einen Ursprung. Mein Essen soll etwas darüber erzählen, wer ich bin und was mir wichtig ist. Essen ist vielleicht der zentrale Grundstein im Leben. Ohne Essen ... Nun, wir wissen alle, was dann passiert. Seit Menschen auf der Erde leben, ging es immer darum, genug zu essen zu finden und Überschüsse sinnvoll zu verwerten. Rom wurde nicht an einem Tag erbaut, und es war mehr dazu nötig als nur Steine – auch die landwirtschaftlichen Erträge aus den eroberten Gebieten spielten dabei eine wichtige Rolle. Und Amerika wurde nicht nur aus reiner Entdeckerfreude gefunden, sondern nicht zuletzt, weil die Welt nach kostbaren Gewürzen verlangte.

In unserem Teil der Welt haben wir es zum ersten Mal in der Geschichte geschafft, den Hunger auszurotten. In meiner Heimat gehen die Menschen nicht hungrig zu Bett. Und selbst wenn viele sich um materielle Dinge Sorgen machen, dürfte es nur wenige geben, die befürchten müssen, nicht satt zu werden. Dagegen ist Übergewicht ein Problem, das sich quer durch alle Gesellschaftsschichten zieht.

Für uns besteht die Herausforderung darin, zu entscheiden, welche Art von Essen wir auf den Tisch bringen wollen. Bedroht wird unsere Esskultur hauptsächlich durch zwei Entwicklungen: einerseits industriell hergestellte Lebensmittel, die langweilig, ungesund und entfremdet sind, andererseits durch einen Wohlstand, der dazu geführt hat, dass weder Kopf noch Herz die Brieftasche kontrollieren.

Es ist leicht, industriell hergestellte Lebensmittel zu kritisieren. Es gibt viele Bücher über gutes Essen, in denen es darum geht, zu unseren Wurzeln zurückzufinden. Die meisten enthalten mindestens einen Abschnitt, in dem der Verfall beklagt wird, den das industriell produzierte Essen darstellt. Auch ich halte es nicht für richtig, wenn die höchsten Ziele der Nahrungsmittelproduktion Standardisierung, Haltbarkeit und Rentabilität sind. Natürlich ist es beklagenswert, wenn die Verpackung bedeutsamer ist als der Geschmack und die Frage, wie sich Lebensmittel in den Regalen der Supermärkte stapeln lassen, wichtiger wird als das, was die Verpackungen enthalten. Auf lange Sicht werden die Verbraucher dafür einen hohen Preis bezahlen müssen. Wenn wir nicht mehr wissen, woher unsere Lebensmittel kommen oder wie sie entstanden sind, verlieren wir die Kontrolle darüber, was wir essen. Die Möglichkeiten, unsere Ernährung zu steuern und damit auch unsere Gesundheit, nehmen immer mehr ab. Vor allem aber schmecken diese Lebensmittel selten wirklich gut.

Der Wohlstand hat in den westlichen Ländern dazu geführt, dass Lebensmittel, die vor nicht allzu langer Zeit noch als Luxusprodukte galten, inzwischen etwas ganz Alltägliches sind. Es hat noch nie so viel Rinderfilet in den Fleischtheken gegeben wie heute, und es war auch noch nie so billig. Nach einem Ochsenschwanz oder Schweinebäckchen wird man dagegen vielerorts vergeblich suchen. Es ist ungewöhnlich geworden, Alltägliches anzubieten. Dafür können wir heute völlig neue Dinge kaufen, etwa Hähnchenbrust, Päckchen mit Babymöhren und fertig gewaschenes und zurechtgeschnittenes Gemüse. Wo der Rest der Tiere und der Gemüse bleibt, weiß kein Mensch.

Falls die von uns verspeisten Tiere aus Massenhaltung stammen und das Gemüse aus Treibhäusern und wir nicht ahnen, wer sie beschafft hat oder woher sie kommen, falls wir das Essen nicht selbst zubereitet haben – wie viel Kontrolle haben wir dann über unser eigenes Leben? Und wenn es jeden Tag Rinderfilet gibt – welcher Luxus ist das dann noch?

Zum Glück liegt die Lösung nicht darin, dass wir uns das gute Leben verkneifen, an das wir uns gewöhnt haben, und stattdessen eine Art Bußübung betreiben. Für mich geht es um naturnahes Essen und den Weg dorthin, um bessere Lebensmittel, um mehr Genuss und mehr Sinn.

Ein großer Wandel in meinem Leben ereignete sich, als ich 2003 von meinen Eltern einen Bauernhof auf Viestad bei Farsund in Südnorwegen erbte. Während ich vorher ein hektisches Leben als Reisender in Sachen Essen geführt hatte und ständig in Großstädten und fremden Ländern unterwegs war, fand ich hier meine Wurzeln. Ich reise auch heute noch viel, aber ich gewinne dem Leben mehr ab, wenn ich mich den Dingen meiner näheren Umgebung zuwende, genauer der Erde und dem Essen, das ich in meiner unmittelbaren Nähe anbauen, finden oder fangen kann. Ich habe mich mit Bauern und Fischern in der Gegend angefreundet und mit Enthusiasten, die auch gern essen und die eine oder andere Spezialität zu den gemeinsamen Genüssen beisteuern. Seither sehe ich Lebensmittel mit anderen Augen. Auch auf Reisen versuche ich jetzt immer herauszufinden, wie das Essen zustande gekommen ist.

In meinem kleinen Küchengarten in Viestad baue ich Kräuter an, Salat, Erbsen, Zucchini und Bohnen. Aus alten Fenstern, die in der Scheune lagen, habe ich ein Treibhaus gebaut. Hier ziehe ich Tomatenpflanzen, die keine große Lust haben, nach meinen Wünschen zu wachsen. Dort steht auch ein Pfirsichbaum, der eine üppige große Ernte liefert, die immer im Verlauf weniger Tage reif wird. Im Kuhstall sind die Hühner eingezogen, denen Enten und Gänse folgten. In manchen Jahren kommen auch Schweine und Lämmer auf den Hof. Ich pflüge die Erde vor dem Haus um, baue Kartoffeln und Artischocken an und – mit weniger Erfolg – Kohl und Spargel. Auf den Hängen habe ich Beerensträucher und Obstbäume gepflanzt. Dabei habe ich mich von dem Ziel leiten lassen, dass alles um mich herum essbar sein soll. (Aber noch behält das Unkraut die Oberhand.) Ich lege Netze aus, tauche nach Austern, sammle Pilze und Wildpflanzen. Jeden Sommer habe ich ein paar Monate lang das Gefühl, fast ein Selbstversorger zu sein.

Ein weiterer Wendepunkt ergab sich drei Jahre später, als ich in Südafrika den Winter verbrachte (dem dortigen Sommer), um ein Buch fertig zu schreiben, und am Ende außerhalb von Kapstadt einen Hof pachtete. Zusammen mit dem Gehirnchirurgen und Freizeitfarmer Paul Clüver und meiner Frau begann ich ein landwirtschaftliches Projekt. Wir haben Obstbäume gepflanzt, Beerensträucher und Gemüse. Das System bestand darin, dass es kein System gab und wir das anbauten, worauf wir Lust hatten. Es dauerte nicht lange und wir hatten an die 50 verschiedene Sorten Pfirsiche, Aprikosen und Nektarinen, mehr als 100 Tomatensorten, ein Dutzend Feigensorten. Außerdem haben wir Himbeeren, Erdbeeren, Gemüse, Kräuter und Salat – genug, um nicht nur unsere eigenen Küchen, sondern auch noch die Dorfschule und den Kindergarten zu versorgen.

Dieser Kontakt mit der Erde, die triumphalen Momente ebenso wie die Stunden voller Frustration, hat mich viel gelehrt und mein Verhältnis zum Essen verändert. Ich habe Achtung entwickelt – für Obst und Gemüse, für die Tiere und für diejenigen, die in der Landwirtschaft arbeiten. Und ich habe Demut gelernt, mag dies auch nicht mein auffallendster Charakterzug sein. Es hilft nichts, gegenüber einer Pflanze, die nicht gedeihen will, ärgerlich oder wütend zu werden – Fürsorge und Dünger sind das Einzige, was hilft. Und die Begegnung mit einem Huhn oder einem Schwein, das nicht sterben will, bringt mir zu Bewusstsein, was ich tue, wenn ich Fleisch esse.

Die Zubereitung von Speisen, die eigentliche Mahlzeit, beginnt schon lange, bevor ein Stück Fleisch in die Pfanne gelegt oder Gemüse geschält wird. Das Wichtigste bei all der Zeit, die ich damit zugebracht habe, in der Erde zu graben und dem Essen nahe zu kommen, besteht darin, zu begreifen, dass man aus der Arbeit mehr zurückbekommt als nur Proteine, Kohlenhydrate und Fett. Man bekommt mehr zurück als das, was man investiert. Indem ich den Prozess vom Anfang bis zum Ende verfolge, habe ich nicht nur eine Menge mehr von der Landwirtschaft verstanden, von Gemüseanbau und Tierhaltung. Ich habe auch verstanden, dass alle Mahlzeiten, alle Gerichte, einen Anfang haben. Das gilt unabhängig davon, ob man selbst ein Teil dieses Beginns ist oder nicht.

Ich habe dieses Buch nicht in erster Linie für Selbstversorger geschrieben. Wer sich ausschließlich von selbst erzeugten Lebensmitteln ernähren will, muss ungeheuer viel Zeit dem Anbau von Obst und Gemüse und der Haltung von Nutztieren widmen. Das dürfte für die wenigsten von uns realistisch sein. Aber jeder kann etwas bewirken, sogar beim Einkauf im Supermarkt. Und darum geht es mir.

Wir haben uns an den Gedanken gewöhnt, Verbraucher zu sein. Wenn wir nicht dafür arbeiten, Geld zu verdienen, konsumieren wir. Das ist eine ziemlich passive Rolle – wir stehen auf der Empfängerseite, und der einzige Einfluss, den wir haben, ist die Wahl, ob wir nur wenig bezahlen und etwas Schlechtes bekommen oder mehr bezahlen und etwas nur wenig Besseres erhalten. Die Slow-Food-Bewegung, die in den 1980er-Jahren in Italien entstand, und zwar als Reaktion auf die Fast-Food-Welle, ist eine globale Bewegung für gutes Essen, die dafür eintritt, Essenstraditionen zu bewahren, regionale Rohstoffe und biologische Vielfalt. Die Slow-Food-Bewegung sieht den Menschen nicht als Verbraucher, sondern als Mitproduzenten. Das ist sehr hilfreich, denn es macht deutlich, dass wir Einfluss auf unser Leben und auf die Welt haben, in der wir leben. Was wir kaufen, entscheidet letztlich darüber, was die Bauern produzieren. Wie wir essen, entscheidet darüber, was unsere Kinder weitergeben und welche Art Essenskultur sich entwickeln kann.

Daran sollte man denken, wenn man im Supermarkt steht. Es gibt Möglichkeiten, mehr Kontrolle über das eigene Leben zu gewinnen. Davon handelt dieses Buch. Eine Möglichkeit ist Wissen. Wenn wir etwas über Hühner wissen und darüber, wie sie leben, wird vielleicht die verwirrende Menge an Information, vor die wir uns gestellt sehen, wenn wir Eier einkaufen wollen, etwas übersichtlicher. Wenn wir es schaffen, eine Verbindung herzustellen zwischen den Lämmern, die auf der Wiese vor dem Haus, in dem wir wohnen oder Ferien machen, grasen und dem Fleisch, das wir essen, werden wir vielleicht ein Stück Lammschulter mit größerer Achtung behandeln – selbst wenn es sich nicht gerade um das zarteste Stück handelt.

Das zweite Möglichkeit heißt handeln. Ich bin davon überzeugt, dass es Spaß macht, für sich selbst und das Essen, das man auf den Tisch bringt, etwas zu tun. Etwas im Garten anzubauen ist nicht allzu schwer und draußen in der Natur Bärlauch oder Pilze zu sammeln macht Spaß. Fangen Sie einfach mit einer Tomatenpflanze auf dem Balkon an oder einen Topf mit Kräutern. Wer einen Garten hat, versucht vielleicht, Kartoffeln und Salat zu ziehen. Es kann auch um noch ehrgeizigere Pläne gehen, etwa wenn man sich Haustiere anschafft oder ein halbes oder ganzes Kalb von einem Bauern kauft, den man kennt oder kennenlernt. Und vielleicht lassen sich andere Menschen mitreißen?

Wenn ich jetzt eine recht große Leinwand aufgespannt habe – auf der sowohl der Genuss als auch der Sinn ihren Platz finden –, ist es wichtig zu unterstreichen, dass dies ein Kochbuch ist und kein Buch, das von Ihnen verlangt, Ihre Lebensgewohnheiten zu verändern. Jeder Leser kann es auf ganz gewöhnliche Weise gebrauchen, etwa indem er es durchblättert, um ein appetitliches Gericht zu finden und nachzukochen, ein Essen für die Familie oder Freunde. Und wenn ich zwischendurch erkläre, wie man Samen aussät oder ein Schwein am Weglaufen hindert, müssen Sie sich davon nicht stören lassen. Auch wenn ich in diesem Buch zahlreiche Themen aufgreife, sind die Anleitungen so gut wie immer einfach und leicht nachvollziehbar.

Es gibt genug Spitzenköche auf dieser Welt. Was uns fehlt, ist naturnahes, ehrliches Essen, das wir sowohl für den Alltag wie auch für besondere Gelegenheiten zubereiten können. Selbst wenn ich meine eigenen Kartoffeln anbaue, ist es durchaus möglich, das Rezept für Kartoffelsalat auch mit Kartoffeln aus dem Supermarkt zuzubereiten. Ich habe große Freude an der Haltung eigener Hühner gehabt und empfehle jedem, der die Möglichkeit dazu hat, es einmal auszuprobieren. Ich habe nie besseren Speck genossen als den, der von dem Schwein stammte, das ich selbst aufgezogen, geschlachtet, gepökelt und geräuchert habe, aber wenn ich an einem ganz gewöhnlichen Februartag Eier und Speck zum Frühstück haben möchte, kommt der Speck auch aus dem Laden. Gleichwohl sind die Erfahrungen aus der Tierhaltung wichtig, denn das hat meine Aufmerksamkeit geschärft.

Es geht darum, selbst aktiv zu werden, und darum, Kontrolle über das eigene Leben zu gewinnen. Es geht darum, was wir tun, und nicht zuletzt um die Freude, jeden Tag etwas Gutes zu essen auf dem Tisch zu haben.

Andreas Viestad
Farsund, Juli 2010

GUTES ESSEN

Wenn ich das Wort »Essensphilosophie« höre, drehe ich durch, denn hinter dieser hohlen Phrase verbergen sich meist eher vage Absichten als gutes Essen. »Unsere Essensphilosophie besteht darin, die besten Zutaten aus dem In- und Ausland zu verwenden«, stand auf der Speisekarte eines Restaurants, das ich einmal besuchte. Ein anderer philosophiert über »Gourmetküche, von der man satt wird«. Wer sich mit einer Essensphilosophie schmückt, will damit in der Regel zum Ausdruck bringen, dass Essen mehr ist als nur Nahrungsaufnahme. Vor ein paar Jahren mussten die Angestellten in der Kantine eines großen schwedischen Möbelhauses mit riesigen Kochmützen herumlaufen, auf denen die Worte standen »Essen ist Kunst. Essen ist Kultur«. Vielleicht waren sie Essensphilosophen? Köche waren sie jedenfalls nicht.

Essen ist Essen. So wie es nichts bringt, wenn man so tut, als wären Kinder kleine Erwachsene, so wird Essen nicht besser, wenn man es als etwas erscheinen lässt, das es nicht ist. Und es kann dadurch auch keinen größeren Wert erhalten. Essen ist nämlich das, wovon wir leben. Das ist schon etwas sehr Grundlegendes. Kann überhaupt etwas noch wichtiger sein? Ohne Essen können wir nicht existieren. Essen kann aber auch zu den größten Genüssen im Leben gehören. Während es unsere körperlichen Funktionen aufrechterhält, spricht es auch unsere Sinne an. Und Genuss ist nicht abstrakt, er ist nicht ästhetisch. Er liegt auf unserer Zunge, er kitzelt unsere Nase. Er erfüllt uns mit Wohlbehagen und wird zu einem Teil unseres Körpers. Ist das nicht genug?

Es lässt sich mit Recht beklagen, wie schlecht es heutzutage um unser Essen bestellt ist: Essen aus dem Schnellrestaurant, Fertiggerichte, industriell hergestellte Lebensmittel, Massentierhaltung – die Liste ist lang. Aber vielleicht wäre es besser, den Spieß einmal umzudrehen. Sollten wir uns stattdessen nicht fragen: Wenn es um all das so schlecht bestellt ist, was können wir tun, damit es besser wird? Das ist viel anstrengender. Aber auch viel befriedigender.

Statt mich mit Essensphilosophie zu beschäftigen, möchte ich lieber ein wenig ideologisch werden. Während politische Ideologien im Lauf der Geschichte zu allerlei Katastrophen geführt haben, ist es heute eher ein Mangel an Ideologie, der für das gute Essen und unser Verhältnis dazu die größte Bedrohung darstellt. Vielen Menschen sind die Qualitätskriterien für Lebensmittel abhandengekommen. Als Orientierung gilt eher, wie schick (oder teuer) eine Mahlzeit ist, und nicht, wie gut sie ist.

Wir können uns heute mehr und sehr viel besseres Essen leisten, und das zu einem geringeren Preis als je zuvor. Selbst wenn das gute Essen bedeutend teurer ist, ist es heute gleichwohl möglich, sich viel besser und gesünder zu ernähren, als unsere Vorväter es konnten. Trotzdem geben wir einen weit geringeren Teil unseres Einkommens dafür aus. Wenn wir dennoch allerlei Dinge zu uns nehmen, die alles andere als gut sind, liegt das vielleicht daran, dass uns eine Essensideologie fehlt. Beim Einkaufen sollten wir uns nicht nur fragen, worauf wir gerade jetzt Lust haben, nicht nur, was es kostet oder wie viel Zeit es braucht, das Essen zuzubereiten – selbst wenn alle diese Dinge wichtig sind –, sondern wir sollten auch darauf achten, was unser Handeln für die Gesellschaft bedeutet, für die Umwelt und für uns selbst.

In meiner Heimat gilt man wahlweise als snobistisch oder sektiererisch, wenn man ein bewusstes Verhältnis zum Essen pflegt. Vielleicht nicht ganz ohne Grund, denn es gibt viele sonderbare Menschen mit eigenartigen Vorlieben: Mancher hat sich in den Kopf gesetzt, dass rotes Fleisch ungesund ist, während andere keinen Knoblauch mögen oder stärkehaltige Speisen meiden. Es ist aber weder sonderbar noch snobistisch, gespritzten Salat abzulehnen oder sich gutes Essen zu wünschen, von dem man weiß, dass bei der Herstellung keine Tierquälerei im Spiel war. Damit will ich nicht sagen, dass man Fundamentalist werden soll. Eine gute Essensideologie soll ein Kompass sein, der eine Richtung vorgibt, aber man steuert ja nicht immer direkt aufs Ziel zu, ohne auf die Topografie zu achten. Wenn ich hungrig und weit von zu Hause weg bin, esse ich das, was ich an der Tankstelle bekomme, selbst wenn meine Essensideologie mir sagt, dass ich dort, wo ich Benzin kaufe, nicht auch Essen kaufen soll. Wenn ich irgendwo zu Besuch bin, quäle ich meine Gastgeber sicher nicht mit Fragen nach der Lebensqualität des Schweins, das man mir vorsetzt, oder mit Geschichten über das unwürdige Leben der armen Käfighühner. Wenn ich aber die Wahl habe, bemühe ich mich, die richtige Entscheidung zu treffen.

Mir geht es sowohl um das Essen selbst als auch um die Einstellung dazu. Wenn ich selbst mein Handeln bestimmen kann, versuche ich, mithilfe meiner Ideologie eine Wahl zu treffen, auch wenn das nicht immer einfach ist. Zum Glück ist das Essen, das mir den größten Genuss bereitet, in den meisten Fällen auch das sinnvollste Essen. Ein Huhn, das ein gutes Leben in Freiheit verbracht und abwechslungsreiches Futter bekommen hat, liefert eben bessere Eier als ein Käfighuhn.

Geflügel, Eier und Kaninchen

Ich kann mir gar nicht vorstellen, wie das Leben auf dem Land ohne Tiere aussehen würde. Das gilt natürlich für Schafe und Schweine, am allermeisten aber für die Kleintiere, denn sie sind uns Menschen im Hofalltag viel näher. Wie die Hühner, die auf dem Hof herumspazieren oder am Frühstückstisch Brotkrümel erbetteln, die Enten, die wie Statuen posieren und dann ganz plötzlich zu konzentrierten Schneckenjägern werden, die süßen Küken und die Entenjungen, die flauschigen Kaninchen, die meine Kinder unermüdlich streicheln.

Im Gegensatz zur Haltung größerer Tiere bringt die Aufzucht von Hühnern oder Kaninchen keine großen praktischen Herausforderungen mit sich. Kaninchen brauchen Käfige, die Hühner irgendeine Art von Unterkunft – sei es eine alte Hundehütte oder ein stillgelegtes Plumpsklo, ein Teil der Garage oder etwas, das man speziell für sie gebaut hat. Wichtig ist vor allem, dass die Unterkunft trocken ist und der Fuchs oder andere Raubtiere nicht hineinkönnen.

Die Haltung von Nutztieren ist eine der friedlichsten und sozialsten Tätigkeiten, die man betreiben kann, aber sie hat auch eine brutale und dramatische Seite. Es geht darum, Leben zu schenken, aber auch darum, manchen Tieren das Leben zu nehmen. Hinter der Scheune habe ich einen »Richtplatz«, auf dem schon so manches Huhn sein Ende gefunden hat. Nicht jeder möchte dabei zusehen, aber jemand muss diese Arbeit ja erledigen. Und das gilt nicht nur auf einem Hof, sondern immer dann, wenn wir Fleisch essen. Solange die hygienischen Verhältnisse in Ordnung sind und die Axt gut geschärft ist, scheint es mir humaner, die Tiere dort zu töten, wo sie gelebt haben. Im einen Augenblick sind sie noch zufrieden und leben in glücklicher Unwissenheit, 30 Sekunden später liegt der Kopf neben dem Hauklotz. Brutal? Ja, sicher, aber so ist das Verhältnis zwischen dem Menschen und seinen Nutztieren.

LEGEHENNEN Den Winter verbringe ich immer in Oslo. Wenn ich dann zurück auf den Hof komme, bin ich jedes Mal überrascht, wie klein die Eier meiner Hühner sind. Mit gekauften Eiern haben sie wenig Ähnlichkeit: Sie sind weder braun noch weiß, sondern zeigen einen Farbton irgendwo dazwischen. Ihre Form ist meist leicht unregelmäßig und sie haben ganz unterschiedliche Größen. Beim Aufschlagen finde ich hin und wieder ein Rieseneigelb. Das sind Zwillingseier, zwei Dotter in einem Ei. Alle Eier werden bei uns gleich lange gekocht, sodass man nach fünfeinhalb Minuten sowohl für diejenigen, die ihre Eier ziemlich weich mögen (sie nehmen die großen), und diejenigen, die ein einigermaßen festes Eigelb haben wollen (sie nehmen die kleinen), perfekte Resultate erhält.

Jedes Jahr ist es eine Freude zu sehen, wie die Hühner nach ihrer Ankunft den Hof erobern. Der Hahn nimmt seine Hennen zu immer längeren Ausflügen mit. Anfangs begnügt er sich damit, seine beiden Lieblingshühner zum anderen Ende des Hofs zu führen, bevor er plötzlich ängstlich wird und ungalant zur Blumenwiese zurückläuft. Die Damen bleiben verdutzt stehen und wissen nicht so recht, was sie jetzt mit sich anfangen sollen. Dann wird er allmählich mutiger, und irgendwann wagt er den ganzen Weg zur Nordseite des Hauses. Er marschiert stolz mit einem Schwarm bewundernder Hühner im Gefolge los. Ab und an bleibt er stehen und zeigt die Attraktionen des Betriebs. Der Rundgang führt durch den Kräutergarten, wo ein wenig Petersilie durch den Maschendraht ragt. »Seht her, hier ist meine Salatbar!« Dann geht es weiter um den Frühstückstisch herum, wo sich immer ein paar Krümel anfinden. »Hier ist meine Konditorei!« Schließlich kommen sie zum Höhepunkt des Tages, dem Komposthaufen. »Und jetzt das Büfett! Esst, so viel ihr nur könnt!«

Ich kann mich nicht das ganze Jahr über um die Hühner kümmern. Die Tiere verbringen den Winter bei meinem Nachbarn Osmund Viken. Manche Hühner bleiben nur eine Saison. Andere – wie der Hahn Lars – leben sehr lange. Lars und seine treuen Lieblingshühner, die elegante und blitzschnelle Henne Chanel sowie die temperamentvolle Hysterica, haben das stolze Alter von fünf Jahren erreicht.

Im Winter und im Frühjahr müssen die Hühner wegen des Habichts im Stall gehalten werden. Aber sobald der Sommer kommt, findet der Habicht leicht andere Beute, und die Hühner dürfen nach draußen. Es dauert nicht lange und ich bemerke Veränderungen an den Eiern, nicht zuletzt beim Geschmack. Waren die Eidotter zuerst von einem hellen Gelb – heller als bei gekauften Eiern, im Geschmack allerdings kaum anders –, nehmen sie jetzt im Verlauf weniger Tage einen dunkleren orangefarbenen Ton an. Das Eiweiß wird fester. Der Geschmack wird mit jedem Tag frischer und intensiver. Wenn ich ein Frühstücksei esse, vergesse ich zu salzen.

Im Sommer braucht man sich um die Unterbringung der Hühner kaum zu kümmern. Ihre Unterkünfte müssen nur trocken sein und nachts gut verschlossen werden, damit keine Raubtiere eindringen können. Je nach den örtlichen Gegebenheiten empfiehlt es sich, ein Areal für die Hühner einzuzäunen – oder zu klären, ob die Nachbarn etwas gegen frei laufende Hühner haben. Die Hühner mögen Legenester, die man aus allen möglichen Materialien herstellen kann, am einfachsten aus einer alten Pappschachtel. Sie sollte ein wenig größer sein

als ein Schuhkarton, ohne Deckel, mit drei hohen und einer niedrigen Seite, wo die Henne Eier legen soll. Es kann nicht schaden, ein wenig Stroh in das Nest zu legen. Man sollte auch ein falsches Ei in jedem Nest platzieren, damit das Huhn weiß, dass es an dieser Stelle seine Eier legen soll. Auch unsere Haushühner stammen von tropischen Vögeln ab, die in Bäumen lebten, deshalb mögen sie es, sich im Schlaf zu wiegen. Es empfiehlt sich, bei der Einquartierung darauf zu achten, dass unter dem Dach genügend Platz ist, um ein paar Sitzstangen anzubringen. Gut dafür geeignet ist ein Ast oder ein ausgedienter Besenstiel. Die Sitzstange darf aber nicht direkt über einem Futter- oder Wassernapf platziert werden. Auf dem Boden reichlich Stroh oder Holzspäne verstreuen.

Wer Hühner anschaffen möchte, kann auf einem Bauernhof Hennen kaufen, die schon Eier legen oder kurz davor stehen. Die besten Hühner findet man allerdings bei Hobbyzüchtern, die Rassegeflügel halten. Ich halte nicht das ganze Jahr über Hühner. Wenn die Saison zu Ende ist, landen sie entweder im Topf oder sie überwintern bei einem Bauern in der Nachbarschaft.

Wer mehr als vier oder fünf Hühner halten will, sollte auch einen Hahn anschaffen, um die Hierarchie zu ordnen und Raufereien zu verhindern. Seit ich selbst Tiere halte, ist mir sehr viel klarer geworden, unter welchen Bedingungen sie sich am wohlsten fühlen. Sobald die Hühner tagsüber frei herumlaufen dürfen, kann ich Veränderungen an ihnen erkennen. Ihnen wachsen nicht nur hübschere Federn, sie bewegen sich auch anders als sonst und verlangen weniger Futter. Hühner wurden schon vor Tausenden von Jahren domestiziert und würden heute ohne Menschen niemals zurechtkommen. Sie haben sich aber noch nicht daran gewöhnt, ihr Leben wie Produktionseinheiten in Käfigen zu verbringen. Ich hoffe, dass sie es auch nie tun werden.

HÜHNER IN DER STADT? Nachdem ich Freude an der Hühnerhaltung gefunden hatte, fiel es mir schwer, diese Beschäftigung aufzugeben, wenn der Sommer vorbei war und ich mit meiner Familie zurück nach Oslo ging. Ich habe sogar in unserer Wohnung dort Hühner gehalten. Die beiden Zwerghühner William und Tore lebten in einem Käfig in der Küche und draußen auf dem Balkon. Es ging ihnen gut und sie erfreuten mich fast jeden Tag mit einem Ei. Diese urbane Haustierhaltung hat mir zu zwei wichtigen Erkenntnissen verholfen: Zum einen weiß ich jetzt, dass es keinen Grund gibt, wegen begrenzter Platzverhältnisse auf die Hühnerhaltung zu verzichten. Hühner können sich auch auf beengtem Raum sehr wohl fühlen und es geht ihnen dabei noch unendlich viel besser als in der kommerziellen Eierproduktion, in der ein Dutzend sogenannter frei laufender Hühner auf meinem Balkon Platz finden müssten. Zweitens ist mir klar geworden, dass es bei begrenztem Platz und wenig Möglichkeiten zur Schalldämpfung nicht sehr klug ist, einen Hahn zu halten. Jeden Morgen weckte mich William um Viertel vor sechs mit seinem fröhlichen Krähen und trieb mich damit zum Wahnsinn, bis ich schließlich eines Tages ein für allemal genug hatte, aufstand und meinem Mitbewohner den Hals umdrehte.

Gebackenes Spiegelei mit Spinat und Speck

Wenn die Eier gut sind, ist alles gut. Hier gibt es Eier und gebratenen Speck plus Vitamine. Die meisten von uns sind es nicht gewohnt, am Morgen ein warmes Essen zuzubereiten – ein ganz gewöhnliches Spiegelei kann da schon eine Herausforderung sein. Aber keine Angst: Hier muss man nur den Spinat mit ein paar Gewürzen und Knoblauch in die Pfanne geben, und das kostet nicht mehr als ein paar Minuten zusätzlich.

Wie so oft bei guten Rezepten ist auch dieses mehr ein Ausgangspunkt als die festgelegte Endstation: Ein wenig Sahne kann in der Spinatmischung nicht schaden, und auch frischer Estragon ist interessant. Ein paar Tropfen Essig sorgen für mehr Geschmeidigkeit. Ein Teelöffel Lachsrogen auf dem Ei macht das Gericht elegant genug, um es sogar mit einem Glas Champagner zu servieren. Käse – Gouda oder Parmesan – gibt eine interessante Fülle, Pilze liefern sehr viel feinen Geschmack, und bevor man sich versieht, ist das Ganze fast zu einem Mittagessen geworden.

Für 4 Personen

200 G FRISCHER SPINAT

2 EL BUTTER ODER OLIVENÖL

2 KNOBLAUCHZEHEN, FEIN GEHACKT ODER ZERDRÜCKT

2 EL FEIN GEHACKTE SCHALOTTEN

1 TL GETROCKNETER THYMIAN

GROB GEMAHLENER PFEFFER

1 TL GETROCKNETER ESTRAGON

4 GROSSE EIER

8-12 SCHEIBEN DURCHWACHSENER RÄUCHERSPECK

Den Backofen auf 150 °C vorheizen.

Vom Spinat die dicken Stiele entfernen, die Blätter waschen und anschließend trocken schütteln. Butter oder Öl in einer großen Pfanne erhitzen. Spinat, Knoblauch und Schalotten hineingeben und mit Thymian und Pfeffer würzen. Bei hoher Temperatur unter Rühren zusammenfallen lassen und 5 Minuten weitergaren.

Den Spinat in eine ofenfeste Form geben oder auf vier Portionsschalen verteilen, mit Estragon bestreuen. Die Eier vorsichtig aufschlagen und auf den Spinat gleiten lassen. Etwa 8 Minuten im Ofen backen, bis das Eigelb fest genug ist. In der Zwischenzeit in einer Pfanne den Speck bei mittlerer Hitze knusprig braten. Sobald die Eier fertig sind, alles zusammen mit dem Speck servieren.

Rührei mit Schnittlauch und Roggenbrot

Das Geheimnis eines guten Rühreis besteht darin, dass man den richtigen Zeitpunkt erwischt, um die Pfanne vom Herd zu nehmen, denn das Ziel ist eine cremige Konsistenz. »So weich wie mein Federbett« soll das Rührei sein, sage ich gern. Auch dies ist ein Rezept, das sich vielfältig abwandeln lässt. Zum Beispiel mit etwas Trüffel- oder Olivenpaste. Wer einen fülligeren Geschmack wünscht, kann ein wenig frisch geriebenen Parmesan oder einen anderen Käse dazugeben.

Für 2 Personen

4-6 EIER
SALZ UND FRISCH GEMAHLENER PFEFFER
2 EL FEIN GEHACKTER SCHNITTLAUCH
1-2 EL BUTTER
50 ML MILCH
FRISCH GERIEBENER PARMESAN
    (NACH BELIEBEN)
2 SCHEIBEN ROGGENBROT

Die Eier in eine Schüssel aufschlagen und gut verquirlen. Mit Salz, Pfeffer und der Hälfte des Schnittlauchs würzen. Eine beschichtete Pfanne erhitzen, die Butter darin zerlassen und die Eiermischung hineingießen. Die Hitzezufuhr verringern. Die Eier unablässig mit einem Kochlöffel umrühren. Wenn die Mischung anfängt zu stocken, die Pfanne vom Herd nehmen und die Milch hineingießen. Noch einmal umrühren und in eine Servierschale füllen. Mit dem restlichen Schnittlauch und nach Belieben mit etwas geriebenem Parmesan bestreuen. Mit Roggenbrot servieren.

Enteneier mit Speck, Kartoffeln und gebratenen Tomaten

Enteneier sind nicht nur größer als Hühner- eier, sie schmecken auch intensiver. Wenn ich Bratkartoffeln aus rohen Kartoffeln mache, mische ich gern ein paar sonnen- getrocknete Tomaten oder Speckwürfel unter, statt sie zu salzen. So entsteht eine schöne Aromenvielfalt.

Für 2 Personen

200 G DURCHWACHSENER RÄUCHERSPECK
2 KARTOFFELN
1 TL FEIN GEHACKTER ROSMARIN
1 EL FEIN GEHACKTE SONNENGETROCKNETE
    TOMATEN
BUTTER ODER ENTENFETT
2 TOMATEN
2 LORBEERBLÄTTER
2 ENTENEIER ODER 4 HÜHNEREIER

Den Speck in einer Pfanne bei mittlerer Hitze braten, bis er knusprig ist, dann warm stellen. Die Kartoffeln auf der Gemüsereibe grob raspeln. Den Rosmarin und die getrock- neten Tomaten untermischen. Die Pfanne mit dem Speckfett bei mittlerer Temperatur wieder auf den Herd stellen. Aus der Kartof- felmasse zwei Fladen formen und 5 Minuten anbraten, ohne sie zu bewegen. Dann vorsichtig umdrehen und von der anderen Seite fertig garen.
In der Zwischenzeit in einer zweiten Pfanne Butter oder Entenfett erhitzen. Die Tomaten quer halbieren und auf jede Schnittfläche ein halbes Lorbeerblatt legen. Die Tomaten zusammen mit den Eiern in der Pfanne braten und mit dem Speck und den Kartoffel- fladen servieren.

Omelett mit Tomaten und Sprossen

Ich esse viel mehr Tomaten, als ich selbst anbauen kann, und das Problem mit diesem Gemüse besteht ja darin, wie jedermann weiß, dass die gekauften nicht gerade großartig schmecken. Indem ich sie anbrate, konzentriere ich den Geschmack und erreiche so eine Fülle und Süße, die ihnen sonst fehlt. Dazu serviere ich gern frische Sprossen. Fast alles ist geeignet: Alfalfa, Radieschensprossen, Kresse ... Am allerliebsten nehme ich Sprossen aus meinem Gemüsegarten. Ich denke, auch mit frischen Petersilienblättchen und Zuckererbsen schmeckt das Omelett gut – hier kommt es einfach darauf an, etwas Grünes und Frisches dazuzugeben.

Für 4 Personen
6-10 KIRSCHTOMATEN
2 EL ÖL
8-10 EIER
SALZ UND FRISCH GEMAHLENER PFEFFER
SAHNE UND GERIEBENER KÄSE
    (NACH BELIEBEN)
GRÜNE SPROSSEN

Die Tomaten halbieren. Anschließend bei mittlerer Hitze in Öl braten, bis sie zusammenfallen. Das dauert etwa 7 Minuten. Die Eier verquirlen, mit Salz und Pfeffer würzen, nach Belieben etwas Sahne und geriebenen Käse dazugeben. In die Pfanne gießen und braten, bis die Eier zu stocken beginnen. Die Sprossen hinzugeben und servieren.

Pfifferlingsomelett

Ein Omelett mit frischen Pfifferlingen ist ein schnelles kleines Mittagessen, man kann es aber auch als Vorspeise servieren. Mit gutem Landbrot oder grobem Roggenbrot servieren.

Für 2 Personen
2-3 EL BUTTER
150 G PFIFFERLINGE
SALZ
GROB GEMAHLENER PFEFFER
5 EIER
2-3 EL GERIEBENER KÄSE (NACH BELIEBEN)

Die Hälfte der Butter in einer beschichteten Pfanne erhitzen. Die Pilze darin bei hoher Temperatur braten und großzügig mit Salz und Pfeffer würzen, dann herausnehmen. (Falls die Pilze frisch gesammelt sind, enthalten sie viel Wasser. In diesem Fall zunächst in einer trockenen Pfanne erhitzen, bis das Wasser austritt. Die Pilze zum Abtropfen in ein Sieb geben, die Flüssigkeit auffangen. Dann erst die Pilze in der Butter braten.)
Die Eier verquirlen (aufgefangene Garflüssigkeit von den Pilzen dazugeben).
Die restliche Butter in der Pfanne erhitzen. Die verquirlten Eier hineingießen und 30 Sekunden mit einer Gabel durchrühren, damit das Omelett schön luftig wird.
Die gebratenen Pilze hinzugeben, nach Wunsch auch den geriebenen Käse. Wenn sich eine feste Eierschicht gebildet hat, das Omelett zusammenklappen. Noch 2 Minuten weitergaren und dann servieren.

Selbst gemachte Nudeln mit Basilikum

Wenn sich zu viele Eier angesammelt haben, gibt es bei mir selbst gemachte Nudeln. Das erfordert etwas Zeit, dafür bekomme ich aber die beste Pasta, die es gibt – dazu braucht man dann nichts weiter als etwas gutes Olivenöl und Parmesan oder ein selbst gemachtes Pesto. Ich gebe schon dem Nudelteig gern Geschmack und Farbe mit: Basilikum, Knoblauch und Parmesan lassen die Pasta nach Pesto schmecken, Paprika verleiht ihr ein schönes Rot, Tintenfischtinte färbt sie schwarzblau.
Wer Pasta selbst machen möchte, braucht nicht unbedingt eine Nudelmaschine, es geht damit aber etwas einfacher. Die Pasta lässt sich gut einfrieren und kann unaufgetaut in reichlich sprudelnd kochendes Wasser gegeben werden.

Für 10–12 Personen

1 BUND BASILIKUM

1 KG MEHL

10 GROSSE EIER

1 EL SALZ

2 KNOBLAUCHZEHEN ODER MEHR, ZERDRÜCKT

100 G PARMESAN, MÖGLICHST FEIN GERIEBEN

MEHL ZUM AUSROLLEN

Die Basilikumblätter in der Küchenmaschine pürieren oder im Mörser zerstoßen und anschließend mit der Rückseite eines Löffels durch ein feines Sieb streichen. Die Flüssigkeit auffangen und mit den anderen Zutaten in der Küchenmaschine zu einem festen Teig verarbeiten. (Alternativ alles sorgfältig mit einem Kochlöffel vermischen und den Teig dann mit den Händen kneten.) Den Teig in Klarsichtfolie gewickelt 30 Minuten ruhen lassen, dann in etwa 30 Stücke teilen. Jedes Stück zunächst leicht flach drücken und anschließend mithilfe der Pastamaschine ausrollen. Mit der weitesten Walzeneinstellung beginnen und nach jedem Durchgang enger werden, bis die gewünschte Stärke erreicht ist. Anschließend mit der Schneidevorrichtung zu Bandnudeln verarbeiten. Mit Mehl bestäuben, damit der Teig nicht klebt. Sie haben keine Nudelmaschine? Dann rollen Sie die Teigstücke mit dem Nudelholz aus, und zwar so dünn wie möglich. Anschließend in Streifen schneiden, am einfachsten geht das mit einem Pizzarad. Die Nudeln zum Trocknen über eine Stuhllehne oder eine Wäscheleine hängen.
Die Pasta in reichlich sprudelnd kochendem gesalzenem Wasser je nach Dicke 2–5 Minuten garen.

Knoblauchmayonnaise mit Paprika

Ich verwende gern eine Mischung aus neutralem Pflanzenöl und kalt gepresstem Olivenöl. Es ist eigentlich nicht schwierig, eine solche Mayonnaise zuzubereiten, aber man sollte sich dabei unbedingt Zeit lassen. Das Allerwichtigste: Eier und Öl müssen Zimmertemperatur haben – sonst verbinden sie sich nicht. Ein Teelöffel Senf wirkt hier als Emulgator.

Ergibt etwa 500 Gramm
3 KNOBLAUCHZEHEN (NACH BELIEBEN MEHR)
2 EIGELB
SAFT VON ½ ZITRONE
300 ML NEUTRALES PFLANZENÖL
200 ML OLIVENÖL
1–2 TL DIJONSENF
SALZ
PAPRIKAPULVER, FEIN GEHACKTE PAPRIKASTÜCKE ODER ANDERE GESCHMACKSZUTATEN
CAYENNEPFEFFER (NACH BELIEBEN)

Die Knoblauchzehen durchpressen, dann zusammen mit den Eigelben und ein wenig Zitronensaft in eine Schüssel geben. Alles verrühren oder den Mixer in Gang setzen. Ein paar Tropfen Öl dazugeben und unterrühren. Zwei- bis dreimal mit jeweils wenigen Tropfen Öl wiederholen. Jetzt das Öl in einem dünnen Strahl hinzugießen und die ganze Zeit stetig weiterrühren. Nicht zu schnell arbeiten, damit das Öl sich mit der Masse verbinden kann. Gelegentlich eine Pause einlegen. Falls die Mayonnaise zu fest wird, mehr Flüssigkeit zugeben, also noch etwas Zitronensaft hineinträufeln. Mit Salz, Paprika, Senf und eventuell Cayennepfeffer abschmecken.

Hühnerfrikassee mit Johannisbeeren

Wenn man nicht zufällig eine Legehenne hat, der man auf dem Hauklotz hinter der Scheune ein Ende machen kann (oder der Fuchs vielleicht schon die Vorarbeit erledigt hat), kauft man ein Huhn beim Bauern oder im Laden. Es kann schwierig sein, ein Suppenhuhn aufzutreiben, meist liegen eher seine edleren Verwandten in der Fleischtheke. Aber diese Hühner sind durchaus zu finden, und außerdem sind sie nicht teuer.

Die frische Säure der Johannisbeeren passt besonders gut zum milden Geschmack eines traditionellen Frikassees. Ein paar Apfelstücke lassen sich zudem gut verwenden. Statt des Weins kann man auch Apfelsaft zugeben.

Für 4 Personen

1 HUHN, KÜCHENFERTIG VORBEREITET
1 LORBEERBLATT
2 EL WEIZENMEHL
100–200 ML MILCH
1 TL SCHWARZE PFEFFERKÖRNER
1–2 MÖHREN, IN SCHEIBEN GESCHNITTEN
2–3 SELLERIESTANGEN, GEHACKT
100–200 ML WEISSWEIN ODER APFELSAFT (NACH BELIEBEN)
SALZ
ROTE JOHANNISBEEREN
FEIN GEHACKTER DILL

Das Huhn zusammen mit dem Lorbeerblatt in einen Topf geben. Genügend Wasser hinzugießen, sodass das Huhn bedeckt ist. Das Wasser zum Kochen bringen und das Huhn zugedeckt bei milder Hitze 1 ½ Stunden köcheln lassen, bis das Fleisch so zart ist, dass es fast von den Knochen fällt. Das Huhn aus dem Topf nehmen, das Fleisch von den Knochen lösen und in mundgerechte Stücke teilen.

Die Brühe auf etwa 500 Milliliter einkochen lassen. Das Mehl in einer Tasse mit etwas Wasser verrühren. Darauf achten, dass es keine Klümpchen gibt. Die Hälfte der Mehlmischung zusammen mit der Milch, dem Pfeffer, den Möhren und dem Hühnerfleisch in den Topf geben. 5–7 Minuten köcheln lassen, dann den Sellerie hinzugeben sowie den Wein beziehungsweise Apfelsaft (falls verwendet). Weitere 5–7 Minuten köcheln lassen, dann mit Salz abschmecken. Falls die Sauce zu dünnflüssig sein sollte, etwas mehr von dem angerührten Mehl hineingeben und noch einmal aufkochen. Johannisbeeren und Dill erst kurz vor dem Servieren unter das Frikassee rühren.

Hahn in Rotwein

Coq au Vin ist eins der klassischen französischen Schmorgerichte, und die Kunst der Zubereitung meistert man unter Umständen erst nach mehreren Versuchen. Was heute in vielen feinen Bistros auf der Speisekarte steht, war ursprünglich einmal ein bäuerliches Sonntagsessen. Das Prinzip ist einfach: Man nehme einen alten Hahn mit zähem Fleisch und schmore ihn ganz langsam in Rotwein, bis er sehr, sehr zart ist. In Ermangelung eines alten Hahns kommt eine Poularde oder Hähnchenkeulen in den Topf, dann verkürzt sich die Garzeit.

Für 8–10 Personen
2 HÄHNE (IM IDEALFALL ETWA 18 MONATE ALT), ERSATZWEISE 2 POULARDEN
    ODER 8-10 HÄHNCHENKEULEN

Marinade
2 MÖHREN, IN DÜNNE SCHEIBEN GESCHNITTEN

1 ZWIEBEL, GEHACKT

2 STANGEN LAUCH, NUR DIE HELLEN TEILE, IN RINGE GESCHNITTEN

1 BOUQUET GARNI (2 LORBEERBLÄTTER, 4 KLEINE THYMIANZWEIGE, 8 KLEINE
    PETERSILIENSTÄNGEL, IN EINEM LAUCHBLATT ZUSAMMENGEBUNDEN)

2 TL SALZ

15 SCHWARZE PFEFFERKÖRNER

3 GEWÜRZNELKEN

2 ½ FLASCHEN ROTWEIN (ODER MEHR, VORZUGSWEISE PINOT NOIR)

Außerdem
4 EL ÖL

500 G DURCHWACHSENER RÄUCHERSPECK, GEWÜRFELT

3 EL WEIZENMEHL

2 ZWIEBELN, GEHACKT

1 KNOBLAUCHKNOLLE, IN ZWEI HÄLFTEN GETEILT

400 G SCHALOTTEN, GESCHÄLT

100 ML COGNAC

500 G KLEINE CHAMPIGNONS

SALZ

200 G KNOLLENSELLERIE, GEWÜRFELT (NACH BELIEBEN)

TOMATENMARK

SAFT VON 1 ZITRONE

FRISCH GEMAHLENER SCHWARZER PFEFFER

Am besten 2–3 Tage vor dem Servieren beginnen. Das Geflügel in Stücke teilen. Jede Keule im Gelenk durchtrennen, die Brust (mit Knochen) in vier Teile hacken. Rücken, Kopf, Hals und andere knochenreiche Stücke ohne viel Fleisch für eine Brühe beiseitestellen. Die anderen Fleischstücke zusammen mit dem Gemüse, den Kräutern und Gewürzen für die Marinade in eine große Schüssel geben und das Ganze mit dem Wein übergießen. Mit Frischhaltefolie abdecken und das Fleisch 1–2 Tage im Kühlschrank marinieren.

Am Tag vor dem Essen die Fleischstücke aus der Marinade nehmen. Die Marinade durch ein Sieb in eine Schüssel abgießen. Man braucht später sowohl die Flüssigkeit als auch das Gemüse. (Das Marinieren kann nach Belieben auch entfallen.)

Das Öl in einem ofenfesten Schmortopf erhitzen. Den Speck knusprig anbraten, dann herausnehmen. Die Fleischstücke 5 Minuten anbräunen und dabei mit dem Mehl bestäuben. Das Fleisch aus dem Topf nehmen. Dann das Gemüse aus der Marinade zusammen mit den gehackten Zwiebeln, dem Knoblauch und den Schalotten 5 Minuten anbräunen. Die Fleischstücke und den Speck zurück in den Topf geben. Mit Cognac übergießen und anzünden. Wenn die Flamme erloschen ist, mit der Weinmarinade aufgießen. Es muss genug Flüssigkeit vorhanden sein, um alle Zutaten zu bedecken, aber man sollte nicht vergessen, dass sich im Verlauf der ersten Stunde mehr Flüssigkeit bildet. Die Flüssigkeit zum Kochen bringen. Den Backofen auf 200 °C vorheizen. Den Topf hineinstellen, die Temperatur auf 105 °C herunterschalten und das Ganze 3–4 Stunden garen.

Wenn genügend Zeit ist, den Topf anschließend abkühlen lassen und in den Kühlschrank stellen, sodass die Fettschicht fest wird und sich leicht entfernen lässt. Wenn es schneller gehen muss, das flüssige Fett mit einem großen Löffel abschöpfen. Pilze, Salz und nach Belieben den Sellerie dazugeben. Aufkochen und noch 30 Minuten köcheln lassen. Vor dem Servieren mit etwas Tomatenmark und Zitronensaft abschmecken, nach Belieben auch mit einem kleinen Glas Rotwein. Falls die Sauce zu dünn ist, mit etwas in Wasser angerührtem Weizenmehl binden. Mit reichlich frisch gemahlenem Pfeffer und Salz abschmecken.

MASTHÄHNCHEN Typische Legehennen sind oft ziemlich mager oder an der falschen Stelle fett. Sie eignen sich gut für Suppen und Schmorgerichte, zum Braten und Grillen dagegen nimmt man besser Poularden oder Masthähnchen.

Masthähnchen sind vollfleischig und plump. Auch für sie ist gutes und abwechslungsreiches Futter wichtig. Es bekommt ihnen viel besser, wenn sie nicht nur Kraftfutter fressen. (Ganz ohne Kraftfutter geht es aber nicht, denn es sorgt dafür, dass sie alle Nährstoffe in der richtigen Menge zu sich nehmen.) Ein Jahr habe ich meine Hühner mit einer Mischung aus Blaubeeren, Zucker und altem Obst gefüttert. Zuerst schreckten sie zurück, weil das Futter plötzlich blau war, doch dann wurden sie gierig und stürzten sich darauf. Wir hatten in diesem Jahr besonders saftige und fette Hähnchen, mit einer großen und schönen Leber und einem milden Wildgeschmack.

Grillhähnchen

Ein ganzes Hähnchen zu grillen darf als Herausforderung gelten, weil nur eins sicher ist: Es wird nicht perfekt. Aber um Perfektion geht es dabei auch gar nicht – sondern um viel guten Geschmack. Ich gebe ein paar Kräuter und Butter unter die Haut des Vogels, fülle den Bauch außerdem mit Zitrone und weiteren Kräutern und lege auch Kräuter auf die Haut. Sie werden verbrennen, ergeben aber trotzdem ein wunderbares Aroma.
Das Wichtigste beim Grillen ist etwas Selbstdisziplin zu Beginn. Es heißt abwarten, bis die Holzkohle nur noch glüht und von einer weißen Ascheschicht überzogen ist. In der Zwischenzeit den Grillrost gründlich abbürsten, denn wenn er verschmutzt ist, setzt sich der verkohlte Schmutz an der Haut fest, sodass sie reißt (das lässt sich ohnehin nicht vollständig vermeiden).

Für 4 Personen

1 HANDVOLL SALBEI
1 ROSMARINZWEIG
50 G BUTTER
1 GROSSES HÄHNCHEN
ZITRONENSCHNITZE
KRÄUTER ZUM BESTREUEN
SALZ

Die Hälfte der Kräuter hacken, mit der Hälfte der Butter mischen und unter die Haut des Hähnchens streichen. Dabei möglichst vorsichtig vorgehen, damit die Haut nicht beschädigt wird. Den Bauch des Vogels mit Zitrone und den restlichen Kräutern füllen. Anschließend das Hähnchen mit der übrigen Butter und Salz einreiben, dann von außen mit Kräutern bestreuen. Das Hähnchen 5–10 Minuten mit der Brustseite nach unten auf den Grill legen, anschließend 5 Minuten auf jeder Seite braten. Falls nötig, das Hähnchen mit einer Grillzange oder einer Gabel festhalten. Das Hähnchen auf dem Rücken weiterbraten.
Wenn ein Kugelgrill zur Verfügung steht, die glühende Holzkohle an den Rand schieben und das Hähnchen in die Mitte legen. Den Deckel schließen. Von Zeit zu Zeit prüfen, dass die Haut nicht zu dunkel wird.
Das Hähnchen etwa 30 Minuten – je nach Temperatur – auf dem Rücken grillen. Die Keulen an der dicksten Stelle mit einer Gabel anstechen. Wenn klare Flüssigkeit austritt, ist das Hähnchen fertig. Vor dem Servieren einige Minuten ruhen lassen.

Hähnchenkeulen mit Kräutern

Das Kraut, das auf Viestad am besten gedeiht, ist die Brennnessel. Auch wenn ich sie nicht besonders mag, muss ich ihr doch zugutehalten, dass sie nicht nur genügsam und nützlich, sondern auch essbar ist.

Für dieses Gericht verwende ich entweder eine Mischung aus Brennnesseln und Thymian oder ich nehme einfach das Kraut, wovon ich gerade am meisten habe. Oft ist es Zitronenmelisse, weil sie so üppig wächst, dass ich Mühe habe, sie in Schach zu halten. Dann wird der Geschmack ganz anders, süßer, mit einem Zitrusaroma, das frei von Säure ist. Das Fleisch gart bei ziemlich hoher Temperatur in Alufolie, sodass die Kräuterblätter fast ein wenig verbrennen. Das lässt sich auf einem Grill sehr leicht erreichen, funktioniert aber auch gut im Backofen.

Für 2 Personen

2-3 HÄHNCHENKEULEN (ETWA 700 G)
SALZ
1 TL ZUCKER
1 TL GETROCKNETE KRÄUTER
1 HANDVOLL FRISCHE KRÄUTER
1 EL BUTTER ODER ÖL

Den Backofen auf 250 °C vorheizen.
Das Fleisch mit Salz, Zucker und getrockneten Kräutern einreiben. Zusammen mit frischen Kräutern auf ein Stück Aluminiumfolie legen. Butter oder Öl zugeben und die Folie rundherum sorgfältig verschließen. Dieses Paket 15 Minuten im Ofen braten, dann die Temperatur auf 200 °C senken und die Keulen noch 15 Minuten weiterbraten.

Hähnchenbrust mit Pfifferlingen

Kaum ein Rezept, sondern eher eine kurze Anregung für ein Gericht, das sich ganz leicht abwandeln lässt, etwa mit fein gehacktem Dill oder anderen Kräutern.

Für 2 Personen

2 HÄHNCHENBRUSTFILETS
SALZ UND PFEFFER
2 EL BUTTER
200 G PFIFFERLINGE
1 KNOBLAUCHZEHE, ZERDRÜCKT
100 ML SAHNE
1 SPRITZER WEISSWEIN (NACH BELIEBEN)
FEIN GEHACKTER SCHNITTLAUCH

Die Hähnchenbrüste mit Salz und Pfeffer würzen. In einer Pfanne die Butter erhitzen und das Fleisch von jeder Seite etwa 10 Minuten braten, dann herausnehmen und warm stellen.
In derselben Pfanne die Pilze braten. Knoblauch, Sahne und, falls gewünscht, einen Spritzer Weißwein zugeben und noch 2 Minuten köcheln lassen. Mit Salz und Pfeffer würzen, den Schnittlauch unterrühren und die Pilze zusammen mit dem Fleisch servieren.

ENTEN UND GÄNSE Ich habe sowohl Enten als auch Gänse gehalten, aber ich bevorzuge die Enten, da sie in der Küche vielseitiger zu verwenden sind. Und viele Gänserezepte lassen sich auch sehr gut mit Ente zubereiten. Am besten wäre es trotzdem, beides zu haben, denn die Gänse sind weniger ängstlich und das überträgt sich auf die Enten. Überdies konkurrieren sie nicht um Futter (es sei denn, es geht um Kraftfutter). Die Gänse fressen hauptsächlich Gras, während meine Enten in der Erde nach Futter suchen und sich von einer französisch inspirierten Frosch- und Schneckendiät ernähren.

Bei der Ankunft auf dem Hof wirken Enten und Gänse ängstlich und verwirrt. Alles, was sie überhaupt im Leben wollen, ist fressen und baden. Und dann befinden sie sich plötzlich an einem fremden Ort mit neuen und erschreckenden Gerüchen, Sitten und Gebräuchen. Nicht zuletzt meine Anwesenheit jagt ihnen einen Schrecken ein. Immer wenn ich auftauche, rufen sie bestürzt aus: »Da kommt der Mörder! Schlimmer Mann! Monster!« Und dann rennen sie los, so schnell sie können – meist geht es bis zum Rand des Grundstücks, wo sie sich oft mit den langen Hälsen im Zaun verfangen, sodass ich ihnen zu Hilfe kommen muss.

Mag die Haltung von Enten und Gänsen bisweilen anspruchsvoll sein, so gehört der Transport der Vögel zu den einfachsten Aufgaben, die sich einem stellen können. Hausenten und -gänse können nicht fliegen, und nicht einmal bei Wettläufen sind große Leistungen zu erwarten. Wenn sie unterwegs sind, bleiben sie immer eng zusammen. Sie wackeln und watscheln in einem Tempo, das für den Menschen, der die Schar lenken soll, keine großen Herausforderungen bietet. Ich schlendere hinterher und lenke sie mithilfe eines einfachen Systems: Wenn ich den linken Arm ausstrecke, wackeln die Vögel nach rechts, wenn ich den rechten ausstrecke, gehen sie nach links. Wenn ich einen Vogel einfangen will, brauche ich ihm nur mit ausgestreckten Armen entgegenzugehen. Dann weiß er nicht, was er tun soll, sodass er sich hinlegt, und das Ganze ist dann schnell überstanden. Jeden Morgen und jeden Abend bietet sich dem Zuschauer ein hübsches kleines Schauspiel auf dem Hof, wenn die cremeweißen und bilderbuchschönen Vögel in einem wohl choreografierten Clownsballett angetaumelt kommen – ihres Weges nie ganz sicher, aber für jeden Vorschlag offen.

Eine kleine Warnung: Enten sehen zwar süß aus, aber ihr Verhalten ist in mancher Hinsicht gewöhnungsbedürftig. Wenn Sie sich jemals gefragt haben, warum es in Entenhausen so wenig Sex gibt, hier die Antwort: Es sieht furchtbar aus, wie der perverse Versuch, aus einer Art Gruppenvergewaltigung so etwas wie eine Komödie zu machen. Ein Enterich bekommt von einigen guten Freunden Hilfe dabei, eine Entendame zu Boden zu zwingen. Das Schlimmste ist, dass er es nicht einmal mit guter Hilfe zustande bringt. Man muss zwar sagen, dass er seinem Ziel sehr nahe kommt, aber sein Instrument ist nicht sehr eindrucksvoll, sodass er sich nicht halten kann. Er rutscht ab, und alle kehren wieder zu dem zurück, was sie wirklich können: den Kopf in eine Schale mit Wasser tauchen.

Es verursacht mir immer leichte Gewissensbisse, dass ich gerade das Zutrauen der Enten gewonnen habe, wenn ich aufhöre, ihr Wächter zu sein, und zu ihrem Schlachter werde. Sie haben keine Todesangst mehr, wenn ich die Wiese betrete – sie watscheln nur ein wenig zur Seite. Aber diesmal bin ich nicht hier, um sie zu füttern, ihnen frisches Wasser zu geben oder etwas anderes Praktisches zu tun. Wenn sie aufgepasst hätten, wäre ihnen nicht entgangen, dass ich den langen Regenmantel anhabe, obwohl das Wetter schön ist. Zum Glück sind die Enten in ihrer Zutraulichkeit ebenso einfach und fantasielos wie in ihrer Furcht. Wenn ich eine von ihnen zu einem letzten Gang hinter die Scheune und einer Begegnung mit der Axt abhole, quaken sie vergnügt. Erst wenn ich ganz nahe bei ihnen bin und mir eine von ihnen hole, bekommen sie einen Schrecken.

Am Schlachttag ist das ganze Grundstück hinter der Scheune voll mit Enten-, Gänse- und Hühnerfedern. Die toten Vögel sind noch warm. Sie sehen aber nicht mehr wie Enten, Gänse oder Hühner aus. Es ist ein mühsamer Prozess, aus lebendem Geflügel menschliche Nahrung zu machen. Also gilt es, ein paar Tage zu warten, nicht nur, um das Fleisch reifen zu lassen, sondern auch, damit die Erinnerungen an die Untat, die hinter allem Fleisch steckt, verblasst.

Dann schiebe ich eine der Enten in den Ofen, und während sie es sich in der Wärme gemütlich macht, nehme ich ein letztes Bad im Meer, das es wieder nicht geschafft hat, richtig warm zu werden, bevor der Sommer zu Ende ging. Schließlich decke ich draußen den Tisch und öffne eine Flasche allzu teuren Wein, die ich eigentlich bis zum nächsten Jahr aufheben wollte. Während wir essen, geht die Sonne unter. Alles ist wieder gut.

Salat mit geräucherter Entenbrust

Ich habe in Frankreich oft geräucherte Entenbrust gegessen und fand immer, dass der milde Räuchergeschmack zusammen mit dem feinen Entenfleisch etwas Besonderes ist. Ich dachte lange, dass es unmöglich ist, eine geräucherte Entenbrust selbst zuzubereiten. Was einfach nicht stimmt, solange man Holzspäne und einen Grill mit Deckel hat. Das Resultat ist natürlich nicht genau gleich, weil die Temperatur beim Grillen höher ist.
Das allerbeste Ergebnis liefert eine Entenbrust, die noch am Knochen sitzt. Aber auch ausgelöste Brüste können auf diese Art zubereitet werden, vorausgesetzt, man gart sie nicht zu lange. Das Rezept funktioniert genauso gut mit Gänsebrust.
Holzspäne zum Räuchern gibt es in Baumärkten.

Für 4 Personen als Vorspeise
2 EL HONIG ODER SIRUP
2 TL SOJASAUCE
2 TL KETCHUP
2 TL BALSAMICO-ESSIG
FRISCHE KRÄUTER (NACH BELIEBEN)
2 ENTENBRÜSTE
SALZ UND PFEFFER
GEMISCHTER SALAT
1 TL DIJONSENF
1 EL FEIN GEHACKTE ZWIEBEL
1-2 EL WEINESSIG
3-5 EL RAPS- ODER OLIVENÖL
ESSBARE BLÜTEN, ETWA KAPUZINERKRESSE ODER RINGELBLUME

Den Grill anheizen. Den Honig mit Sojasauce, Ketchup, Balsamico und Kräutern verrühren. Die Haut der Entenbrüste rautenförmig einritzen. Die Brüste mit Salz und Pfeffer einreiben. Zuerst 1–2 Minuten auf der Fleischseite, anschließend 5–7 Minuten mit der Fettseite nach unten grillen.
Die Holzkohle an den Rand schieben, die Brüste in die Mitte des Rosts, wo sie am weitesten von der Glut entfernt sind. Mit der Honigmischung einpinseln. Eine Handvoll Späne auf die Glut streuen, den Deckel auf den Grill setzen und das Fleisch etwa 10 Minuten räuchern.
Den Salat zubereiten. Die Salatblätter in kaltem Wasser waschen und trocken schleudern. Auf einer Servierplatte verteilen. Aus Senf, Zwiebel, Essig und Öl ein Dressing mischen und über den Salat gießen. Die geräucherte Entenbrust in Scheiben schneiden und darauf anrichten. Zum Schluss mit den Blüten dekorieren.

Entenconfit

Entenconfit ist sehr lecker und leicht selbst herzustellen, es erfordert nur etwas Zeit. Was heute die Speisekarten trendiger Restaurants überall auf der Welt ziert, war ursprünglich einfache französische Bauernkost. Alle Enten wurden zur selben Zeit geschlachtet, im Herbst. Die feineren Stücke wie Leber und Brust wurden entweder in die Stadt verkauft oder zu Terrinen und Pâtés verarbeitet. Die Keulen behielt man, und um sie zu konservieren, wurden sie gepökelt und dann in Entenschmalz eingemacht. So behandelt, halten sie recht lange. Wenn man eine ganze Ente gekauft hat, kann man das Fett aus dem Bauchraum ablösen und auslassen. Das ist ganz einfach. Wer ausgelöste Keulen verwendet, muss Enten- oder Gänse-schmalz kaufen.

Für 12 Entenkeulen
12 ENTENKEULEN
4–6 EL GROBES SALZ
3 LORBEERBLÄTTER
10 PFEFFERKÖRNER
ENTENSCHMALZ

Die Keulen einsalzen und 24 Stunden im Kühlschrank ruhen lassen.
Am nächsten Tag den Backofen auf 120 °C vorheizen. Die Keulen mit Küchenpapier abreiben und zusammen mit Lorbeer und Pfeffer in eine ofenfeste Form legen. Das Schmalz zerlassen und dazugießen. Die Keulen müssen vollständig davon bedeckt sein. Wenn nicht genug für alle vorhanden ist, die Keulen nacheinander garen.
Die Form in den Backofen schieben. Nach 3 Stunden die Temperatur auf 100 °C senken und das Confit weitere 1–2 Stunden garen, bis das Fleisch so weich ist, dass es sich vom Knochen zu lösen beginnt. Das Confit in Einmachgläser füllen und mit Schmalz bedecken. So hält es sich an einem kühlen Ort monatelang. Die konfierten Entenkeulen lassen sich auch einfrieren. Sollte Schmalz übrig bleiben, durchseihen und zum Braten von Kartoffeln und Fleisch verwenden.

Entenconfit mit grünem Salat und gerösteten neuen Kartoffeln

Vorausgesetzt, das Entenconfit ist schon fertig, geht alles ganz schnell. Dann braucht man nur die Keulen im Ofen zu erhitzen, und zwar bis sie durch und durch heiß sind – am besten so, dass auch die Haut knusprig wird. Hier röste ich vorgegarte neue Kartoffeln mit. Das ist einfach und geht schnell, und obwohl neue Kartoffeln sich normalerweise nicht so gut zum Rösten eignen, sind sie zum Entenconfit aufgrund ihrer leichten Süße äußerst willkommen.

Für 2 Personen

400 G KLEINE NEUE KARTOFFELN, MIT DER SCHALE GEGART

2 KONFIERTE ENTENKEULEN (SIEHE SEITE 44)

GEMISCHTER SALAT

2 TL DIJONSENF

1 KNOBLAUCHZEHE, ZERDRÜCKT

1 EL WEISSWEINESSIG

½ TL HONIG

1 EL FEIN GEHACKTE SCHALOTTEN

3 EL OLIVENÖL

1 TL GETROCKNETER ODER 2-3 TL FEIN GEHACKTER FRISCHER THYMIAN

SALZ

Die Kartoffeln in eine große ofenfeste Form geben, in den Backofen stellen und auf 200 °C aufheizen. Wenn der Ofen heiß ist, das Entenconfit auf einen Rost über die Kartoffeln legen, sodass das Fett auf die Kartoffeln tröpfeln kann. Das Confit etwa 15 Minuten braten, bis die Haut knusprig ist.

In der Zwischenzeit einen einfachen grünen Salat zubereiten. Wenn er schlapp aussieht, die Blätter zunächst ein paar Minuten in Eiswasser legen. Salat putzen, waschen und trocken schleudern. Aus Senf, Knoblauch, Essig, Honig, Schalotten und Öl ein Dressing anrühren. Das Dressing mit dem Salat vermischen.

Wenn die Entenkeulen schön knusprig sind, die Kartoffeln mit Salz und Thymian bestreuen und zusammen mit Confit und Salat servieren.

Ganze gebratene Ente mit Äpfeln und Dill

Eine im Ganzen gebratene Ente erfordert etwas Aufmerksamkeit. Empfehlenswert ist in jedem Fall ein Bratenthermometer, mit dessen Hilfe sich das Fortschreiten des Garvorgangs verfolgen lässt. Die Ente kommt bei hoher Temperatur in den Ofen und wird bei allmählich abfallender Hitze fertig gegart, sodass die Keulen durchgebraten werden, ohne dass die Entenbrust trocken wird. Diese Art zu braten ist einerseits altmodisch und zugleich ungeheuer modern. Altmodisch ist das Verfahren, weil unsere Vorfahren Enten auf diese Weise brieten, und zwar in einem mit Holz befeuerten Steinbackofen, in dem die Temperatur sehr langsam sinkt. Ich habe Enten schon einen ganzen Tag in meinem Steinbackofen stehen gelassen. Wenn ich zurückkomme, ist der Ofen lauwarm und die Ente perfekt – durchgebraten, aber immer noch saftig. Dieses Rezept ist an einen modernen Haushaltsbackofen angepasst. Ich bestreiche die Ente gern mit etwas Süßem, etwa einem Sirup aus Honig und Apfelsaft oder Portwein – aber erst, wenn sie bereits gebräunt ist, denn Zucker verbrennt leicht. Ich habe viele frische Kräuter in meinem Garten und fülle die Ente manchmal einfach mit dem, wovon ich gerade am meisten habe. Dann lege ich sie zusammen mit einer traditionellen Mischung aus Äpfeln, Backpflaumen, Knoblauch, Zwiebeln und Kartoffeln in den Bräter.

Für 4–6 Personen
1 ENTE VON ETWA 3 KG
400 ML APFELSAFT
100 ML HONIG
SALZ UND PFEFFER
2 EL GETROCKNETER DILL
BUTTER
1 HANDVOLL FEIN GEHACKTER FRISCHER DILL
FRISCHE KRÄUTER (ETWA THYMIAN, ZITRONENMELISSE, OREGANO)
2 ÄPFEL, ENTKERNT UND IN STÜCKE GESCHNITTEN

Die Ente 2 Stunden vor der Zubereitung aus dem Kühlschrank nehmen. Apfelsaft und Honig einkochen, bis nur noch etwa 100 Milliliter übrig sind. Den Backofen auf 225 °C vorheizen. Die Ente mit Salz, Pfeffer, getrocknetem Dill und Butter einreiben. Den Bauch mit frischen Kräutern und Apfelstücken füllen.
Die Ente in einen großen Bräter setzen und in den vorgeheizten Ofen schieben. Nach 20 Minuten herausnehmen, mit dem Apfelsirup bestreichen, mit Dill würzen und bei 150 °C weitere 45 Minuten garen. Die Temperatur auf 85 °C herunterschalten und die Ente weiterbraten, bis die Kerntemperatur 68–70 °C beträgt. Wie viel Zeit das erfordert, ist vom jeweiligen Ofen abhängig. Bei mir dauert es etwa 45 Minuten.

KANINCHEN Hier begegnen sich Kuscheltier und Nutztier. In dem Film »Down By Law« erzählt Roberto Benigni, wie seine Mutter die Kaninchen behandelte. »Liebes Kaninchen, gutes Kaninchen«, sagt die Mutter, während sie das Tier zärtlich streichelt. Dann plötzlich ein Schlag auf den Hinterkopf, und kurz darauf wird das Tier mit Rosmarin, Knoblauch, Olivenöl und anderen leckeren Zutaten gebraten. Ich habe immer gewusst, dass dieser Film für mich nützlich sein würde. Denn genauso ist es, so dramatisch und so einfach. Ein zielgerichteter Schlag auf den Hinterkopf, ein scharfes Messer, und bald brutzelt das Kaninchen im Topf.

»Wirklich bemerkenswert, meine Mutter«, schließt Benigni. Es ist schon seltsam, dass sie in einem Augenblick noch kleine flauschige Tiere sind, um eine oder zwei Stunden später auf dem Teller zu liegen. Wenn es nach Benigni geht, müsste ich wohl ein bemerkenswerter Vater sein, denn ich bin vollkommen begeistert von den kleinen, süßen Kuscheltieren und dabei absolut unsentimental, wenn es für sie ans Sterben geht. Solange wir Fleischesser sind, muss es so sein. Entweder ich erledige den Job selbst oder ich bringe einen anderen dazu, ihn für mich zu erledigen. Wenn ich im Sommer Tiere halte, kommen sie ohne Recht auf Rückkehr. Der Sommer ist nicht das Einzige, was zu Ende geht.

Überraschend ist aber, dass offenbar alle in unserer Familie es zu akzeptieren scheinen. Oft fragen Besucher, was mit den Kaninchen geschehen soll, wenn der Sommer vorbei ist, und ich mache nie einen Hehl daraus, wie das funktioniert. Und bisher habe ich noch keinen Protest gehört. Jedenfalls nicht von Kindern. Der ein oder andere Erwachsene hat sich zwar zu den Kaninchen hinuntergebückt und gesagt: »Oh nein. Das können Sie doch nicht tun«, als wollte er sie beschützen, doch meine Kinder sind davon unbeeindruckt. »Lauft mal los und holt noch etwas mehr Löwenzahn, dann werden sie groß und fett«, sage ich. Das ist nicht makaber, das ist pragmatisch.

Vielleicht wird es in ein paar Jahren nicht mehr so einfach sein und mehr Geschrei und Zähneknirschen bei den Kindern verursachen, wenn wir Kaninchen schlachten, aber gerade jetzt gibt es mir eine tiefe Zufriedenheit zu sehen, wie kleine Zähne an saftigen Kaninchen- keulen nagen, die gerade mit Rosmarin, Knoblauch und Olivenöl gebraten wurden.

»Ist das seltsam?«, frage ich meinen Sohn.

»Nein, bei Kaninchen nicht. Das ist gut. Gutes Kaninchen!«

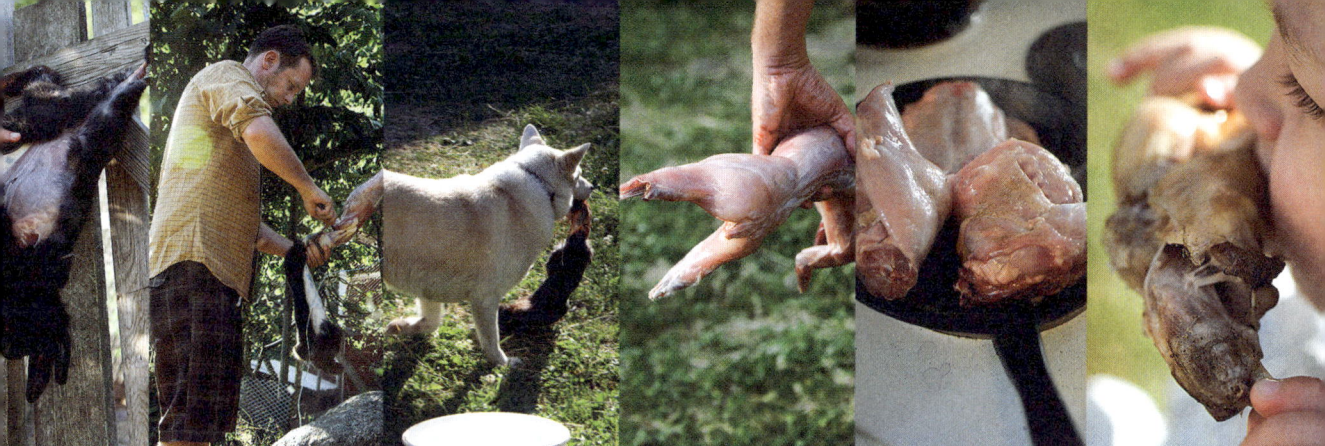

Kaninchen mit Rosmarin, Oliven und Zitrone

Kaninchenfleisch lässt sich unglaublich leicht zubereiten und hat einen milden und guten Geschmack. Das Fleisch ist ziemlich mager, sodass es sich am besten für Schmorgerichte eignet. Mit Brot servieren, gebratener Fenchel schmeckt gut dazu. (Nach Belieben den in Streifen geschnittenen Fenchel auch mit in den Topf zum Kaninchen geben.)

Für 4 Personen
1 KANINCHEN
1–2 EL WEIZENMEHL
1 TL SALZ
1–2 TL FEIN GEHACKTER ROSMARIN
OLIVENÖL
8 KNOBLAUCHZEHEN
1 HANDVOLL OLIVEN
½ UNBEHANDELTE ZITRONE
GEMÜSE (NACH BELIEBEN)
OLIVENÖL

Das Kaninchen zerteilen: die Vorder- und Hinterbeine ablösen, die Keulen in je zwei Teile, den Rücken in vier Portionen hacken. Mit Mehl, Salz und Rosmarin bestreuen. Das Öl in einem großen Schmortopf erhitzen. Die Fleischstücke rundum anbräunen, am besten portionsweise. Zwei Knoblauchzehen mit einer Messerklinge zerdrücken. Die anderen längs halbieren. Die zerdrückten Knoblauchzehen zusammen mit dem Kaninchen ein paar Minuten anbraten, bis sie goldbraun sind.
Den restlichen Knoblauch und die Oliven zugeben. Die Zitrone entweder auspressen und den Saft in den Topf gießen oder mit der Schale in Scheiben schneiden und ebenfalls zum Kaninchen geben. Etwas Wasser angießen, den Deckel auflegen und alles 30 Minuten köcheln lassen. In der letzten Viertelstunde eventuell Gemüse mitgaren.
Vor dem Servieren probieren und falls nötig nachsalzen.

Kaninchen mit Senf

Ein klassisches Rezept aus Frankreich und eine der einfachsten und besten Geschmackskombinationen. Eine wichtige Zutat ist Dijonsenf – mir scheint, dass kein anderer Senf das gleiche Resultat ergibt. Besonders gut wird das Gericht mit einem kräftigen Weißwein, beispielsweise einem Gewürztraminer.

Für 4 Personen
1-2 EL BUTTER
1 KANINCHEN, IN 4 TEILE ZERLEGT
1 ZWIEBEL
1-6 KNOBLAUCHZEHEN, GEHACKT
300-400 ML WEISSWEIN
1 TL GETROCKNETER ESTRAGON
2 EL DIJONSENF
200-300 G SAHNE
SALZ
GROB GEMAHLENER SCHWARZER PFEFFER
2 TL GEHACKTER FRISCHER ESTRAGON

Die Butter in einem großen Schmortopf erhitzen. Zwiebel und Kaninchen 10 Minuten bei mittlerer Hitze anbraten. Knoblauch, Weißwein und getrockneten Estragon dazugeben. Ohne Deckel 1 Stunde köcheln lassen.
Senf und Sahne unterrühren und 15 Minuten weitergaren. Mit Salz und reichlich grobem Pfeffer abschmecken. Mit frischem Estragon bestreut servieren.

Kaninchen in Bier

Kaninchen ist sehr wohlschmeckend, wenn man es nur lange genug gart. Hier wird das Fleisch in dunklem Bier geschmort.
Wer Kümmel nicht so gern mag, bereitet das Rezept mit Fenchelsamen und Fenchel zu.

Für 4 Personen
1-2 EL BUTTER
1 KANINCHEN, IN 8 STÜCKE ZERTEILT
1 ZWIEBEL, GEHACKT
1 FLASCHE DUNKLES BIER
SALZ
1 TL KÜMMEL ODER FENCHELSAMEN
1 TL PFEFFERKÖRNER
2 TL MEHL (NACH BELIEBEN)
2-4 MÖHREN, IN SCHEIBEN GESCHNITTEN
1 STANGE LAUCH, IN RINGE GESCHNITTEN
KÜMMEL, FENCHELSAAT ODER FRISCHER KERBEL (NACH BELIEBEN)

Die Butter in einem Schmortopf erhitzen. Kaninchen und Zwiebel bei mittlerer Hitze 10 Minuten anbraten. Bier, Salz, Kümmel, Pfefferkörner sowie die Möhren und den Lauch zugeben. Etwa 1 Stunde ohne Deckel köcheln lassen. Darauf achten, dass die Flüssigkeit nicht ganz einkocht. (Falls es nicht möglich ist, das Gericht im Auge zu behalten, besser einen Deckel auflegen. Dann bleibt der Schmorsud allerdings dünnflüssig.)
Die Flüssigkeit mit Salz abschmecken. Sollte sie zu dünnflüssig sein, bei etwas größerer Hitze einkochen oder mit dem in etwas Wasser angerührten Weizenmehl binden. Ein wenig Kümmel, Fenchelsaat oder frische Kerbelblättchen zugeben und servieren.

Salat und Kräuter

Grün ist die Hoffnung, und Salat und Kräuter sind es auch. Es gibt so gut wie kein Gericht, das ich nicht mit einem frischen Salat essen kann, und so viele Speisen profitieren von frischen Kräutern. Der Unterschied zwischen einem Schweinekotelett mit oder ohne Salbei ist enorm, während sowohl der Arbeitsaufwand als auch der Preis mehr oder weniger die gleichen sind. Schwere Fleischspeisen sind leichter verdaulich, wenn auch ein Salat auf dem Tisch steht.

In den letzten Jahren hat sich das Angebot sehr verändert. Das ist schön, denn während wir früher zwischen Kopfsalat, Feldsalat und Endivien wählen konnten, gibt es heute Salatherzen, Römersalat, Eisbergsalat, Frisée, Brunnenkresse und viele andere gute Sorten. Am allerbesten aber schmeckt selbst gezogener Salat. Die Vorteile liegen auf der Hand. Der Salat im Laden wurde vor vielen Tagen gepflückt. Den eigenen Salat kann man aus dem Garten holen, während die Kartoffeln kochen.

Sowohl auf dem Balkon in Oslo als auch in meinem Küchengarten auf Viestad ziehe ich verschiedene Salate. Ich habe aus den USA besonderes Saatgut bekommen, sodass hier nun einige ziemlich außergewöhnliche Sorten wachsen – alte Salatsorten, die bei den Amish People bewahrt werden, kleine, rote Blätter, einige mit bitterem Geschmack, andere süß, manche fast kohlartig. Die Aussaat erfolgt bewusst unsystematisch. Die Pflänzchen wachsen in einer wilden Mischung und ziemlich dicht heran, aber je mehr ich davon verbrauche, um so mehr dünne ich aus. Die Blätter sind klein und knackig. So klein, dass eine Handvoll Salat aus bis zu zehn verschiedenen Sorten bestehen kann. Es gibt nie zweimal die gleiche Mischung, das bringe ich nicht zustande, selbst wenn ich es wollte.

RUCOLA Für mich ist Rucola – ähnlich wie Balsamico, Basilikum und sonnengetrocknete Tomaten – ein Symbol für den gastronomischen Zeitgeist, etwas, das in einem bestimmten Moment einfach da ist, oft ohne eine andere Funktion, als zu zeigen, in welchem Jahrzehnt wir leben. Und wie bei allen anderen Modeerscheinungen gibt es Anhänger, die ihn mögen, weil er »in« ist, und Gegner, die ihn verabscheuen, weil er nicht länger »in« ist.

Wer ein eigenes Stück Land hat – und das meine ich in der allerweitesten Bedeutung, denn es gilt auch für einen Topf auf der Fensterbank –, braucht sich um solche Modeerscheinungen nicht zu kümmern. Rucola ist der Salat für alle, die keinen grünen Daumen haben. Nichts lässt sich leichter anbauen, einfach weil Rucola trotz seines neugewonnenen Status als geliebter und gehasster Modesalat eigentlich nichts anderes ist als ein Unkraut.

Rucola wächst wild im gesamten Mittelmeerraum und hat sich durch den Menschen nach Süden und Osten bis nach Indien und Afrika verbreitet, und das schon lange, bevor er in Richtung Norden zu uns kam. Der Lebensmittelhistoriker Alan Davidson schreibt: »Die Beliebtheit von Rucola als trendige Zutat in westlichen Restaurants kann vergessen machen, dass er auch an anderen Orten angebaut und geschätzt wird … wo die Essenstraditionen in geringerem Maß den Launen des Zeitgeists unterworfen sind.« Dass Rucola eigentlich ein Unkraut ist, wird mir immer wieder bewusst, wenn ich ihn im Blumentopf auf dem Balkon aussäe. Ich kann verreisen oder für ein paar Tage vergessen, ihn zu gießen, dann werden die Blättchen schlapp und welk. Selbst wenn er auf meinem Balkon dem teils sehr rauen Klima ausgesetzt ist, und trotz der Tatsache, dass das Gießen meinem unregelmäßigen Lebensrhythmus folgt, geht er nicht ein. Und plötzlich eines Tages, ein paar Wochen nach der Aussaat, sind die Pflänzchen ausgewachsen. Dann müssen jeden Tag Blättchen geerntet werden, damit sie nicht zu groß und bitter werden. Dann muss ich sie essen, so schnell ich kann. Denn einige Tage oder eine Woche später haben sie ihre Frische verloren, den pfeffrigen Geschmack, den ich so schätze. Wenn ich Rucola draußen aussäe, freue ich mich, weil er zu den wenigen Pflanzen gehört, die schneller wachsen als das Unkraut, und weil er so früh keimt. Während andere Salate und die Zucchinipflanzen sich nur allmählich davon überzeugen lassen, dass der Sommer unterwegs ist, streckt sich der Rucola schon dem Himmel entgegen, jederzeit zum Pflücken bereit.

Rucolasalat lässt sich vier bis sechs Wochen nach der Aussaat ernten. Wer seinen eigenen Rucola anbauen will, sollte unbedingt in mehreren Durchgängen säen, um längere Zeit ernten zu können. Rucola gehört zu den wenigen Nutzpflanzen, die sich in kühleren Temperaturen wohler fühlen als bei zu viel Wärme. Wenn dann andere Salate erntereif sind, wird der Rucola weniger interessant. Mitten im Sommer beginnt er Samen abzusetzen und wird fast über Nacht holzig, sodass ich Rucola vorzugsweise im Winter esse – wenn ich ihn auf dem Fensterbrett durchbringe –, auch im Frühjahr und im Frühsommer, aber selten nach dem 1. Juli.

Rucolasalat

Kleine Zwiebel- und Mandelstücke geben
dem Salat ein wenig Konsistenz, etwas frisches
Obst verleiht ihm Süße – nicht ganz reifer
Pfirsich eignet sich gut dafür.

1 GROSSES BUND RUCOLA
2 EL FEIN GEHACKTE SCHALOTTEN
2 EL SALZMANDELN, FEIN GEHACKT
2 EL FEIN GEHACKTES OBST, ETWA PFIRSICH
100 ML OLIVENÖL
2–3 EL ZITRONENSAFT
1 TL DIJONSENF
FEIN GERIEBENER PARMESAN (NACH BELIEBEN)

Die Rucolablätter 10–15 Minuten in kaltes
Wasser legen – am besten mit einer Handvoll
Eiswürfel. Das macht den Salat knackiger und
frischer. Trocken schleudern. Gut mit Schalotten, Mandeln und Obst mischen. Öl,
Zitronensaft und Senf verrühren, bis das
Dressing homogen ist. Den Salat damit
übergießen und durchheben. Nach Belieben
mit Parmesan bestreuen.

Sommersandwich mit Rucola

Ein Sandwich herzustellen hat eigentlich
mit Kochen nichts zu tun, aber etwas
Mühe muss man sich schon geben. Die
Paprikaschoten kann man selbst rösten
und häuten oder ein gutes Produkt fertig
kaufen. Senf und grob gemahlener Pfeffer
liefern die nötige Schärfe. Dazu gebe ich
eine großzügige Menge Rucola.

2 SCHEIBEN LANDBROT
1 KNOBLAUCHZEHE
DIJONSENF
ZIEGENKÄSE, IN SCHEIBEN GESCHNITTEN
GEGRILLTE PAPRIKASCHOTEN
GROB GEMAHLENER PFEFFER
VIEL RUCOLA
PINIENKERNE

Das Brot rösten, mit einer halbierten
Knoblauchzehe abreiben und mit Senf
bestreichen. Ziegenkäse, Paprika und
reichlich Rucolablätter auf einer Scheibe
verteilen, Pinienkerne darüberstreuen,
mit der zweiten Brotscheibe abdecken.

Rucolasalat mit Ziegenkäse

Der intensive Geschmack des Ziegenkäses passt gut zur pfeffrigen Note von
Rucolablättern. Ich bereite diesen Salat
so einfach wie möglich zu – statt ein
Dressing herzustellen, beträufle ich den
Salat lieber mit einer Mischung aus
gutem Öl, Rotweinessig, Salz und frisch
gemahlenem groben Pfeffer. Dann gebe
ich etwas fein gehackte Zwiebel dazu.
Auch Pfirsichwürfel schmecken gut in
diesem Salat – aber nicht zu viele. Den
Käse nach Belieben kurz unter den
heißen Backofengrill schieben, bevor er
auf die Teller gelegt wird.

Für 4 Personen als kleiner Imbiss
2 GROSSE BUND RUCOLA
2–3 EL FEIN GEHACKTE ZWIEBEL
4 SCHEIBEN ZIEGENKÄSE
2 EL OLIVENÖL
1–2 EL ROTWEINESSIG
SALZ
GROB GEMAHLENER PFEFFER

Den Salat putzen und nach Möglichkeit
15 Minuten in Eiswasser liegen lassen,
damit er schön knackig wird. Trocken
schleudern und mit der Zwiebel in eine
Schüssel geben.
Mit Öl und Essig beträufeln, dann
durchheben. (Das sollte erst unmittelbar
vor dem Servieren geschehen, denn
sowohl Öl als auch Essig lassen die
Rucolablätter zusammenfallen.) Den
Salat auf die Teller verteilen. Eine
Scheibe Ziegenkäse auf jede Portion
legen, mit Salz und Pfeffer aus der
Mühle würzen.

Pasta mit Rucola

Meine Version eines italienischen Klas-
sikers. In Italien bestelle ich gern Pasta mit
Rucola, aber meistens habe ich dann den
Eindruck, alles hätte intensiver schmecken
müssen – vor allem nach Rucola. Ich
unterstreiche den nussigen Geschmack der
Rucolablätter, indem ich daraus eine Art
Pesto mit Walnüssen und Parmesan oder
Pecorino zubereite. Ich mag das Gericht mit
Bandnudeln am liebsten (vorzugsweise mit
selbst gemachter Pasta, siehe Seite 26). Zum
Schluss gebe ich noch frische Rucolablätter
dazu.

Für 4 Personen
500 G SPAGHETTI ODER BANDNUDELN
RUCOLA
PARMESAN ODER PECORINO
WALNUSSKERNE

Für das Rucolapesto
100 G RUCOLA
1–2 KNOBLAUCHZEHEN, ZERDRÜCKT
50 G WALNÜSSE ODER PINIENKERNE
50 G WEISSER ZIEGENHARTKÄSE, PARMESAN
ODER PECORINO, GERIEBEN
100–200 ML OLIVENÖL
2 TL GROBES SALZ

Für das Pesto alle Zutaten im Mixer oder
im Mörser zerkleinern.
Die Nudeln in leicht gesalzenem Wasser
bissfest kochen. Pasta und Pesto vermischen und auf Teller verteilen. Rucola
und Parmesanspäne dazugeben, auf jede
Portion einige Walnusskerne geben, dann
servieren.

Kartoffelsuppe mit Rucola

Im Lauf des Sommers werden sowohl Rucola als auch andere Salate holzig und recht bitter. Besonders stark reagieren sie auf die Kombination von Wärme und Trockenheit, gerade in guten Sommern wird das zum Problem.

Aber selbst wenn die Konsistenz nicht mehr optimal ist, der Geschmack ist noch da – manchmal sogar besonders intensiv. Aus solchen Rucolablättern lässt sich gut eine Art Sauce zubereiten, nach Belieben auch zusammen mit Blättern von anderen Salaten oder Kräutern. Sie passt zu vielen Gerichten – hier würze ich damit eine kalte Kartoffelsuppe. Aber auch als Dip zu gegrilltem Fleisch, zu Pasta oder Schalentieren schmeckt sie wunderbar.

Für 6 Personen

2 EL BUTTER

1 STANGE LAUCH, NUR DAS WEISSE, GEHACKT

3–4 FRÜHLINGSZWIEBELN, GEHACKT

700 ML GEMÜSE- ODER HÜHNERBRÜHE

2–3 KARTOFFELN, IN STÜCKE GESCHNITTEN

300 G SAHNE

1 SCHÜSSEL RUCOLABLÄTTER

3 EL GEHACKTE PETERSILIE

SALZ UND PFEFFER

1 SPRITZER TABASCO ODER ETWAS CAYENNEPFEFFER (NACH BELIEBEN)

Die Butter in einem Topf erhitzen. Lauch und Frühlingszwiebeln darin 5 Minuten bei mittlerer Hitze anbraten. Die Brühe und die Kartoffeln dazugeben. 15 Minuten kochen, bis die Kartoffeln weich sind.

Eine Tasse Brühe abnehmen und in eine große Schüssel oder einen tiefen Teller geben. Kühl stellen. Das Gemüse mit dem Rest der Brühe in den Mixer oder in die Küchenmaschine geben, die Sahne dazugießen und alles fein pürieren. Wird eine besonders feine Konsistenz gewünscht, die Suppe durch ein Sieb passieren. Nicht zu lange im Mixer pürieren, sonst kann die Konsistenz der Suppe leiden. Kühl stellen.

Kurz vor dem Servieren die Rucolablätter hacken. Rucola, Petersilie und die abgekühlte Brühe im Mixer fein pürieren. Dabei den Mixer nach Bedarf mehrmals anhalten und den Inhalt von den Seiten abstreifen. Soll die Konsistenz besonders fein sein, auch dieses Püree durch ein feines Sieb streichen. Mit Salz und Pfeffer abschmecken. Eventuell mit Tabascosauce würzen. Die Kartoffelsuppe in tiefe Teller schöpfen. Das Rucolapüree dazugeben und mit einer Gabel ein kleines Muster zeichnen. Dies sieht nicht nur gut aus, auf diese Weise entstehen am Rand des Tellers auch kleine Aroma-Adern. Das Püree nicht vollständig unterrühren, denn es ist schön, wenn jeder Mundvoll Suppe ein wenig unterschiedlich schmeckt.

SCHNECKEN – FEIND ODER FUTTER? Eine der großen Plagen im Garten sind Schnecken. Es gibt eine ganze Reihe von Strategien, die man im Kampf gegen diesen Feind anwenden kann. Ganz wichtig ist es, das Gelände um den Küchengarten herum frei zu halten. Ich habe schon vieles ausprobiert, doch am effektivsten war es immer, den Rasen zu mähen. Wenn das nächstgelegene Versteck 20 Meter entfernt ist, finden weit weniger Schnecken den richtigen Weg – und man hat eine größere Chance, sie unterwegs zu entdecken.

Es hilft auch, Rindenmulch oder Kies zwischen den Gemüsebeeten und um sie herum zu verteilen, sodass es für die Schnecken unangenehm wird, sich durchzukämpfen. Auch Meersalz hat sich bewährt, aber man muss es mit reichlich Abstand zu den Pflanzen streuen. Viel Salz wird einen toten oder fast toten Gürtel um den Gemüsegarten zur Folge haben. Das ist an sich kein Unglück, denn dann ist dieser Bereich für die Schnecken weniger attraktiv, selbst wenn das Salz nicht mehr da ist. Außerdem gibt es verschiedene Arten von Gift, die aber allesamt nicht ganz ungefährlich sind.

Gärtnertricks, etwa Bierdosen in den Beeten zu versenken, um die Schnecken anzulocken, funktionieren zwar, doch besonders effektiv ist das nicht. Die simpelste aller Lösungen ist es immer noch, die Schnecken von Hand aufzusammeln. Mit Bierfallen habe ich höchstens ein Dutzend Schnecken in einer Nacht gefangen, während ich es mit einem Eimer und einer Taschenlampe ausgerüstet mühelos schaffe, in der Dämmerung oder nachts 50 Schnecken in einer halben Stunde aufzulesen.

Aber warum versuchen wir nicht, jemanden zu finden, der uns diese Arbeit abnehmen kann? Enten lieben Schnecken. Sie laufen bei ihrer ewigen Jagd nach etwas Essbarem auf dem Hofplatz herum, und ihre Lieblingsspeise sind gerade Schnecken. Sie sind gute Nahrung. Die Enten werden fett und schön und glücklich, und das werde ich auch, wenn ich sie esse. So gesehen kann man die Schnecke auch als eine Ressource betrachten.

SALATE Wer Salat ziehen will, sollte unbedingt verschiedene Sorten anbauen. Am besten ist es, Samen auszusäen, denn da sind weit mehr Sorten verfügbar, sowohl in gewöhnlichen Gartencentern als auch bei Versendern (siehe Seite 502).

Die meisten Salate lassen sich leicht in einem Topf oder in einer Kiste auf dem Balkon ziehen. So baue ich zum Beispiel Salat in meiner Wohnung auf Bislett in Oslo in einer alten Badewanne an, wo auch Kartoffeln wachsen. Zu Anfang muss sich der schnellwachsende Kopfsalat allein tummeln, nach und nach bekommt er Konkurrenz von Eisberg- und Römersalat. Nun beginnen die Kartoffeln (die ich bewusst sehr spät einsetze und ziemlich tief) ein stürmisches Wachstum. Wenn die Kartoffelpflanzen alles übernehmen, bin ich längst gen Süden abgereist. Auf Viestad habe ich Salat im Treibhaus und im Gemüsebeet, sodass ich über eine ziemlich lange Zeit mit frischem Salat versorgt bin. Die Pflanzen verlangen gute Erde und regelmäßiges Wässern. Davon abgesehen, gibt es nur wenige Dinge, die man falsch machen kann. Es empfiehlt sich, die Samen großzügig auszusäen, nach Möglichkeit mehrere Sorten gemischt. Nach und nach kann man damit beginnen, die Jungpflanzen auszudünnen, und schon das ergibt leckere Mahlzeiten.

Bauernsalat mit Eiern, Blüten und Kräutern

Hier verwende ich ein rohes Eigelb im Dressing und ein hart gekochtes Ei für den Salat selbst. Das Ergebnis ist recht reichhaltig, während die Kräuter und die Blüten viel Frische und Süße beisteuern. Dieses Eierfest, besonders das rohe Eigelb, lohnt sich nur, wenn man gute, frische Eier hat. Das Rezept ist ein guter Ausgangspunkt für eigenes Experimentieren. Ich mag Kapuzinerkresse, denn sie hat einen fast an Curry erinnernden Geschmack, während sie gleichzeitig auch süßen Nektar enthält. Auch Rosenblüten und Ringelblumen sind gut geeignet. Dem Dressing lässt sich ein wenig Parmesan zusetzen, dann wird der Geschmack runder und salziger. Gehackte Anchovis oder Schinkenwürfel passen ebenfalls. Das Allerwichtigste ist jedoch die Abwechslung – idealerweise schmeckt jeder Mundvoll anders.

Für 4–6 Personen
1 SCHÜSSEL GEMISCHTE SALATBLÄTTER
1 ROHES EIGELB
1–2 EL ESTRAGONESSIG
1–2 KNOBLAUCHZEHEN, ZERDRÜCKT
2 TL DIJONSENF
OLIVENÖL
1 TL ZUCKER
¼ TL WORCESTERSAUCE (NACH BELIEBEN)
8 KIRSCHTOMATEN, HALBIERT
FRISCHE KRÄUTER (ETWA ESTRAGON, KERBEL, BASILIKUM)
BLÜTEN VON KAPUZINERKRESSE
1 HART GEKOCHTES EI, GESECHSTELT

Den Salat gut waschen und trocken schleudern. Das rohe Eigelb in eine Schüssel geben, Essig, Knoblauch und Senf zugeben. Gut umrühren. Ein wenig Öl unterrühren und mit Zucker abschmecken, damit die Mischung nicht allzu sauer ist. Nach Belieben mit Worcestersauce würzen.
Salat, Tomaten, Kräuter und Dressing in eine Salatschüssel geben und gut durchheben. Die Blüten und das Ei darauf anrichten und servieren.

Salat mit Makrele

Der beste und bekannteste mediterrane Salat ist Salade niçoise. Ich habe hier den Thunfisch durch Makrele ersetzt. Sie wird in Salzwasser gegart, dem ich auch gern Gewürze zusetze – Currypulver, Pfefferkörner und Lorbeerblätter. Man kann auch die Reste einer Makrelen-mahlzeit verwenden. (Lachs eignet sich ebenfalls gut, ebenso Ölsardinen.) Ich verwende gern Enteneier für den Salat – sie sind besonders groß und haben ein intensives Aroma, aber mit Hühnereiern schmeckt er natürlich auch. Ich baue verschiedene Salatsorten an und verwende eine Mischung daraus. Wer keinen Salat im Garten hat, kann Salatherzen und ein wenig Rucola kaufen.

Für 4 Personen als Vorspeise oder leichte Mahlzeit

2 KLEINE MAKRELEN

SALZ

2 EIER

SALATBLÄTTER

ZUCKERSCHOTEN

TOMATEN

SARDELLENFILETS

1 EL DIJONSENF

2–3 EL WEINESSIG

100 ML OLIVEN- ODER RAPSÖL

Die Makrelen in 3–5 Zentimeter große Stücke teilen und diese in Salzwasser 8–10 Minuten gar ziehen lassen. Die Eier kochen.
Den Salat gut waschen und trocken schleudern. Salat, Zuckerschoten, Tomaten (und nach Belieben auch andere Gemüse) mischen, die Eier und Sardellen dazugeben. Den Fisch von Haut und Gräten befreien, dann auf dem Salat verteilen. Aus den restlichen Zutaten ein Dressing herstellen und kurz vor dem Servieren über den Salat gießen.

Eisbergsalat mit Zucchini und Koriander

So schön eine Schüssel mit buntem Salat und Blüten ist, auch ein grüner Salat hat seine Reize. Die verschiedenen Salatblätter, Kräuter und Zucchini verleihen ihm vielfältige Farb- und nicht zuletzt Geschmacksnuancen. Dieser einfache Salat ist von Alice Waters inspiriert, die in ihrem Restaurant »Chez Panisse« in Berkeley außerhalb von San Francisco konsequent auf frische Produkte aus der Region setzt. Ich war verblüfft, wie einfach alle Speisen bei ihr sind. Das liegt daran, dass sie zu 90 Prozent aus rohen Produkten bestehen. Es ist bei uns so gut wie unmöglich, Mini-Eisbergsalat zu finden, deshalb verwende ich entweder kleine Salatköpfe aus dem Garten oder das Herz von einem gekauften Salat. Sollten die Zucchini nicht so frisch und süßlich sein, wie man es sich wünscht, kann man die Scheiben 20 Sekunden in einer glühend heißen trockenen Grillpfanne braten. Das ergibt eine leichte Rauchnote und bringt gleichzeitig den erwünschten milden Zucchinigeschmack zum Vorschein.

Koriander lässt sich leicht im Garten ziehen, doch er mag keine Kälte. Am besten kauft man einen Topf im Laden und pflanzt ihn aus. Ein wenig fein gehackter Kerbel passt gut in diesen Salat, ebenso Schnittlauch, wenn Sie keinen Koriander finden oder seinen leicht seifigen Geschmack nicht mögen.

Für 4 Personen

4 MINI-EISBERGSALATE

2 KLEINE ZUCCHINI

2 SCHALOTTEN, FEIN GEHACKT

1 EL FEIN GEHACKTER KORIANDER

SAFT VON 1 ZITRONE

2 TL ROTWEINESSIG (NACH BELIEBEN)

50 ML GUTES OLIVEN- ODER RAPSÖL

SALZ

Eine Schüssel mit kaltem Wasser füllen und einige Eiswürfel dazugeben. Fast alle grünen Blätter des Eisbergsalats entfernen, sodass nur die hellen, zarten Herzen übrig bleiben. Halbieren und in das Eiswasser legen.

Die Zucchini in feine Scheiben schneiden oder hobeln. Die Scheiben in eine Salatschüssel füllen. Schalotten, Koriander und ein wenig Zitronensaft (nach Belieben auch Rotweinessig), hinzugeben. Das Öl dazugießen und alles gut vermischen.

Die Salatblätter aus dem Eiswasser nehmen und trocken schleudern. Zu den Zucchinischeiben in die Schüssel geben. Alles noch einmal vorsichtig durchheben. Eventuell mit Zitronensaft abschmecken. Auf Teller verteilen und servieren.

Gegrillter Salat mit Pancetta

Der Salat wird im Speckfett gebraten, so kommt er frischem Kohl weit näher als der gängigen Vorstellung von Salat.

1 KOPF-, RÖMER- ODER EISBERGSALAT
100 G PANCETTA, IN STREIFEN
    GESCHNITTEN
3-4 EL SEMMELBRÖSEL
2 KNOBLAUCHZEHEN, GEHACKT
FRISCHE KRÄUTER (NACH BELIEBEN)
FRISCH GEPRESSTER ZITRONENSAFT
GERIEBENER PARMESAN

Den Salatkopf der Länge nach in vier Teile schneiden. Pancetta bei geringer Hitze in einer Pfanne knusprig braten. Die Temperatur erhöhen, den Salat in die Pfanne geben und braten, bis er zusammenfällt und einen großen Teil des Speckfetts aufgesogen hat. Das dauert 5–6 Minuten. Semmbelbrösel sowie Knoblauch dazugeben, nach Belieben auch frische Käuter, und 1 Minute weiterbraten. Mit ein wenig frisch gepresstem Zitronensaft und geriebenem Parmesan servieren.

Gegrillter Salat

Der letzte Salat des Sommers ist bereits ein wenig holzig und hat viel von seiner Frische verloren. In der Mitte erkennt man noch ein paar hellgrüne Blätter. Aber sonst ist deutlich zu sehen, dass er ... na ja, zu einem Gemüse geworden ist. Und dann sollte man ihn auch wie ein Gemüse behandeln. Das gilt ganz besonders für die leicht bitteren Sorten wie etwa Römersalat.
Gegrillter Salat passt gut als Beilage zu Fleisch oder Fisch. Und wenn man etwas Fetakäse mit in die Grillpfanne legt, hat man im Handumdrehen eine leckere kleine Mahlzeit. Aber auch mit Parmesan bestreut oder mit einer Scheibe Schinken macht er sich gut.

1 RÖMERSALAT
2-3 EL ÖL
GROBES SALZ
2 KNOBLAUCHZEHEN, FEIN GEHACKT
1-2 EL FRISCH GEPRESSTER ZITRONENSAFT
    ODER ESSIG
1 EL SCHNITTLAUCHRÖLLCHEN
GROB GEMAHLENER PFEFFER

Die Grillpfanne vorheizen. Vom Salat die äußeren Blätter entfernen. Den Salat längs in vier Teile schneiden. Öl, Salz und Knoblauch auf einem Teller mischen. Die Salatviertel in das Öl tauchen, dann 2 Minuten auf jeder der beiden Schnittflächen grillen, bis der Salat zusammenfällt und dunkle Streifen aufweist. Mit etwas Zitronensaft beträufeln, mit Schnittlauch und Pfeffer bestreut servieren.

Weizengrassaft

Eine schöne Art, um sich eine Menge Chlorophyll, Vitamine und Antioxidantien einzuverleiben, besteht darin, Weizengrassaft zu trinken. Dieser Saft ist bei den gesundheitsbewussten Kunden der teuren Saftbars in New York zu einem Modegetränk geworden, aber er lässt sich auch zu Hause leicht zubereiten.

Dafür eine flache Form mit einer dünnen Schicht Erde und einer Menge Weizenkörner füllen. Nach einer Woche auf dem Badezimmerfußboden oder der Küchenbank (nicht zu starker Sonneneinstrahlung aussetzen und gut feucht halten) sprießt grünes, saftiges Gras zehn bis 15 Zentimeter hoch. Abschneiden und im Mixer oder in der Küchenmaschine pürieren, dann durch ein feines Sieb streichen, damit die langen Fasern zurückbleiben. Ein kleiner Schuss genügt, um einen Schub frische Energie zu bekommen und den intensiven, süßlichen Geschmack zu genießen, der lange anhält.

Man sagt, dass 30 Milliliter Weizengrassaft den gleichen Vitamingehalt haben wie ein Kilo Gemüse. Und ist es nicht ein verführerischer Gedanke, dass ich mir in der Zeit, wenn sich draußen wenig Frisches findet, trotzdem mühelos so viel frisches Grün einverleiben kann?

KRÄUTER Nichts ist so einfach, wie selbst Kräuter zu ziehen. Man muss nur die im Laden gekauften Pflanzen in größere Töpfe umsetzen oder in den Garten auspflanzen. Die kommerzielle Produktion von Kräutern in Skandinavien ist bemerkenswert: Alle Kräuter werden so angebaut wie Basilikum. Aber während Basilikum es gern warm und feucht hat und es ihm guttut, schnell zu wachsen, gedeihen die meisten anderen Kräuter am besten, wenn sie auf ein wenig Widerstand stoßen. Sowohl Thymian als auch Oregano sind ja zähe Gewächse, die zum Beispiel auf den kargen griechischen Inseln gut gedeihen, wo es im Sommer glühend heiß und trocken ist, eiskalt und feucht im Winter – etwa so weit von Treibhausbedingungen entfernt, wie man sich nur vorstellen kann. Nach dem Schock, ausgepflanzt zu werden, passen sich die Pflanzen verblüffend schnell an. Es dauert nicht mehr als eine Woche oder zwei, bis die allzu schnell gewachsenen Treibhauskräuter beginnen, einen natürlichen Wuchs anzunehmen. Nach und nach folgt auch der Geschmack, und nach einem langen Sommer haben Rosmarin und Salbei begonnen, sich als das zu etablieren, was sie sind, als kleine Sträucher, der Rosmarin mit Nadeln und der Salbei mit lederartigen, behaarten Blättern. Mit etwas Glück überleben sie den Winter.

Wenn es um die weichen, empfindlicheren Kräuter geht, die mehr an Salat als an andere Kräuter erinnern, kann es vorteilhaft sein, sie aus Samen zu ziehen. Besonders weil sie dann besser und natürlicher wachsen, aber vor allem, weil sie dann den Geschmack entwickeln, den man im Laden nicht kaufen kann. Ich ziehe drei Arten von Basilikum, und sie schmecken alle unterschiedlich und haben andere Eigenschaften. Das Basilikum, das bei uns am häufigsten ist, hat mittelgroße Blätter und ist eine typische norditalienische Variante. Das ist die Sorte, die für Pesto Verwendung findet. Ich baue auch eine großblättrige, süditalienische Sorte an, die man normalerweise in Pastasaucen und auf Pizza verwendet. Eine weitere großblättrige Variante verwende ich gern in Salaten. Um die kleinen und sehr kleinblättrigen Sorten kümmere ich mich wenig, aber es kann nicht schaden, auch die zu haben. Bei fast allen Speisen, die ich zubereite, verwende ich Kräuter. Und nicht immer ist es so wichtig, welche Kräuter ich verwende. Ja, es gibt ein paar Regeln, etwa dass Salbei gut zu Schweinefleisch passt, dass Rosmarin und Lamm zusammengehören und dass Estragon ein ausgezeichnetes Fischgewürz ist. Aber nichts ist in Stein gemeißelt; Regeln sind dazu da, um gebrochen zu werden. Wenn ich jemanden losschicke, um in meinem gut bestückten, für andere Menschen aber ziemlich chaotischen Kräutergarten etwas zu pflücken, geschieht es oft, dass ich etwas anderes bekomme, als ich eigentlich wollte. Deshalb backe ich dann Fisch mit Rucola und Lamm mit Dill, und es hat den Anschein, als wäre das lohnender, als sie immer nur mit ihren bekannten Partnern zusammenzubringen.

Während jeder im Garten, auf dem Balkon oder auf dem Fensterbrett im Sommer Kräuter ziehen kann, ist es schwierig, im Winter gute Kräuter zu bekommen. Es empfiehlt sich, die Kräuter im Herbst zu ernten und zu konservieren, indem man sie einfriert, trocknet, zu Kräutersalz oder Kräuteröl verarbeitet. Wer ständig Töpfe mit Kräutern im Laden kauft, nur um zu erleben, dass sie verwelken, sollte vielleicht schon am Tag, nachdem sie ins Haus kommen, mit der Konservierung beginnen.

ROSMARIN

LORBEER

THYMIAN

DILL

MINZE

SALBEI

OREGANO

BASILIKUM

ZITRONENMELISSE

ESTRAGON

MEINE LIEBLINGSKRÄUTER

Basilikum: Basilikum fühlt sich bei uns im Norden nicht sehr wohl und mag zumindest keine kalten Nächte. Dennoch lohnt sich der Versuch, denn Basilikum aus dem eigenen Garten ist viel intensiver im Geschmack als die Treibhauspflänzchen aus dem Supermarkt. Es empfiehlt sich, mehrere Sorten zu pflanzen, nicht nur das gewöhnliche norditalienische Basilikum, das eigentlich für Pesto gedacht ist, sondern auch das großblättrige neapolitanische Basilikum, das in Saucen, Salaten und auf einer Pizza gut zu gebrauchen ist.

Dill: Der selbst gezogene Dill schmeckt völlig anders als gekaufter. Im Frühjahr ist das Kraut zart und süß, im Lauf des Sommers werden die Pflanzen groß und das Aroma markanter, und am Ende des Sommers folgen Blüten und Samen. Fast wie drei verschiedene Kräuter. Der junge Dill lässt sich in Saucen und Salaten verwenden, die Samen finden beim Grillen Verwendung sowie in Suppen oder Schmorgerichten.

Estragon: Estragon sieht so fragil aus, kommt aber unter fast allen Bedingungen zurecht. Man braucht nur selten viel davon, sodass es sich kaum lohnt, ein Töpfchen zu kaufen, nur um in einem Gericht einen Teelöffel zu verwenden. Aber weder eine Sauce béarnaise noch eine Fischsuppe kommt ohne Estragon aus. Im Herbst konserviere ich die letzten frischen Blättchen in Essig – so bleibt der Geschmack besser erhalten als beim Einfrieren oder Trocknen, was aber auch möglich ist.

Fenchel: Entwickelt sich ähnlich wie Dill und bietet auch eine vergleichbare Geschmacksvielfalt. Es kann schwierig sein, den Fenchel dazu zu bringen, eine einigermaßen große und saftige Knolle zu entwickeln, sodass man sich darauf gefasst machen muss, ihn eher als Kraut denn als Gemüse zu verwenden.

Lorbeer: Die frischen Blätter haben viel mehr Aroma als die getrockneten. Sie verströmen allerlei Düfte, auch etwas Zimt ist dabei, und lassen sich vielseitig verwenden, etwa in Suppen und Schmorgerichten, aber auch beim Grillen und sogar in Desserts.

Minze: Die große Minzefamilie enthält eine Reihe verschiedener Sorten mit sehr unterschiedlichen Aromen, von apfelartig über kaugummifrisch bis zu einem leicht bitteren, fast schokoladenartigen Geschmack. Abhängig vom Geschmack kann die Minze zu allem verwendet werden, angefangen bei Getränken bis zu Lammfleisch, Desserts, Tee und Kräutermischungen. Sie wächst wild und verbreitet sich wie Unkraut.

Oregano: Es verlaufen unklare Grenzen zwischen Minze und Oregano. Ich habe eine Reihe verschiedener Sorten gepflanzt und überall wachsen sie ineinander hinein. Diese Tatsache nutze ich gern, entweder beim Gebrauch einer Mischung aus Oregano und etwas Minze, wenn ich salzige Speisen zubereite, oder wenn ich zusammen mit der Minze ein wenig Oregano für Tee oder Desserts verwende. Der Oregano ist eine robuste und überlebenstüchtige Pflanze und lässt sich auch sehr gut außerhalb des Kräutergartens ziehen. Wenn Oregano zusammen mit anderen Nutzpflanzen angebaut wird, unbedingt an eine Abgrenzung denken, denn wie die Minze verbreitet er sich durch Wurzelausläufer. Er lässt sich gut trocknen.

Rosmarin: Eine der dankbarsten Pflanzen für den Kräutergarten. Ein großer Teil des Rosmarins, den man im Laden bekommt, wird auf die gleiche Weise produziert wie Basilikum. Ziel ist ein schnelles Wachstum, um große, saftige Blätter zu erhalten. Wenn Rosmarin unter Verhältnissen wächst, die für die Pflanze natürlicher sind, nämlich im Freien, werden die Blätter zu dicken Tannennadeln, die Zweige zu kleinen Baumstämmen, und damit wird auch der Geschmack ein ganz anderer, harziger und intensiver. Rosmarin kann im Freien überleben, wenn er durchlässige Erde und etwas Winterschutz bekommt. Ich verwende ihn zu Lamm, aber auch zu Fisch sowie für Kräuteröl oder Kräuterbutter. Rosmarin lässt sich gut trocknen.

Salbei: Auch Salbei wird zu einem kleinen Strauch, wenn man ihn auspflanzt. Die pelzigen Blätter sind sehr aromatisch. Ich verwende sie zu Lamm, aber besonders zu fettem Fisch wie Makrele oder zu Schweinefleisch. Salbei lässt sich trocknen.

Thymian: Ein kleiner, genügsamer winterharter Strauch, der nach gut drainierter Erde verlangt, um sich wohl zu fühlen und groß zu werden. Wenn man im Laden gekaufte Pflanzen aussetzt, erleiden sie leicht einen Schock, aber nach einigem Zögern und einer Lebenskrise kommen die meisten durch. Zitronenthymian ist ziemlich ähnlich, aber mit einem angenehmen, süßen Zitrusgeschmack, der sehr gut zu Fisch, Hähnchen und Salaten passt, während gewöhnlicher Thymian für meinen Geschmack am besten zu rotem Fleisch schmeckt.

Zitronenmelisse: Zitronenmelisse ergibt einen guten, frischen Zitrusgeschmack in Kräutermischungen und eignet sich gut als Zutat für eine Reihe von Gerichten – aber nur selten als einziger Geschmacksträger. Beim Grillen verwende ich eine Menge Zitronenmelisse. Indem ich Fisch oder Fleisch auf ein Bund Zitronenmelisse lege, erhält das Fleisch einen gewissen Schutz, während das Kraut einen feinen Geschmack erzeugt, wenn es verbrennt.

KRÄUTER EINFRIEREN Nicht alle Kräuter lassen sich gut einfrieren. Die weichen und zarten wie Dill, Basilikum, Kerbel und Estragon verlieren dabei viel Aroma. Robustere Kräuter wie Salbei, Thymian, Rosmarin und bis zu einem gewissen Grad Oregano und Minze dagegen eignen sich gut zum Tiefkühlen. Das ist ganz einfach. In mehreren Anleitungen habe ich gelesen, dass man vor dem Einfrieren die Blätter von den Stängeln zupfen soll, eine langwierige und langweilige Prozedur. Andere sagen, man solle die Kräuter in kochendes Wasser tauchen. Beides ist umständlich und die Ergebnisse sind nicht überzeugend. Meiner Meinung nach ist das einzig wirklich Wichtige, die Kräuter gut zu verpacken und dabei die Luft möglichst fernzuhalten. Ein Vakuumiergerät ist hilfreich, aber nicht unbedingt notwendig. Ich fülle die Kräuterstängel in kleine Gefrierbeutel. Wenn sie gefroren sind, klopfe ich leicht darauf, sodass die Blätter abfallen. Ich nehme sie jedes Mal nur ganz kurz aus dem Gefriergerät und entnehme die gerade benötigte Menge. Die Kräutertüte verschließe ich wieder und lege sie so schnell wie möglich zurück.

Kräutersträußchen

Verschiedene Kräuter zu kleinen Sträußchen zusammenzubinden und zu trocknen ist eine bewährte Methode, um sie gut durch den Winter zu bringen. Dies ist eine klassische Kombination, die man in Suppen und Schmorgerichten verwenden kann. Mit etwas Dill und ein wenig Zitronenschale fällt die Mischung frischer aus, eine klassische Kombination besteht aus Salbei, Thymian und Rosmarin. Die folgende Mischung liegt in der Geschmacksintensität zwischen den beiden beschriebenen.

1 LORBEERBLATT
1 KLEINER ZWEIG ROSMARIN
1 KLEINER ZWEIG SALBEI
1 KLEINER STÄNGEL ZITRONENMELISSE
FENCHELGRÜN (NACH BELIEBEN)

Alle Kräuter zusammenbinden und zum Trocknen an einem dunklen, luftigen Platz aufhängen.

Kräutertee

Ich verwende gern eine Kräutermischung. Das Prinzip ist einfach: Ich beginne mit einem großen Stängel Minze (und gehe dem Geruch nach, bis ich die intensivste Minze finde), danach einen kleinen Stängel Zitronenmelisse und schließlich ein wenig Thymian oder Oregano. Das schmeckt gut und auch nie genau gleich, sodass es nicht langweilig wird.

Für 4 Personen
1 GROSSER STÄNGEL MINZE
1 HANDVOLL ANDERE KRÄUTER, ETWA
    ZITRONENMELISSE, THYMIAN, OREGANO
UNBEHANDELTE ZITRONENSCHALE
600 ML KOCHENDES WASSER

Die Kräuter zusammen mit etwas Zitronenschale (darauf achten, nichts von dem Weißen mit abzuschneiden) in ein Teesieb legen. Das Sieb in eine Teekanne hängen und kochendes Wasser über die Kräuter gießen. 3–5 Minuten ziehen lassen.

Kräutersalz

Die Zusammensetzung der Kräutermischung richtet sich nach den persönlichen Vorlieben und dem Angebot, das zur Verfügung steht. Gut geeignet sind vor allem robuste Kräuter, die auch getrocknet noch viel Aroma haben, etwa Thymian und Rosmarin. Mit Kräutern, die sich zum Trocknen nicht eignen, wie etwa Basilikum oder Kerbel, wird das Salz kaum aromatisiert. Ich bereite verschiedene Salzmischungen zu: ein einfaches Rosmarinsalz, eine Variante mit Rosmarin, Salbei, Zitronenschale und Knoblauch oder Schnittlauch, und manchmal auch eine Mischung, bei der Dill im Mittelpunkt steht. Ich verwende das Salz genauso wie gewöhnliches Salz, um Fleisch oder Fisch zu würzen.

Ob man das Kräutersalz mithilfe des Mörsers herstellt oder eine Küchenmaschine verwendet, ist vor allem eine Frage der Optik. Der Geschmack wird der gleiche sein. Der Nachteil bei der Herstellung in der Küchenmaschine besteht darin, dass die Messerschneiden durch die Salzkörner stumpf werden.

Knoblauch wird beim Trocknen ziemlich bitter. Ich verwende ihn trotzdem gern in den Salzmischungen. Man sollte aber darauf achten, die Mischungen mit Knoblauch zuerst aufzubrauchen.

250 G GROBES MEERSALZ
200 ML GEMISCHTE KRÄUTER, ETWA EINE KOMBINATION VON ROSMARIN UND SALBEI
ABGERIEBENE SCHALE VON ½ UNBEHANDELTEN ZITRONE
2 KNOBLAUCHZEHEN (NACH BELIEBEN)

Alle Zutaten zusammen in den Mörser oder in die Küchenmaschine geben. Mit dem Stößel oder in der Maschine fein zerkleinern. Das Salz darf ruhig etwas Struktur behalten. Das fertige Kräutersalz in kleine Schraubgläser füllen, je kleiner die Gläser, umso besser. Die Gläser gut verschließen und an einem dunklen Ort lagern.

Kräuterlimonade

Bei einer Limonade geht es um die Balance zwischen Säure und Süße, vor allem aber geht es um Frische. Ich setze eine Kräutermischung zu, in der das Schwergewicht auf Zitronenmelisse liegt. (Hauptsächlich aufgrund des Geschmacks, aber natürlich auch, weil sie hier so gut gedeiht.) Wenn man etwas Schnaps in den Sirup gießt, ergibt das einen feinen Drink. Dann braucht man weniger Wasser.

Ergibt etwa 1 Liter
700–900 ML WASSER
100–200 G ZUCKER
SCHALE UND SAFT VON 1–2 UNBEHANDELTEN
    ZITRONEN
1 GROSSE HANDVOLL KRÄUTER (ETWA EINE
    MISCHUNG AUS ZITRONENMELISSE,
    ROSMARIN, OREGANO UND ZITRONEN-
    THYMIAN)
ZERSTOSSENES EIS ZUM SERVIEREN

Etwa die Hälfte des Wassers mit dem Zucker, der Zitronenschale und der Hälfte der Kräuter in einem Topf mischen. Die Kräuter mit der Rückseite eines Kochlöffels leicht zerdrücken. Aufkochen und vom Herd nehmen. Den Sud auf Zimmertemperatur abkühlen lassen. (Das holt mehr Geschmack aus Zitronenschalen und Kräutern, ist aber nicht unbedingt notwendig.) Den Rest des Wassers mit dem Saft der Zitronen vermischen sowie mit den restlichen Kräutern und viel zerstoßenem Eis. So viel von dem Sirup untermischen, bis die Limonade die richtige Süße hat.

Mojito

Der klassische Cocktail mit viel frischer Minze ist in Skandinavien etwas anderes als in Kuba. Jedenfalls bei mir.
In meinem Garten wachsen mehrere Sorten Minze, und da es sich um ein ziemlich aggressives Gewächs handelt, das leicht verwildert und sich wie Unkraut ausbreitet, habe ich nicht mehr die Übersicht, was ich im Einzelfall pflücke. Das bedeutet, dass der von mir zubereitete Mojito nicht wie irgendein anderer Mojito schmeckt, den ich schon probiert habe, und einer schmeckt selten wie der nächste. Manchmal schleicht sich ein wenig Zitronenmelisse ein, und diese feine Note ist zu einem festen Bestandteil meiner Spezialzubereitung geworden.

Ergibt 1 Glas
1 KLEINE HANDVOLL MINZEBLÄTTER
2 TL ZUCKER
3 CL FRISCH GEPRESSTER LIMETTENSAFT
4 CL WEISSER RUM
ZERSTOSSENES EIS
SODAWASSER

Minze, Zucker und Limettensaft in ein Glas geben. Die Minzeblätter mit dem Ende eines Barlöffels oder einem Stößel zerdrücken, bis sie einen starken Duft verströmen. Zerstoßenes Eis und Rum dazugeben. Verrühren. Mit Sodawasser auffüllen. Ohne Schirmchen servieren.

Honigeis mit Thymian

Unser Heidehonig hat starke Kräuternoten, und das wird noch unterstrichen, wenn man einen Zweig Thymian in die Eismasse gibt. Wenn man eine Eismaschine hat, ist diese kühle Leckerei schnell gemacht. Falls nicht, hat man etwas mehr zu tun, aber das Ergebnis schmeckt genauso gut.

Ergibt etwa 1,3 Liter

6–10 EIGELB
500 ML MILCH
500 ML SAHNE
100 G HEIDEHONIG
1 GROSSER ZWEIG THYMIAN
ZUCKER NACH GESCHMACK

Die Eigelbe mit einem Schneebesen in einer hitzebeständigen Schüssel verquirlen. Milch, Sahne, Honig und Thymian erhitzen. Nach Belieben mit Zucker abschmecken. Die heiße Mischung unter die Eigelbe rühren. Die Eismasse über einem Wasserbad unter Rühren erwärmen, damit sie weiter eindickt. Sie darf aber keinesfalls aufkochen.
In eine Schüssel gießen, abkühlen lassen, anschließend in den Kühlschrank stellen. Den Thymianzweig entfernen. Die kalte Mischung in die Eismaschine geben oder die Schüssel ins Tiefkühlgerät stellen. (Es empfiehlt sich, eine Metallschüssel zu verwenden, weil sie die Kälte besser leitet.) Zunächst alle 30 Minuten umrühren, bis die Eiscreme allmählich fester wird, dann alle 15 Minuten, bis die gewünschte Konsistenz erreicht ist. Beim Umrühren darauf achten, dass der Rand sorgfältig abgestreift wird, denn dort gefriert das Eis zuerst.

Kandierter Rosmarin

Eine ganz besondere Leckerei. Sie passt gut zu Käse, lässt sich aber auch über Kuchen und andere Desserts streuen. Dafür werden kleine Bündel Rosmarin in Honig getaucht und gebacken, bis sie knusprig sind. Rosmarin aus dem Garten mit intensivem Aroma eignet sich dafür natürlich besser als schwächliche Treibhauskräuter. Die Menge spielt keine Rolle, sodass keine genaueren Angaben nötig sind.

ROSMARINZWEIGE
HONIG

Den Backofen auf 120 °C (Umluft) vorheizen. Die Rosmarinzweige in Honig tauchen und auf einen mit Backpapier bedeckten Rost legen. Überschüssiger Honig, der auf das Backpapier läuft, sollte vor dem Backen entfernt werden. Nach Belieben zurück in das Honigglas füllen. Den Rosmarin auf der mittleren Schiene backen, dabei ein mit Backpapier bedecktes Blech unter dem Rost einschieben, um eventuell herabtropfenden Honig aufzufangen.
Ich habe die Erfahrung gemacht, dass der Rosmarin nach 45 Minuten ziemlich trocken und fein ist, aber die genaue Zeit hängt sowohl vom Ofen als auch vom Rosmarin ab.

BÄRLAUCH Als ich zum ersten Mal bemerkte, dass in der Nähe des Hofs Bärlauch wächst, war ich sehr überrascht. Ich wanderte an der staubigen Landstraße entlang, die zur Spitze der Halbinsel führt. Es war ein warmer Frühsommertag, und die ganze Welt duftete nach Wiese und blühendem Geißblatt. Und dann plötzlich nach Knoblauch. Zuerst ein kleiner Hauch, der mal kam, dann ging, und dann, als ich an einen steilen Abhang kam, ein schwerer Knoblauch- duft, der unverkennbar in der Luft hing. Als ich zu Boden blickte, entdeckte ich, dass die gesamte kleine Talsenke von etwas bedeckt war, das ein wenig wie Maiglöckchen aussah, jedoch unverkennbar nach Knoblauch roch. Bärlauch ist der wild wachsende Verwandte des Knoblauchs. Nicht nur bei meinem Hof, sondern auch in großen Teilen Südnorwegens wächst er wild, oft in großer Menge. Man findet ihn leicht an schattigen Abhängen.

Jetzt ist dies mein fester Platz. Im Frühsommer sammele ich die grünen Blätter und die saftigen weißen Blüten sowie die klitzekleinen Zehen. Später im Jahr grabe ich die reifen Zehen aus (Achtung: Das ist nicht überall erlaubt!). Sie sind immer noch nicht größer als eine Knoblauchzehe, doch jetzt ist der Geschmack intensiver.

Der Geschmack der Zehen ist nicht sehr viel anders als der von Knoblauch – ein sehr guter, perfekt reifer, frischer Knoblauch. Aber man kann alle Teile der Pflanze gebrauchen, und so erreicht man eine größere Geschmacksvielfalt. Blätter und Blüten lassen sich in Salaten verwenden und um Fisch und Fleisch zu würzen. Man kann einen Fisch in Bärlauchblätter einwickeln und den Bauch mit einer Mischung aus Blättern und Blüten füllen, und das Ergebnis ist ein intensiver Knoblauchgeschmack mit vielen Facetten.

Jedes Jahr versuche ich, möglichst viel Bärlauchpüree zuzubereiten, das ich in einer Reihe von Gerichten verbrauche, solange die Vorräte reichen. Bärlauch gedeiht auch im Garten, vorausgesetzt, man kann ihm einen schattigen und feuchten Platz bieten. Ich habe hinter dem Treibhaus Bärlauch gepflanzt, und dort fühlt er sich so wohl, dass ich in meiner unmittelbaren Nähe immer eine kleine Reserve habe.

Bärlauchpüree

Wenn es frischen Bärlauch in Hülle und Fülle gibt, kann man daraus ein einfaches Püree mit Salz und Öl zubereiten. Es passt gut als Geschmackszusatz in mancherlei Gerichten. Unter anderem in dem nächsten Rezept. Alle Teile der Pflanze sind essbar, sowohl die Blätter, die Blütenknospen und die Zwiebel, die man ausgraben kann und die wie eine lange Knoblauchzehe aussieht. Mit etwas mehr Salz hält sich das Püree länger. (Es wird selten pur verwendet, sodass nur der Salzgehalt des jeweiligen Gerichts am Ende angepasst werden muss.)

500 G BÄRLAUCH
1–2 EL SALZ
200 ML ÖL

Den Bärlauch gut waschen und trocken schleudern. Zusammen mit Salz und Öl in den Mixer geben. Falls erforderlich, die Maschine immer wieder anhalten und die Blätter zurückschieben, damit die Messerschneiden nicht nur durch die Luft wirbeln. So lange weitermachen, bis ein schönes, gleichmäßiges Püree entstanden ist. In Schraubgläser füllen und vor dem Verschließen mit ein wenig zusätzlichem Öl bedecken.

Pasta mit Rucola und Bärlauchpesto

Die skandinavische Alternative zu Pasta mit Pesto – und genauso gut, wenn man mich fragt. Ich verwende mein eigenes Bärlauchpüree und Rucola aus dem Garten. Aber auch eine Kombination aus Schnittlauch, Knoblauch und anderen Kräutern ist möglich. Während ein gewöhnliches Pesto Pinienkerne erfordert, verwende ich stattdessen oft Pistazien. Das macht das Pastagericht noch grüner und besser.

Für 4 Personen
3 EL PISTAZIENKERNE
100 G RUCOLA
50–100 G PARMESAN
3–4 EL BÄRLAUCHPÜREE
3 EL OLIVENÖL ODER MEHR
400–500 G PASTA

Die Pistazien im Mörser zerstoßen, den Käse reiben, die Rucolablätter grob hacken. Die Nudeln nach Packungsanweisung kochen. Wenn die Pasta fertig ist, alle Zutaten gut vermischen.

Norwegisches Tzatziki mit Bärlauch und Liebstöckel

Hier habe ich Knoblauch, Minze und Dill aus dem klassischen Rezept durch andere Zutaten ersetzt, sodass es sich streng genommen natürlich nicht um Tzatziki handelt. Man kann die Joghurtspeise aber genauso verwenden.
Ich verwende eine Mischung aus Bärlauch und Liebstöckel, aber auch die Kombination aus Knoblauch und Frühlingszwiebeln schmeckt sehr lecker. Liebstöckel ist manchmal schwer zu finden, dann verwendet man andere frische Kräuter, etwa Oregano.

500 G JOGHURT
⅔ GURKE, GESCHÄLT, DIE KERNE ENTFERNT, GERIEBEN
3-4 BÄRLAUCHPFLANZEN MIT BLÄTTERN, BLÜTEN UND ZWIEBELN, FEIN GEHACKT
2 EL FEIN GEHACKTER LIEBSTÖCKEL ODER EIN ANDERES KRAUT
BESTES OLIVENÖL

Den Joghurt in ein Küchenhandtuch geben, aufhängen oder in ein Sieb legen, damit die Flüssigkeit herausläuft. Mindestens 30 Minuten abtropfen lassen. Alle Zutaten mit Ausnahme des Öls verrühren, und so lange stehen lassen, wie es die Zeit erlaubt. Vor dem Servieren etwas Öl unterrühren.

Risotto mit Pilzen und Bärlauch

Auf meinem Land gibt es ein paar Stellen, wo Pfifferlinge wachsen, aber ich finde nie genug, sodass ich meistens eine Mischung aus eigenen und gekauften Pilzen verwende.

Für 3–4 Personen

1 ZWIEBEL, GEHACKT

2 KNOBLAUCHZEHEN, FEIN GEHACKT

5 EL BUTTER

2 LORBEERBLÄTTER

300 G RISOTTOREIS

200 ML WEISSWEIN

800 ML HEISSE GEMÜSE- ODER HÜHNERBRÜHE

FRISCHER BÄRLAUCH, GEHACKT

200 G PILZE, IN SCHEIBEN GESCHNITTEN UND ANGEBRATEN

FRÜHLINGSZWIEBELN, IN RINGE GESCHNITTEN

100 G GERIEBENER PARMESAN

Zwiebel und Knoblauch in der Hälfte der Butter anschwitzen. Lorbeerblätter und Reis unterrühren, dann den Weißwein zugeben und einkochen lassen. Nach und nach die heiße Brühe angießen, dabei umrühren. Wenn der Reis gar ist, den Bärlauch untermischen, restliche Butter sowie Parmesan zugeben. Mit Pilzen und Frühlingszwiebeln bestreut servieren.

Schweine

Ich bin froh, keine Wahl treffen zu müssen. Wenn ich aber nur ein Tier wählen dürfte, das ich essen darf, würde ich mich für das Schwein entscheiden. Kein Tier ist so vielseitig und hat so viel Leckeres bieten. In einer Folge der Zeichentrickserie *The Simpsons* versucht die kleine Lisa ihren Vater Homer zu überreden, Vegetarier zu werden. Homer zählt all die guten Dinge auf, die ihm entgehen würden, wenn er aufhörte, Fleisch zu essen: Schinken, Speck, Würstchen, Schweinekoteletts …

»Papa, das stammt doch alles von demselben Tier.«

»Mmmm, und was für ein wunderbares, magisches Tier das ist.«

Ich bin mit Homer einer Meinung. Der Gedanke, keinen Schinken mehr zu essen, keinen Speck, keine Wurst, lässt es für mich unvorstellbar erscheinen, Vegetarier zu werden. Homer ist jedoch ein ziemlich fantasieloser Verbraucher. Denn das Schwein schenkt uns noch viele andere Leckereien. Alles an ihm, vom Schnäuzchen bis zum Schwänzchen, ist essbar.

Ich esse gern Schweinefleisch, aber ich mag es auch, selbst Tiere zu halten. Von allem, was ich bisher auf die Beine gestellt habe, ist das, was ich aus meinen Schweinen gemacht habe, das, worauf ich am meisten stolz bin.

Schweinefleisch war in Norwegen lange ein langweiliges Massenprodukt. Manchmal gab es sogar einen sehr merkwürdigen, nicht besonders angenehmen Fischgeruch, wenn das Fleisch in der Pfanne oder im Ofen briet. Inzwischen ist es besser geworden, aber wirklichen Genuss bietet es immer noch nicht. Es gibt offenbar Menschen, die von dem Gedanken besessen sind, zu beweisen, dass Schweinefleisch mager ist. Und während man den Eindruck haben kann, als bekämen sie recht (man hat das Schwein auf eine Schlankheitskur gesetzt), wird das Fleisch auf diese Weise nicht besser. Ich erinnere mich noch an das erste wirklich gute Schweinefleisch, das ich aß. Das war bei einer Bäuerin, die in erster Linie dafür bekannt ist, hervorragende Butter herzustellen. Zu Mittag servierte sie ein einfaches Essen, einen Schweinebraten mit Gemüse. Das Gemüse war gut und stammte aus ihrem eigenen Garten. Aber das Fleisch war etwas ganz Besonderes.

»Wie hast du das gemacht?«, wollte ich wissen.

Und dann erklärte sie mir, sie habe das Fleisch mit Salz, Pfeffer und Kräutern eingerieben und im Ofen gebraten, zuerst bei mittlerer Hitze und dann, gegen Ende, mit etwas höherer Temperatur, um die Haut knusprig zu bekommen. Genauso pflegt man es ja auch zu tun, sodass das noch nicht das ganze Geheimnis sein konnte. Sie bestand aber darauf, sie habe nichts anderes getan. Sie zeigte mir sogar ihren Ofen, als wäre er der entscheidende Faktor.

Etwas später, als sie mich herumführte, fand ich heraus, dass sie ein Schwein von ihrem eigenen Hof serviert hatte und, noch wichtiger: dass sie ihre Schweine mit dem fütterte, was bei der Butterproduktion an Molke übrig blieb. Sonst fraßen sie meist Grünfutter, Obst und Essensreste. Wir gingen zu dem Gatter, in dem sie lebten, und es sah aus, als befänden sie sich in einer Ferienkolonie. Es war gerade ein neuer Wurf geboren worden, und die kleinen Ferkel lagen in dem einfachen, aber komfortablen Schweinehaus. Die Sau Mora kam interessiert heraus, um uns zu begrüßen, kurz danach erschienen die Kinder. Dann legten sich alle in den Schatten einer Eiche. Ich dachte, so muss das Schweineparadies aussehen. Und dass dies gerade das Geheimnis des guten Fleisches war.

Schweine lassen sich ähnlich wie Hühner ohne großen Aufwand halten. Man kann die Tiere aber auch mit billigem Futter vollstopfen, sie in einen kleinen Verschlag in einem warmen Stall sperren, damit sie möglichst wenig von der Energie verbrennen, die sie über ihr Futter aufnehmen. Und solange sie einigermaßen gesund sind (oder mit genügend Medikamenten versorgt) und das Futter keine Mangelerscheinungen hervorruft, wachsen sie schnell. Schweinefleisch kann vollkommen geschmacklos sein. Aber es kann auch zum Besten gehören, was auf den Teller kommt. Die Qualität des Fleisches steht in direktem Zusammenhang mit dem Futter und der Haltung der Tiere.

DAS BESTE SCHWEIN DER WELT Die besten Schweine, die glücklichsten Schweine sind die, die man selbst hält. Nur dann hat man wirklich die Kontrolle darüber, was die Tiere fressen und wie sie versorgt werden.

In mehreren Sommern habe ich auf Viestad selbst Schweine gehalten. Es sind neben Ziegen die zutraulichsten Tiere, die es gibt. Sie zeigen sich gesellig, neugierig und intelligent und bis zum letzten Tag freundlich und zugewandt. Ich verstehe, dass nicht jeder, der es könnte, die Schweinehaltung ausprobieren möchte. Aber diese Tiere bereiten weniger Mühe, als man annehmen sollte – ich habe einmal einen Hund gehabt, der war viel anstrengender – und ich habe nie besseres Schweinefleisch gegessen als das von meinen eigenen Schweinen. (Keine Sorge: Der Hund ist nicht im Topf gelandet.)

Wer es mit den Schweinen versuchen möchte, dem sei ein Buch empfohlen, das die praktischen Herausforderungen ausführlicher beschreibt, als ich das hier leisten kann. Ich habe meist Dirk Van Loons Werk *Small-Scale Pig Raising* verwendet, das gründlich und ein wenig altmodisch ist. (Das gefällt mir.) Weitere Publikationen enthält die Liste mit den Literaturempfehlungen ab Seite 501.

Es gibt ein paar Überlegungen, die es anzustellen gilt, wenn man mit der Schweinehaltung beginnen will. Erstens: Wo kann ich die Tiere kaufen? Wenn man niemanden kennt, der Schweine hat, versucht man herauszufinden, wo sich der nächste Schweinehof befindet. Dabei kann der Bauernverband behilflich sein. Ich habe die Erfahrung gemacht, dass die meisten Bauern gern ein paar Schweine verkaufen, wenn man freundlich anfragt. Der Preis folgt der gleichen Logik wie beim Einkauf von Fleisch im Laden. Man bezahlt im Verhältnis zum Gewicht, aber meist etwas mehr pro Kilo, wenn es sich um kleine Tiere handelt. Es empfiehlt sich, die Schweine zu übernehmen, wenn sie noch klein sind, aber sie sollten schon ein paar Wochen entwöhnt sein. Wenn die Schweine nur recht kurze Zeit gehalten werden sollen – beispielsweise in den Sommerferien – kann es sich lohnen, mit einem größeren Tier von etwa 40 Kilo zu beginnen.

Ich habe einen Schweinezüchter in meiner Nähe aufgetrieben, der Noroc-Schweine für die Edelschweinproduktion hält. Wenn es mehrere Anbieter im Umkreis gibt, lohnt sich die Nachfrage, welche Schweinerassen die einzelnen Bauern halten, denn jede Rasse hat ihre eigenen Vorzüge. Das Noroc-Schwein beispielsweise ist eine Mischung aus norwegischem Landschwein, Yorkshire und Duroc. Wenn ich die Wahl gehabt hätte, hätte ich mich für ein reinrassiges Duroc-Schwein entschieden, denn es hat eine sehr gute Fettmarmorierung im Fleisch, was es noch geschmackvoller macht. Das Duroc-Schwein ist braun – ein klarer Vorteil, wenn man die Tiere im Freien halten will, denn sie sind weniger anfällig für Sonnenbrand. Wer seine Entscheidung getroffen hat, sollte sich in jedem Fall das dunkelste Ferkel aussuchen.

Eine der wichtigsten Fragen, die es zu klären gilt, wenn man Schweine halten will, ist die Unterbringung. Man braucht ein Freigelände, damit die Tiere ungehindert herumlaufen und vielleicht auch ein wenig eigenes Futter finden können. Wichtig ist es dann, dieses Areal gut zu sichern, denn, wie der Schweinezüchter sagte, als ich bei ihm zum ersten Mal Tiere abholte: »Tiere fressen nur ein paar Minuten lang. Den Rest der Zeit verwenden sie dazu, Wegstrecken zu finden, auf denen sie sich frei bewegen können.« Ich habe ihm das nicht so richtig geglaubt, aber als die beiden Ferkel schon am ersten Abend ausrissen, wusste ich, dass der Bauer recht hatte. Als ich das dritte und vierte Mal auf Schweinejagd war, verfluchte ich mich, weil ich ihn nicht richtig ernst genommen hatte. Und selbst als ich einen richtig guten Zaun gebaut hatte, waren die Schweine immer noch nicht überzeugt. Sie hatten die Freiheit kennengelernt und wollten sie wiederfinden. Zum Glück gibt es etwas, das die Schweine wirklich beschäftigt, und das ist ihr Futter. Wenn man sie gut füttert, werden sie sich nie weit vom Hof entfernen. Aber in den Stunden oder Minuten, in denen sie draußen sind, ist kein Blumenbeet vor ihnen sicher.

Am allerbesten ist es, einen elektrischen Zaun zu ziehen. Aber selbst als ich das geschafft hatte, wollten die Schweine noch nicht aufgeben. Am besten ist es, man zieht sofort einen stabilen Zaun: etwa 30 Zentimeter über dem Boden einen Draht ziehen oder in zwei Höhen,

wobei der niedrigste rund 20 Zentimeter erreicht, der höchste etwa 40. Am ersten Tag sind kleine, beleidigte Jammerlaute zu hören, wenn die Tiere mit der Schnauze oder dem Hinterteil dagegen kommen. Aber sie lernen schnell, wo die Grenze ihrer Welt verläuft. Alternativ kann man auch Maschendraht verwenden, aber da das Schwein gern in der Erde wühlt, kann es sich leicht auf diese Weise befreien. Deshalb muss der Maschendraht unten oder in einer Höhe von 30 Zentimetern mit Stacheldraht verstärkt werden, um die Tiere daran zu hindern, die Zaunpfähle umzustoßen. Das schaffen sie leicht, sei es absichtlich oder nur, weil sie sich kratzen. An den ersten Tagen können sie ein paar Schrammen abbekommen, doch sie lernen schnell.

Wenn Sie Ferkel von einem kommerziellen Schweinezüchter gekauft haben, haben sich diese höchstwahrscheinlich noch nie im Freien aufgehalten. Deshalb ist es wichtig, die zarte Haut vor der Sonne zu schützen. Wie? Auf die gleiche Weise, wie wir uns schützen – mit Sonnencreme. Ich reibe die Schweine mit großen Mengen alter Sonnencreme ein. Das geht ein paar Tage so, und wenn ich eine kleine Stelle vergessen habe, kann man das hinterher sofort sehen, genauso wie bei einem Skandinavier, der im Süden Ferien macht. Nach einiger Zeit gewöhnen sich die Tiere an die Sonne. Sie werden sich ein feuchtes Plätzchen suchen, wo sie sich im Schlamm suhlen können, das ist ein natürlicher Schutz.

Wenn die Schweine erst einmal in ihrem Gehege gut und sicher untergebracht sind, müssen sie jederzeit Zugang zu Wasser haben und Schutz vor Sonne und Regen finden. Sie brauchen auch etwas, woran sie sich kratzen können. Das Schweinehaus sollte mit Stroh ausgelegt werden, damit sie trocken liegen. (Schweine können sich erkälten.)

Die Schweine werden die Erde durchwühlen, zum Teil aus Langeweile, aber auch weil sie nach essbaren Wurzeln suchen, nach Käfern und Regenwürmern. Kein Pflug und keine Egge, weit weniger ein Mensch mit einem Spaten kann ein Gelände besser roden als ein Schwein. Bei mir gab es ein paar widerborstige Büsche, die ich unbedingt loswerden wollte. Ich habe alles ausprobiert, doch die Wurzeln waren so miteinander verflochten, dass ich am Ende aufgeben musste. Mein Schwein Edel erledigte alles innerhalb von wenigen Wochen, stellte das ganze Wurzelsystem auf den Kopf und knotete es auf, entfernte die Rinde und legte Wurzeln frei. Mein Edel war ein sehr ordentliches Schwein.

Als ich zum ersten Mal Schweine hielt, wollte ich sie eigentlich mit Eicheln mästen. So macht man es nämlich in Spanien, um einen wirklich leckeren und marmorierten Schinken zu erhalten. Der Plan war jedoch nicht zu Ende gedacht, denn meine Schweine sollten schon lange vor Beginn des Herbstes geschlachtet werden – sie waren als »Ehrengäste« zu unserem großen Sommerfest eingeladen. Frische Eicheln waren da noch lange nicht in Sicht. Gleichzeitig stand fest, dass die Tiere etwas anderes fressen sollten als Kraftfutter. Ich musste also eine andere Lösung finden, einen Speiseplan, der mir am Ende mehr wohlschmeckendes Fleisch einbringen würde. Die Lösung lag ganz nah, das heißt beim Bäcker.

Zunächst begegnete er mir mit Unglauben und Kopfschütteln. »Die Schweine sollen Kuchen fressen, sagen Sie?« Aber nachdem ich erklärt hatte, nichts sei für die Schweine besser als alte Kuchenreste, schenkte mir der Bäcker Tüten und Säcke und Schachteln mit süßem und fettem Essen – alles, was er sonst weggeworfen hätte. Und so hatten meine Schweine ein

Leben, wie es nur wenigen Tieren vergönnt ist. Auch die Supermärkte werfen große Mengen an Obst, Brot und Gemüse weg. Selbst wenn alle großen Lebensmittelketten Systeme zur Vernichtung von großen Mengen von Nahrungsmitteln haben, ist es zum Glück so, dass die Menschen, die damit betraut sind, mitunter lieber etwas verschenken als mitanzusehen, wie völlig einwandfreie Lebensmittel einfach vernichtet werden.

Nach einigen Wochen dieses Luxuslebens waren die Schweine rund und fett und viele, viele Kilo schwerer. Zur Freude darüber, mitanzusehen, dass sich die Tiere wohl fühlten, hatte ich gute Einsicht in die Nahrungspräferenzen der Schweine gewonnen: Ihr absoluter Favorit war Biskuitrolle. Die Biskuitrolle liebten sie so sehr, dass sie sich darum mit ihrem besten Kumpel stritten. Danach folgt Marzipankuchen, dann kommt falsch beschrifteter Geburtstagskuchen für »Sveinung 12 Jahre«, dann Käsekuchen, Kopenhagener, Berliner, Eiercreme aus Sandwiches, Belag von belegten Brötchen, dann die Brötchen selbst und an allerletzter Stelle gewöhnliches Brot.

Schweine fressen so gut wie alles, und es ist in Ordnung, ihnen Essensreste zu geben. Sie verschmähen auch Fleisch und Fisch nicht, doch ich vermeide es, ihnen Fleisch zu geben. Ein wenig Fisch ist in Ordnung, aber auf keinen Fall größere Mengen, sonst schmeckt später das Kotelett danach. Sie mögen Milchprodukte, ob es sich um Reste von Erdbeerjoghurt und Müsli handelt, geschmolzene Eiscreme oder Milch, deren Haltbarkeitsdatum überschritten ist. Wenn ich meinen eigenen Käse zubereite, freuen sie sich besonders, wenn sie die saure Molke bekommen. Buttermilch ist das Beste, das sie kennen – besser als Biskuitrolle. Es empfiehlt sich, einen gewissen Anteil an Kraftfutter zuzugeben, damit die Tiere genug von allen wichtigen Nährstoffen erhalten. Auch Schweine können nicht allein von Kuchen leben. Jedes Mal, wenn Sie Kraftfutter verteilen, sollten Sie es in einen auffälligen, bunten Eimer tun. Bringen Sie das Schwein dazu, Ihnen vor dem Fressen in das Gehege zu folgen. Damit lernt das Tier sowohl den Klang wie das Aussehen des guten Fressens kennen. Dies erleichtert es Ihnen, es einzufangen, falls es ihm einfallen sollte auszureißen oder wenn Anlass besteht, einen Ortswechsel vorzunehmen (beispielsweise am Schlachttag).

Viele Bücher über Tierhaltung empfehlen, mindestens zwei Schweine zu halten, damit sie Gesellschaft haben. Ich habe sie sowohl zu Paaren als auch allein gehalten. Und selbst wenn kein Zweifel daran besteht, dass die Schweine großen Wert auf Gesellschaft legen, glaube ich, dass es klug sein kann, mit nur einem Schwein zu beginnen. Wenn sie allein sind, verhalten sie sich gegenüber Menschen sozialer, was ein klarer Vorteil ist, wenn man noch keine Erfahrung mit Schweinen hat.

Und dann kommt der letzte Tag. Das Schlachten ist kein Kinderspiel. Man muss es ernst nehmen, denn es ist eine große Verantwortung, einem Tier das Leben zu nehmen. Es muss auf eine Weise geschehen, die die Würde des Tiers bewahrt – und gleichzeitig die Qualität des Fleischs nicht beeinträchtigt. Sie können das Schwein zum Schlachter bringen, aber bei nur ein oder zwei Tieren kann das kostspielig werden. Ein langer Transport ist ebenfalls nicht gut. Wenn Sie die Tiere selbst transportieren können, ist das am besten. Lassen Sie die Schweine am letzten Tag hungern, dann ist es leichter, sie wegzubringen.

1. NACKEN/KAMM
2. RÜCKEN MIT KOTELETTS UND FILET
3. KEULE
4. HINTERHAXE
5. BAUCH
6. RIPPCHEN
7. SCHULTER
8. BUG

Wenn Sie selbst schlachten, wie ich es tue, sollten Sie sich dazu sachkundige Hilfe holen, auf jeden Fall beim ersten Mal. Mir hilft dabei mein guter Freund, der Bauer Osmund, der dem Schwein einen Bolzen in den Kopf schießt. Das geht sehr schnell, in dem einen Moment sieht es den Mann mit dem Stock neugierig an, im nächsten Augenblick beginnt es an dem Kuchen zu fressen, den ich ihm zugeworfen habe. Dann gibt es keine Augenblicke mehr. (In Deutschland gilt eine Tierschutz-Schlachtverordnung, wonach auch Hausschlachtungen nur von sachkundigen Personen durchgeführt werden dürfen.)

Es ist wichtig, das Schwein ausbluten zu lassen (die Halsschlagader durchzuschneiden), sobald es tot ist, dann sorgt das Herz dafür, dass der größte Teil des Blutes herausgepumpt wird. (Das Blut auffangen und verwerten, etwa für Schwarzsauer.) Anschließend das Schwein mit dem Kopf nach unten aufhängen. Jetzt gilt es, schnell und präzise zu arbeiten. Zunächst muss das Schwein mit heißem Wasser abgebrüht (80 °C sind ideal) und mit einem scharfen Messer bearbeitet werden, um die Haut zu reinigen und die Borsten zu entfernen. Für die Feinarbeit einen Einmalrasierer verwenden, während die grobe Arbeit mit einem Messer erledigt werden sollte. Das heiße Wasser hilft dabei, die Borsten zu lösen.

Die größte Herausforderung dürfte das Öffnen des Bauchs sein. Man sollte ganz oben beginnen und arbeitet sich dann langsam nach unten vor. Sobald die Eingeweide entfernt sind, kann man leicht erkennen, was was ist. Ganz wichtig: die Gallenblase ablösen, ohne sie zu beschädigen. Halten Sie sie seitlich, sodass sie sie nicht mit dem Messer treffen können, denn wenn das geschehen sollte, braucht man sofort Wasser, um alles abzuspülen. Das Schwein muss ein paar Tage an einem kühlen Ort abhängen, bevor man es zerlegt – mindestens 48 Stunden bei nicht mehr als 4 °C.

ZERLEGEN Falls Sie keinen Schlachter haben, der das Geschäft übernimmt, brauchen Sie ein gut geschärftes Ausbeinmesser, ein Beil und am besten auch eine Fleischsäge (oder eine gereinigte andere Säge). Außerdem einen großen sauberen Tisch und jemanden, der Ihnen zur Hand geht.

Das Prinzip ist das gleiche wie beim Zerlegen eines Hähnchens. Schauen Sie sich die Abbildungen auf Seite 93 und 95 gut an und gebrauchen Sie Ihren gesunden Menschenverstand. Der erste Schritt besteht darin, Schultern und Keulen abzutrennen. Diese haben ganz natürliche Grenzen, sodass sich dort keine großen Probleme stellen sollten. Danach lässt sich der Bauch leicht entfernen. Die Seiten teilt man einfach nach eigenem Ermessen quer durch. Die einzige Schwierigkeit besteht darin, die Rippenknochen zu durchtrennen. Ich kenne Leute, die dazu eine kleine Kreissäge verwenden. Man kann auch eine Linie ziehen, dann ist es leichter. Das Kotelettstück befindet sich oben, die Rippchen unten.

SCHWEINEFLEISCH KAUFEN Die Schweinehaltung hat in den letzten Jahren Fortschritte gemacht. Das ist zum Teil der Tatsache geschuldet, dass man allem, was mit Tiergesundheit zu tun hat, größere Aufmerksamkeit schenkt. Manche Bauern haben erkannt, dass sich dabei das gute Gewissen mit der Ökonomie durchaus vereinbaren lässt. Den wichtigsten Beitrag leisten aber kleine Produzenten, die Wert auf naturnahe Haltung legen, oft nach biologischen Gesichtspunkten arbeiten und auf bewährte alte Rassen zurückgreifen.

Es ist leider oft schwierig, beim Blick in die Kühltheke die Qualitätsunterschiede zu identifizieren. Aber vieles weiß man schon, wenn man nur auf den Preis schaut. Qualität hat ihren Preis und billiges Fleisch kann kaum auf hochwertige Weise erzeugt worden sein. Es gibt inzwischen Anbieter von Naturfleisch, deren Tiere nach bestimmten Qualitätskriterien gehalten und geschlachtet werden. Schweinefleisch aus dem Bioladen ist auch eine gute Wahl, obwohl es dort oft nur ganz bestimmte Teile gibt, wie Schnitzel, Kotelett oder Bratenstücke. Wer die Möglichkeit hat, direkt in einem Hofladen einzukaufen, findet dort oft auch Schweinehälften zum Zerlegen.

Was viel zu sehr in Vergessenheit geraten ist: Jedes Stück vom Schwein ist gut. Ich liebe besonders die ausgefalleneren Teile. Man kann jedoch nicht damit rechnen, sie in jedem Supermarkt zu finden. Aber ein guter Metzger wird dem Kunden sicher das Gewünschte bestellen.

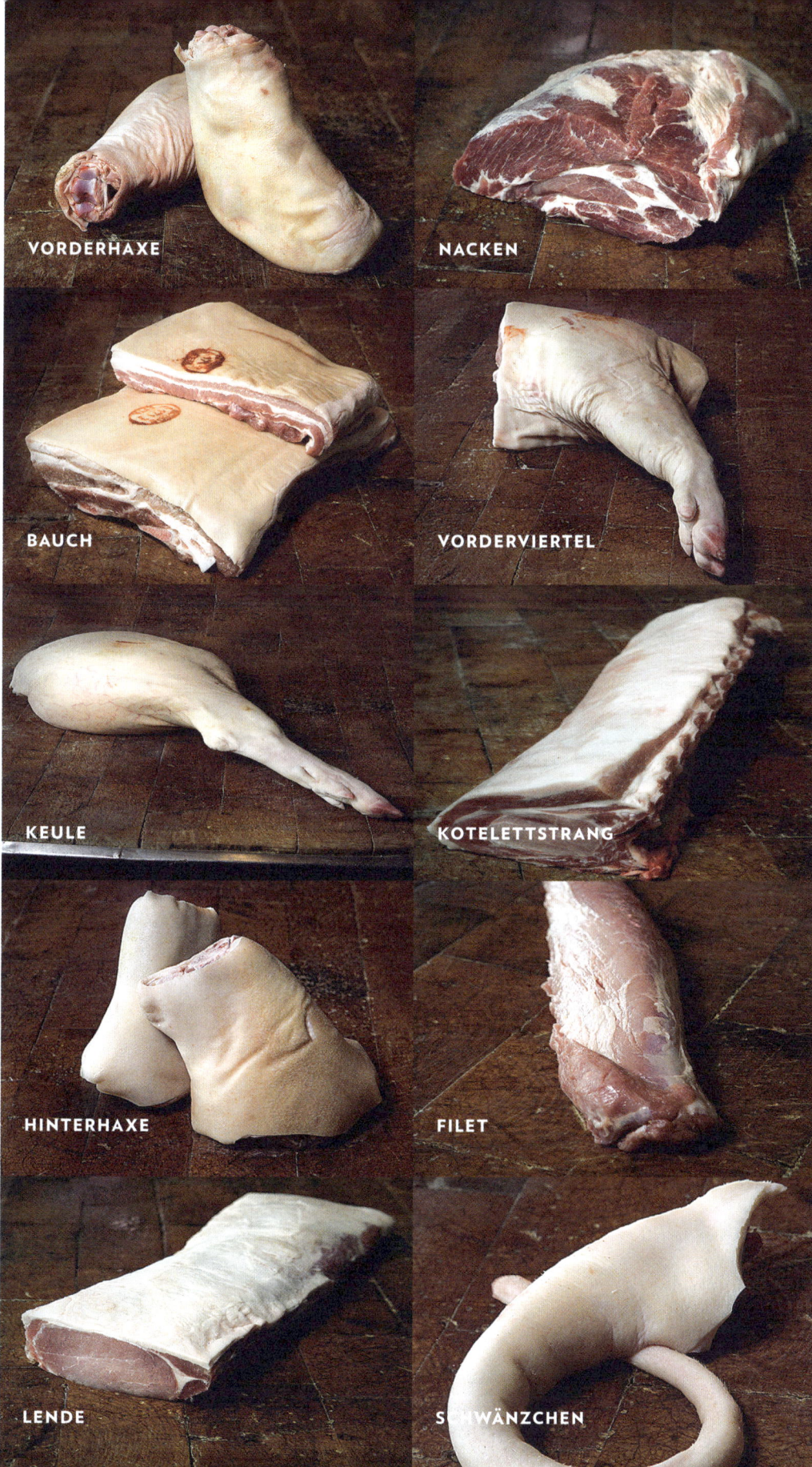

VORDERHAXE

NACKEN

BAUCH

VORDERVIERTEL

KEULE

KOTELETTSTRANG

HINTERHAXE

FILET

LENDE

SCHWÄNZCHEN

SCHWEIN AM SPIESS Wer ein ganzes Schwein am Spieß braten will, sollte sich unbedingt Zeit lassen. Ich erinnere mich nicht, je erlebt zu haben, dass das Fleisch trocken geworden ist, selbst wenn ich es ein paar Mal allzu lange gebraten habe. Am besten ein Bratenthermometer auf der Innenseite der Keule einstechen. Wenn die Temperatur 70 °C überschritten hat, ist das Schwein fertig. Man kann es aber auch so lange braten, bis das Fleisch fast von den Knochen fällt (dann zeigt das Thermometer 80 °C).

Ferner gilt es zu bedenken, dass es fast unmöglich ist, zu viel zu würzen. Reiben Sie das ganze Tier gründlich mit Kräutern oder Gewürzen ein.

Da ein ganzes gebratenes Schwein am Spieß zwischen vier und 40 Kilo wiegen kann, ist es schwierig, ein allgemeingültiges Rezept zu schreiben. Deshalb will ich die Vorgehensweise für ein kleines und ein großes Schwein beschreiben.

Ein kleines Schwein, etwa ein Spanferkel, passt in den Backofen. Mit der Hälfte der Kräuter- oder Gewürzmischung (siehe Seite 98, 99) einreiben und bei 175 °C in den Ofen schieben. Für ein Spanferkel von fünf Kilo rechnet man 2½–3 Stunden, aber das kann von Ofen zu Ofen unterschiedlich sein, sodass es sich empfiehlt, das Fleischthermometer einzusetzen. Während der letzten 20 Minuten die Temperatur auf 225 °C erhöhen, damit die Schwarte knusprig wird. Dabei fleißig mit dem ausgetretenen Fett bepinseln.

Das beste Schwein am Spieß habe ich auf einer selbst gemachten Grillkonstruktion gebraten. Hier war ein Teil des Triumphs die Herstellung des Grills – er bestand ausschließlich aus Schrott, den wir auf dem Hof gefunden hatten: ein halbiertes Ölfass, zwei alte Rammböcke, etwas Altmetall unklaren Ursprungs sowie ein älteres Herrenfahrrad. Eine Stange wurde durch das Schwein gesteckt. Zwei querstehende Stege fixierten es an Ort und Stelle. Die Stange wurde anschließend mit dem Fahrrad verbunden, sodass das Schwein mithilfe der Pedale gedreht werden konnte – meine Velotisserie. Nicht sehr elegant, aber ungeheuer praktisch! Neun Stunden lang schnurrte das Schwein herum, bis es fertig war, und in dieser Zeit durfte jeder nach Herzenslust auf dem Rad strampeln.

Der Pfiff bei aller Art selbst gemachter Konstruktionen ist immer wieder der gleiche: eine lange Stange mit zwei querstehenden Stegen. Die Stange kann entweder durch das Schwein gezogen werden, oder man befestigt das Schwein mit Metalldraht an der Stange.

Kräutermischung für am Spieß gebratenes Schwein

Lässt sich auch für Rippchen verwenden, für Schweinebraten und alle anderen Teile, die lange gegart werden. Der Trick dabei ist, eine kleine Menge fürs Braten zu nehmen und einen Teil zum Servieren übrig zu lassen. Zum Schwein am Spieß passt gut ein norwegisches Tzatziki (siehe Seite 82) und frisches Brot, beispielsweise Kräuterbrot (Seite 432) oder gegrillte Kartoffeln (Seite 240) und ein frischer Salat.

Für 1 großes Schwein
300 ML NEUTRALES PFLANZENÖL
1 STÄNGEL ZITRONENGRAS, ZERDRÜCKT, DANN FEIN GEHACKT
4 KNOBLAUCHZEHEN
2 TASSEN SALBEI, ROSMARIN, THYMIAN UND OREGANO, GEMISCHT
GROBES SALZ
100-200 ML OLIVENÖL
2 EL FEIN ABGERIEBENE SCHALE VON UNBEHANDELTEN ZITRONEN
1 KLEINES BUND BASILIKUM
1 KLEINES BUND PETERSILIE
ZITRONENSAFT

Pflanzenöl, Zitronengras, Knoblauch und die gemischten Kräuter in die Küchenmaschine geben und pürieren, gelegentlich den Rand abstreifen und alles weiterpürieren, bis die Mischung homogen ist.
Ein Drittel dieser Mischung beiseitestellen. Den Rest mit reichlich grobem Salz vermischen und das Schwein damit einreiben.
Wenn der Braten fertig oder so gut wie fertig ist, die beiseitegestellte Kräutermischung mit Olivenöl, Zitronenschale, Basilikum und Petersilie in der Küchenmaschine oder im Mörser zerkleinern. Diese frische Mischung streut sich jeder selbst auf seine Portion. Alternativ etwas Zitronensaft auspressen und wenig grobes Salz über das Fleisch streuen und danach ein wenig der Kräutermischung darübergeben. Der Zitronensaft sollte jedoch nicht in die Kräutermischung gelangen, weil er die Farbe verblassen lässt.

Gewürzmischung für am Spieß gebratenes Schwein

Auch diese Mischung eignet sich für alle Stücke vom Schwein, die lange gegart werden. Ich finde gebratenes Schweinefleisch, das mit einer intensiven Gewürzmischung eingerieben worden ist, sehr lecker. Dabei kommt es auf die spezielle Zusammensetzung gar nicht so an – wichtig ist nur, dass darin auch süße Geschmacksnuancen vertreten sind, etwa Vanille, und ein tiefes, komplexes Aroma.

Ich reibe das Fleisch vor dem Braten mit der Gewürzmischung und reichlich Salz ein und verwende auch einen kleinen Teil zum Servieren. Wenn nicht alle Gewürze zur Hand sind, ist das nicht schlimm. In diesem Fall ein paar Esslöffel einer guten Currymischung verwenden und mit den vier ersten Gewürzen mischen, welche die wichtigsten sind.

Für 1 großes Schwein

400 ML NEUTRALES PFLANZENÖL

2 EL FEIN GEHACKTER INGWER

1 VANILLESCHOTE, GEHACKT

1 ZIMTSTANGE

3 STÄNGEL ZITRONENGRAS

2 EL KURKUMA

1 EL KREUZKÜMMEL

1-2 EL KORIANDER

1 EL PFEFFER

2-6 CHILISCHOTEN, FEIN GEHACKT

2 EL SALZ

3-5 EL APFELESSIG

1 ZWIEBEL, FEIN GEHACKT

2 KNOBLAUCHZEHEN, FEIN GEHACKT

2 TOMATEN, FEIN GEHACKT

2 EL FEIN GEHACKTER KORIANDER

Sämtliche Zutaten mit Ausnahme von Zwiebel, Knoblauchzehen, Tomaten und Koriander in die Küchenmaschine geben und pürieren, bis die Mischung einigermaßen gleichmäßig ist. Falls erforderlich, die Maschine ein paar Mal anhalten, um die Gewürze von den Seiten abzustreifen. Die Mischung abschmecken – oft braucht sie etwas mehr Ingwer und etwas mehr Essig. Ein Drittel der Gewürzmischung beiseitestellen. Das Schwein mit dem Rest der Mischung einreiben und mit zusätzlichem Salz bestreuen. Den Rest der Gewürzmischung in eine große Schüssel geben und mit Zwiebel, Knoblauch, Tomate und Koriander verrühren. Diese Mischung beim Servieren als Sauce oder Dip verwenden.

Schweinekotelett mit Salbei und Zitrone

Die Kombination von Schweinefleisch, Salbei und Zitrone ist klassisch, und das aus gutem Grund. Ich finde dieses Gericht einfach köstlich. Saucenfreunde löschen zum Schluss den Bratensatz in der Pfanne mit einem Schuss Weißwein ab. Kurz umrühren, um den Bratensatz zu lösen, dann noch etwas Sahne dazugießen und vielleicht ein wenig Senf sowie einige Kapern dazuzugeben – fertig. Mit Röstkartoffeln servieren.

Für 4 Personen
4 SCHWEINEKOTELETTS
SALZ UND PFEFFER
SENFKÖRNER (NACH BELIEBEN)
1 PRISE GEMAHLENE NELKEN (NACH BELIEBEN)
16-24 SALBEIBLÄTTER
BUTTER
1 UNBEHANDELTE ZITRONE, GEVIERTELT

Die Schweinekoteletts mit Salz und Pfeffer würzen. Wer möchte, kann zusätzlich zerdrückte Senfsamen und gemahlene Nelken verwenden. Auf jede Seite der Koteletts zwei bis drei Salbeiblätter drücken.

In einer Pfanne bei mittlerer Temperatur die Butter erhitzen. Die Koteletts und die Zitronenviertel hineingeben und etwa 3 Minuten auf jeder Seite braten. Die Temperatur herunterschalten, ein wenig Zitronensaft aus den jetzt halb gebratenen Zitronenspalten auf das Fleisch drücken und die Koteletts weitere 2–4 Minuten braten. Die Zitrone verleiht ihnen einen schönen frischen Geschmack.

Schweinerücken mit Rotkohl

Ein knuspriger Schweinebraten mit Rotkohl ist ein schönes Essen für den Herbst und Winter. Für mich muss der Rotkohl schön säuerlich sein und ich verwende dafür eine Mischung aus Essig und Weißwein. Mit kleinen Speckwürfeln schmeckt er noch besser.

Je nachdem, zu welcher Jahreszeit der Braten auf den Tisch kommt, kann man auch gebackenen Fenchel, Gerstengraupen (in Brühe vorgaren und dann in den Ofen unter den Braten schieben), Röstkartoffeln, Ofentomaten oder einfach nur einen grünen Salat und gutes Brot dazu servieren.

Für 4–6 Personen

1,2 KG SCHWEINELENDE (AUSGELÖSTER RÜCKEN)

SALZ UND PFEFFER

2 EL HONIG

1 EL SOJASAUCE

KNOBLAUCH, GEHACKT

OREGANO ODER MINZE, GEHACKT

BALSAMICO-ESSIG (NACH BELIEBEN)

400–600 G ROTKOHL, IN FEINE STREIFEN GESCHNITTEN

1 ROTE ZWIEBEL, FEIN GEHACKT

1–2 EL BUTTER

2 EL ESSIG

WEISSWEIN

KRÄUTER (NACH BELIEBEN)

KÜMMEL (NACH BELIEBEN)

SALZ UND PFEFFER

Den Backofen auf 120 °C vorheizen. Das Fleisch würzen, auf einem Rost mit einer Fettpfanne darunter in den Ofen schieben und 3 Stunden garen. (Wenn es schneller gehen muss, bei 175 °C etwa 1 Stunde braten.) Die Temperatur auf 150 °C erhöhen, den Braten mit Honig und Sojasauce einpinseln, mit Knoblauch und Kräutern bestreuen. Für weitere 35 Minuten in den Ofen schieben. Kurz vor dem Servieren die Temperatur auf 180 °C erhöhen und das Fleisch noch einige Minuten auf jeder Seite bräunen, bis die Kruste schön knusprig ist. Wer mag, kann kurz vor Ende der Garzeit einen Schuss Balsamico über das Fleisch gießen.

Für den Rotkohl: In einem Topf die Butter erhitzen. Die Zwiebel darin anschwitzen. Den Rotkohl dazugeben und einige Minuten mitbraten. Den Essig und einen Schuss Weißwein angießen und einen Deckel auf den Topf legen. Etwa 30 Minuten bei geringer Hitze schmoren. Darauf achten, dass der Kohl nicht austrocknet. Mit mehr Essig oder Weißwein, Salz und Pfeffer, nach Belieben auch mit Kräutern oder ein wenig Kümmel abschmecken.

Knuspriger Schweinebauch

In meiner Heimat darf *svineribbe* bei keinem Weihnachtsessen fehlen. Ich genieße den knusprigen Braten gern das ganze Jahr über, und zwar in unterschiedlichen Varianten – traditionelle um Weihnachten herum und weniger traditionelle in der übrigen Zeit. Im Herbst brate ich das Fleisch zusammen mit Äpfeln und Zwiebeln, sodass die Früchte den Bratensaft aufnehmen. Im Sommer lege ich es auf den Grill. Dafür verfahre ich wie unten beschrieben und lasse das Fleisch zum Schluss auf dem Grill schön knusprig werden.
Ganz wichtig für dieses Rezept: gutes Fleisch und genügend Zeit. Aber selbst wenn dieses Rezept etwas zeitintensiv ist, sollten Sie sich davon nicht abschrecken lassen. Der größte Teil vergeht ja mit Warten und erfordert vom Koch nur wenig Einsatz.

Für 6 Personen

2,5 KG SCHWEINEBAUCH ODER DICKE RIPPE

SALZ

ZUCKER

Am Vortag beginnen. Mit einem scharfen Messer die Schwarte rautenförmig einschneiden. Eine Salzlake zubereiten. Dazu einen Liter Wasser und 70 Gramm Salz sowie ein bis zwei Teelöffel Zucker in eine große Schüssel geben und gut verrühren, damit das Salz sich auflöst. Das Fleisch in die Salzlake legen, mit Frischhaltefolie abdecken und ein Gewicht (beispielsweise ein paar Teller) darauflegen. 24 Stunden in den Kühlschrank stellen.
Einige Stunden vor der Zubereitung das Fleisch gut abspülen und in frisches Wasser legen. Dann gut abtrocknen, in einen Bräter legen und mit 200 Milliliter Wasser oder einer anderen Flüssigkeit übergießen (siehe Seite 105). Den Bräter mit Alufolie abdecken.
Das Fleisch bei 140 °C etwa 4 Stunden im Ofen braten. Nach der Hälfte der Garzeit das Fleisch stündlich prüfen. Es soll sehr zart und vollständig durchgebraten sein.
Die Folie entfernen. Wenn die Kruste noch knuspriger werden soll, jetzt die Flüssigkeit entfernen, die sich im Bräter angesammelt hat, oder den Braten auf einen Rost umbetten. Die Temperatur auf 200 °C erhöhen (Umluft 180 °C). Den Braten weitere 75–90 Minuten im Ofen lassen. Dann sollte die Schwarte herrlich braun und knusprig sein. Falls nicht, die Temperatur auf 230 °C (Umluft 200 °C) erhöhen und den Braten ständig unter Beobachtung halten, damit er nicht verbrennt.

Variationen

Mit weihnachtlichen Gewürzen: Die Salzlake mit weihnachtlichen Gewürzen abschmecken. Ich verwende zwei bis vier Nelken, eine Zimtstange, Koriandersamen und gelegentlich auch etwas getrockneten Chili.

Mit frischen Kräutern: Die Salzlake mit Kräutern würzen. Rosmarin und Thymian passen gut, auch Minze kann lecker sein. Man kann das Fleisch auf die Kräuter legen, während es im Ofen schmort. Das ergibt einen feinen Geschmack.

Wein oder Essig: Ein wenig Frische ist gut. Ich gieße gern Weißwein statt Wasser an, bevor das Fleisch in den Ofen geschoben wird. Sehr lecker ist auch eine Mischung aus Fleischbrühe und Sherryessig.

Senf: Die Fleischseite während des letzten Teils des Bratvorgangs mit Senf einreiben, um dem Fleisch einen aromatischen Geschmack zu verleihen.

Mit Äpfeln und Zwiebeln: Den Braten mit Apfelsaft übergießen. Nach 1 Stunde Bratzeit Zwiebelstücke und eventuell auch ganze Knoblauchzehen unter dem Braten verteilen, nach weiteren 40 Minuten Apfelstücke dazuzugeben. Gut passt auch etwas Weißwein, am besten ein leicht fruchtiger. Mit Rosmarin oder Salbei würzen.

Grillrippchen: Dem Rezept folgen und den Braten aus dem Ofen nehmen, wenn die Alufolie vom Bräter entfernt wird. Einen Kugelgrill vorheizen. Die Kohlen an den Rand schieben, das Fleisch in die Mitte des Grillrosts legen, den Deckel aufsetzen und den Braten 30 Minuten indirekt grillen. Wer einen leicht säuerlichen Geschmack schätzt, sollte gelegentlich die Oberfläche mit etwas Essig oder Zitronensaft einpinseln. Etwas Ketchup mit Sherryessig, Ingwer, Knoblauch und Chili verrühren. Wenn die Konsistenz richtig ist, das Fleisch mit der Sauce einpinseln und vor dem Servieren noch ein paar Minuten auf dem Rost lassen. Dazu schmeckt gegrilltes Gemüse.

Gebratene Schweineschulter

Eins der besten Stücke, und dabei vollkommen unterschätzt. Ich ziehe einen schönen Schulterbraten jedem Schnitzel aus der Keule vor. Denn in der Schulter findet sich mehr Bindegewebe, und wenn sie langsam gart, wird das Fleisch schön saftig und zart. Ein fantastisches Festessen für eine große Tischrunde.

Wenn das Fleisch lange genug brät, schmilzt das Fett, und das Bindegewebe in den Muskeln wird weich. Es spricht nichts dagegen, den Braten sogar über Nacht im Ofen zu lassen oder während man bei der Arbeit ist. In dem Fall empfiehlt es sich, das Fleisch knapp unter 100 °C zu garen (Umluft ist nicht empfehlenswert).

Ich schließe den Bratvorgang damit ab, dass ich das Fleisch mit braunem Zucker bestreue und dann weiterbrate, bis die Haut knusprig ist und der Zucker karamellisiert. Dieser letzte Arbeitsschritt ist ein bisschen heikel, sodass es ratsam ist, sich nicht allzu weit vom Ofen zu entfernen.

Für 12 Personen

4-5 KG SCHWEINESCHULTER MIT HAUT UND KNOCHEN (ODER EIN GANZES VORDERBEIN)
SALZ
GEMAHLENER INGWER
100 G BRAUNER ZUCKER (NACH BELIEBEN)
SOJASAUCE

Den Backofen auf 120 °C vorheizen.

Die Schwarte sorgfältig von allen Borsten befreien, entweder mit einem Einwegrasierer oder mit einer Gasflamme.

Das Fleisch sorgfältig mit Salz und ein wenig Ingwer einreiben, dann in die Fettpfanne des Backofens setzen. 4 Stunden braten. Die Temperatur auf 90 °C reduzieren und bis zu 6 Stunden weitergaren. Die Umluftfunktion nicht verwenden.

Kurz vor dem Servieren das Fleisch herausnehmen und die Ofentemperatur auf 180 °C erhöhen, dabei auf Umluft wechseln. Den Braten mit braunem Zucker bestreuen, nach Belieben vorher mit Sojasauce einpinseln und noch etwas gemahlenen Ingwer darüberstreuen. Das Fleisch zurück in den Ofen geben und braten, bis die Schwarte knusprig ist, dabei darauf achten, dass sie nicht verbrennt. In meinem Ofen dauert das etwa 15 Minuten. (In einem Backofen ohne Umluftfunktion den Grill verwenden, das Ergebnis wird aber nicht so gut sein.)

ALLES VOM SCHWEIN IST GUT Wer ein ganzes selbst geschlachtetes Tier hat, braucht keinen Teil davon wegzuwerfen. Alles ist gut, auch Schwanz und Schnauze, nicht zu vergessen die Innereien (mit Ausnahme der Gallenblase). Ein Vorteil dieser selten gewordenen Fleischstücke – die früher Alltagskost waren, heute aber nicht mehr in der Kühltheke zu finden sind – ist die Tatsache, dass sie allesamt preiswert sind. Es ist aber nicht in erster Linie die Not oder der Wunsch, Geld zu sparen, der mich veranlasst, nichts wegzuwerfen. Das Schwein ist so etwas wie eine Fleisch- und Fettfabrik, die verschiedene Produkte erzeugt, die sich durch unterschiedliche Eigenschaften auszeichnen. Die Bäckchen zum Beispiel bieten im Hinblick auf Geschmack und Konsistenz etwas völlig anderes als der Bauch, der wiederum anders ist als das Rippenstück. Auch die Ohren und der Schwanz haben ihre Fans – ich gehöre auch dazu.

Vor dem großen Schlachtfest hatten wir lange Diskussionen darüber, wie weit die Kinder abgeschirmt werden sollten. Wir kamen schließlich überein, die Kleinen woanders unterzubringen, wenn die eigentliche Schlachtung beginnt. Als sie zurückkamen, zeigten sie zu unserer Überraschung keine besonderen Regungen. Und den Körper des geschlachteten Tieres, der im Keller hing, fanden sie zwar ein wenig merkwürdig, aber der Berg Eisstücke, den wir aufgeschüttet hatten, um den Raum abzukühlen, zog schnell alle Aufmerksamkeit auf sich. Und dann ging es schon ans Frittieren der ungewohnten Stücke. Die Befürchtung, die Kinder könnten traumatisiert werden, wenn sie den brutalen Realitäten des Lebens so nahe kommen, erwies sich als vollkommen unbegründet. Bald liefen Vettern und Cousine hintereinander her und riefen »Ich! Ich! Ich!« – denn sie hatten Ohren, Schwanz und Schnauze des Schweins bekommen. Der Schwanz wurde in zwei Teile gerissen, sodass ein Vetter den fleischreichsten Teil erhielt, der andere den knusprigsten, während die Cousine an einem großen Stück Ohr knabberte. Bei einem solchen Anblick wird es einem alles essenden Vater warm ums Herz.

ABER DAS LÄSST SICH NICHT BESCHAFFEN! Und was ist, wenn man nicht selbst schlachtet? Wo bekommt man dann die besonderen Stücke her?

Eins der größten Probleme, wenn es um Lebensmittel geht, ist das Fehlen von Fachgeschäften. Die großen Supermarktketten haben so gut wie alles übernommen. Während es früher in jedem Dorf mindestens einen Metzger gab – nur dort konnte man Fleisch kaufen –, findet man heute ganz oft keinen mehr. Aber noch ist nicht alles verloren, manchmal müssen wir nur bereit sein, uns etwas anzustrengen.

Die Wahrheit ist jedenfalls, dass es so gut wie keinen »exotischen« Teil des Tiers gibt, an den man nicht herankommt. Fragen Sie den Schlachter Ihres Vertrauens. Wer keinen lokalen Metzger hat, kann es an der Fleischtheke im Supermarkt probieren. Für die Leute, die im Supermarkt arbeiten, ist das oft ungewohnt, und es kann schon passieren, dass man erst nach dem zuständigen Mitarbeiter suchen muss (die Person, die an der Fleischtheke steht, ist nicht immer fachkundig). Aber es ist sicher einen Versuch wert.

Schweinefleischterrine

Eine Terrine lässt sich kaum einfacher herstellen und auch nicht besser. Die Zugabe von Gewürzen, Kräutern oder einem Schluck Cognac richtet sich nach Ihren persönlichen Vorlieben – experimentieren Sie ruhig. Anstelle von Schweinebacke eignet sich auch ein anderes gut durchwachsenes Stück, etwa Schweinebauch, dicke Rippe oder Nacken.

Grundzutaten
1,2 KG SCHWEINELEBER
1 KG SCHWEINEBÄCKCHEN
1 SCHWEINEHERZ
2–3 EL SALZ
200 G WEIZENMEHL
2–4 EIER
400–600 ML SAHNE (NACH BELIEBEN)

Zum Aromatisieren
50 ML COGNAC, WEINBRAND ODER PORTWEIN (NACH BELIEBEN)
1 EL FEIN GEHACKTE KRÄUTER
1 EL GROB GEMAHLENER PFEFFER
SPECK IN DÜNNEN SCHEIBEN (NACH BELIEBEN)
4–12 SARDELLENFILETS (NACH BELIEBEN)
PILZE UND GRÜNER PFEFFER (NACH BELIEBEN)

Leber, Schweinbäckchen und Herz durch den Fleischwolf drehen. Manche Rezepte fordern, dies mehrmals zu tun. Ich bevorzuge jedoch eine etwas grobe Konsistenz. Das Fleisch mit Salz, Mehl und Eiern gut vermischen, nach Belieben auch Sahne dazugeben. Falls gewünscht, mit dem Cognac aromatisieren. Kräuter und/oder Gewürze zugeben und alles noch einmal sorgfältig durcharbeiten. Nach Belieben die Fleischmischung halbieren und unterschiedlich würzen, beispielsweise einen Teil mit Kräutern und den anderen mit einer traditionellen Nelken-Muskat-Mischung. Kurze Zeit ruhen lassen.
Den Backofen auf 150 °C vorheizen. Zwei bis drei Terrinenformen oder eine entsprechende Anzahl ofenfeste Portionsförmchen mit Speckscheiben oder Backpapier auslegen. Mit der Fleischfarce füllen. Sardellen oder in Scheiben geschnittene Pilze sowie grünen Pfeffer auf der Oberfläche verteilen. Die Formen ganz unten in den Ofen schieben, mit Papier oder Folie abdecken. Die Terrinenformen etwa 1 ½ Stunden, die Portionsförmchen 40 Minuten backen, oder bis die Kerntemperatur rund 85 °C beträgt. (Die Backzeit hängt auch davon ab, wie dicht die Formen stehen. Es dauert länger, wenn sie eng nebeneinander stehen. Die Terrinen im Ofen stehen lassen, während sie abkühlen.)

Schwarten-, Schwanz- und Schnauzencracker

Dafür eignen sich die fetten Teile des Schweins – so gut wie alles ist zu gebrauchen, solange es Fett oder Haut hat. Auf diese Art und Weise wird auch aus weniger geschätzten Stücken wie Ohren, Schwanz oder Schnauze etwas sehr, sehr Leckeres.

Die Idee, fette Stücke vom Schwein zu nehmen und sie in noch mehr Fett zu frittieren, mag zunächst nicht sehr einleuchtend erscheinen. Aber die Wahrheit ist, dass dabei ein großer Teil des Fetts zusammen mit dem Wasser ausbrät. Ich serviere die Cracker gern mit etwas Essig – insbesondere dunklen Sherry- oder Weinessig. (Balsamico passt nicht zu allem.) Ein wenig Salz, vielleicht mit Cayennepfeffer gemischt, ist ebenfalls gut. Ich mache keine Mengenangaben, sondern erkläre nur die Vorgehensweise.

Wenn die Schwarte abgeschnitten wird, ist es wichtig, einen Teil des Unterhautfetts dranzulassen – denn das wird besonders knusprig. Auch Rippchen, Schweinebäckchen, Speck, Ohren, Schnauze oder Schwanz können frittiert werden.

Es wird mindestens ein Liter Frittieröl benötigt, besser sind zwei. Wer zwei Liter hat, gießt anderthalb Liter in den Frittiertopf und stellt den Rest bei Zimmertemperatur beiseite. Falls das Öl beim Frittieren zu heiß wird, auf keinen Fall Wasser hineingießen (es verursacht eine heftige Reaktion), sondern lieber ein wenig von dem beiseite gestellten Öl verwenden. Für den Fall, dass das Frittierfett Feuer fängt, einen Deckel in Reichweite legen. Dies ist die einzige sichere – und ganz einfache – Methode, um brennendes Fett zu löschen. (Es ist nicht sehr wahrscheinlich, dass der Fall eintritt, denn ich habe es nie erlebt. Dennoch kann es nicht schaden, vorbereitet zu sein. Es wäre schade, das Haar auf dem Kopf zu verlieren oder das Haus, in dem man wohnt, nur durch etwas so Triviales und Vermeidbares wie einen Frittierbrand.)

Das Fleisch nach Möglichkeit im Voraus aufschneiden, dann ist alles bereit. Einen Schaumlöffel bereitlegen, um die fertigen Stücke herauszuheben, dazu ein Küchenhandtuch oder Küchenpapier, um sie abtropfen zu lassen.

Das Öl erhitzen. Etwas Fleisch hineingeben. Wenn große Blasen aufsteigen, die Temperatur ein wenig herunterschalten. Es soll energisch frittiert werden, aber leider besteht kein so großer Unterschied zwischen genau richtiger und allzu großer Hitze, sodass es sich zu Beginn empfiehlt, eher vorsichtig zu sein. Die Temperatur sollte 175 °C nicht übersteigen.

Immer nur wenige Stücke gleichzeitig frittieren – sechs bis acht sind genau richtig. Die Cracker sind fertig, wenn sie etwas aufgebläht aussehen und fast keine Blasen mehr aufsteigen. Sobald das gesamte Wasser aus dem Frittiergut verdampft ist, geht alles sehr schnell. Die Grenze zwischen knusprig genug und verbrannt ist schnell überschritten, sodass größte Aufmerksamkeit erforderlich ist. Den Topf immer beiseitestellen, wenn nichts im Frittieröl schwimmt – ohne Inhalt wird das Öl leicht zu heiß.

Die Cracker mit Essig und Salz servieren oder mit einer dick eingekochten Tomatensauce, gewürzt mit geriebenem Meerrettich und Chili.

Gegrillte Schweineohren

Dass Schweineohren bei uns in der Regel als Hundefutter dienen, ist eigentlich unerklärlich, denn es ist keineswegs schlechtes Fleisch. Wir sind nur nicht gewohnt, sie zu essen. Das Grillen bringt andere Geschmacksnuancen hervor als das Frittieren – mehr von den kräftigen Röstaromen. Man kann die gegrillten Öhrchen so servieren, wie sie sind, dazu passt Chilisauce oder ein anderer Dip. Auch einen Versuch wert: in Sherryessig tauchen und danach in Meersalz. Hier bestreiche ich sie mit Senf und bestreue sie dann mit Kräutern und Semmelbröseln.

Für 6–10 Personen als Snack

3 SCHWEINEOHREN

SALZ

ÖL

SENF

THYMIAN, PETERSILIE UND KNOBLAUCH, FEIN GEHACKT

SEMMELBRÖSEL

Schweineohren gut säubern. Borsten mit einem Einwegrasierer entfernen, so lässt sich der Geschmack von verbranntem Haar vermeiden.

Die Ohren 20 Minuten in Salzwasser garen. Nach Belieben Kräuter oder Gewürze in das Kochwasser geben. Abkühlen lassen. Das lässt sich gut am Tag zuvor erledigen.

Den Grill anheizen. Die Ohren in Streifen schneiden und mit etwas Öl einpinseln. Die Streifen grillen, bis sie knusprig sind. Oft wenden, damit sie nicht verbrennen.

Die Streifen mit Senf bestreichen, dann in Kräutern und Semmelbröseln wälzen. Ein paar Minuten auf den Grill zurücklegen, vorzugsweise an den Rand, wo es nicht so heiß ist. Ziel ist es, die Semmelbrösel zu rösten. Aufpassen, dass sie nicht zu dunkel werden.

Schweinebäckchen mit Äpfeln und Wein

Schweinebäckchen eignen sich ganz besonders gut zum Pökeln (siehe Seite 376), sie schmecken aber auch frisch ausgezeichnet. Und sie sind lächerlich billig. Hier schmore ich die Bäckchen in Wein zusammen mit Lauch und Äpfeln. Die frischen Geschmacksnoten passen hervorragend zu dem fetten Fleisch. Für Rezepte wie dieses bewahre ich Weinreste auf.

Für 4 Personen

1 KG SCHWEINEBÄCKCHEN, IN SCHEIBEN GESCHNITTEN

SALZ

2 EL PFLANZENÖL

6 SCHALOTTEN, GEHACKT

400 G KNOLLENSELLERIE, FEIN GEHACKT

2 LORBEERBLÄTTER

300 ML WEISSWEIN

2 STANGEN LAUCH, GEHACKT

2 GELBE ÄPFEL, ENTKERNT UND IN STÜCKE GESCHNITTEN

THYMIAN ODER SCHNITTLAUCH

Das Fleisch mit etwas Salz bestreuen.

In einem Schmortopf das Öl erhitzen. Schalotten und Sellerie darin bei mittlerer Hitze 15 Minuten in einem großen Topf anbraten, bis die Zwiebel goldbraun und süß ist. Schweinebäckchen, Lorbeerblätter und Wein in den Topf geben. Zugedeckt 1 Stunde bei milder Hitze schmoren lassen. Lauch und Äpfel hinzufügen und 20 Minuten mitgaren.

Wenn sich recht viel Flüssigkeit im Topf gebildet hat, für die letzte Viertelstunde die Temperatur erhöhen und den Deckel abnehmen, damit sie etwas einkochen kann. Das Gericht mit Salz abschmecken und vor dem Servieren Thymian oder Schnittlauch darüberstreuen.

Langsam gegarter Schweinebauch

Wichtig ist hier, das Fleisch zuerst langsam im Ofen zu braten und am Ende mit hoher Temperatur abzuschließen, damit die Schwarte schön knusprig wird. Ich verwende eine supergute Gewürzmischung mit vielen Zutaten, aber auch die Kräutermischung von Seite 98 ist gut geeignet, ebenso die Gewürzmischung von Seite 99.

Für 6 Personen

3 EL FENCHELSAMEN

3 EL KORIANDERSAMEN

3 EL KREUZKÜMMELSAMEN

1 EL SCHWARZE PFEFFERKÖRNER

2 STERNANIS

1 ZIMTSTANGE

2 TL NELKEN

3–4 EL SALZ

3–4 EL ZUCKER

2 KG SCHWEINEBAUCH ODER DICKE RIPPE

2 L HÜHNERBRÜHE ODER WASSER

BEI BEDARF ESSIG (VORZUGSWEISE REISESSIG)

Alle Gewürze, Salz und Zucker im Mörser, in einer Kaffeemühle oder in der Küchenmaschine zerkleinern (oder mithilfe einer schweren Bratpfanne bearbeiten). Das Fleisch mit der Gewürzmischung einreiben, dann in Frischhaltefolie wickeln. So kann es bis zu 24 Stunden im Kühlschrank ruhen.

Den Backofen auf 90 °C vorheizen. Das Fleisch in eine ofenfeste Form geben, in die es gerade eben hineinpasst. Mit Brühe oder Wasser übergießen, mit Alufolie bedecken und mindestens 7 Stunden in den Ofen schieben, gern auch länger.

Kurz vor dem Servieren die Form aus dem Ofen nehmen, die Garflüssigkeit in einen Topf abgießen. Die Ofentemperatur auf 220 °C hochschalten und das Fleisch weiterbraten, bis die Schwarte knusprig ist. (Alternativ das Fleisch in kleine Stücke schneiden und in der Pfanne braten).

Die Brühe probieren. Wenn sie gut ist, das Fett von der Oberfläche abschöpfen. Die Brühe nach Belieben mit Essig abschmecken. Wer mag, gibt auch frische Kräuter hinein – ich finde, etwas Fenchelgrün kann nicht schaden. Das Fleisch in der Brühe servieren oder beides getrennt auf den Tisch bringen.

Schweinshaxe mit Bohnen

Auch Schweinshaxe ist erschreckend billig. Dabei schmeckt sie gut und zusammen mit Bohnen langsam gekocht, verleiht sie den Hülsenfrüchten viel gutes Aroma. Das Gericht setzt ein wenig Planung voraus. Am besten die Bohnen schon am Vorabend einweichen, dann wird das ganze Gericht bekömmlicher und es schmeckt auch besser. Wenn es schneller gehen muss, lasse ich die Haxe 2 Stunden kochen, gebe gut abgespülte Bohnen aus der Dose hinzu und gare alles zusammen noch 20 Minuten weiter.
Mit frischem Brot servieren.

Für 4 Personen

500 G GETROCKNETE WEISSE BOHNEN (VORZUGSWEISE BORLOTTIBOHNEN)
1 SCHWEINSHAXE
1 TL SCHWARZE PFEFFERKÖRNER
2 LORBEERBLÄTTER
200-400 ML WEISSWEIN (NACH BELIEBEN)
SALZ
2 EL SHERRYESSIG ODER MEHR
2 EL DIJONSENF
4-6 KNOBLAUCHZEHEN, GEHACKT
2 TOMATEN, GEVIERTELT
FRISCHE KRÄUTER (ESTRAGON, THYMIAN ODER LAVENDEL)

Die Bohnen in einen großen Topf geben, mit reichlich Wasser bedecken und einweichen lassen – mindestens 30 Minuten, im Höchstfall 12 Stunden. Aufkochen und 10 Minuten kochen lassen. Die Bohnen in ein Sieb abgießen und abspülen. Zurück in den Topf geben, dazu die Schweinshaxe, Pfeffer und Lorbeerblätter. Mit Wasser auffüllen, nach Belieben den Wein zugeben. Zum Kochen bringen und 1–2 Stunden köcheln lassen, bis die Bohnen weich sind. Das Gericht schmeckt am besten, wenn es jetzt kühl gestellt und am nächsten Tag aufgewärmt wird.
15 Minuten vor dem Servieren Salz, Sherryessig, Dijonsenf und Knoblauch dazugeben und alles wieder zum Köcheln bringen. Eventuell mit mehr Essig und Senf abschmecken. Tomaten zugeben und einige Minuten ziehen lassen. Kurz vor dem Servieren mit frischen Kräutern bestreuen.

Erbsensuppe mit geräucherter Schweinshaxe

In einer richtigen Erbsensuppe steckt viel guter Geschmack und wenig Arbeit. Die Herdplatte auf geringe Hitze einstellen und die Suppe am besten schon am Tag zuvor fast fertig kochen, und dann vor dem Servieren nur noch kurz wieder erhitzen.
Die Erbsen müssen einige Stunden in Wasser eingeweicht werden, sonst kann es passieren, dass sie schwer im Magen liegen. Wenn die Schweinshaxe gepökelt ist, aber nicht geräuchert, empfiehlt es sich, 100–200 Gramm Räucherspeck zuzugeben. Sollte die Suppe zu salzig werden, etwas Sauerrahm unterrühren.

Für 4 Personen

250 G GELBE ERBSEN
1 GERÄUCHERTE SCHWEINSHAXE
1 EL PFLANZENÖL
1 ZWIEBEL, GEWÜRFELT
300 G KOHLRABI, KNOLLENSELLERIE ODER PASTINAKE, GEWÜRFELT
1 STANGE LAUCH, NUR DAS WEISSE, GEHACKT
1 LORBEERBLATT
BIER (NACH BELIEBEN)
SAUERRAHM ZUM SERVIEREN (NACH BELIEBEN)
FRISCHE KRÄUTER

Die Erbsen mehrere Stunden oder über Nacht einweichen. Ist die Schweinshaxe sehr salzig, sollte sie ebenfalls gewässert werden. Zwischendurch das Wasser mehrmals wechseln.
In einem Topf das Öl erhitzen. Die Zwiebel darin anbraten, bis sie leicht gebräunt ist. Die Erbsen abgießen und zusammen mit Kohlrabi, Lauch, Lorbeerblatt, der Schweinshaxe und eineinhalb Liter Wasser in den Topf geben, einen Teil des Wassers nach Belieben durch Bier ersetzen. Etwa 1 Stunde köcheln lassen, bis die Erbsen weich sind.
Die Schweinshaxe herausnehmen, das Fleisch in Stücke schneiden und zurück in den Topf geben.
Die Suppe mit frischen Kräutern bestreuen und abschmecken. Sie soll salzig und kräftig schmecken. Gut umrühren, damit sich alle Bestandteile gleichmäßig verteilen. Nach Belieben vor dem Servieren etwas Sauerrahm unterrühren.

Rinder

Von der Erde zu leben muss nicht zwangsläufig bedeuten, von seiner eigenen Erde zu leben. Seit je heißt es auch, durch Tausch zu erwerben, was man selbst nicht besitzt. Großzügige Bauern haben produktive Haustiere. Ich selbst habe langsam wachsenden Kohl, knauserige Enten, ziemlich geizige Hühner, ein freundliches Schwein und mehr Salat, als ich selbst essen kann. Kühe fehlen auf meinem Hof – das wäre für mein zwar leidenschaftlich, aber immer noch als Hobby gepflegtes Landwirtschaftsprojekt zu viel. Zum Glück habe ich nette Nachbarn und einen Keller voller Wein.

Ich verstehe mich gut mit der Bäuerin Marit Jordal, die in dem benachbarten Fjordarm Milch produziert. Im Austausch gegen eine Flasche Champagner bekomme ich von ihr 15 Liter frische Milch. Mit diesem Handel sind wir beide sehr zufrieden. Marit, weil Champagner in ihrem Bäuerinnenleben sonst keine allzu große Rolle spielt, und ich, weil ich etwas bekomme, das sich für Geld nicht kaufen lässt.

Milch ist die Grundlage für viele gute Lebensmittel und gleichzeitig eine Rohware, die wir nicht wie früher von den Kühen bekommen, sondern als industriell verarbeitetes Produkt im Supermarkt kaufen. Vielleicht haben Sie schon einmal Milch frisch von der Kuh getrunken, direkt in den Mund gespritzt, oder ein Glas mit eben gemolkener Milch, die noch kuhwarm ist. Die meisten Menschen scheinen das ein bisschen eklig zu finden – dabei ist es das Natürlichste auf der Welt und den ersten tausend Mahlzeiten, die wir zu uns genommen haben, nicht unähnlich.

Die Milch, die ich von Marit bekomme (und von anderen Bauern, wenn ich Glück habe), ist weder pasteurisiert noch homogenisiert. Sie schmeckt süßer und frischer als irgendeine andere Milch, die ich je getrunken habe, und hinterlässt auf dem Glas einen dünnen Fettfilm.

Wenn doch nur alle Milch so wäre, denke ich. Schon ein paar Erdbeeren werden damit zu einem kleinen Dessert, ohne Zucker oder irgendeinen anderen Zusatz. Ich habe abends keine Milch mehr getrunken, seit ich ein kleiner Junge war, aber nach einem Besuch bei Marit bleiben die Weinflaschen ungeöffnet im Keller stehen.

Ich liebe diese Milch. Und es stört mich auch nicht, dass am Morgen eine Fettschicht obendrauf liegt, die zwar mit dem Müsli nicht ganz kompatibel ist, dafür aber wie gemacht für die Herstellung von Sahne und Butter. Ich würde Marits Milch jeden Tag trinken, wenn ich könnte. Aber das geht nicht. Denn ohne Pasteurisierung hält sie sich nicht sonderlich gut. Und man muss sie schon sehr mögen, um an zwei bis drei Tagen 15 Liter davon zu trinken. Danach beginnen die Säuerungsprozesse von allein.

Dieser periodische Milchüberschuss hat es mit sich gebracht, dass ich mit der Herstellung von Joghurt und Käse begonnen habe. Das geschieht zwar nicht nach allen Regeln der Kunst, aber dank des guten Rohmaterials (und vielleicht auch durch die Alchemie des Selbstgemachten) schmecken meine Erzeugnisse besser als das meiste, was ich im Laden an Joghurt und Käse kaufen kann.

ROHE MILCH Es ist möglich – und gesetzlich erlaubt –, frische unpasteurisierte und nicht homogenisierte Milch direkt beim Bauern zu kaufen. So kann man herausfinden, wie die Milch gerade dort schmeckt, wo man selbst lebt, und welche Unterschiede es zwischen der Milch verschiedener Rinderrassen gibt.

Auch das Futterangebot hat Auswirkungen auf den Geschmack: Fressen die Kühe nur Gras oder vielleicht auch Heidekraut und Kräuter? All das zeigt sich am besten in der Milch, bevor sie behandelt worden ist, und es geht verloren, wenn Milch von mehreren Höfen gemischt wird. Selbst wenn die Milch von anderen Höfen nicht unbedingt schlechter sein muss, sind die jeweiligen Besonderheiten nicht mehr zu erkennen.

Man sollte wissen, dass unpasteurisierte Milch stärker der Einwirkung verschiedener Bakterien ausgesetzt ist, darunter auch pathogene Mikroorganismen. Deswegen ist bei der Verarbeitung dieser Milch Hygiene so wichtig. Man sollte sich oft die Hände waschen, und saubere Geräte sind hier besonders wichtig. Der Genuss roher Milch kann für Menschen, die krank, schwanger, noch sehr klein oder sehr alt sind, gefährlich sein. Bei uns steht man der rohen Milch eher skeptisch gegenüber, während andere Länder wie etwa Frankreich und Italien ein weniger neurotisches Verhältnis dazu haben – und auch sie scheinen zu überleben.

Erdbeermilch

Aus der feinsten unpasteurisierten Milch zubereitet, die es gibt, sowie aus Beeren von meinem eigenen kleinen Fleckchen Erde. Mit gekaufter Milch geht es natürlich auch. Und wenn ich möchte, dass das Ganze etwas mehr in Richtung Milchshake geht,verwende ich tiefgefrorene Beeren. Mitten im Sommer ist das natürlich absurd, aber außerhalb der Saison sind Tiefkühl-beeren oft besser (und billiger) als importierte Treibhausfrüchte.
Zitronenmelisse oder Zitronengras liefern einen feinen Zitrusgeschmack ohne die sauren Bestandteile der Zitrone. Das Gleiche bewirkt ein wenig geriebene Zitronenschale, und auch Zitronenthymian ist einen Versuch wert.

Für 2–3 Personen
500 ML MILCH
200 G ERDBEEREN
2-4 EL ZUCKER
EISWÜRFEL (NACH BELIEBEN)
ZITRONENMELISSE, ZITRONENGRAS ODER ABGERIEBENE ZITRONENSCHALE (NACH BELIEBEN)

Milch und Erdbeeren in den Mixer geben und pürieren, bis eine gleichmäßige und luftige Masse entstanden ist. Mit Zucker abschmecken. Eventuell ein paar Eiswürfel dazugeben. Nach Belieben gehackte Zitronenmelisse, mit einer Messerklinge zerdrücktes Zitronengras oder abgeriebene Zitronenschale hinzufügen und den Mixer noch kurz weiterlaufen lassen, um den Geschmack freizusetzen.

Gestockte Biestmilch

Eine seltene Köstlichkeit! Die erste Milch, wenn eine Kuh gekalbt hat – die sogenannte Vor- oder Biestmilch –, steckt so voller Proteine, dass sie von allein fest wird, wenn man sie erwärmt. Es besteht kaum ein Zweifel, dass dies der Ausgangspunkt für Süßspeisen wie Panna cotta oder Crème brulée gewesen sein muss. An diese besondere Milch heranzukommen ist allerdings gar nicht so leicht.

Wie süß die Creme sein soll? Das müssen Sie selbst entscheiden. Sie kann süß wie ein Dessert werden oder frisch und leicht. Früher war es üblich, die Milch gar nicht zu zuckern und stattdessen beim Verzehr Zucker darüberzustreuen. Ich ziehe es vor, die Milch vorsichtig zu zuckern. Wer keine Biestmilch hat, kann die Creme mit Eiern oder Gelatine zum Stocken bringen. Ich selbst gebe Eiern den Vorzug.

Für 4 Personen
400 ML BIESTMILCH (ERSATZWEISE 350 ML VOLLMILCH, GEMISCHT MIT 50 ML CRÈME FRAÎCHE)
2–4 EL ZUCKER
3 EIER (NACH BEDARF)

Die Milch mit dem Zucker verrühren. Wenn normale Milch verarbeitet wird, die Eier mit einem Schneebesen unterrühren, bis die Mischung homogen ist. Die Milch in eine hitzebeständige Form oder vier Portionsförmchen gießen.

Ein wenig Wasser auf dem Boden eines großen Topfs erwärmen – er soll groß genug sein, um die Form mit der Milch aufzunehmen. Die Form in den Topf stellen und im Wasserbad lassen, bis die Milch gestockt ist. (Das Wasser darf dabei nicht kochen.) Die Creme soll in der Mitte noch ein wenig weich sein, wenn die Form herausgenommen wird.

Kalt oder lauwarm mit ganzen oder pürierten frischen Beeren servieren.

JOGHURT UND KÄSE Wenn ich kann, bereite ich Joghurt und Käse aus frischer unpasteurisierter und nichthomogenisierter Milch zu. Käse und andere Milchprodukte sind zu wichtig, um sie den Molkereien zu überlassen. Es gibt sicher gute Gründe, dass der größte Teil des Milchprodukte, die wir konsumieren, aus der Molkerei stammt. Aber wenn ich Zeit und Milch im Überfluss habe und in der richtigen Stimmung bin, finde ich es ungeheuer befriedigend, selbst etwas daraus zu machen. Das ist nicht nur lehrreich, auch das Ergebnis ist besser und nicht zuletzt anders als alles, was ich im Laden kaufen kann.

Milch lässt sich am besten haltbar machen, indem sie zu Käse verarbeitet wird. Das ist eine Kunst, deren Beherrschung viel Zeit erfordert. In Frankreich gibt es so viele gute Käse, weil die Franzosen auf eine lange Tradition aufbauen können und über gut ausgebildete Fachleute verfügen.

Meine Messlatte für die Eigenproduktion lag am Anfang ziemlich hoch. Aber nach einigen Experimenten mit importierten Käsekulturen – viel Arbeit und vollkommen unvorhersehbare Ergebnisse – habe ich die Segel gestrichen und heute produziere ich nur noch einen Frischkäse auf Joghurtbasis. Dazu nehme ich entweder selbst gemachten Joghurt, das ist natürlich das Beste, aber auch mit gekauftem Joghurt lassen sich gute Ergebnisse erzielen. Das Verfahren ist einfach und funktioniert für meine Zwecke sehr gut.

Der von mir hergestellte Joghurt ist – in aller Bescheidenheit – wirklich sensationell. Ich esse ihn zum Frühstück und verwende ihn für Desserts. Er ist auch mein Ausgangspunkt für eine Reihe verschiedener Käse, angefangen bei einfachem Kräuterfrischkäse, ziemlich festem Käse bis hin zu solchen, die innen flüssig sind, fast wie der feinste Mozzarella. Ich habe mich auch an abgelagerten Käsesorten versucht, und selbst wenn man dies als eine Art Risikosport ansieht, ist es bisher überraschend gut gegangen. (Ich bewahre den Käse zusammen mit den Resten eines Käses auf, der mir gefallen hat, und damit locke ich einige der Schimmelpilze zu meinem Käse herüber.)

Alles beginnt mit einem oder zwei Esslöffeln gekauftem Joghurt, die als Starter mit der Milch vermischt werden. Und damit fängt das Leben an. Die Schüssel ist warm von all dieser Aktivität, die Joghurtbakterien formieren sich. Millionen und Abermillionen arbeiten daran, Milch in Joghurt zu verwandeln. Am nächsten Morgen herrscht immer noch eine milchige Wärme in der Schüssel. Aber: Die Milch ist keine Milch mehr.

Bei einer echten Käseproduktion kommt es auf die richtige Temperatur an, den Fettgehalt der Milch, die Verwendung von Lab und verschiedenen Bakterienkulturen. Zu Hause mache ich es mir leichter. Die Konsistenz des Käses kann man beispielsweise beeinflussen durch die Käsemenge, die man in jeder Form zubereitet, die Zeit, die man ihm zum Abhängen gibt, und den Salzgehalt. Lässt man wenig Käsemasse in einem kleinen Tuch abtropfen, entsteht eine ziemlich gleichmäßige Konsistenz. Eine große Menge Käsemasse in einem großen Tuch trocknet außen schneller als innen, sodass der Kern weich und cremig bleibt.

Selbst gemachter Joghurt

Es fasziniert mich immer wieder, dass ich meinen eigenen Joghurt herstellen kann, indem ich ganz gewöhnliche Milch nehme – am besten ganz frische –, ein wenig Naturjoghurt und dann einfach der Natur ihren Lauf lasse. Zugegeben, es gelingt nicht immer – aber vielleicht mag ich es deshalb so sehr. Wenn alles klappt, entsteht ein Joghurt, das fast wie die guten Speiseeissorten mit Joghurt aus der Normandie schmeckt, die es in teuren Läden in Paris zu kaufen gibt. Und das Einzige, was ich dafür tun muss: ein paar Esslöffel Naturjoghurt mit lauwarmer Milch verrühren, um die Milchsäurebakterien gut zu verteilen, die dann den Rest der Arbeit erledigen.

Sie werden fühlen können, dass die Schüssel mit dieser Mischung am nächsten Morgen immer noch leicht warm ist. Es ist wichtig, dass alle Geräte sauber sind, damit nur die richtigen Bakterien ihre Arbeit tun. Sicherer ist es, den Joghurt aus pasteurisierter Milch zu machen; allerdings ist das Ergebnis besser mit roher Milch, die auf keinerlei Weise behandelt worden ist. Daraus entsteht ein Joghurt, der fest und fast geleeartig ist. Sollte die Konsistenz ein wenig zu flüssig erscheinen, den Joghurt zehn Minuten in einem Tuch oder einem Kaffeefilter abtropfen lassen, damit überschüssiges Wasser ablaufen kann.

Um Käse herzustellen, braucht man eine größere Joghurtmenge. Ich verwende dann drei Liter Milch und einen halben bis einen Liter Naturjoghurt.

Ergibt 500 Gramm

½ L MILCH
2 EL NATURJOGHURT, VORZUGSWEISE BIOQUALITÄT

Die Milch auf etwa 37 °C erwärmen. Den Joghurt einrühren, die Schüssel mit einem Deckel oder einem Tuch bedecken und über Nacht bei Zimmertempereratur stehen lassen.

Käse herstellen

Dafür braucht man ein Käsetuch, ein dünnes Tuch aus Leinen oder Baumwolle, ersatzweise ein Küchentuch. Auf alle Fälle muss das Tuch zunächst ausgekocht werden, um es zu sterilisieren und fremde Aromen zu beseitigen.

Ich setze dem Joghurt Kräuter und nicht zu wenig Salz zu. Bei den Käutern hat man freie Wahl. Wenn man mehrere Käse herstellen will, empfiehlt es sich, verschiedene Kräuter zu verwenden. Viele Kräuter haben bakterienhemmende Eigenschaften und können die Haltbarkeit des Käses verlängern. Wer möchte, kann den Joghurt auch mit Schmant oder Sahne vermischen, damit der Käse reichhaltiger wird.

Jeder gute Käse ist lebendig und wenn man ein Stückchen von einem Käse, den man mag, in die Masse gibt, prägt dies den Geschmack des neuen Käses. Ich habe gelegentlich ein kleines Stück eines weißen Ziegenkäses zugegeben, der an der Oberfläche eine feine Schimmelschicht aufwies. Sowohl der Geschmack als auch der Schimmel sind auf dem Käse wieder aufgetaucht, den ich zubereitet habe.

Ergibt 1 Käse von etwa 1–1,5 Kilogramm
KRÄUTER
SALZ
3 L JOGHURT (SIEHE SEITE 131)

Eine große Schüssel mit einem Käsetuch auslegen. Den Boden des Tuchs mit ein paar Kräutern bestreuen und etwas grobes Salz zugeben. Mit etwas Joghurt übergießen, sodass er die Kräuter und das Salz bedeckt. Weitere Kräuter und Salz darüberstreuen, dann wieder Joghurt einfüllen. So weitermachen, bis das Tuch gefüllt ist.

Das Käsetuch an einer schattigen Stelle zum Abtropfen aufhängen. Es dauert etwa 24 Stunden, bis die Masse um die Hälfte reduziert ist. Draußen in der sommerlichen Wärme darf der Käse keinesfalls länger hängen.

Eine große Schüssel mit Wasser füllen und pro Liter Wasser 50–60 Gramm Salz zugeben. Die Außenseite des Käsetuchs unter fließendem Wasser abwaschen, den Käse mit dem Tuch dann in das salzige Wasser legen und für 24 Stunden in den Kühlschrank stellen. Jetzt ist der Käse fertig.

Soll der Käse eine festere Konsistenz haben, die Masse in eine hölzerne Form geben und pressen. (Wenn man eine Form verwendet, die früher schon für Käse gebraucht worden ist, kann der neue Käse etwas von der Bakterienkultur des alten aufnehmen – das ist gut!).

Mir schmeckt dieser selbst gemachte Käse am besten mit Olivenöl und frischem Brot zu einem Glas Wein. Zum Servieren immer nur die benötigte Menge abschneiden, den Rest kühl aufbewahren. Dann hält sich der Käse mehrere Wochen.

Frischkäse mit Lauch und Chili

Die einfachste Methode, eine Art Käse herzustellen: Man lässt Joghurt in einem Kaffeefilter abtropfen. Das ist in ein paar Stunden getan, und das Ergebnis ist frisch und gut. In jeden Filter nicht mehr als 300 Milliliter geben.

Es lohnt sich, mit Kräutern und Gewürzen zu experimentieren – Basilikum etwa ist gut geeignet, aber auch Dill und Kerbel sind eine gute Kombination.

Ergibt etwa 200 Gramm

250 ML NATURJOGHURT
100 ML CRÈME FRAÎCHE
1 EL FEIN GEHACKTER LAUCH,
    SCHNITTLAUCH ODER ANDERE KRÄUTER
SALZ
1 TL PAPRIKAPULVER
½ TL CAYENNEPFEFFER

Joghurt und Crème fraîche in eine Schüssel füllen. Kräuter und ½ Teelöffel Salz unterrühren. 2–4 Stunden oder über Nacht stehen lassen. Nach 1 Stunde umrühren. Das Ganze in einen Kaffeefilter geben und abtropfen lassen. Wenn der Käse mittelfest ist, aus dem Filter herausnehmen. Paprikapulver, Cayennepfeffer und etwas Salz auf einem Teller mischen. Den Käse in dieser Mischung wälzen – und schon ist er fertig.

Ziegenfrischkäse mit Dill und Schalotten

Hier ist ein fertig gekaufter Ziegenfrischkäse die Basis. Man muss nicht immer bei Null anfangen, manchmal reichen ein paar interessante Zutaten, um einem an sich guten, aber ziemlich unspannenden Produkt mehr Charakter zu verleihen. Auch der Frischkäse aus Joghurt und Crème fraîche aus dem Rezept links lässt sich auf diese Weise zubereiten.

Ergibt etwa 150 Gramm

100 G ZIEGENFRISCHKÄSE
2 EL SCHMANT
1 EL FEIN GEHACKTER DILL
1 EL FEIN GEHACKTES FENCHELGRÜN ODER
    1 TL ZERSTOSSENE FENCHELSAMEN
    (NACH BELIEBEN)
2 EL FEIN GEHACKTE SCHALOTTEN
1 EL ZITRONENSAFT

Alle Zutaten mischen, entweder mit einer Gabel oder in der Küchenmaschine.

BUTTER In Norwegen gilt schon als Butterexperte, wer nur den Unterschied zwischen »guter« und »gewöhnlicher«, gesalzener und ungesalzener Butter kennt.

Zum Glück gibt es hier viele gute Buttersorten zu kaufen. Erstens ist die »gewöhnliche« Molkereibutter gut, daneben mag ich auch eine etwas stärker gesalzene, die Almbutter heißt (ohne dass sie auf einer Alm hergestellt worden wäre), außerdem noch die Butter aus Kviteseid in der Provinz Telemark, die leicht gesäuert ist und mithilfe von Betakarotin gelb gefärbt wird, sowie Biobutter von der Molkerei Røros.

Ich verwende Butter gern zum Kochen, denn sie nimmt einen wunderbaren, fast nussartigen Geschmack an, wenn sie erhitzt wird. (Butter besteht zu 80–85 Prozent aus Fett, enthält rund ein Prozent Milchbestandteile, der Rest ist Wasser.)

Butter ist aber viel mehr als nur ein Bratfett oder eine Substanz, die Saucen bindet. Ebenso wie Käse bringt sie bestimmte Charakteristika mit, was Konsistenz, Geschmack und Aroma angeht. Der Koch Thomas Keller, der die mit Auszeichnungen überhäuften Restaurants »Per Se« in New York und das »French Laundry« in Kalifornien betreibt, ist für viele Dinge berühmt. Dazu gehört »die beste Butter der Welt«, die er in seinen Restaurants serviert. Sie stammt von einem kleinen Hof mit sieben Jerseykühen in Vermont. Wenn einmal etwas davon übrig ist, wird diese Butter an einen der vielen Interessenten verkauft, die auf einer Warteliste stehen. Unter den Foodbloggern gibt es genügend, die damit prahlen, sie hätten für ein Pfund dieser Butter 50 Dollar bezahlt.

Ich kann nicht behaupten, über die Butter der ganzen Welt Bescheid zu wissen. Aber ich habe bei Thomas Keller die Butter von der Animal Farm probiert. Sie ist cremig, reich, mild und lecker – sie macht Lust auf mehr. Danach fragt man sich, was besser war: das Essen oder die Butter. Ich habe aber auch schon wunderbare Butter aus Norditalien probiert, wo helle, süßliche Sorten entstehen, oder die vielgepriesene französische Rohmilchbutter aus der Normandie und aus der Bretagne.

Aber die beste Butter, die ich je gegessen habe, stammt aus Norwegen. Und das hat nicht nur damit zu tun, dass mein Geschmack von bestimmten Traditionen geprägt ist. Wirklich gute norwegische Butter hat alles, was auch die Butter von der Animal Farm hat – und mehr dazu. Nehmen wir etwa die Butter, die Bitten Brennhovd in Hemsedal herstellt, als Beispiel: Das Gras, das in Vermont wächst, ist saftig und voller Geschmack. Aber das Gras, das die Kühe in Hemsedal im Sommer fressen, ist langsamer gewachsen und niedrigeren Temperaturen und mehr Sonne ausgesetzt gewesen, da es mehr als 15 Grad weiter nördlich wächst. Es enthält mehr Nährstoffe und ergibt mehr Geschmack. Bitten stellt ihre Butter aus Rohmilch her, die sich schwerer verarbeiten lässt, die aber bewirkt, dass die Butter auf eine ganz andere Weise lebt. Bitten säuert den Rahm, nachdem sie ihn von der Milch abgeschöpft hat. Danach buttert sie auf altmodische Weise in einem Holzfass, das sie mit Wacholder ausgewaschen hat. Vielleicht schmeckt die Butter aber auch deshalb so gut, weil die Kühe gute Laune haben, weil zum Schluss das Wasser von Hand herausgeknetet wird, weil sie mit Meersalz gewürzt wird … Es sind die vielen kleinen Details, die ein Produkt zu etwas Besonderem machen. Ich bin sicher, dass man die Summe all dieser Kleinigkeiten schmecken kann.

Wenn ich irgendwo Butter von einem kleinen Produzenten finde, kaufe ich sie. Manche sind gut, andere nur interessant. Ich stelle sie immer mit Andacht auf den Tisch, und wenn ich eine solche Butter jemandem zum Geschenk mache, sollte der Empfänger erkennen, dass ich ihn wirklich mag.

Ich habe auch damit begonnen, selbst Butter herzustellen. Es ist verblüffend einfach, wenn man keine Kühe halten, melken und Rahm abschöpfen muss, sondern hinterher nur das Holzfass auszuwaschen braucht. Ich verwende Crème fraîche (aus dem Laden, am liebsten in Bio-Qualität) und schlage sie in der Küchenmaschine. Das ist einfach, vermittelt aber dennoch einen gewissen Eindruck davon, wie Butter entsteht. Und wenn man Butter selbst herstellt, hat man viel mehr Möglichkeiten, den Geschmack zu beeinflussen. Wenn ich in der Küche stehe und die Flüssigkeit aus der Butter herausknete, liegt es an mir, zu entscheiden, wie viel Milchgeschmack erhalten bleiben soll und wie viel Salz ich zusetze.

Butter herstellen

Selbst gemachte Butter, ob nun vom Bauernhof oder aus der heimischen Küche, sollte nicht zum Braten verwenden werden – dazu ist sie viel zu schade. Sie muss die Hauptrolle spielen – auf gedünstetem jungem Gemüse, einem Stück Fisch oder auf frischem Brot. Wer die Möglichkeit dazu hat, nimmt natürlich den abgeschöpften Rahm von der frischen Milch. Alle anderen machen es wie ich und kaufen Crème fraîche oder Crème double, am besten ein gutes Bioprodukt.

Ergibt etwa 500 Gramm
1 L CRÈME FRAÎCHE
FLEUR DE SEL ODER FEINES MEERSALZ
EISWÜRFEL FÜR EISWASSER

Die Sahne mit dem Schneebesen schlagen, bis sich Wasser- und Fettbestandteile trennen. Lange Zeit wird es so aussehen, als passierte gar nichts. Dann entsteht eine wenig attraktive Mischung aus Wasser und Fettklümpchen. Noch ein bisschen weiterschlagen, bis das Fett beginnt, sich zu Klumpen zusammenzuballen. Eine Schüssel mit kalten Wasser füllen und Eiswürfel hineingeben. Die Hände kurz in das Eiswasser tauchen. Dann den Butterklumpen in die Hand nehmen und zu einem Ball formen. Diesen kneten, um Wasser herauszupressen – je mehr er bearbeitet wird, desto weniger bleibt übrig. Wenn der Butterklumpen zu schmilzen beginnt, ein paar Minuten in Eiswasser legen. Zum Schluss das Salz unterkneten. Die Butter in kleine Portionen teilen, verpacken und tiefkühlen.

Kräuterbutter

Die Zubereitung von Kräuterbutter ist eine gute Möglichkeit, um die letzten frischen Kräuter zu nutzen, bevor der Winter kommt, oder um die Reste eines Kräutertopfs zu verbrauchen. Wenn man nicht alle Kräuter verwenden kann, den Rest für später einfrieren. Ich nehme, was das Kräuterbeet mir anbietet – ein wenig Dill, ein bisschen Thymian, etwas Basilikum und Oregano. Es empfiehlt sich, die Kräuter ungleichmäßig zu hacken, dann schmeckt man gelegentlich die einzelnen Bestandteile aus der Mischung heraus. Die Kräuterbutter schmeckt auch sehr gut mit Bärlauch.

Ergibt etwa 500 Gramm
500 G BUTTER
2-3 EL GEMISCHTE KRÄUTER, GROB
    GEHACKT

Die Butter bei Raumtemperatur ein paar Stunden stehen lassen, damit sie weich wird. Butter und Kräuter mit einer Gabel oder einem Schneebesen mischen. In kleine Portionsformen drücken und in den Kühlschrank stellen.
Alternativ die Butter in Eiswasser legen, bis sie fest und formbar wird. Dann in Butterbrotpapier oder Folie einwickeln und rollen – dann lässt sie sich leicht scheibenweise schneiden. Zum Einfrieren am besten portionsweise verpacken.

FLEISCH Rindfleisch ist ein Naturprodukt, das richtig behandelt werden muss, damit es zu einem großen Genuss wird. Wichtig für die Fleischqualität sind viele von Menschen gesteuerte Faktoren, etwa wie das Tier gelebt hat, was es gefressen hat und wie es geschlachtet worden ist. Und ganz wichtig ist die Reifung des Fleischs. In mancher Hinsicht hat die Produktion von ganz gewöhnlichem Rindfleisch viel mit der Herstellung von Räucherschinken oder Käse gemeinsam. Sie hatte es zumindest einmal. Bis vor 20 oder 30 Jahren war es üblich, das Fleisch abhängen zulassen, damit es mürbe werden konnte, und dabei ging es immer um Trockenreifung. Das heißt, die Rinderhälften wurden an einem Haken im Kühlhaus aufgehängt, wo sie eine bestimmte Zeit bei einer bestimmten Temperatur reifen mussten. Während dieser Zeit halfen natürlich vorkommende Enzyme im Fleisch dabei, Bindegewebe und Fasern aufzulösen. Gleichzeitig verlor das Fleisch Feuchtigkeit, meist zwischen 20 und 50 Prozent des Ausgangsgewichts. Das Ergebnis war ein zartes Fleisch mit gutem Aroma, gleichzeitig mild und intensiv, genau so wie Fleisch sein soll.

Heute hat sich ein anderes Verfahren durchgesetzt. Der Übergang von der Trockenreifung zur Vakuumierung hat nur einen Vorteil: Der Kilopreis sinkt. Der Kilopreis sagt aber nicht unbedingt etwas darüber aus, was man eigentlich bekommt. Wer hat es noch nicht erlebt, dass man ein Päckchen vakuumiertes Fleisch aufmacht, aus dem reichlich Flüssigkeit herausfließt? Wir bezahlen Geld für Wasser. Und das Fleisch hat nicht mehr so viel Geschmackstiefe. Manche meinen, es habe einen blutigeren oder metallischeren Geschmack. In der Regel ist es ganz in Ordnung, aber es kann auch weich und schwammig sein. Im schlimmsten Fall ist das Fleisch schlecht geworden. Das kann natürlich auch mit trocken gereiftem Fleisch passieren, aber dabei läuft man nicht Gefahr, den Schaden erst zu entdecken, kurz bevor das Essen zubereitet wird.

Der Leser wird inzwischen schon bemerkt haben, dass ich mich mehr für die Trockenreifung begeistern kann. Es ist nicht leicht, solches Fleisch zu finden, aber es gibt noch immer Schlachter, die Fleisch selbst abhängen lassen. Ich pflege sie dann zu fragen, ob sie ein bestimmtes Fleisch haben, das besonders gut abgehangen ist und gut schmeckt, und dann kaufe ich es, eigentlich völlig unabhängig davon, was ich beim Betreten des Ladens ursprünglich hatte kaufen wollen. Wenn ich vakuumiertes Fleisch verwende, versuche ich die Verpackung rechtzeitig zu öffnen, bevor ich ein Gericht zubereite. Einerseits um sicherzugehen, dass dem nichts entgegensteht, aber auch, um dem Fleisch etwas Zeit zum Verschnaufen zu geben. Ich trockne die Fleischstücke ab und lege sie auf ein Stück Küchenpapier. Ich kann zwar nicht beweisen, dass das irgendeine Wirkung hat, aber ich bin überzeugt davon, es tut dem Fleisch gut.

Hamburger

Ein Hamburger kann ein großer Genuss sein. Sein Geschmack steht und fällt mit dem verwendeten Fleisch. Deshalb nimmt man am besten gut abgehangenes, nicht zu mageres Rindfleisch. Auch Tatar ist geeignet, in diesem Fall muss aber etwas Fett hinzugefügt werden.

Ein gelungener Hamburger muss 15–20 Prozent Fett enthalten. Das ist kein Problem, wenn einfaches Rinderhack verwendet wird. Soll der Burger aber magerer sein, gilt es gut aufzupassen. Er darf dann nicht zu lange gebraten werden – sonst wird er trocken.

Ein Hamburger lässt sich mit allerlei Zutaten servieren. Ich mag ihn mit Zwiebeln, Senf, Tomate, Salatblättern und etwas eingelegter Gurke.

Für 2 Personen

400 G RINDFLEISCH, NICHT ZU MAGER

RINDER- ODER SCHWEINEFETT (NACH BELIEBEN)

2 EL SAHNE (NACH BELIEBEN)

SALZ UND PFEFFER

BUTTER ZUM BRATEN

2 HAMBURGERBRÖTCHEN

GEBRATENE ZWIEBELRINGE

TOMATENSCHEIBEN UND SALATBLÄTTER

EINGELEGTE GURKE

SENF

MAJONNAISE (NACH BELIEBEN)

Wer sichergehen will, dass das Fleisch hygienisch einwandfrei ist, kann es ein paar Sekunden in kochendes Wasser tauchen, bevor es durchdreht wird. Auf diese Weise werden die Bakterien auf der Oberfläche abgetötet (und gerade dort pflegen sie sich aufzuhalten). Das Fleisch mit Küchenpapier abtupfen und kurz in den Kühlschrank legen. Das Fleisch durch den Fleischwolf drehen oder mit einem Messer sehr fein hacken. (Es ist nicht empfehlenswert, das Fleisch in der Küchenmaschine zu zerkleinern, dann wird es leicht breiig.)

Das Hackfleisch nach Belieben zusammen mit dem Fett in eine Schüssel geben. Zwei Esslöffel kaltes Wasser einrühren, falls gewünscht auch Sahne. Aus der Masse gleich dicke Hamburger formen – die Dicke entscheidet über die Bratzeit. (Sollen einige Hamburger am Ende weiter durchgebraten sein, etwas flacher drücken.) Mit Salz und Pfeffer würzen und in Butter braten. Mehrmals vorsichtig wenden. Je nach Dicke beträgt die Bratzeit 8–10 Minuten. Die Brötchen rösten und die Hamburger mit den übrigen Zutaten darauf anrichten.

Gegrilltes Entrecôte mit Markknochen

Entrecôte ist mein Lieblingsstück vom Rind, denn es besitzt die optimale Mischung von Fleisch und Fett. Damit ist es auch perfekt zum Grillen geeignet. Die Markknochen grille ich gleich mit, sodass ich nichts weiter tun muss, als Fleisch und Knochen mit nach draußen zu nehmen – es gibt keine Zutat, die ich vergessen könnte, nichts, das ich noch aus der Küche herbeiholen müsste.

Selbstverständlich kann man ein Entrecôte genauso gut in der Grillpfanne auf dem Herd zubereiten. In diesem Fall die Markknochen einfach im Ofen backen. In Ermangelung von Markknochen Kräuterbutter (siehe Seite 138) zum Entrecôte servieren. Für dieses Rezept ist auch Roastbeef geeignet. Ich verwende am liebsten Kalbfleisch, aber gut abgehangenes Rind- oder Ochsenfleisch besitzt den intensivsten Geschmack.

Für 2 Personen

400 G ENTRECÔTE

6 MARKKNOCHEN, ETWA 5 CM DICK

SALZ UND PFEFFER

Den Grill aufheizen (oder die Grillpfanne auf dem Herd erhitzen; die Markknochen in diesem Fall 15 Minuten bei 200 °C im Ofen backen).

Die Markknochen auf den Grill legen. 10 Minuten grillen, dann an den Rand schieben, während das Fleisch gegrillt wird.

Das Fleisch mit Salz und Pfeffer würzen. Großzügig mit dem Pfeffer umgehen, ein großer Teil davon wird in die Glut fallen (oder in die Rillen der Grillpfanne) und Rauch freisetzen, der einen feinen Geschmack abgibt. Das Fleisch 3–5 Minuten auf jeder Seite garen, je nach Dicke der Stücke. Nach Belieben mit einem Messer prüfen, ob sie richtig gebraten sind. Ich mag es gern, wenn das Entrecôte noch ein wenig blutig ist.

Das Fleisch auf ein Holzbrett legen und in Scheiben schneiden. Vier Markknochen beiseitelegen. Den Inhalt der restlichen Knochen herauskratzen und auf dem Fleisch verteilen. Mit mehr Salz und Pfeffer würzen und servieren. Mit Senf servieren, dazu passt ein grüner Salat.

Gegrilltes Rinderfilet mit Thymian und Knoblauch

Dieses Rezept eignet sich gut für ein ganzes Filet. Wenn es richtig gut gelingen soll, gibt es ein paar Dinge zu beachten: Erstens ist ein Kugelgrill erforderlich. Darauf lässt sich das Fleisch zunächst angrillen und anschließend unter dem Deckel fertig garen. Die Kohle auf einer Seite des Grills aufhäufen, damit viel Glut für das intensive Angrillen entsteht, dann das Fleisch auf die andere Seite schieben und den Deckel schließen. Gut ist auch ein Gasgrill mit regulierbarer Temperatur.

Zweitens: Das Fleisch unbedingt ein paar Stunden vor dem Grillen aus dem Kühlschrank nehmen, dann ist es leichter, am Ende eine gleichmäßige Temperatur zu erzielen. Und wer ein Fleischthermometer hat, sollte es hier verwenden.

Damit das Filet gleichmäßig garen kann, mit Küchengarn in Form binden.

Pro Person rechnet man 200 bis 240 Gramm Fleisch. Dazu passt Grillgemüse.

Für 4–6 Personen

1 GANZES RINDERFILET

3 KNOBLAUCHZEHEN, IN SCHEIBEN GESCHNITTEN

FRISCHER THYMIAN

BUTTER

ÖL

SALZ UND PFEFFER

Den Grill vorheizen.

Das Filet der Länge nach einen Zentimeter tief einschneiden. Den Spalt mit Knoblauch, Thymian und Butterstückchen füllen. Das Fleisch mit Küchengarn zusammenbinden. Mit Öl einpinseln, salzen und pfeffern. Bei starker Hitze grillen, bis das Filet rundherum eine schöne braune Farbe angenommen hat. Oft wenden.

Das Fleisch auf den kühleren Teil des Grills schieben, das Bratenthermometer hineinstecken und den Deckel schließen. Das Filet braten, bis die gewünschte Kerntemperatur erreicht ist: bei 55 °C ist das Filet innen noch blutig, bei 60 °C rosa, bei 68°C ist es durchgebraten. Wie viel Zeit dafür erforderlich ist, hängt von der Grilltemperatur ab, aber bei mir dauert es gewöhnlich 35 Minuten, um das Filet blutig zu braten. Während des Grillvorgangs das Fleisch mehrmals wenden.

Das Filet vor dem Anschneiden 20 Minuten ruhen lassen.

Carpaccio

Ein Carpaccio besteht heute nicht mehr notwendigerweise aus Rindfleisch. Auf vielen Speisekarten ist Carpaccio nur noch ein Synonym für alles, was roh in dünne Scheiben geschnitten serviert wird. Meine Version ist einfach und nah am Original, aber trotzdem gut. Ich nehme dafür entweder Filet oder Roastbeef vom Rind, aber auch mit Pferdefleisch oder Hirsch schmeckt es wunderbar – kein Fleisch ist besser und zarter.

Für 4 Personen
200-300 G FILET VOM RIND
THYMIAN
½ KNOBLAUCHZEHE
2-4 EL GUTES OLIVENÖL
1 TL ABGERIEBENE SCHALE VON EINER UNBEHANDELTEN ZITRONE
1 KLEINE ZWIEBEL
FEIN GERIEBENER PARMESAN (NACH BELIEBEN)

Das Fleisch abspülen, trocknen und in einen Gefrierbeutel packen, dann 15–20 Minuten ins Gefrierfach legen. So wird es fester und lässt sich leichter schneiden. Das Fleisch in dünne Scheiben schneiden und auf vier Teller verteilen. Thymian und Knoblauch mit dem Öl in den Mörser füllen und zerdrücken, um die Geschmacksstoffe freizusetzen. Das Fleisch mit diesem Öl beträufeln, nach Belieben mit oder ohne Thymian und Knoblauch.
Die Zwiebel schälen, in dünne Ringe schneiden und die vier feinsten auf je eine der Portionen legen.
Mit Zitronenschale und grobem Salz bestreuen, nach Belieben auch mit Parmesan, und dann servieren.

Carne cruda

Eine italienisch inspirierte herbstliche
Speise mit rohem Fleisch und Pilzen. Am
allerbesten sind Steinpilze, aber auch
Champignons sind nicht zu verachten. Ich
verwende hier Kalbfleisch – nur roh lassen
sich seine feinen Geschmacksnuancen
wirklich wahrnehmen. Rind-, Pferde- oder
Wildfleisch ist ebenfalls gut geeignet.

Für 4 Personen
300-400 G KALBFLEISCH (SIE WERDEN SICH
    MEHR WÜNSCHEN)
4 EL GUTES OLIVENÖL
SALZ UND FRISCH GEMAHLENER PFEFFER
PARMESAN, GEHOBELT
CHAMPIGNONS ODER STEINPILZE

Die Herausforderung besteht darin, das
Fleisch in möglichst dünne Scheiben zu
schneiden. Dazu das Fleisch 30–45 Minuten
ins Tiefkühlfach legen, damit es etwas fester
wird. Dann mit einem scharfen Messer das
Fleisch in möglichst dünne Scheiben
schneiden. Sollten diese zu dick geraten,
zwischen zwei Stücke Frischhaltefolie legen
und flach klopfen.
Das Fleisch auf den Tellern verteilen. Mit ein
wenig gutem Öl übergießen, mit Salz und
Pfeffer würzen, zum Schluss den Parmesan
und die in feine Scheiben geschnittenen
rohen Pilze darüberstreuen.

Steak tartare

Steak tartare hat den Vorteil, dass man es
aus verschiedenen Fleischsorten zubereiten
kann, nicht nur den feinsten und zartesten
Stücken wie dem Roastbeef. Vermeiden
sollte man allerdings Fleisch mit viel Fett
und Bindegewebe. Das ist besser für
Hamburger geeignet. Hier gibt der Honig
der Mischung einen leichten Anflug von
Süße, konterkariert durch Senf und salzige
Kapern.
Hygiene ist immer wichtig, wenn rohes
Fleisch auf den Teller kommt, ganz
besonders aber, wenn das Fleisch gehackt
oder durch den Fleischwolf gedreht wird.
Das Fleisch gut abspülen, dann trocken
tupfen. Sorgfältig gereinigte Werkzeuge
verwenden. Und dann sollte zwischen
Hacken und Servieren möglichst wenig Zeit
verstreichen.

**Für 2 Personen als Hauptgericht, als
Vorspeise für 4–6 Personen**
300 G TATAR
2-3 TL DIJONSENF
1-2 TL HONIG
2-3 TL FEIN GEHACKTER ESTRAGON
2 EL FEIN GEHACKTER KNOLLENSELLERIE
1 EL FEIN GEHACKTE ZWIEBEL
2 ANCHOVISFILETS (NACH BELIEBEN)

Alle Zutaten gut mischen. Mit Senf und
Honig abschmecken, dann mit Salz und
Pfeffer würzen. Quadratische Portionen
formen und auf Tellern anrichten.

Gegrilltes T-Bone-Steak

Ich bereite es am liebsten so zu, wie ich es in Florenz kennengelernt habe. Dafür sollte das Steak am besten etwa 1,3 Kilo wiegen, dann reicht es gut für zwei Personen. Das klingt nach einer Riesenportion, ist aber halb so schlimm. Da es nur mit etwas Olivenöl, Zitrone (und notfalls einigen Salatblättern) serviert wird, schafft man mehr als gewohnt. Mit einer Vorspeise vorweg kann ein solches Steak aber auch für vier Personen reichen.

Das Fleisch muss mindestens sieben Zentimeter dick sein – und darf auch gern zehn Zentimeter erreichen. Sicherheitshalber das gute Stück beim Metzger des Vertrauens vorbestellen, dann kann nichts schiefgehen. Das Erfolgsgeheimnis liegt unter anderem darin, dass das Fleisch nicht perfekt gebraten werden darf. Die Außenseite muss sehr gut gebräunt sein – wenn der Knochen völlig schwarz und leicht verkohlt aussieht, ist es genau richtig –, die Mitte dagegen sollte noch roh sein. Die Bratzeit ist kaum genau anzugeben, sie kann je nach der Temperatur des Grills und der Dicke des Fleischs stark variieren. Wenn man zum ersten Mal ein T-Bone-Steak grillt, unbedingt mit einem Bratenthermometer die Kerntemperatur überwachen.

Wer keine Lust zum Grillen hat, kann auch eine Grillpfanne verwenden, aber dann muss die Dunstabzugshaube auf Hochtouren laufen oder in der Küche alle Fenster geöffnet werden, denn es bildet sich viel Rauch.

Für 2 Personen

1 T-BONE-STEAK, MINDESTENS 7 CM DICK, 1–1,3 KG SCHWER

SALZ UND PFEFFER

ZITRONE

OLIVENÖL

Das Fleisch vor dem Grillen 2 Stunden bei Raumtemperatur ruhen lassen. (Es ist viel einfacher, ein gutes Ergebnis zu erzielen, wenn das Steak nur von 20 auf 55 °C erhitzt werden muss). Den Grill anheizen. Es ist wichtig, eine hohe Temperatur zu erreichen, also nicht zu wenig Holzkohle verwenden. Auf einer Seite des Grills viel Kohle aufhäufen und weniger auf der anderen, so entstehen unterschiedliche Temperaturzonen. Bevor es losgehen kann, muss die Kohle völlig von weißer Asche überzogen und glühend sein. Das erfordert immer mehr Zeit als gedacht.

Das Fleisch mit Salz und Pfeffer würzen. Etwa 7 Minuten auf jeder Seite bei hoher Hitze grillen. (Nach Möglichkeit sollte die Hitze so hoch sein, dass der Knochen sehr dunkel wird, das Fleisch darf aber nicht anbrennen.) Wenn die Hitze gefährlich hoch ist, das Steak sehr häufig wenden.

Das Fleisch dann auf den etwas kühleren Teil des Grillrosts legen und auf jeder Seite weitere 3–5 Minuten grillen, bis die Kerntemperatur sich 55 °C nähert. (Am besten das Fleisch schon bei 52 °C herausnehmen, die Temperatur steigt danach noch etwas weiter). Wer kein

Bratenthermometer hat, kontrolliert den Gargrad mit einem kleinen Schnitt ins Fleisch. Die Mitte sollte noch ziemlich roh aussehen. Ist das Fleisch noch zu roh, noch ein wenig länger auf dem Rost lassen.

Das fertige Steak auf ein Holzbrett legen und auf den Tisch stellen. Nach etwa 5 Minuten kann es angeschnitten werden. Das Fleisch vom Knochen lösen und quer zur Faser in Scheiben schneiden. Mit Olivenöl beträufeln, mit Salz und Zitronenhälften servieren. Zum Schluss den Knochen abnagen – das ist das Beste.

DAS GANZE TIER Ich habe zwei Zeitungen abonniert, einige Magazine und ein halbes Kalb. Das Kalbsabonnement wird in zwei Teilen geliefert. Der erste besteht in einer E-Mail, die im Frühsommer kommt. Sie zeigt Bilder zufriedener und argloser Hereford-Kälber, die mit großen, feuchten Augen in die Kamera blicken. Die Kälber verbringen ihr ganzes Leben an der frischen Luft, trinken Milch und fressen Gras von einer ungespritzten Weide. Im Hochsommer werden sie auf die Fjellweide gebracht, wo sie das fressen, was sie finden – von Gras über Heidekraut bis hin zu den Blättern kleiner Sträucher. Wenn es zu kalt wird, um draußen zu sein, sind ihre Tage gezählt.

Und dann, irgendwann im November oder Anfang Dezember, erhalte ich die Nachricht, dass mein Kalb – mein halbes Kalb – auf dem Weg in die Stadt ist. Ein eigenartiges Gefühl stellt sich ein, als wäre man auf verbotene Abenteuer aus. Denn die Kalbshälfte soll an einer Tankstelle ein paar Kilometer außerhalb von Oslo abgeholt werden. Ein kurzes, leises Gespräch im Herbstdunkel. Hinterher ein paar Tropfen Blut auf dem Asphalt.

Die meisten Kunden bitten darum, ihr Kalb zerlegt und verpackt zu bekommen. Mir gefällt es, das selbst zu erledigen, auch wenn es nicht ganz einfach ist. Wo verlaufen eigentlich die Grenzen zwischen den verschiedenen Stücken, die auf dem Poster so gut markiert sind? Und wie kriegt man am besten die Rippenknochen durch? Eine Axt ist zu schmutzig. Eine Stichsäge funktioniert schlecht. Ein Brotmesser ist vergebliche Liebesmüh.

Aber jede kleine Wahrnehmung eigenen Unvermögens (und die fehlende Eignung des Tiefkühlgeräts zur Aufnahme von Objekten mit ungewohnten Eigenschaften) geht mit einer kleinen Entdeckung einher. Und das nicht nur aufgrund meiner Nähe zu diesem Fleisch, das mein halbes Kalb gewesen ist und sich jetzt allmählich in eine Reihe verschiedener Fleischstücke und damit zu mehreren Mahlzeiten in der nächsten Zeit verwandelt. Mir wird auch klar, wie viele Fleischstücke ihren Weg in den Laden einfach niemals finden. Von einer gewöhnlichen Kuh oder einem Ochsen geht etwa die Hälfte des Fleischs für Gehacktes drauf. Man denke nur an all das, was uns entgeht. Die Bauchstücke, die sich zu einer Art Steak ausrollen lassen, all die zähen Stücke Fleisch, die schmelzend zart werden, wenn man sie richtig lange schmoren lässt. Nachdem ich mich durch einige ganze Tiere hindurchgegessen habe, weiß ich mit Sicherheit, dass es keinen Teil gibt, den ich nicht mag.

Mein Kalb hat nur wenig Steakfleisch – geradezu verblüffend wenig im Vergleich zum Gewicht der Kalbshälfte, wenn ich sie tragen muss. Das andere Fleisch, angefangen bei den Haxen ganz unten bis zu den Bäckchen vorn und dem Schwanz hinten, bereitet mir keine Probleme. Ich schlage in Kochbüchern nach und finde Rezepte, wenn ich wissen will, was man am besten mit einem kleinen Fehlschnitt bei einem Steak macht oder mit einem Stück Bauchfleisch. Und wenn ich dort nicht weiterkomme, mache ich das, was die Menschen seit undenklichen Zeiten gemacht haben: einige gute Fleischstücke dazutun und das Ganze lange, lange Zeit schmoren. Es kann nicht schiefgehen.

Geschmorte Kalbsbäckchen

Die Bäckchen, sowohl vom Kalb, vom Rind wie vom Schwein, gehören zum geschmack-vollsten Fleisch, das ich kenne. Der Grund ist einfach: Dieser Muskel ist einer der am häufigs-ten gebrauchten. Man bedenke, wie viele Stunden die Tiere, besonders die wiederkäuende Kuh, mit Kauen zubringen – und je mehr im Gebrauch, um so mehr Geschmack. Die Bäckchen lassen sich mitunter nur schwer beschaffen, aber auf Vorbestellung sollte es möglich sein.

Für 4 Personen

700-900 G KALBSBÄCKCHEN
500 ML ROTWEIN
100 G STAUDENSELLERIE, FEIN GEHACKT
1 MÖHRE, FEIN GEHACKT
1 SCHALOTTE, FEIN GEHACKT
1-2 TOMATEN, GEHACKT
1 LORBEERBLATT
100 ML RINDERBRÜHE
SALZ UND PFEFFER

Sämtliche Zutaten in einen Schmortopf füllen. Zum Kochen bringen und einen Deckel halb auflegen. Bei milder Hitze 3 Stunden köcheln lassen – entweder auf der Herdplatte oder im Backofen bei etwa 120 °C. Der Garfond soll dickflüssig sein, aber darauf achten, dass nicht zu viel Flüssigkeit verdampft. Zum Schluss mit Salz abschmecken.

Rinderbrust in Rotwein

Ein idiotensicheres Rezept mit einem der preiswertesten und besten Fleischstücke, die es gibt, nämlich Rinderbrust. Das Gericht stellt an den Koch keine großen Ansprüche: Man muss es nur in den Ofen schieben und dann abwarten. Das Fleischaroma wird von der leicht salzigen Sojasauce perfekt unterstützt. Wer keine Rinderbrust bekommt, sollte auf ein anderes Stück setzen, das als eher zäh und preiswert gilt. All diese Stücke werden beim langsamen Garen in feuchter Hitze herrlich zart und saftig.
Dazu passen am besten Kartoffeln.

Für 6–8 Personen
2 KG RINDERBRUST
2 EL SENF
1 KG GEMÜSE, ETWA MÖHREN, STECKRÜBEN, ZWIEBELN, KNOLLENSELLERIE,
        GEMISCHT, IN STÜCKE GESCHNITTEN
2 ÄPFEL, IN UNREGELMÄSSIGE STÜCKE GESCHNITTEN (NACH BELIEBEN)
1 KNOBLAUCHZEHE
2 TL PFEFFERKÖRNER
2 LORBEERBLÄTTER UND KRÄUTER (NACH BELIEBEN)
3-4 EL SOJASAUCE
OLIVENÖL
200-300 ML ROTWEIN

Den Backofen auf 250 °C vorheizen. Das Fleisch mit Senf einreiben. Fleisch, Gemüse und falls verwendet die Äpfel in einen Schmortopf legen. Die Knoblauchzehe mit dem Handballen zerdrücken – es ist nicht notwendig, die Haut zu entfernen – und zusammen mit Pfefferkörnern und eventuell Lorbeerblättern und Kräutern in den Topf geben. Das Ganze mit Sojasauce, Olivenöl und Rotwein begießen. Den Topf mit einem Deckel verschließen und in den Ofen stellen. Die Temperatur auf 110 °C verringern. Das Gericht 4-5 Stunden garen.

Gebackene Markknochen

Innerhalb der Röhrenknochen sitzt das Mark, und das ist eine wahre Delikatesse, ob es nun gebacken und ausgelöffelt wird oder als kleine Scheibe auf kurz gebratenem Fleisch anstelle einer Sauce serviert wird.

Dies ist eine außergewöhnliche Vorspeise und sie ist auch für absolute Neulinge in der Küche ganz leicht herzustellen. Die Knochen werden im Ofen gebacken und dann wird das Mark mit einem Löffel verzehrt. Etwas Salz dazu, vielleicht Senf, auf jeden Fall aber geröstetes Landbrot oder knuspriges Baguette.

Für 4 Personen als Vorspeise
12–16 STÜCKE MARKKNOCHEN
SALZ
SCHARFER SENF

Den Backofen auf 175 °C vorheizen. Die Markknochen in einen Bräter legen. Im Ofen 25–30 Minuten rösten, bis sie durch und durch richtig heiß sind. (Einen Knochen mit einem Löffel prüfen.)

Mit etwas Salz bestreuen und das Mark auslöffeln oder auf geröstetes, gebuttertes Brot streichen. Etwas Senf schmeckt gut dazu.

Fleischtopf mit Erbsen und Gerstengraupen

Wenn sich in meiner Tiefkühltruhe kleinere Fleischstücke angesammelt haben, die für eine ganze Mahlzeit nicht reichen, bereite ich damit einen Eintopf zu, der von einem traditionellen norwegischen Gericht namens Røroskål (Røros-Kohl) inspiriert ist. Anders als man vermuten könnte, enthält es weder Kohl, noch stammt es aus Røros.

Das Gericht muss lange garen, wirklich lange – einen ganzen Tag oder über Nacht. Bei milder Hitze im Backofen wird weder das Fleisch verbrennen noch die Erbsen zerfallen.

Die traditionelle Art des Servierens ist interessant: Die Brühe wird separat serviert, bestreut mit Brotstückchen. Dazu verwendet man vorzugsweise *flatbrød*, ein ganz dünnes, trockenes Brot, das ausgesprochen lange haltbar ist und in der heißen Suppe wieder weich wird.

Für das Gelingen ist es nicht so wichtig, ob alle Fleischsorten zusammenkommen. Ich nehme einfach das, was ich habe, um eine gewisse Vielfalt zu erreichen. Nach Belieben in den letzten 20 Minuten Gemüse mitgaren. Gut geeignet sind Möhren, Sellerie und Kartoffeln.

Wie die meisten Eintöpfe ist auch dieser am nächsten Tag ebenso gut oder sogar noch besser.

Für 10–12 Personen

2 KG GEMISCHTES RINDFLEISCH

SUPPENKNOCHEN

1 GEPÖKELTE SCHWEINSHAXE, SCHINKENKNOCHEN ODER HAMMELKEULE

1 FRISCHE WURST

½ KG LAMMFLEISCH (NACH BELIEBEN)

200 G GERSTENGRAUPEN

200 G GETROCKNETE ERBSEN

2 LORBEERBLÄTTER (NACH BELIEBEN)

1 THYMIANZWEIG (NACH BELIEBEN)

2 MÖHREN, GEHACKT

Nach Möglichkeit Erbsen und Gerstengraupen einige Stunden oder über Nacht einweichen. Das ist jedoch nicht entscheidend.

Den Backofen auf 200 °C vorheizen. Das gesamte Fleisch in Würfel schneiden. Alle Zutaten in einen großen Schmortopf geben. Mit Wasser bedecken und einen Deckel auflegen. Auf dem Herd zum Kochen bringen. Dann den Topf in den Ofen stellen. Wenn die Flüssigkeit wieder zu kochen beginnt und Dampf austritt, die Temperatur auf 105 °C herunterschalten. Das Gericht über Nacht im Ofen lassen. Gelegentlich die Garflüssigkeit probieren. Wenn sie ein wenig zu salzig wird, Haxe oder Schinkenkochen herausnehmen. Darauf achten, dass immer genügend Flüssigkeit im Topf ist. Wenn der Topf unbeaufsichtigt bleiben muss, die Temperatur auf 95 °C senken.

Abhängig davon, welche Fleischstücke verwendet wurden, sammelt sich auf der Oberfläche mehr oder weniger Fett. Es gibt zwei Möglichkeiten, diese Fettschicht zu entfernen: Wenn es schnell gehen muss, das flüssige Fett mit einem großen Löffel von der Oberfläche abschöpfen. Effektiver, aber zeitraubender ist die zweite Methode: Den Topf abkühlen lassen und warten, bis die Fettschicht fest geworden ist. Dann lässt sie sich leicht entfernen.

Servieren: Entweder alles zusammen wie einen Eintopf essen oder zunächst die Brühe servieren, mit Brotstückchen bestreut, anschließend die restlichen Zutaten.

Geschmorter Ochsenschwanz

Ochsenschwanz gehört zu den aromatischsten Fleischstücken. Kein Fleisch ergibt mehr konzentrierten Geschmack und ein schön langsam geschmorter Ochsenschwanz entwickelt ein unglaublich kräftiges Aroma.

Am klügsten ist es, davon gleich eine größere Menge zuzubereiten, denn das Gericht lässt sich gut einfrieren und wieder aufwärmen.

Auf der Grundlage dieses Rezepts sind viele Variationen möglich. Man kann die Tomaten weglassen und stattdessen etwas Wasser oder Brühe dazugeben. Speck gibt zusätzliche Würze. Und auch mit Weißwein und Fenchel schmeckt der Ochsenschwanz ganz wunderbar. Anstelle von Rotwein ist Bier zum Schmoren eine gute Wahl.

Für 4–6 Personen

2 KG OCHSENSCHWANZ, IN STÜCKE GEHACKT

1 FLASCHE ROTWEIN

1 KLEINER ZWEIG THYMIAN

1 LORBEERBLATT

3 NELKEN

10 PFEFFERKÖRNER

2 MÖHREN, GEWÜRFELT

1 ZWIEBEL, GEHACKT

2 DOSEN TOMATEN

1 SELLERIEKNOLLE, GEWÜRFELT

BUTTER

SALZ UND PFEFFER

2 EL ABGERIEBENE SCHALE VON EINER UNBEHANDELTEN ORANGE

Wenn es die Zeit erlaubt, den Ochsenschwanz in Rotwein marinieren. Dazu das Fleisch zusammen mit den Kräutern und Gewürzen in einen Gefrierbeutel mit Zipp-Verschluss füllen und dann den Wein zugießen. Den Beutel verschließen, dabei die Luft herausdrücken, und über Nacht im Kühlschrank aufbewahren.

Am nächsten Tag die Marinade in eine Schüssel gießen und die Fleischstücke trocken tupfen. In einem Schmortopf die Butter erhitzen und das Fleisch portionsweise darin bräunen. Dann Möhren und Zwiebel bei mittlerer Hitze 5–10 Minuten anbraten, bis die Zwiebel weich und goldbraun wird. Die Fleischstücke zum Gemüse in den Topf geben. Mit der Rotweinmarinade übergießen, dann die Tomaten und die Hälfte des Selleries hinzufügen. Mindestens 3 Stunden bei milder Hitze schmoren lassen, nach Möglichkeit bis zu 12 Stunden, dann ist die Schmorflüssigkeit im Topf zähflüssig und fast sirupartig. Wenn zu viel der Flüssigkeit verdampft ist, Wasser oder Wein hinzugießen. 30 Minuten vor Ende der Garzeit die restlichen Selleriewürfel in den Topf geben. Nach Belieben mit abgeriebener Orangenschale bestreuen und servieren.

Schafe

Die Franzosen haben den Begriff »Terroir« geprägt und meinen damit die natürlichen Faktoren Erdreich, Klima und Topografie, deren Zusammenwirken vor allem der Wein seine besondere Prägung verdankt. Mit diesem Konzept lässt sich erklären, warum auch innerhalb eines Anbaugebiets die Weine sehr unterschiedlich schmecken können. Es spielt eine Rolle, wo der Weinstock steht, in welchem Winkel die Sonne auf den Boden trifft und welches Gestein sich dort verbirgt.

In Skandinavien haben wir keine nennenswerte Weinproduktion. Unser Terroir bringt dafür ganz besondere Lämmer und Schafe hervor. Ich kann mir kaum ein Lebewesen vorstellen, das so viele verschiedene Teile der Natur so aktiv nutzt wie gerade das Schaf. In den entlegenen Gegenden ist das Schaf der wichtigste Landschaftspfleger. Es frisst Gras, Moos, Heidekraut und Gebüsch, knabbert Rinde und zarte kleine Schößlinge. Kein anderes Nutztier ernährt sich derart abwechslungsreich und es ist diese Kost, die über den Geschmack entscheidet.

In den Schären vor Viestad erkennt man enorme Unterschiede zwischen den Inseln, auf denen Schafe leben, und denen, die verlassen sind. In wenigen Jahrzehnten haben die Inseln ohne Schafe ihr Aussehen verändert – dichter Wald bedeckt sie bis fast hinunter zum Strand. Es dürfte wahrscheinlich tausend Jahre her sein, seit es zuletzt so gewesen ist. Große Teile Skandinaviens bräuchten im Grunde geradezu eine Schafinvasion, um die Kulturlandschaft zu erhalten.

Eine Zeit lang habe ich selbst Schafe gehalten, deren Aufgabe es war, die Rasenflächen auf Framfeda kurz zu halten und zu verhindern, dass das Gelände noch mehr zuwächst. Das hat gut funktioniert. Das ständige Gebimmel der Glocken und das gesellige Blöken wurden zu

einem Teil des Lebens auf dem Hof. Einige der Tiere sind handzahm geworden. Alle haben eine wichtige Arbeit geleistet. Mit jedem Jahr ist es uns gelungen, die Natur etwas mehr unter Kontrolle zu bringen. Die Schafe machten aber immer wieder deutlich, dass sie ihre Kost für zu eintönig hielten. Sie versuchten bei jeder Gelegenheit auszureißen. Ich fand sie direkt außerhalb des Zauns wieder, wo sie auf zwei Beinen an einem Baum standen und sich nach ein paar Blättern streckten.

Das allerbeste Lamm kommt von einigermaßen trockenen Weiden, wo eine Vielzahl unterschiedlicher Pflanzen gedeiht. Vor allem in höheren Lagen ist die Vegetation karg, vielfältig und voller Geschmack. Gut sind aber auch Lämmer von den Inseln in den Schären, wo die Erde arm ist und die Tiere ihre Kost mit dem ergänzen müssen, was sie dort vorfinden. Deshalb schmeckt das Fleisch der Schafe von Inselweiden oft leicht salzig. In Frankreich nennt man solche Lämmer *agneau de pré-salé,* in Deutschland heißen sie Salzwiesenlämmer.

Bei uns wird Lammfleisch in der Regel nach Kriterien vermarktet, die den Terroir-Gedanken vollkommen ignorieren. So gibt es keinen Preisunterschied zwischen dem feinsten Lammfleisch von den Bergen in Rogaland, Nordland oder Telemarken, und dem, was von Tieren stammt, die nichts weiter getan haben, als unten im Tal Rasenmäher zu spielen. Das Fleisch wird nach Handelsklassen eingeteilt, und meist geht es dabei um die Größe der Stücke. Das ist etwa so, als würde man Rotwein nach seinem Alkoholgehalt verkaufen, egal ob es sich um einen einfachen Tischwein oder exzellenten Burgunder handelt. In meiner Heimat gleicht der Einkauf an der Fleischtheke allerdings einem Lotteriespiel, in dem es nur wenige Nieten gibt. Da ein so großer Teil unserer Lämmer auf Bergweiden lebt, stehen die Chancen gut, einen Hauptgewinn abzuräumen. Aber eigentlich ist das eher traurig. Wenn man gute Qualität nicht fördert und die einzigartigen Bedingungen herausstellt, die wir hier haben, wird es kaum gelingen, sie zu erhalten. Schon ist zu beobachten, dass manche Bauern die Lämmer mit Gras und sogar mit Kraftfutter mästen, wenn sie von der Bergweide zurückkommen. Auf diese Weise verliert das Fleisch aber seine besondere geschmackliche Prägung. Wer weiß, vielleicht kommt es noch so weit, dass die Bergweiden aufgegeben werden und die Lämmer nur noch dazu dienen, das Zuwachsen der Flächen unten in den Tälern zu verhindern, wenn noch mehr Höfe stillgelegt werden? Aber dabei werden alle nur verlieren.

Beim Einkauf von Lammfleisch ist es wichtig, sich danach zu erkundigen, woher das Tier stammt und wie es sich ernährt hat. Man wird nicht immer eine Antwort darauf erhalten, aber es ist nötig, den Blick dafür zu schärfen.

MILCHLAMM Während gutes Lammfleisch intensiv und fast wie Wild schmeckt – nach den Kräutern und den kräftigen Aromen des Futters, von dem das Tier sich ernährt hat –, befindet sich das Milchlamm geschmacklich auf der entgegengesetzten Seite der Skala. Es hat ausschließlich Milch getrunken, und eine solche Diät ergibt ein feines, helles und mildes Fleisch mit einer ganz einzigartigen Süße. Selbst das Fett, das bei Lämmern und Schafen oft ein wenig streng sein kann, ist schmelzend gut, knusprig und käseartig. Vor ein paar Jahren kaufte ich von meinem guten Freund, dem Bauern Osmund Viken, ein ganzes Milchlamm. Ich hatte ihn dazu gebracht, ein schwächliches Lämmchen mit Milch bis zur Schlachtreife aufzupäppeln. Es war spannend zu sehen, wie schnell das Tier wuchs. Gelegentlich trank es Milchersatz aus einer riesigen Dreilitersaugflasche. Es hatte ständig Hunger. Als ich das Lamm bekam, war es noch nicht zerlegt, sodass ich diese Arbeit selbst erledigen musste. Das Haus war voller Leute. Meine Erfahrung ist, dass das Zerlegen von Tieren nichts ist, was alle gern sehen wollen, besonders nicht zartbesaitete Stadtmenschen, mit denen ich mich damals gerade umgab. Aber je mehr ich an dem Tier herumschnitt, um so mehr Leute trudelten bei mir ein. Deshalb wollte ich keine große Nummer daraus machen, doch während ich immer weiter schnitt, kamen mehr und mehr Beobachter. Nicht nur um zuzusehen, sondern vor allem um zu riechen. »Das duftet ganz fantastisch«, sagte jemand, »wie eine Mischung aus Milch und den süßen Gerüchen, an die ich mich aus meiner Kindheit erinnere.«

Milchlamm ist im Allgemeinen nur im Frühling zu bekommen, etwa von Mitte April bis in den Juni hinein. Es gibt zwei Möglichkeiten, sich Milchlamm zu beschaffen. Wenn ich Besuch erwarte und eine Milchlammkeule braten will, bestelle ich sie beim Metzger. Besonders in der Osterzeit wird das kein Problem sein. Es lohnt sich aber vielleicht auch, einen Bauern ausfindig zu machen, der einem ein ganzes oder halbes Tier verkauft.

Lammkeule mit Kräutern, Knoblauch, neuen Kartoffeln und Paprika

Ein Braten, der sich sowohl mit dem kräftigen Fleisch von älteren Tieren wie auch mit Milchlamm zubereiten lässt. Wenn ich das dunkle Fleisch von wild lebenden Lämmern verarbeite, kann ich mit stärkeren Geschmacksnuancen auftrumpfen und den Braten auch mit Senf bestreichen. Bei Milchlamm sollte man vorsichtiger sein.

Kleine Kartoffeln, eine ganze Knoblauchknolle und Paprikaschoten garen zusammen mit dem Fleisch im Bräter. Die Paprikaschoten werden dabei ziemlich weich. Aber das ist im Grunde gut, denn sie werden süßer, je länger sie garen. Falls etwas übrig bleibt, schmeckt das Fleisch mit den Paprikaschoten und etwas Senf auch kalt sehr gut.

Ich kontrolliere die Kerntemperatur der Keule mit einem Bratenthermometer, ein digitales ist ideal.

Für 4–6 Personen

1 LAMMKEULE VON ETWA 2 KG

SALZ

VERSCHIEDENE FRISCHE KRÄUTER (ETWA FENCHEL, SALBEI, ROSMARIN), GEHACKT

ÖL

1,5 KG NEUE KARTOFFELN, ABGEBÜRSTET

1 KNOBLAUCHKNOLLE

4–5 ROTE PAPRIKASCHOTEN, HALBIERT, VON SAMEN UND SCHEIDEWÄNDEN BEFREIT

Das Fleisch etwa 2 Stunden vor der Zubereitung aus dem Kühlschrank nehmen.

Den Backofen auf 225 °C vorheizen.

Die Lammkeule mit Salz, Kräutern und Öl einreiben. Das Fleisch in einen Bräter legen und das Bratenthermometer in die dickste Stelle der Keule einstechen. Den Bräter in den Backofen schieben. Nach 10 Minuten Kartoffeln, Knoblauch und Paprika dazugeben und die Temperatur auf 175 °C reduzieren. Etwa 75 Minuten weitergaren, bis das Bratenthermometer 63 °C zeigt. Die genaue Garzeit ist von der Backofentemperatur abhängig, der Größe des Fleischstücks (mein Ausgangspunkt ist eine recht kleine Keule) und der Temperatur, die es beim Hineinschieben hatte. Wenn das Fleisch direkt aus dem Kühlschrank kommt, verlängert sich die Garzeit.

Die fertige Keule vor dem Servieren 20–30 Minuten ruhen lassen.

Gefüllter Lammbraten mit Kräutern

Hier habe ich eine Lammkeule entbeint und mit Käuteröl eingerieben, damit die Aromen das Fleisch gut durchdringen. Normalerweise gare ich Fleisch lieber auf dem Knochen, denn dann wird es saftiger und aromatischer. Aber in diesem Rezept kommt es vor allem darauf an, dass sich das Kräuteröl überall verteilt. Auch Lammschulter ist gut dafür geeignet.
Wer ein Bratenthermometer verwendet, sollte den Ofen ausstellen, wenn die Kerntemperatur 56–58 °C erreicht hat. Das Fleisch dann noch mindestens 1 Stunde im Backofen stehen lassen. Die Temperatur im Fleisch wird noch etwas ansteigen, während die Temperatur im Ofen bereits zu sinken beginnt. Das ergibt einen besonders zarten und saftigen Braten. Mit einem Bratenthermometer kann man den Gargrad des Bratens überwachen, ohne die Ofentür zu öffnen.

Für 4–6 Personen

1 LAMMKEULE VON ETWA 1,5 KG, ENTBEINT
KRÄUTER (ETWA EINE MISCHUNG AUS ROSMARIN, PETERSILIE, THYMIAN UND SALBEI)
2-4 KNOBLAUCHZEHEN, ZERDRÜCKT
1-2 TL ABGERIEBENE SCHALE VON EINER UNBEHANDELTEN ZITRONE
200-300 ML OLIVENÖL
SALZ
KARTOFFELN UND WURZELGEMÜSE (NACH BELIEBEN)

Die Lammkeule etwa 2 Stunden vor der Zubereitung aus dem Kühlschrank nehmen.
Den Backofen auf 200 °C vorheizen.
Kräuter, Knoblauch, Zitronenschale und Öl im Mixer oder in der Küchenmaschine zu einer groben Paste verarbeiten und nach Möglichkeit etwas ziehen lassen. Mit Salz abschmecken.
Das Fleisch trocken tupfen und in eine Schüssel legen. Zwei Drittel der Kräuterpaste dazugeben und sorgfältig mit den Händen einmassieren.
Den Braten zusammenrollen und mit Küchengarn binden. An der dicksten Stelle das Bratenthermometer einstechen. Das Fleisch auf einem Rost in den Backofen schieben, darunter ein tiefes Blech (Fettpfanne) platzieren. Nach Belieben Kartoffeln und Wurzelgemüse in die Fettpfanne geben, die im Bratensaft, der vom Fleisch heruntertropft, garen.
Nach 30 Minuten die Temperatur auf 140 °C senken und weiterbraten, bis die Kerntemperatur im Fleisch 56–58 °C beträgt. Den Ofen ausstellen. Das Fleisch noch mindestens 1 Stunde im Ofen stehen lassen. Die Kerntemperatur wird im Idealfall bis auf rund 65 °C steigen und danach langsam sinken. Falls die Kerntemperatur 65 °C überschreitet, die Ofentür kurz öffnen. Wenn die Kerntemperatur zu sinken beginnt, kann der Braten serviert werden – oder im Backofen noch eine Zeit lang warten. Wenn es länger dauert, die Ofentemperatur auf 60 °C einstellen. Den Braten aufschneiden, mit dem restlichen Kräuteröl beträufeln und servieren.

Lammbraten mit Honig, Oregano und Wurzelgemüse

Wurzelgemüse gedeiht auch in Skandinavien problemlos und obendrein lässt es sich gut lagern. Ein feines Herbstgericht, das in Norwegen gern mit dem Fleisch wild lebender Lämmer zubereitet wird.

Für 6–8 Personen

1 LAMMKEULE VON ETWA 2,5 KG
3 EL HONIG
2 EL SENF
1 EL ÖL PLUS MEHR FÜR DAS GEMÜSE
SALZ
1-2 EL FEIN GEHACKTER OREGANO
3-4 EL FEIN GEHACKTE PETERSILIE
2 KG WURZELGEMÜSE (ETWA MÖHREN,
    KNOLLENSELLERIE, PETERSILIEN-
    WURZEL), GEWÜRFELT

Die Lammkeule etwa 2 Stunden vor der Zubereitung aus dem Kühlschrank nehmen. Den Backofen auf 200 °C vorheizen. Honig, Senf, Öl, Salz, Oregano und die Hälfte der Petersilie vermischen und das Fleisch damit einreiben. An der dicksten Stelle der Keule das Bratenthermometer einstechen.
Das Wurzelgemüse in der Fettpfanne verteilen, mit etwas Öl beträufeln und in den Ofen schieben. Das Fleisch auf einem Rost über dem Gemüse platzieren.
Nach 30 Minuten die Backofentemperatur auf 150 °C senken und alles noch etwa 1 Stunde weitergaren, bis das Bratenthermometer 63-65 °C anzeigt.
Den Braten vor dem Servieren 20-30 Minuten ruhen lassen.

Lammleber mit Honig

Lammleber ist ein Genuss und auch hier gibt es einen großen Unterschied zwischen der Leber von Milchlämmern und von älteren Tieren, die im Herbst geschlachtet werden. Die Leber des Milchlamms ist mild und fett, fast wie Kalbsleber. Für dieses Rezept kann man auch Leber vom Zicklein verwenden. Lammleber ist nicht überall leicht zu bekommen, am ehesten bei einem türkischen Metzger.
Die Mischung aus Honig und Essig ergänzt die Leber mit einer frischen süßsauren Note.

Für 4–6 Personen als Vorspeise, als Hauptgericht für 2

400 G LAMMLEBER, IN 2,5 CM DICKE
    SCHEIBEN GESCHNITTEN
SALZ UND PFEFFER
2 EL BUTTER
1 EL HONIG
1 EL ROTWEINESSIG
FRISCHE KRÄUTER, VORZUGSWEISE
    LAVENDEL

Die Leberscheiben mit Salz und Pfeffer würzen. In einer Pfanne die Butter erhitzen. Die Leber bei mittlerer Hitze 3-5 Minuten auf jeder Seite braten. In der Zwischenzeit eine Tasse mit heißem Wasser füllen. Das Wasser weggießen und in der Tasse den Honig mit dem Essig verrühren.
Die Leber auf eine Servierplatte legen, mit der Sauce übergießen, mit Kräutern und nach Belieben Meersalz und Pfeffer bestreuen und servieren.

KOCHGRUBE Das Garen von Fleisch oder Fisch in einer Kochgrube ist ein Verfahren mit langer Tradition. Meine Frau, die Archäologin ist, erzählt, dass bei Ausgrabungen von Siedlungen aus der Eisenzeit oft Kochgruben gefunden werden. In unsere Zeit scheint diese Garmethode nicht mehr so recht zu passen. Es dauert fast den ganzen Tag, bis der Braten fertig ist, von der körperlichen Anstrengung einmal ganz abgesehen. Aber es ist eine der stimmungsvollsten und geselligsten Arten, ein Essen zuzubereiten. Ich habe die Kochgrube bisher vor allem dazu benutzt, Lammfleisch zu braten, gelegentlich auch einen ganzen Heilbutt, aber im Grunde gibt es keine Grenze für Größe der zu garenden Tiere. In Oman war ich dabei, wie in einer solchen Grube Ochse, Kamel und Ziege zubereitet wurde. Ich habe den Verdacht, dass vielleicht auch ein Esel eine Rolle gespielt hat. Das Fleisch wurde mit großen Mengen von Gewürzen eingerieben und in Palmblätter gewickelt. Von diesen Feinheiten einmal abgesehen, dürfte der Unterschied zu den Kochgruben der Eisenzeit minimal gewesen sein. Fleisch und Fisch werden in der Kochgrube nicht nur gegart, sondern gleichzeitig auch geräuchert, wodurch sie einen ganz besonderen Geschmack annehmen.

So wird's gemacht

Schon am Vortag gilt es, den richtigen Platz auszuwählen. Er muss trocken sein und weit genug von Bäumen und Büschen entfernt liegen, sodass man dort gefahrlos ein Feuer machen kann. Der Boden darf nicht allzu steinig sein. Dort wird eine Grube mit einem Durchmesser von 80 Zentimetern und einer Tiefe von 100 Zentimetern ausgehoben. Die Arbeit ist mühselig und nimmt je nach körperlicher Konstitution etwas Zeit in Anspruch. Wenn die Grube tief genug ist, eine dicke Schicht große Steine auf den Boden legen. Die Steine sollten einen Durchmesser von etwa 20 Zentimetern haben. Sie speichern später die Hitze des Feuers.

Am Morgen des Tages, an dem das Essen stattfinden soll, entfacht man mit einem großen Sack Holz ein Feuer in der Grube. Wenn es fast ganz heruntergebrannt ist, geht es los. Die Glut wird von der Wand gekratzt, sodass die verkohlten Holzstücke zwischen die Steine unten in die Grube fallen. Die Steine mit einer Schutzschicht abdecken. Dazu eignen sich unterschiedliche Materialien: Wenn ich Lamm brate, nehme ich Birkenreisig, wenn ich Fisch gare, verwende ich Seetang. Ich lege gern auch ein paar Kräuter obenauf. Wenn sehr viel Glut vorhanden ist, empfiehlt es sich, sie mit einer Schicht frischer Zweige abzudecken. Das Fleisch auf die Zweige legen, mit weiteren Zweigen abdecken, mit Alufolie abschließen. Das ist nicht unbedingt notwendig, verhindert aber, dass Erdkrümel aufs Fleisch fallen. Wer mag, gibt ein wenig Flüssigkeit hinzu, sodass Fleisch oder Fisch gedämpft werden. Heilbutt übergieße ich mit etwas Weißwein, bei Lamm nehme ich eine Flasche Bier. Ein digitales Bratenthermometer leistet auch hier gute Dienste: Die Sonde ins Fleisch stecken und das Ablesegerät neben die Grube legen.

Anschließend schüttet man die Grube mit Erde zu, sodass sie vollständig verschlossen und versiegelt ist. Vielleicht entweicht noch ein wenig Rauch und Dampf, aber mehr dürfte es nicht sein. Dann überlässt man alles sich selbst. Das Fleisch brät in der Grube zuerst bei recht hoher Temperatur, danach mit stetig sinkender. Daher ist es nicht so wichtig, wie lange es in der Grube bleibt. In Oman garte es 48 Stunden, das ist sicher auch empfehlenswert, wenn es um zähes Kamelfleisch geht. Ich zweifle allerdings, dass in den letzten 24 Stunden noch sehr viel passiert. Ich lasse das Fleisch mindestens 2½ Stunden in der Grube, es kann aber auch bis zu 6 Stunden drinbleiben. In der langsam sinkenden Temperatur bleibt der Braten lange warm, ohne Schaden zu nehmen.

Mithilfe eines Bratenthermometers kann man den Garprozess gut verfolgen. Die Kerntemperatur sollte mindestens 70 °C erreicht haben, bevor das Fleisch herausgenommen wird, aber es macht gar nichts, wenn sie noch weiter ansteigt. Das Fleisch trocknet in der Grube nicht aus wie in der trockenen Hitze eines Backofens. Wenn es lange genug gart, ist es am Ende so mürbe, dass es fast von allein vom Knochen fällt. Bei Fisch muss man etwas vorsichtiger sein – er darf nicht mehr als 60 °C erreichen.

Marinierte Lammkeule vom Grill

Dieses Rezept ist zum Grillen einfach perfekt, denn es müssen keine Unmengen an Zutaten nach draußen getragen werden. Das Fleisch bekommt durch die Marinade seinen Geschmack, und das ist hier der Trick. Ich lasse das Lamm bis zu 2 Tage in der Marinade liegen, dabei reift es nach, während die Gewürze Zeit haben einzudringen.

Für 4 Personen
4 SCHEIBEN LAMMKEULE
200–300 ML ROTWEIN
2 KNOBLAUCHZEHEN, ZERDRÜCKT
2 TL FENCHELSAMEN
1–2 LORBEERBLÄTTER
3 EL GEHACKTER ROSMARIN
1 EL SOJASAUCE
SALZ UND PFEFFER

Das Lammfleisch in einen Gefrierbeutel legen, den Wein dazugießen. Knoblauch, Fenchelsamen, Lorbeerblätter, Rosmarin und Sojasauce hineingeben. Den Beutel verschließen und das Fleisch marinieren lassen. Das kann einige Minuten oder mehrere Tage dauern. (Die Marinade entfaltet ihre größte Wirkung in den ersten Sekunden.)
Den Grill anheizen. Das Fleisch 12 Minuten grillen, dabei häufig wenden. Wer noch mehr guten Kräutergeschmack haben will, legt ein paar Zweige Rosmarin, Thymian oder Oregano unter das Fleisch. Sie entwickeln beim Verbrennen ein feines Räucheraroma. Mit Salz und Pfeffer würzen.
Nach Belieben die Marinade kräftig einkochen und als Sauce servieren – ich halte das aber nicht für notwendig. Dazu passt Kartoffelsalat.

LAMMSCHULTER Ein Mann ist auf einem Bauernhof zu Besuch und bemerkt, dass dort ein dreibeiniges Lamm durch den Garten humpelt. Er stutzt ein wenig, denn er hat vorher noch nie ein dreibeiniges Schaf gesehen. Also fragt er den Bauern, was das für ein Wesen sei.

»Oh, dieses Lamm, das ist ein absolut fantastisches Tier, fast ein Familienmitglied«, erwidert der Bauer. »Es ist das intelligenteste Lamm, das ich je erlebt habe. Es scheißt nur am Rand des Gartens, frisst nicht die Rosen auf und kümmert sich um die Familie. Eines Tages sah ich, dass mein Zweijähriger zu einem steilen Hang unterwegs war, aber bevor ich bei ihm war, um ihn zurückzuholen, hatte das Lamm ihm schon den Weg abgeschnitten. Es ist einfach ganz unglaublich.«

»Jesses! Aber das wollte ich im Grunde gar nicht wissen. Mich interessiert, warum das Lamm nur drei Beine hat.«

»Ah, Sie wissen schon. Ein Tier wie dieses … man kann es nicht auf einmal aufessen.«

Alle Geschichten haben eine Moral. Die offenkundige, aber oft vergessene Moral hier ist, dass jedes Lamm vier Beine hat, auf denen es stehen kann.

Die meisten Menschen schätzen das Lamm vor allem für den feinen Rücken und die Keule, also die Hinterbeine. (Das Filet ist sehr klein, teuer und schmeckt nicht sehr intensiv.) Aber was wird aus den Vorderbeinen? Lammschulter kommt bei uns allzu selten auf den Tisch, ungeachtet der Tatsache, dass alle Lämmer auch zwei Vorderbeine haben (abgesehen von dem Tier in unserer Geschichte), und hier findet sich der beste Geschmack. Natürlich ist eine perfekt gebratene Lammkeule etwas ganz Wunderbares. Dieser kräftige Muskel versetzt die Lämmer in den Stand, imponierende Sprünge und Hopser zu machen, wenn man versucht, sie einzufangen. Noch ein wenig rosa oder rot in der Mitte ist der Braten perfekt – saftig und von einem milden, aber fülligen Geschmack.

Die Schulter wiederum hat ganz andere Qualitäten. Das Fleischstück, also der Muskel, ist viel kleiner als die Keule. Oft wiegt er nicht mehr als eineinhalb Kilo mit Knochen oder ein Kilo, wenn er entbeint ist. Es ist ein Muskel – genau wie der unterste Teil des Keulenbratens, der Unterschenkel, der den Tieren Ausdauer verleiht und mit jedem Schritt etwas leisten muss, damit das Schaf steile Berghänge hochklettern kann, um sein Futter zu finden. Die Schulter ist von Bindegewebe durchzogen und kann leicht zäh sein (vor allem, wenn sie nicht lange genug gegart wird), aber gerade aus diesem Grund hat sie auch einen schönen, intensiven Geschmack. Ich brate Lammschulter am liebsten im Backofen bei hoher Temperatur, das ist am einfachsten. Aber auch lange und langsam geschmort entfaltet sie ihre Vorzüge.

Lammschulter mit gebackenem Knoblauch

Ein einfaches, rustikales Rezept, das nach dem Prinzip »weniger ist mehr« funktioniert. Ich begnüge mich mit gebackenem Knoblauch, eventuell auch Zwiebeln, etwas Senf und Landbrot dazu. Wer mag, serviert noch grüne Bohnen oder einen Salat als Beilage. Besser als Kartoffeln passen in diesem Fall weiße Bohnen. Dazu werden entweder getrocknete Bohnen über Nacht eingeweicht und dann gekocht, oder man nimmt einfach weiße Bohnen aus der Dose und gibt sie während der letzten halben Stunde mit in den Bräter. Gebackener Knoblauch schmeckt süß und lecker und nimmt eine weiche, fast cremige Konsistenz an. Es ist ganz wichtig, dass der Knoblauch frisch und fest ist, ohne Anzeichen von grünen Keimen, denn dann schmeckt er streng und bitter.

Für 4–6 Personen

1 LAMMSCHULTER VON 1,5-2 KG

SALZ UND PFEFFER

GETROCKNETE KRÄUTER (ETWA ROSMARIN ODER THYMIAN; NACH BELIEBEN)

BUTTER ODER ÖL

4-8 KNOBLAUCHKNOLLEN, GANZ ODER GEVIERTELT

ZWIEBELN (NACH BELIEBEN)

1 GLAS WEIN ODER BIER (NACH BELIEBEN)

LANDBROT

DIJONSENF

Die Lammschulter mit Salz und Pfeffer einreiben, nach Belieben auch mit Kräutern. Etwa 2 Stunden bei Raumtemperatur ruhen lassen, damit das Fleisch etwas wärmer wird und die Gewürze Zeit haben, in das Fleisch einzudringen.
Den Backofen auf 200 °C vorheizen.
Das Fleisch mit Butter oder Öl einreiben, in einen Bräter legen und in den Ofen schieben. Nach 30 Minuten den Knoblauch und eventuell auch Zwiebeln in den Bräter geben, dann den Backofen auf 170 °C herunterschalten. Alles zusammen noch 1 Stunde weitergaren. Nach Belieben mit einem Glas Wein oder Bier übergießen, dann erhält man eine leckere Sauce. Den Backofen ausschalten und das Fleisch 30 Minuten im Ofen ruhen lassen. Mit Brot und Senf servieren.

Lammschulter in Birkenreisig

Die häufigste Pflanze in Norwegen ist die Birke. Ihre Zweige schützen hier das Fleisch vor allzu großer Hitze und verleihen ihm dabei gleichzeitig ein gutes Aroma. Auch andere aromatische Pflanzen sind geeignet, etwa Heidekraut oder Wacholder, und sogar Heu ergibt einen guten Geschmack.
Ich gare die Lammschulter im Steinofen. Ein ähnliches Ergebnis erzielt man in einem Haushaltsbackofen mithilfe eines Pizzasteins oder eines feuerfesten Ziegelsteins, der auf einem Rost unten in den Ofen eingeschoben wird. Der Stein sorgt dafür, dass die Ofentemperatur langsam ansteigt und abfällt. Auch hier rate ich, ein Bratenthermometer zu benutzen, um die Temperatur zu überwachen. Die Kerntemperatur soll zwischen 63 und 68 °C betragen.

Für 4 Personen
1 LAMMSCHULTER VON ETWA 1,5 KG
SALZ
DÜNNE BIRKENZWEIGE MIT BLÄTTERN

Die Lammschulter etwa 2 Stunden vor der Zubereitung aus dem Kühlschrank nehmen, damit sie Raumtemperatur annimmt.
Den Backofen auf 220 °C vorheizen, nach Möglichkeit einen Pizza- oder einen anderen ofenfesten Stein auf einem Rost unten hineinschieben. (Mit Stein dauert es länger, den Ofen aufzuheizen, aber dafür hält er später die Hitze auch länger.) Das Fleisch mit Salz einreiben. Die Birkenzweige auf einem Backblech auslegen. Die Lammschulter darauflegen und mit weiterem Birkenreisig bedecken. Falls nötig, die Zweige mit Küchengarn festbinden. Das Bratenthermometer in die dickste Stelle der Lammschulter einstechen.
Den Braten in den Ofen schieben und die Temperatur auf 175 °C reduzieren. Nach 45 Minuten die Temperatur auf 100 °C verringern. Das Fleisch braten, bis eine Kerntemperatur von 65 °C erreicht ist. Den Backofen abstellen und den Braten noch 40 Minuten im ausgeschalteten Ofen ruhen lassen. Falls die Kerntemperatur 70 °C übersteigt, die Ofentür kurz öffnen, aber die Ruhezeit nicht verkürzen.

Lammschulter mit Orange und Ingwer

Ein ungewöhnlicher Osterbraten. Dazu passen Kartoffeln und ein frischer grüner Salat. Wer möchte, gart die Kartoffeln zusammen mit dem Fleisch im Ofen.

Für 4 Personen
1 LAMMSCHULTER
SALZ UND PFEFFER
ÖL
3–4 EL ORANGENMARMELADE
3 EL SOJASAUCE
1 EL FEIN GEHACKTER INGWER
2 TL KORIANDERSAMEN, ZERDRÜCKT
GARAM MASALA (INDISCHE GEWÜRZMISCHUNG, NACH BELIEBEN)

Die Lammschulter etwa 2 Stunden vor der Zubereitung aus dem Kühlschrank nehmen.
Den Backofen auf 200 °C vorheizen.
Das Fleisch mit Salz und Pfeffer einreiben und mit Öl beträufeln. In einen Bräter legen, in die dickste Stelle das Bratenthermometer einstechen und in den Ofen schieben. Nach 40 Minuten die restlichen Zutaten verrühren und die Lammschulter mit dieser Mischung bestreichen. Das Fleisch wieder in den Ofen stellen und die Temperatur auf 125 °C absenken. Die Lammschulter weitere 1 ½ Stunden braten, bis das Bratenthermometer etwa 70 °C anzeigt. (Abhängig vom Ofen und der Dicke des Fleischstücks kann das schon vorher der Fall sein.) Die Backofentür öffnen und den fertigen Braten vor dem Servieren noch 20–30 Minuten ruhen lassen.

Geschmortes Lamm mit Fenchel

Lammfleisch schmeckt im Frühjahr ganz anders als im Herbst, und dies ist eine Zubereitung, die zu dem helleren Fleisch passt, das es im Sommer gibt, vielleicht sogar zu einem Milchlamm. Ich schmore das Fleisch in Bier, aber Apfelsaft lässt sich ebenso gut verwenden.

Für 4 Personen

ÖL

1,2 KG LAMMFLEISCH ZUM SCHMOREN, IN STÜCKE GESCHNITTEN

1 ZWIEBEL, GEHACKT

1 FRISCHE KNOBLAUCHKNOLLE, DIE EINZELNEN ZEHEN GESCHÄLT

3-4 FENCHELKNOLLEN, IN SCHEIBEN GESCHNITTEN

1 TL FENCHELSAMEN

1 LORBEERBLATT

200-300 ML BIER

SALZ UND PFEFFER

In einem Schmortopf das Öl erhitzen. Die Fleischstücke darin anbräunen, Zwiebel und Knoblauch dazugeben und ebenfalls etwas Farbe annehmen lassen. Die Fenchelscheiben in den Topf geben, gefolgt von den Fenchelsamen und dem Lorbeerblatt. Mit dem Bier aufgießen, mit Salz und Pfeffer würzen. Den Deckel auflegen und das Gericht 1 Stunde köcheln lassen.

Gemüse

Gemüse kann zum Langweiligsten auf unserem Teller gehören oder spannende Geschmackserlebnisse bieten. Alles hängt davon ab, wie es den Weg dorthin findet. So einfach ist das – und so schwierig. Jeder, der gutes Essen liebt, kennt den Unterschied zwischen den traurigen Spargelstangen, die im Januar den Weg nach Norden nehmen, und den saftigen Stangen aus heimischer Ernte, die im Mai und Juni auftauchen. Im Winter findet sogar eine verschrumpelte, fast vergessene Zucchini noch Aufnahme in unseren Speiseplan. Eine frische Zucchini im Juli ist etwas völlig anderes. Fast unvorstellbar, dass es sich um das gleiche Gemüse handelt, denn im Sommer steckt es voller Geschmack.

Allzu oft spielt das Gemüse nur eine Nebenrolle als Beilage und darf neben einem Stück Fisch oder Fleisch liegen, das fast immer im Vordergrund steht. Wenn ich auf meinem Gut in Viestad im Sommer Bauer spiele, geht es in fast all den großen Dramen um Tiere. Ausgerissene Tiere, die Bedrohung durch einen Fuchs, die Freude über ein neues Mitglied des Haushalts, das geboren oder ausgebrütet wird, die Aufregung in der Schlachtzeit – all das sind gute Gesprächsthemen. Aber die wirkliche Arbeit steckt in der Erde und aus ihr hole ich viele kleine Freuden. Im Gemüsegarten geht es weniger um Dramatik, sondern um einen gleichmäßigen Strom essbarer Gaben. Inzwischen lege ich mehr Wert auf den richtigen Rhythmus der Arbeiten und nicht nur auf die Größe des Ertrags. Als ich meinen kleinen Küchengarten anlegte, glaubte ich noch, man müsse nur die Samen in die Erde bringen und abwarten. Inzwischen weiß ich, dass es so nicht funktioniert.

Dies ist zwar kein Gartenbuch, aber der Garten ist mein Ausgangspunkt. Aus einleuchtenden Gründen: Denn von dort kommt das Gemüse, ob man es nun selbst angebaut oder im Laden gekauft hat. Selbst Gemüse zu ziehen hat viele Vorteile: Es kommt ultrafrisch auf den

Tisch. Und man hat die Möglichkeit, es von seiner unbekannten Seite zu entdecken: Während uns Fenchel im Supermarkt immer nur als große dicke Knolle oder in Form von getrockneten Samenkörnern begegnet, nehmen wir im Garten auch sein dillartiges Blattwerk wahr, die süßen Blüten und die frischen Samen, die den Mund mit einem leckeren Lakritzgeschmack erfüllen.

ERBSEN Zu den größten Freuden des Sommers gehört das Knabbern und Naschen im Garten, und was würde man lieber naschen als frische Erbsen? Jedes Jahr vergrößere ich das Beet mit den Erbsen, aber nach wie vor erreichen nur sehr wenige meine Küche. Jeder kleine Ausflug in den Küchengarten, um zu jäten, etwas zu ernten oder die Pflanzen zu wässern, kann als Vorwand dienen, um die Erbsen zu probieren – zuerst die kleinen, unfertigen Schoten, dann die zarten Hülsen ohne Inhalt, später die ersten winzigen süßen Samen und schließlich die perfekt gerundeten Kugeln.

Als ich einmal das Restaurant »St. John« in London besuchte, stand auf der Speisekarte ein Gericht, das »a bowl of fresh peas« hieß, und genau darum handelte es sich: serviert wurde eine Schüssel mit perfekten frischen Erbsenschoten, die wir verputzten, bevor der Rest der Bestellung auf dem Tisch stand. Genial!

Erbsenpüree

Bei mir werden Erbsen entweder genascht oder in Salate gemischt. Nur wenige schaffen es, reif zu werden – oder sogar etwas zu reif, um roh zu schmecken. Aus ihnen mache ich ein einfaches Püree. Es kann entweder als Dip genossen, zusammen mit gutem Räucherschinken auf einem Sandwich oder zu gegrilltem Hähnchen serviert werden.

400 G ERBSEN, AUS DEN SCHOTEN GELÖST
SALZ
2–3 EL BUTTER
EINIGE MINZEBLÄTTER
FEIN ABGERIEBENE SCHALE VON EINER UNBEHANDELTEN ZITRONE (NACH BELIEBEN)
FEIN GEHACKTE ZWIEBEL (NACH BELIEBEN)

Die Erbsen 3–6 Minuten in leicht gesalzenem Wasser kochen, bis sie weich sind. Das Wasser abgießen. Die Erbsen noch warm zusammen mit der Butter in die Küchenmaschine geben und pürieren. Die Minze fein hacken und unterrühren, das Püree nach Belieben mit etwas Zitronenschale und/oder fein gehackter Zwiebel abschmecken.

TOMATEN Ich liebe Tomaten. Seit ich einen Teil des Jahres in Südafrika verbringe, experimentiere ich dort mit dem Anbau vieler verschiedener Sorten. Einmal waren es nicht weniger als 124, mit unterschiedlichen Farben, Formen und jeweils eigenem Geschmack. Da gab es Tomaten zu allem – als Vorspeise, zum Mittagessen, sogar als Dessert. Und weil es bei den Tomaten so viel Abwechslung gibt, esse ich mich auch niemals daran satt.

In Norwegen gebe ich mir die größte Mühe, etwas Vergleichbares zustande zu bringen – um es vorsichtig auszudrücken. Ich freue mich, wenn meine Tomaten hier im Großen und Ganzen reif sind, bevor die Kälte kommt. Und dann schmecken sie mir mindestens genauso gut wie die südafrikanischen.

Wer selbst Tomaten im Garten zieht, wird feststellen, dass es eine große Bandbreite von Geschmacksrichtungen gibt. Das liegt zum Teil an den verschiedene Sorten, aber auch die saisonalen Veränderungen tragen ihren Teil dazu bei, dass die ersten frischen Tomaten ganz anders schmecken als die letzten, intensiven, die erst reif werden, kurz bevor der Frost kommt und sie holt.

Tomatensalat

Das ist der Ausgangspunkt für alle
möglichen Tomatensalate. So schlicht
bereite ich ihn aber nur zu, wenn ich
wirklich gute Tomaten habe. Wer ein
wenig mogeln will, verstärkt das Aroma
mit ein bisschen Salz und ein paar Prisen
Zucker. Aber schließlich schätzen wir eine
gute Tomate nicht in erster Linie für ihre
Süße und ihren Mineralsalzgehalt. Nichts
geht über einen Salat aus erstklassigen
sonnengereiften Tomaten. Das ist die
Einfachheit in Perfektion.

Für 4 Personen

12 TOMATEN, MÖGLICHST VERSCHIEDENE
    SORTEN UND FARBEN
4–5 BASILIKUMBLÄTTER
FEIN GERIEBENER PARMESAN
FEIN GEHACKTES FENCHELGRÜN
    (NACH BELIEBEN)
GUTES OLIVENÖL

Die Tomaten in Scheiben schneiden und
auf einem Teller verteilen, sodass die
verschiedenen Sorten schön gemischt
werden. Die Basilikumblätter grob
zerreißen und darüberstreuen. Den Salat
mit Parmesan bestreuen, nach Belieben
auch mit etwas fein gehacktem Fenchelgrün (oder mit Fenchelblüten). Die
Tomaten mit gutem Öl übergießen und
servieren.

Salat aus gebackenen Kirschtomaten

Durch das Backen im Ofen trocknen die
Tomaten leicht aus und der Geschmack
konzentriert sich. Davon profitieren vor
allem Tomaten mit wenig Aroma. Hat
man dagegen schöne reife Tomaten, wird
nur die Hälfte gebacken. Der Salat passt
gut als Beilage zu Brathähnchen und
Fisch, schmeckt aber auch für sich allein.

Für 4 Personen

800 G KIRSCHTOMATEN, HALBIERT
4 EL PINIENKERNE ODER GEHACKTE
    HASELNÜSSE
1 ZWIEBEL, FEIN GEHACKT
SAFT VON ½ ZITRONE
2 EL SCHNITTLAUCHRÖLLCHEN
    ODER BASILIKUM ODER BEIDES
4 EL GUTES OLIVENÖL
FLEUR DE SEL

Den Backofen auf 180 °C vorheizen.
Die Kirschtomaten in eine ofenfeste Form
füllen und 10–20 Minuten backen, bis sie
um etwa ein Drittel geschrumpft sind.
Zwischendurch prüfen, je nach Feuchtig-
keitsgehalt kann es schneller gehen.
Die Pinienkerne oder Haselnüsse in einer
Pfanne rösten, bis sie eine hellbraune
Farbe annehmen.
Die Tomaten mit Zwiebel, Zitronensaft,
Schnittlauch, Pinienkernen, Öl und Salz
in einer Schüssel vorsichtig mischen,
ohne die Tomaten zu sehr zu beschädigen.
Das geht am besten mit den Händen.

Tomatentarte

Das beste Tomatengericht, das ich jemals gegessen habe – eine supereinfache Tomatentarte mit Blätterteig. Der Geschmack ist unglaublich intensiv. Die Tomaten müssen zwar gut sein, aber nicht sensationell, denn der Geschmack konzentriert sich, während sie im Ofen backen, insbesondere, wenn man ihnen zuvor möglichst viel Wasser entzieht. Es ist wichtig, dass die Tomaten recht trocken sind, damit der Boden nicht aufweicht. Der ausgetretene Saft lässt sich gut für einen Tomaten-Martini verwenden (siehe Seite 192).

Blätterteig gibt es im Supermarkt tiefgefroren oder im Kühlregal. Ich bevorzuge Butterblätterteig und finde, dass er tatsächlich genauso gut ist wie selbst gemachter.

Für 4 Personen

8 SONNENGEREIFTE TOMATEN (ODER 24–30 KIRSCHTOMATEN)

SALZ

2 TL BRAUNER ZUCKER

200 G BLÄTTERTEIG

4 EL GERIEBENER PARMESAN

4 EL BUTTER

4–6 EL LEICHT GESCHLAGENE SAHNE ODER 2–4 EL CRÈME FRAÎCHE

FEIN GEHACKTER KERBEL UND SCHNITTLAUCHRÖLLCHEN

Die Tomaten 30 Sekunden in kochendes Wasser tauchen, dann mit einem Schaumlöffel herausnehmen. Enthäuten, halbieren und die Samen entfernen. Es ist wichtig, den Tomaten möglichst viel Feuchtigkeit zu entziehen. Dazu werden sie mit Salz und Zucker bestreut und 30 Minuten in ein Sieb gelegt. Salz und Zucker geben Geschmack, tragen aber auch dazu bei, den Tomaten Wasser zu entziehen.

Den Backofen auf 230 °C vorheizen. Den Blätterteig mit einem Nudelholz ausrollen und vier Quadrate von 12–15 Zentimeter Kantenlänge ausschneiden. Auf ein Backblech legen, mit einer Gabel mehrmals einstechen und mit Parmesan bestreuen. Auf jedes Teigstück vier Tomatenhälften legen. Am Rand sollte rundherum noch ein Zentimeter Platz sein. Butterflöckchen auf den Tartes verteilen.

Die Tartes im Ofen auf der mittleren Schiene 15–20 Minuten backen. Zwischendurch nachschauen, um sicherzugehen, dass sie nicht zu stark bräunen.

Die fertigen Tartes etwas abkühlen lassen, dann Schlagsahne oder Crème fraîche zwischen den Tomaten verteilen und mit den Kräutern bestreuen.

Offene Tomatenpie

Das ist ein Rezept von Lis Vandeskog aus dem Café »De fire årstider« (Die vier Jahreszeiten) in Spangereid. Lis hat die Kunst perfektioniert, auf einfachste Art einen knusprigen und feinen Mürbeteig zustande zu bringen. Sie nimmt dafür Dinkelmehl, das inzwischen überall zu bekommen ist. Es hat einen kräftigen Geschmack und ist gesund. Wie gut die Pie wird, hängt in erster Linie von der Qualität der Tomaten ab, aber auch der Käse trägt seinen Teil dazu bei.

Für 4 Personen

150 G DINKELMEHL

1–2 TL SALZ

75 G BUTTER UND BUTTER FÜR DIE FORM

50 ML KALTES WASSER

DIJONSENF

KÄSE IN DÜNNEN SCHEIBEN (MÖGLICHST EINE MISCHUNG AUS VERSCHIEDENEN RESTEN)

TOMATEN

1 TL GETROCKNETER THYMIAN

ÖL ZUM BETRÄUFELN

2 TL FRISCHER THYMIAN

Für den Teig Mehl und Salz in der Küchenmaschine mischen. Die Butter in kleine Würfel schneiden und zu dem Mehl geben. Die Maschine laufen lassen, bis die Mischung an geriebenen Parmesan erinnert. Das kalte Wasser hinzugeben und die Küchenmaschine weiterlaufen lassen, bis sich die Krümel zu einem Teig verbinden. Den Teig in eine Schüssel legen, mit Frischhaltefolie zudecken und im Kühlschrank mindestens 30 Minuten ruhen lassen, besser noch über Nacht.

Den Teig mit einem Nudelholz ausrollen und eine gefettete Pieform damit auslegen. Im Kühlschrank kurz ruhen lassen.

Den Backofen auf 200 °C vorheizen. Den Teig mit einer Gabel mehrmals einstechen. Den Pieboden 12 Minuten vorbacken. Die Backofentemperatur auf 225 °C erhöhen.

Den Pieboden mit einer dünnen Schicht Dijonsenf bestreichen. Die Käsescheiben darauf verteilen. Die Tomaten nach Belieben enthäuten, dann vierteln, entkernen und auf Küchenpapier abtropfen lassen. Die Tomaten dicht an dicht auf den Käse legen. Mit Salz und getrocknetem Thymian würzen. Mit Öl beträufeln.

Die Pie 20 Minuten im Ofen backen. Es macht nichts, wenn die Tomaten dunkle Ränder bekommen, die Pie darf aber nicht verbrennen. Falls die Oberfläche zu stark bräunt, die Temperatur herunterschalten. Die Pie vor dem Servieren mit frischem Thymian bestreuen.

Frische Bloody Mary

Eine traditionelle Bloody Mary ist oft zu schwer und zu alkoholisch – fast so abschreckend wie die paranoide und blutrünstige Königin, nach der das Getränk benannt ist. Hier ist die Alternative: ein sommerliches Getränk auf der Basis frischer Zutaten, am allerbesten wären sowohl reife rote als auch grüne Tomaten. Dann schmeckt die Bloody Mary sogar ohne Alkohol.

Für 4 Personen

2 STANGEN SELLERIE
1 GRÜNE TOMATE ODER ½ GRÜNE
    PAPRIKASCHOTE
2 EL GEHACKTE ZWIEBEL
½ TL ABGERIEBENE SCHALE VON EINER
    UNBEHANDELTEN ZITRONE
1 TL ZITRONENSAFT
600 G KIRSCHTOMATEN
120-160 ML WODKA
1 ROTE CHILISCHOTE, FEIN GEHACKT
10 EISWÜRFEL
STANGENSELLERIE UND CHILI ZUM
    GARNIEREN (NACH BELIEBEN)

Sellerie und grüne Tomate (oder Paprikaschote) fein hacken und mit Zwiebel, Zitronenschale und -saft mischen. Die Kirschtomaten vierteln. Zusammen mit Wodka und Chili in den Mixer geben. Eiswürfel hinzufügen und mixen, bis das Eis fein zerkleinert ist. Auf Gläser verteilen und mit der Selleriemischung auffüllen. Nach Belieben mit Sellerie und Chili dekorieren.

Tomaten-Martini

Der Tomatensaft enthält kein Fruchtfleisch und ist daher völlig klar, was für einen interessanten optischen Effekt sorgt. Mit tiefgekühltem Wodka aufgefüllt, entsteht eine feine Marmorierung im Glas. Wird Wodka mit Raumtemperatur verwendet, die Zutaten mit Eiswürfeln in den Shaker geben.

Für 1 Person

4 CL KLARER, GEFILTERTER TOMATENSAFT
3-4 CL EISKALTER WODKA
EISWÜRFEL
TABASCO
SALZ
1 KLEINE KIRSCHTOMATE
1 SELLERIEBLATT

Für den klaren Tomatensaft eine Tomate einige Sekunden in der Küchenmaschine zerkleinern. Die Tomatenmasse in ein sauberes Küchentuch oder einen Kaffeefilter geben, den Saft ablaufen lassen, dann möglichst viel Flüssigkeit auspressen, ohne dass sich Fruchtfleisch in den Saft mischt. Den klaren Tomatensaft mit Wodka und Eiswürfeln in einen Shaker geben (oder ein Glas mit Deckel) und kräftig schütteln. In ein Martiniglas umfüllen. Mit Tabasco abschmecken, mit etwas Salz bestreuen. Eine kleine Kirschtomate und ein Sellerieblatt auf ein Cocktailstäbchen stecken und ins Glas legen.

Im Ofen getrocknete Tomaten mit Rosmarin und Zitrone

Die große Herausforderung, vor der jeder irgendwann steht, der selbst Tomaten zieht, ist der Erntesegen im Hochsommer. Plötzlich gibt es viel mehr Tomaten, als man essen kann. Das gilt in gewisser Weise auch für gekaufte Tomaten: Lange Zeit sind sie teuer und schlecht, danach kommt eine kurze Periode mit einem Überangebot an guten, sonnengereiften Tomaten. Mit dieser Methode lassen sich Tomaten konservieren, sodass ihr gutes Aroma auch in den tristen Wintermonaten viele Gerichte bereichert. Ganz besonders gut schmecken die Ofentomaten zu gegrilltem Hähnchen oder Lammbraten. Einfach gegen Ende der Garzeit zum Fleisch geben.

16 TOMATEN
½ TL SALZ
2-3 TL ROSMARIN
2-3 TL ABGERIEBENE SCHALE VON UNBEHANDELTEN ZITRONEN
ÖL

Den Backofen auf 120 °C (Umluft 90 °C) vorheizen. Die Tomaten halbieren. Mit Salz, Rosmarin und Zitronenschale bestreuen. In eine ofenfeste Form legen und 2–3 Stunden im Ofen trocknen. Von Zeit zu Zeit nachschauen – sie sollen um etwa die Hälfte schrumpfen, maximal bis auf ein Drittel, aber nicht gebraten werden. Vorsichtig aus der Form herausnehmen. In ein sterilisiertes Einmachglas etwa Öl geben. Nach und nach die Tomaten einfüllen und mit weiterem Öl aufgießen. Das Glas vorsichtig auf die Arbeitsplatte aufstoßen, damit eingeschlossene Luft entweicht. Gut verschließen.

SPARGEL Ob man ihn nun selbst im Garten zieht oder im Laden kauft – Spargel ist eine Saisonware, und seine Qualität ist in der Regel umgekehrt proportional zur Entfernung, die er zurückgelegt hat. Dem Spargel, der zwischen Juli und März im Laden verkauft wird und oft vom anderen Ende der Welt geholt wurde, fehlt so manches ... eigentlich so gut wie alles.

Am allerbesten sind die ersten dünnen Spitzen, die aus der Erde ans Licht kommen. Sie sind so fein und zart, dass sie knacken, wenn man sie nur ansieht. Weder Kochen noch Braten ist notwendig. Genau wie die ersten Möhre esse ich sie am liebsten so, wie sie sind. Wenn die Stangen allmählich dicker werden, fange ich an, sie auf verschiedene Weise zuzubereiten. Dabei gilt auch hier: weniger ist mehr.

In Skandinavien wird so gut wie kein weißer Spargel angebaut, aber im Frühsommer kommt kistenweise guter weißer Spargel in die Gemüseläden. Man sollte ihn schälen und danach etwas länger garen als grünen Spargel. Eine buttrige Sauce hollandaise oder eine Remoulade passt gut dazu.

Der Spargel, wie wir ihn essen, ist eigentlich eine nicht aufgeblühte Blüte. Diese Knospe gibt Auskunft darüber, wie frisch der Spargel ist. Einfach mit den Fingern prüfen, wie sich die Spitze der Spargelstange anfühlt. Sollte die Knospe trocken, steif und strohig sein, ist gar kein Spargel besser. (Notfalls kann man ihn in einer Suppe verwenden.)

Spargel mit Butter und Salbei

Eine klassische Methode, um Spargelgerichten eine interessante, knusprige Konsistenz zu verleihen, besteht darin, die Oberfläche mit Semmelbröseln zu bestreuen. Statt Salbei passt auch Petersilie sehr gut. Nach Belieben zum Schluss Parmesan dazugeben.

Für 4 Personen als Vorspeise
2 BUND GRÜNER SPARGEL
2-3 EL BUTTER
10 SALBEIBLÄTTER
1-2 EL SEMMELBRÖSEL
SALZ
PARMESAN (NACH BELIEBEN)
½ ZITRONE (NACH BELIEBEN)

Vom Spargel die holzigen Enden abschneiden. Wenn die Stangen sehr dick sind oder ein wenig holzig wirken, mit einem Sparschäler schälen.
In einer großen Pfanne die Butter bei mittlerer Temperatur erhitzen. Den Spargel 7-8 Minuten braten, dabei gelegentlich wenden, damit alle Stangen gleichmäßig garen. In den letzten 2-3 Minuten den Salbei dazugeben. Den Spargel mit den Semmelbröseln bestreuen. Falls nötig noch etwas Butter hinzufügen. Den Pfanneninhalt auf Teller verteilen, mit Salz würzen. Nach Belieben mit Parmesan bestreuen und mit Zitronensaft beträufeln.

Spargelröllchen

Spargelstangen sind gut mit den Händen zu essen und schmecken auch lauwarm. Das macht sie zum perfekten Fingerfood. Ich umwickle grünen Spargel mit dünnen Scheiben von Räucherlachs oder *gravlaks*, Schinken oder Speck.

4-6 STANGEN GRÜNER SPARGEL PRO PERSON
SALZ UND PFEFFER
RUCOLA
RÄUCHERSCHINKEN IN DÜNNEN SCHEIBEN
RÄUCHERLACHS ODER GRAVLAKS IN DÜNNEN SCHEIBEN
SPECK IN DÜNNEN SCHEIBEN
ROSMARIN- ODER OREGANOZWEIGE (NACH BELIEBEN)
HONIG (NACH BELIEBEN)

Für die Variante mit Räucherschinken und Lachs zuerst die Spargelstangen garen. Dazu die holzigen Enden abschneiden, den Spargel je nach Dicke 4-6 Minuten in leicht gesalzenem Wasser kochen. In einem Sieb abtropfen lassen, sorgfältig trocken tupfen. Mit Pfeffer würzen und jeweils eine Stange zusammen und einige Rucolablätter mit Lachs- beziehungsweise Schinkenscheiben umwickeln.
Für die Variante mit Speck von den Spargelstangen die holzigen Enden entfernen. Die Stangen mit Speckscheiben umwickeln, mit einem Zahnstocher befestigen. Nach Belieben Rosmarin- oder Oreganozweige unter den Speck schieben. Die Päckchen in der Pfanne braten, bis der Speck knusprig ist. Nach Belieben mit etwas Honig abschmecken.

Roher Spargel und Fenchel mit Mayonnaise

Ein ganz besonderer Genuss sind jedes Jahr die allerersten Spargelstangen, die ihre Köpfe aus dem Boden strecken. Sie sind noch dünn, bringen aber eine frische Süße und einen kleinen Anflug von Bitterkeit mit – einfach unvergleichlich. Dieser Zauber verschwindet, wenn man die Stangen kocht oder brät, deshalb esse ich sie am liebsten roh. Und ich liebe es, wenn sie in meinem Mund knacken und explodieren. Auch der Fenchel muss für dieses Rezept ganz frisch und knackig sein.

Eine selbst gemachte Mayonnaise – mit rohem Eigelb – gehört zu den großen klassischen Erfindungen der französischen Kochkunst, ist aber eigentlich ganz einfach herzustellen. Damit sie gelingt, müssen Ei und Öl unbedingt Zimmertemperatur haben.

Für 4 Personen als Vorspeise

1 GROSSES EIGELB

1 TL DIJONSENF

2 TL ZITRONENSAFT

250 ML NEUTRALES PFLANZENÖL (NACH BELIEBEN GEMISCHT MIT GUTEM OLIVENÖL)

2 TL FEIN GEHACKTER KERBEL, BASILIKUM ODER PETERSILIE

1 BUND GRÜNER SPARGEL

2 GROSSE FENCHELKNOLLEN

Mit der Zubereitung der Mayonnaise beginnen: In einer Schüssel Eigelb, Senf und Zitronensaft verrühren. Einen Tropfen Öl hinzufügen und sorgfältig unterrühren. Unter ständigem Rühren nach und nach weitere Tropfen Öl dazugeben. Nach gut einem Dutzend Tropfen das Öl in einem dünnen Strahl in die Mayonnaise gießen und immer weiterrühren. Darauf achten, dass das Öl Zeit genug hat, sich mit dem Eigelb zu verbinden. Ruhig und stetig etwa 5 Minuten rühren. Wenn man zu schnell arbeitet, kann die Mayonnaise sich trennen. Zum Schluss gehackten Kerbel, Basilikum oder Petersilie unterrühren.

Kurz vor dem Servieren die holzigen Enden von den Spargelstangen abschneiden. Nach Belieben das untere Drittel schälen. Den Fenchel in Scheiben schneiden. Das Gemüse zusammen mit der Mayonnaise auf Tellern anrichten und servieren.

Spargelsuppe mit Lachsrogen

In einer Spargelsuppe kann das edle Gemüse seine Vorzüge nur selten voll entfalten, aber zur Verwertung von Stangen, die nicht mehr ganz frisch sind oder von Spargelabschnitten ist so eine Suppe gut geeignet. Diese Spargelsuppe basiert auf einem Rezept von Schønberg Erken, das sich aber, wie es bei Lieblingsgerichten oft der Fall ist, im Lauf der Zeit verändert hat. Als ich das Original jetzt prüfte, stellte ich fest, dass die Suppe ein Eigenleben entwickelt hat. So ist sie unter anderem sehr viel leichter und frischer geworden.

Die Suppe lässt sich sowohl mit weißem als auch mit grünem Spargel zubereiten, das Original-rezept sieht weißen Spargel vor. Beim weißen Spargel gilt es, die Stangen lange genug zu kochen, ohne dass die Spitzen zu weich werden. Hier ist das kein Problem, denn nur der untere Teil der Stangen wandert direkt in die Suppe, während die Spitzen separat gegart und erst zum Schluss hineingegeben werden. Ich serviere die Spargelsuppe mit etwas Lachsrogen.

Für 4 Personen als Vorspeise

750 G WEISSER ODER GRÜNER SPARGEL

100 ML SAHNE

1 L HÜHNERBRÜHE

WEISSWEIN (NACH BELIEBEN)

1 STANGE LAUCH, NUR DAS WEISSE, IN RINGE GESCHNITTEN

1–2 EL WEIZENMEHL

SALZ

GEKÖRNTE BRÜHE (NACH BELIEBEN)

LACHSROGEN

SCHNITTLAUCHRÖLLCHEN

Den Spargel schälen. Die Spitzen – etwa das obere Drittel – abschneiden und beiseitelegen. Die holzigen Enden des Spargels abschneiden und wegwerfen. Die Sahne schlagen und kühl stellen.

In einem Topf 900 Milliliter Brühe zum Kochen bringen (nach Belieben einen Teil der Brühe durch Weißwein ersetzen). Spargel und Lauch darin etwa 15 Minuten garen, bis sie sehr weich sind. Den Topfinhalt in der Küchenmaschine fein pürieren. Die Suppe in den Topf zurück-gießen. Das Mehl mit der restlichen Brühe verrühren und in die Suppe geben. Unter Rühren noch einmal aufkochen lassen.

Die Spargelspitzen 6–8 Minuten in Salzwasser garen, sie sollten noch bissfest sein. Die geschlagene Sahne in die Suppe einrühren. Mit Salz abschmecken, nach Belieben mit etwas gekörnter Brühe abrunden.

Die Suppe in Portionsschalen schöpfen. Die Spargelspitzen verteilen, zum Schluss je einen Löffel Lachsrogen und ein paar Schnittlauchröllchen auf jede Portion geben.

SCHWARZWURZELN Das rätselhafteste und vielleicht auch am meisten verkannte Gemüse. Wer zum ersten Mal Schwarzwurzeln im Gemüseregal liegen sieht, denkt wohl, es wäre bei der Produktion etwas schiefgegangen. Die Wurzel ist lang, fast schwarz und so gut wie immer von einer dicken Schicht trockener Erde bedeckt. Es scheint kaum vorstellbar, dass sich darunter etwas Essbares befindet. Wenn ich sie im Garten aus dem Boden ziehe, ist es nicht besser. Man könnte sie viel eher für die Wurzel eines Baums halten als für irgendetwas in Richtung Gemüse.

Hinter diesem abschreckenden Äußeren verbirgt sich aber eine wahre Delikatesse. Im Volksmund heißt die Schwarzwurzel auch »Armeleutespargel« oder »Bauernspargel«, und das gibt einen Hinweis auf ihren kulinarischen Wert. Tatsächlich ist sie mehr als nur ein Ersatz für Spargel, wenn die Alternative superteure Stangen sind, die schlaff und weich aus Peru eingeflogen werden müssen. Ich habe schon Schwarzwurzeln serviert und erlebt, dass meine Gäste sie tatsächlich für Spargel hielten.

Die Schwarzwurzel sieht dem weißen Spargel zwar ähnlich, wenn sie erst einmal geschält ist, aber sie schmeckt eher süßlich. Während der Spargel eine leicht bittere Note behält, verstärkt sich bei der Schwarzwurzel der kleine Anflug von Süße noch, wenn die Wurzeln in Brühe gegart und danach goldbraun gebraten werden oder mit einer buttrigen Sauce auf den Teller kommen.

Schwarzwurzeln mit Sauce hollandaise

Die Schwarzwurzeln zuerst unter fließendem Wasser gründlich abbürsten, dann schälen. Dabei unbedingt Gummihandschuhe tragen, denn der austretende milchige Saft hinterlässt klebrige Spuren auf der Haut. Eine große Schüssel mit Wasser bereitstellen und den Saft einer Zitrone oder einen Löffel Mehl unterrühren. Die geschälten Wurzeln sofort hineinlegen, damit sie sich nicht verfärben.

Zutaten für 4 Personen
8-10 SCHWARZWURZELN
BRÜHE ODER SALZWASSER
2 EIGELB
2 EL ZITRONENSAFT ODER MEHR
1 TL DIJONSENF (NACH BELIEBEN)
150 G BUTTER, GEWÜRFELT
1 EISWÜRFEL
SCHNITTLAUCHRÖLLCHEN

Die Schwarzwurzeln vorbereiten wie oben beschrieben. Je nach Länge in 2–4 Stücke schneiden. In Brühe oder Salzwasser 15–20 Minuten kochen.
In der Zwischenzeit die Sauce zubereiten. Am einfachsten geht das auf dem Wasserbad. Dazu in einem Topf etwas Wasser erhitzen. In einer hitzebeständigen Schüssel die Eigelbe mit dem Zitronensaft und eventuell dem Senf verrühren. (Der Senf ist nicht notwendig, hilft aber beim Emulgieren, sodass die Sauce weniger leicht gerinnt.) Die Schüssel auf den Topf mit dem heißen Wasser stellen, sodass sie das Wasser nicht berührt, und die Eiermischung kontinuierlich aufschlagen. Wenn sie dick wird, nach und nach die Butterwürfel unterrühren. Die Schüssel von Zeit zu Zeit aus dem Wasserbad nehmen, damit die Eier nicht zu heiß werden und stocken. Weiterschlagen, bis fast die ganze Butter verbraucht ist, ein oder zwei Würfel zurückbehalten. Weiterrühren, bis die Sauce eine gleichmäßige dick-cremige Konsistenz angenommen hat.
Falls die Sauce zu gerinnen droht, die Schüssel sofort aus dem Wasserbad nehmen und die restliche Butter einrühren, notfalls auch den Eiswürfel. Unbedingt noch 1 Minute weiterrühren, nachdem die Schüssel vom Wasserbad heruntergenommen wurde. Der Boden der Schüssel ist heiß, und die Sauce soll nicht im letzten Augenblick noch gerinnen.
Wenn die Schwarzwurzeln gar sind, in ein Sieb abgießen, kurz ausdampfen lassen und dann auf Tellern anrichten. Mit der Sauce übergießen und mit Schnittlauchröllchen bestreut servieren.

Schwarzwurzeln mit Lachsrogen

Lachsrogen passt gut zur Schwarzwurzel – nicht nur farblich. Hier wird das Gemüse zuerst gekocht und anschließend in Butter gebraten. Wer seine Schwarzwurzeln besonders luxuriös auf den Teller bringen will, serviert sie mit Sauce hollandaise und Lachsrogen.

Für 4 Personen

8-10 SCHWARZWURZELN
BRÜHE ODER SALZWASSER
2 EL BUTTER
3-5 FRISCHE SALBEIBLÄTTER
LACHSROGEN
CRÈME FRAÎCHE ZUM SERVIEREN
    (NACH BELIEBEN)
FEIN GEHACKTE ZWIEBEL (NACH BELIEBEN)
GROB GEMAHLENER PFEFFER

Die Wurzeln schälen, halbieren und in Wasser legen (siehe Seite 205). Die Schwarzwurzeln 15 Minuten in Brühe oder Salzwasser garen. Abgießen und ausdampfen lassen. In einer Pfanne die Butter erhitzen. Die Schwarzwurzeln darin 3-5 Minuten zusammen mit dem Salbei braten.
Auf Tellern anrichten, den Lachsrogen dazugeben, nach Belieben auch etwas Crème fraîche und Zwiebelwürfel. Mit grob gemahlenem Pfeffer bestreuen.

Gratin aus Wurzelgemüse mit Schwarzwurzeln

Für dieses Gratin mische ich Schwarzwurzeln mit anderem Wurzelgemüse. Es schmeckt am besten, wenn es unter einem Lammbraten oder Hähnchen im Backofen steht und den herabtropfenden Bratensaft aufnehmen kann.

Zutaten für 6–8 Personen

8 SCHWARZWURZELN
4 MÖHREN
4 KLEINE PETERSILIENWURZELN
BUTTER
THYMIANBLÄTTCHEN
100 ML SAHNE
100 G KÄSE, GERIEBEN
3-4 EL SEMMELBRÖSEL

Den Backofen auf 180 °C vorheizen. Gemüse schälen, in etwa gleich große Stücke schneiden und in Salzwasser garen – die Schwarzwurzeln 7 Minuten, die Möhren und die Petersilienwurzeln 3-5 Minuten. Abgießen, in eine ofenfeste Form füllen. Das Gratin mit Butterflöcken belegen und 15-20 Minuten im Ofen backen.
Die Thymianblättchen auf das Gratin streuen, mit Sahne übergießen. Geriebenen Käse und Semmelbrösel auf der Oberfläche verteilen. Weiterbacken, bis die Kruste schön gebräunt ist.

MÖHREN Der Geschmack von Möhren ist zart. So zart, dass ich sie am liebsten nur im Spätsommer und Frühherbst esse. Die intensive orange Farbe bleibt mehr oder weniger das ganze Jahr über gleich, die Süße und die Knackigkeit aber, die ich so schätze, können ihnen nur Sonnenschein und Sommer geben. Kaum etwas geht über eine Möhre, frisch aus der Erde gezogen und gleich an Ort und Stelle geschält und verspeist. Außerhalb der Saison ist die Möhre nur ein Schatten ihrer selbst und taugt gerade noch als Zutat für Suppen und Eintöpfe.

Wer perfekte Möhren anbauen will, braucht durchlässige, fette Erde mit etwas Sand darin, aber ohne Steine. Ich freue mich aber auch über nicht perfekte Möhren, solche, die knorrig und sonderbar sind, mit mehreren eher gespreizten Tentakeln als einer großen Wurzel. Ist der Boden geeignet, muss man im Grunde nur noch für die Bewässerung und eine einigermaßen unkrautfreie Umgebung sorgen – und selbst wenn die Ernte nicht dazu ausreicht, Preise zu gewinnen, erhält man viel Gelegenheit, sich den Magen zu füllen. Wenn die Jungpflanzen sich zeigen, müssen sie ausgedünnt werden. Ich warte, bis sie so groß sind, dass ich essen kann, was ich entferne – die zarten Babymöhren sind fast der beste Grund, um Möhren selbst zu ziehen.

Die meisten Möhren im Laden sind orangefarben und lang, aber es gibt viele unterschiedliche Sorten für die Aussaat. Ich mag die Pariser Karotten gern, sie sind eher klein und rundlich. (Im Pariser Becken gibt es harten Lehmboden, und deshalb sind die Möhren von dort kurz.) Inzwischen liegen in den Regalen immer häufiger auch gelbe und violette Möhrensorten.

Gegrillte Möhren

Gekochte Möhren finde ich eher langweilig: häufig zu süß, ein bisschen nichtssagend und für meinen Geschmack irgendwie zu sehr Kochschule. Gegrillt dagegen kommen sie ganz groß raus. Sie passen gut als Beilage zu Fisch und Fleisch. Wenn die Möhren im Vordergrund stehen sollen, nur mit etwas Lachsrogen oder Räucherschinken servieren.

Für 4–6 Personen
SALZ
ZUCKER
8 MÖHREN, GESCHÄLT
ÖL
GEWÜRZE NACH BELIEBEN (ETWA CHILI-
　　FLOCKEN, GROB GEMAHLENER KORIANDER,
　　FEIN GEHACKTER INGWER, TANDOORI-
　　GEWÜRZ)

In einem Topf einen Liter Wasser mit je zwei Esslöffeln Salz und Zucker zum Kochen bringen. Die Möhren 5 Minuten darin garen. Den Grill anheizen.
Die Möhren mit Öl einpinseln. Mit etwas Zucker und Salz bestreuen, nach Belieben auch mit anderen Gewürzen. Etwa 5 Minuten grillen, bis die Möhren kleine dunkle Stellen aufweisen. Dabei immer wieder wenden.

Möhren mit Zitrone und Kreuzkümmel

Wenn die Möhren so gut sind wie mitten im Sommer, gibt es keinen Grund, sie zu kochen. Dann begnüge ich mich damit, sie ganz kurz in etwas Butter zu schwenken. Ich würze sie mit Kreuzkümmel, den ich im Mörser zerstoßen habe. Eine feine Beilage zu Fisch oder ein kleines eigenständiges Gericht.

Für 4–6 Personen
1 BUND KLEINE MÖHREN
2 EL BUTTER
SAFT VON ½ ZITRONE
1 TL KREUZKÜMMEL
¼ TL FEIN GEMAHLENER SCHWARZER
　　PFEFFER
SALZ

Die Möhren waschen und in kleine Stücke schneiden.
In einem Topf die Butter schmelzen. Möhren, Zitronensaft und Gewürze hineingeben. Etwa 3 Minuten erhitzen. Auf eine Platte geben. Mit etwas Salz bestreuen und servieren.

ZUCCHINI UND GURKE Zucchini und Gurke sind zwei Verwandte, die selten miteinander reden, aber viel gemeinsam haben. Zu Beginn gibt es kaum einen Unterschied zwischen den Pflänzchen, aber schon bald zeigen sich die jeweiligen Charaktereigenschaften deutlich: Die Zucchinipflanzen etablieren sich als stationäre Gemüsefabrik, während meine Gurken es lieben, sich über längere Strecken in die Höhe zu recken, auch über Rankhilfen und Trockengestelle hinweg und an Abhängen entlang.

Zucchini im Garten sind eine Verpflichtung, ständig zu ernten, denn wenn die Früchte zu groß werden, schmecken sie nicht mehr wirklich gut, während sie gleichzeitig die Pflanze auszehren. Wenn man oft erntet, liefert die Pflanze den ganzen Sommer über Erträge. Und sie liefert nicht nur einen: Die klitzekleinen Babyzucchini – Engelchen nennen wir sie, und das erscheint durchaus passend – sind süß und mürbe. Für die etwas größeren haben wir keinen besonderen Namen. Sie sind perfekt fürs Grillen geeignet. Hinzu kommen die herrlichen gelben Blüten, die in Risottogerichten oder Salaten ihren großen Auftritt haben.

Die Verwendungsmöglichkeiten für Zucchini und Gurke sind normalerweise ziemlich verschieden, aber es ist durchaus möglich, auch Zucchini roh in Salaten zu verwenden und Gurken zu schmoren. Das gibt es eine schöne Abwechslung und betont gleichzeitig die Ähnlichkeiten zwischen den beiden Verwandten.

Zucchini mit Tomaten und Basilikum

Die kleinen, jungen Zucchini schmecken zu Beginn des Sommers nur mit Kräutern am besten, später gebe ich gern auch Tomaten dazu. Wenn die Zucchini Blüten haben, abschneiden und kurz vor dem Servieren auf dem gebratenen Gemüse verteilen.

Für 4 Personen

2–3 EL OLIVENÖL
400 G KLEINE ZUCCHINI, LÄNGS HALBIERT
2 KNOBLAUCHZEHEN, GEHACKT
200 G KLEINE TOMATEN, HALBIERT
EINIGE STÄNGEL BASILIKUM (NACH
    BELIEBEN)
10 BASILIKUMBLÄTTER
GROB GEMAHLENER PFEFFER
SALZ

In einer Pfanne das Öl erhitzen. Zucchini und Knoblauch bei mittlerer Temperatur anbraten. Die Tomaten hinzugeben und die Hitze reduzieren. 5 Minuten weiterbraten. Nach Belieben einige Basilikumstängel zusammen mit den Tomaten in die Pfanne geben. Vor dem Servieren herausnehmen. Zum Schluss die frischen Basilikumblätter hinzugeben. Mit Pfeffer und Salz würzen.

Gegrillte Zucchini mit Minze

Fast alle Zucchini, die es schaffen, mehr als 18 Zentimeter groß zu werden, landen bei mir auf dem Grill. Der kräftige, leicht rauchige Geschmack bekommt ihnen gut. Gegrillte Zucchini sind eine ausgezeichnete Beilage zu vielen Fleisch-, Fisch- und Eierspeisen. Mit etwas Parmesan oder Ziegenfrischkäse serviert, ist dieses Gericht eine selbstständige kleine Mahlzeit.

Für 4 Personen

4 ZUCCHINI
ÖL
MINZEBLÄTTER
KRÄUTERSALZ (SIEHE SEITE 73,
    NACH BELIEBEN)
ZITRONENSAFT (NACH BELIEBEN)

Den Grill anheizen.
Sind die Zucchini groß, in dünne Scheiben schneiden, sind sie kleiner, der Länge nach vierteln. Mit Öl einpinseln. Auf jede Scheibe oder jedes Stück ein Minzeblatt legen und mit Küchengarn festbinden. Die Zucchini je nach Temperatur 2–3 Minuten auf jeder Seite grillen. Sie sind fertig, sobald die Minzeblätter angebrannt aussehen und auf der Zucchini schwarze Streifen oder Flecken entstehen.
Mit Öl und eventuell Kräutersalz und Zitronensaft servieren.

Gurken-Wodka

Ein sommerlicher Drink, der es in sich hat. Der Wodka schmeckt intensiver nach Gurke als die Gurke selbst. Wenn man die Flasche im Tiefkühlgerät aufbewahrt, wird der Inhalt dickflüssig, fast wie eine Granita. Vielleicht ist es hier angebracht, eine kleine Warnung auszusprechen: Der Genuss dieses Getränks kann schwere Folgen haben, und aufgrund der Kälte hat man kein Gefühl dafür, wie viel Alkohol es enthält. Genießen Sie es maßvoll.

Ergibt 350 Milliliter
EINE HALBE FLASCHE WODKA
¼ GURKE

Die Gurke in Stifte teilen, die klein genug sind, um durch den Flaschenhals zu passen. 2–3 Tage bei Zimmertemperatur stehen lassen.
Die Flasche über Nacht ins Tiefkühlfach legen. Den Gurken-Wodka in kleinen Gläsern servieren – und nicht zu viel davon trinken!

Zucchini- und Gurkensalat

Oft scheint es, als wetteiferten Gurke und Zucchini darum, wer geschmacklich am unauffälligsten ist, während sie in Wahrheit doch beide recht charaktervoll sein können. Hier habe ich sie in einem knackigen und frischen Salat zusammengeführt.

Für 4–6 Personen
3–4 KLEINE ZUCCHINI
1 SALATGURKE ODER 3–4 KLEINE
    GARTENGURKEN
ABGERIEBENE SCHALE VON JE 1 KLEINEN
    UNBEHANDELTEN ZITRONE
    UND LIMETTE
SALZ UND PFEFFER
2–3 EL OLIVENÖL
1 TL HONIG
1 EL ZITRONENSAFT
1 TL LIMETTENSAFT
SCHNITTLAUCH
FENCHELGRÜN
KAPUZINERKRESSE- UND RINGELBLUMEN-
    BLÜTEN

Zucchini mit einem Gemüsehobel in dünne Scheiben schneiden. Aus der Salatgurke die Kerne entfernen. Gurke ebenfalls in dünne Scheiben hobeln. Zucchini- und Gurkenscheiben in eine Schüssel füllen, Zitronen- und Limettenschale untermischen, mit Salz und Pfeffer würzen. Öl, Honig, Zitronen- und Limettensaft verrühren, in die Schüssel gießen und den Salat durchheben. Mit Schnittlauch und Fenchelgrün sowie den Blüten bestreuen.

Kalte Gemüsesuppe

Meine liebste Gemüsesuppe. Ich finde, das Wichtigste an dieser Suppe ist, dass sie die gleiche Mischung von Säure und Frische aufweist wie eine gute spanische Gazpacho. Welche Gemüsesorten man im Einzelnen verwendet, ist dagegen weniger bedeutsam. Die Vorbereitungen nehmen einige Zeit in Anspruch, aber wenn die Suppe einmal fertig ist, reicht sie für mehrere Tage. Am ersten Tag serviere ich sie vielleicht als Vorspeise oder als leichtes Mittagessen – dick und köstlich und voller Komplexität. Am nächsten Tag wird sie mit mehr Tomate, Gurke, Knoblauch und Essig verdünnt. Und schon habe ich ein erfrischendes Getränk, das an einem heißen Sommertag wunderbar den Durst löscht.

Ich hacke die meisten Zutaten von Hand, so bekommt die Suppe ihre typische dicke und ungleichmäßige Konsistenz. Gegrillte Paprikaschoten aus dem Glas geben viel Süße und Geschmack und sparen Zeit. Wer die Paprikaschoten selbst röstet, ist zwar ein besserer Mensch, aber es ist nicht sicher, dass das Ergebnis so viel besser schmeckt. Ich gebe meist auch milde Gemüsesorten in die Suppe, etwa Zucchini oder Fenchel, gern auch beides.

Wenn die Suppe noch süßer sein soll, etwas gebackenen Knoblauch dazugeben. Wird mehr Frische gewünscht, den Gurkenanteil erhöhen. Geröstete Mandelblättchen sind in jedem Fall eine gute Ergänzung. Die Suppe schmeckt am nächsten oder übernächsten Tag noch besser – man sollte sie mindestens ein paar Stunden stehen lassen.

Ergibt eine ganze Menge Suppe

300 G GEGRILLTE PAPRIKASCHOTEN AUS DEM GLAS
(ODER 1 KG ROTE PAPRIKASCHOTEN,
GERÖSTET, ENTHÄUTET UND VON SAMEN
UND SCHEIDEWÄNDEN BEFREIT)
JE 1 GRÜNE UND GELBE PAPRIKASCHOTE, ENTHÄUTET,
VON SAMEN UND SCHEIDEWÄNDEN BEFREIT
3-6 FRISCHE KNOBLAUCHZEHEN
1 GURKE
½-1 ZWIEBEL
1 ZUCCHINI UND/ODER 1 FENCHELKNOLLE (NACH BELIEBEN)
500-800 G TOMATEN
2-3 SCHEIBEN HELLES BROT, IN STÜCKE GEBROCHEN
2-3 EL SHERRYESSIG
100-300 ML GUTES OLIVENÖL
SALZ

Die Paprikaschoten in kleine Würfel schneiden, sowohl die gegrillten als auch die frischen (je kleiner, umso besser, aber es kommt nicht darauf an, dass alle die gleiche Größe haben). Den Knoblauch mit einer Messerklinge zerdrücken und fein hacken. Die Gurke halbieren, nach Belieben schälen, die Kerne herauskratzen, den Rest fein hacken. Zwiebel fein hacken. Fenchel und/oder Zucchini in dünne Scheiben schneiden, bei großer Hitze in einer Grillpfanne oder einer trockenen Pfanne braten, bis sich braune Streifen oder Flecken zeigen. Abkühlen lassen und ebenfalls fein hacken.

Tomaten, Brot, nach Belieben auch den aus der Schale gedrückten Knoblauch in den Mixer geben. Den Mixer laufen lassen, bis alles gleichmäßig püriert ist. Fein gehackte und pürierte Zutaten in einer Schüssel mischen. Die Hälfte des Essigs und das Öl einrühren. Mit etwas Salz würzen. Die Suppe mehrere Stunden kühl stellen, nach Belieben auch über Nacht. Vor dem Servieren falls nötig mit weiterem Essig abschmecken. Die Suppe kalt oder mit Raumtemperatur servieren.

ARTISCHOCKEN Artischocken haben es in Skandinavien nicht leicht, und man muss einigen Aufwand betreiben, um sie durchzubringen. Meine Nachbarin Jorunn Os kennt sich damit aus. In ihrem Garten gedeihen wunderbare, üppige Artischockenpflanzen. Ich staune immer wieder, wie unterschiedlich die Artischocken in Geschmack und Größe sein können. Wenn ich von Jorunn eine Kiste Artischocken bekomme, gibt es kein Halten. Dann probiere ich alles aus, was mir in den Sinn kommt: Manche werden gegart und danach in Öl eingelegt, andere gegrillt, die allergrößten nur gekocht und mit Butter oder einem einfachen Dip gegessen.

Die Artischockenpflanzen brauchen im Winter viel Schutz, am besten mit Stroh und Mist. Das Stroh hält die schlimmste Kälte ab und der Mist erzeugt Wärme. Meine Pflanzen sind in einem besonders harten Winter erfroren, weil ich es nicht geschafft hatte, sie gut genug abzudecken.

Gekochte Artischocken

Zu Artischocken passen verschiedene Dips, Saucen oder Kräuterbutter, aber das Beste ist, sie Natur zu servieren, jedenfalls im Sommer. Ich begieße sie mit etwas von meinem besten Öl und serviere sie mit Zitronenvierteln.

In vielen Rezepten steht, man soll die Artischocken vor dem Kochen putzen – also die Blattspitzen einkürzen und einiges von dem Heu aus dem Inneren mit einem Teelöffel herauskratzen. Das ist aber nach meiner Erfahrung gar nicht unbedingt erforderlich. Und letztlich bewirken diese Maßnahmen, dass die Artischocke auf dem Teller weniger schön aussieht. Ungetrimmt sieht sie aus wie eine Blüte – und genau das ist sie ja auch! Es macht viel weniger Arbeit, wenn man einfach nur den Stängel abbricht. Außerdem verhindert man so die unschöne Verfärbung, die entsteht, wenn die rohe Artischocke zerschnitten wird. (Die Schnittflächen sofort mit Zitronensaft beträufeln.)

Eine andere Variante besteht darin, die Artischocken nach dem Kochen zu halbieren und kurz auf den Grill zu legen.

Für 4 Personen

SALZ
½ TL BACKPULVER (NACH BELIEBEN)
4 GROSSE ARTISCHOCKEN
GUTES OLIVENÖL
ZITRONENSCHNITZE

In einem großen Topf reichlich Wasser aufkochen. Salz zugeben – etwa einen Esslöffel pro Liter Wasser – und nach Belieben Backpulver, um die grüne Farbe der Artischocken besser zu erhalten. Die Artischocken 25–40 Minuten kochen. Sie sind gar, wenn sich ein Blatt leicht herauszupfen lässt. Die Artischocken servieren, dabei an eine große Schüssel für den Abfall denken.

Und so werden sie gegessen: Mit den Fingern Blatt für Blatt lösen und das Fleisch mit den Zähnen abstreifen, die Blätter vorher nach Belieben in Öl oder Kräuterbutter tauchen. Unter dem stachligen Heu sitzt der leckere Boden. Das Heu mit einem Löffel oder Messer herauskratzen, dabei möglichst wenig vom Boden entfernen. Von der Artischocke kann alles gegessen werden, was nicht hart ist oder pikst. Das Verspeisen einer Artischocke dauert seine Zeit und macht dabei nicht einmal satt, aber genau das ist der Sinn der Sache.

Risotto mit Artischocken und Salbei

Hier verwende ich meine eigenen kleinen Artischocken – oder die meiner Nachbarin –, aber dieses Gericht funktioniert auch gut mit den sehr viel größeren gekauften Artischocken. Es empfiehlt sich, sie zu halbieren oder zu vierteln und den harten Stiel zu entfernen. Auch Dosenartischocken sind geeignet, aber natürlich nicht ganz das Gleiche. Am besten nimmt man dann Artischocken in Öl.

Für 4 Personen

8 KLEINE ODER 4 GROSSE ARTISCHOCKEN, HALBIERT ODER GEVIERTELT

SALZ

ÖL

2 ZWIEBELN, FEIN GEHACKT

400 G RISOTTOREIS (ARBORIO)

1 EL WEISSWEINESSIG

1 LORBEERBLATT

5 PFEFFERKÖRNER

1 EL GEHACKTER SALBEI

1 L HÜHNERBRÜHE, KOCHEND

2-4 EL BUTTER

100 G PARMESAN, GERIEBEN

Die Artischocken je nach Größe halbieren oder vierteln und das Heu entfernen. Kleine Artischocken in eine Schüssel mit Zitronenwasser legen, große 15 Minuten in leicht gesalzenem Wasser vorgaren.
In einem Topf das Öl erhitzen. Die Zwiebeln darin 2-3 Minuten anbraten. Den Reis zugeben und 1 Minute rühren. Essig, Lorbeerblatt, Pfeffer und die Hälfte des Salbeis hinzugeben. Wenn kleine Artischocken verwendet werden, diese jetzt ebenfalls in den Topf geben (große vorgegarte Artichocken erst 15 Minuten vor Ende der Garzeit). Mit einem Schöpflöffel heißer Brühe ablöschen, dabei die ganze Zeit umrühren, damit der Risotto nicht ansetzt. Erst wenn der Reis die Flüssigkeit aufgenommen hat, die nächste Kelle Brühe angießen. So fortfahren, bis der Reis gar ist. Ist nicht genug Brühe vorhanden, mit heißem Wasser weitermachen.
Kurz vor dem Servieren den Herd ausschalten und Butter, Parmesan sowie den restlichen Salbei in den Risotto rühren.

GEGRILLTES GEMÜSE Das Grillen von Gemüse ist etwas ganz anderes als das Grillen von Fleisch. Es setzt eine andere Einstellung voraus und verfolgt eine andere Absicht. Wenn wir ein Stück Fleisch auf den Rost legen, geht es in der Tradition unserer Vorväter immer noch um die symbolische Verwandlung von etwas Rohem und tendenziell Gefährlichem in etwas Gegartes, Sicheres. Das Gemüse dagegen soll auf dem Rost zu sich selbst finden. Insbesondere Zucchini und Auberginen entwickeln beim Grillen einen intensiveren Eigengeschmack als durch irgendeine andere Garmethode.

Es empfiehlt sich, die glühende Holzkohle im Grill so zu verteilen, dass auf einer Seite viel und auf der anderen wenig liegt. So entstehen unterschiedliche Temperaturzonen. Die nachfolgenden Hinweise liefern die wichtigsten Informationen zum Umgang mit den einzelnen Gemüsesorten. Nach Belieben ein paar frische Kräuter auf das Gemüse legen, selbst wenn sie verbrennen und abfallen, hinterlassen sie einen feinen Geschmack.

Artischocken: Junge, ganz frische Artischocken direkt auf den Grill legen, größere Exemplare 10 Minuten in leicht gesalzenem Wasser vorgaren.

Auberginen: In Scheiben schneiden. Darauf achten, dass sie nicht zu viel Öl aufnehmen. Nur dünn damit einpinseln und nicht beachten, wenn sie um mehr betteln. Gut mit Minze.

Fenchel: In Scheiben schneiden. Nach Belieben 5 Minuten in leicht gesalzenem Wasser vorgaren, aber das ist nicht unbedingt notwendig. Die Scheiben mit Öl einpinseln und kurz bei hoher Temperatur grillen. Mit Rosmarin bestreuen und mit Zitronensaft beträufeln.

Paprikaschoten: Bei hoher Temperatur grillen, bis die Haut fast verkohlt ist, dabei häufig wenden. Die Paprikaschoten erst vom Rost nehmen, wenn die Haut schwarze Blasen wirft. Dann kann man sie leicht abziehen. Gut mit Olivenöl, Anchovis, Knoblauch oder nur mit Schnittlauchröllchen.

Zucchini: In Scheiben schneiden. Die Scheiben bei mittlerer Temperatur 1–2 Minuten grillen, bis sie feine Grillspuren zeigen. Anschließend mit etwas Öl einpinseln und weitere 2 Minuten grillen, dabei häufig umdrehen. Gut mit Thymian oder Zitronenmelisse.

Gebackene Rote Bete

Rote Beten sind ein robustes Gemüse. Sie vertragen Salz und Säure und laufen beim Rösten im Ofen oder auf dem Grill zu Hochform auf. Auf dem Grill möglichst am Rand der Glut garen, bis die Haut Blasen wirft. Auch auf dem Grill brauchen sie 30–45 Minuten, je nach Größe und Temperatur auch länger. Wenn die Knollen groß sind, reicht eine pro Person. Dann sollten sie in kochendem Salzwasser vorgegart werden.

Für 4 Personen
8–12 KLEINE ROTE BETEN
ÖL
GROBES SALZ
BUTTER
DILL

Den Backofen auf 225 °C vorheizen. Die Roten Beten gründlich abbürsten, die Unterseite kreuzförmig einschneiden. Die Knollen mit Öl und reichlich Salz einreiben. Die Roten Beten 30–45 Minuten im Ofen backen, bis sie schrumplig aussehen und die Haut Blasen wirft. Sie sind gar, wenn die Spitze eines Messers leicht eindringt.
Die Knollen mithilfe von zwei Löffeln aufbrechen. Je einen Klecks Butter in die Öffnungen geben, mit fein gehacktem Dill bestreuen und servieren.

Rote Bete mit Erbsen, Dicken Bohnen und Ziegenkäse

Ein frischer Gemüsesalat. Auch zarte Erbsensprossen oder Zucchiniblüten aus dem Garten passen gut dazu. Die Rote Bete wird mit einem Schuss Essig gegart, und diese Säure ergänzt ihre Süße perfekt.

Für 4 Personen als Vorspeise
1 EL BUTTER
2 KNOBLAUCHZEHEN
8 ROTE BETEN, GESCHÄLT UND HALBIERT
    ODER GEVIERTELT
SALZ
THYMIAN (NACH BELIEBEN)
3 EL WEISSWEINESSIG
200 G ERBSEN UND/ODER DICKE BOHNEN
1 GROSSES STÜCK ZIEGENROLLE
KRÄUTER
FEIN GEHACKTE ZWIEBEL
OLIVENÖL

In einem Topf die Butter zerlassen. Knoblauch und Rote Beten 3–5 Minuten darin anbraten, bis der Knoblauch goldgelb ist. Salz und nach Belieben etwas Thymian hinzugeben. Mit dem Essig beträufeln und den Deckel auflegen. Etwa 15 Minuten garen, bis die Knollen weich sind. Die Flüssigkeit darf dabei nicht vollständig verdampfen. Falls nötig Wasser nachgießen, Weißwein oder noch etwas Essig.
Erbsen und/oder Bohnen 3 Minuten in leicht gesalzenem Wasser garen. Die Roten Beten zusammen mit Erbsen und/oder Bohnen und dem Ziegenkäse auf einer Platte anrichten, nach Belieben frische Kräuter und Zwiebelwürfel darüberstreuen. Mit Olivenöl beträufeln und servieren.

Gemüseauflauf

Ein sommerlicher Gemüseauflauf. Ratatouille ist ein Gericht aus der bäuerlichen Küche. Der Name setzt sich vermutlich aus zwei französischen Verben zusammen, *ratouiller* und *tatouiller*, die beide »zusammenrühren« bedeuten – man kann sich das Ganze als eine Art südfranzösischen Eintopf vorstellen. Bei mir wird er aber nicht gerührt, sondern geschichtet.

Aus meiner Kindheit kenne ich Ratatouille als ein aufsehenerregend schlechtes Gemüsegericht, eine Kombination aus wässrigen Tomaten und nasser, bitterer Aubergine. So war sie, wenn meine Mutter sie zubereitete. Und so bekam ich sie zu meiner großen Verblüffung auch bei meinen ersten Restaurantbesuchen in Frankreich serviert, und zwar in einfachen, von Touristen überlaufenen Straßenrestaurants in der Provence. Es war ein Gericht, das eine gewisse Sehnsucht auslösen konnte, aber nie Begeisterung.

Groß war daher meine Überraschung, als ich meine erste gute, wirklich gute Ratatouille vorgesetzt bekam. Dafür gilt es, ein wenig Aufwand zu treiben. Das Gemüse wird zunächst protionsweise gegrillt und anschließend in eine ofenfeste Form geschichtet. Das braucht ein bisschen Zeit, aber es ist die Mühe wert und noch mehr dazu. Das Rezept lässt sich auch sehr gut abwandeln. Ich verarbeite natürlich immer möglichst viel Gemüse aus meinem eigenen Garten, je nachdem wie weit der Sommer gediehen ist. So verliert meine Ratatouille mit jeder Woche etwas mehr von ihrem französischen Charakter und wird allmählich eingebürgert. Ganz wichtig: nicht an gutem Olivenöl sparen!

Der Auflauf lässt sich gut in großen Mengen zubereiten, für die doppelte Menge braucht man nämlich nicht doppelt so viel Zeit. Was nicht sofort benötigt wird, hält sich im Kühlschrank mehrere Tage oder wird eingefroren.

Die Ratatouille ist eine gute Beilage zu Lamm, Hähnchen oder Fisch, aber auch nur mit einem Stück knusprigem Baguette schmeckt sie wunderbar. Wer mag, bestreut sie mit etwas Parmesan, aber selbst das ist nicht unbedingt notwendig.

Für 4 Personen

1 AUBERGINE
SALZ
1 GELBE PAPRIKASCHOTE
1 ROTE PAPRIKASCHOTE
1 ZUCCHINI
1 ZWIEBEL
GUTES OLIVENÖL
4 TOMATEN, VORZUGSWEISE EIERTOMATEN
THYMIAN
ROSMARIN
2-6 KNOBLAUCHZEHEN

Die Aubergine in dünne Scheiben schneiden und mit Salz bestreuen. 15–20 Minuten stehen lassen. Die Paprikaschoten rösten. Das geht am einfachsten über einer Gasflamme oder unter dem vorgeheizten Backofengrill. Rösten, bis die Haut verbrannt und blasig ist, dann die Schoten mit Alufolie abdecken und einige Minuten ruhen lassen. Danach lässt sich die Haut mühelos abziehen. Die Schoten halbieren, Samen und Scheidewände entfernen. Zucchini und Zwiebel in dünne Scheiben schneiden, die Tomaten in etwas dickere.

Die ausgetretene Flüssigkeit und das Salz von den Auberginenscheiben abtupfen. Die Grillpfanne erhitzen, bis sie sehr heiß ist. Die Auberginenscheiben mit etwas Öl bepinseln – aber nicht zu viel – und garen, bis sie auf jeder Seite feine Grillspuren zeigen. Etwa die Hälfte der Zucchinischeiben sowie die Zwiebelscheiben ebenfalls grillen, ohne weiteres Öl in die Pfanne zu geben. Die Tomatenscheiben grillen, aber nur auf einer Seite.

Den Backofen auf 180 °C vorheizen. Die Paprikaschoten so zuschneiden, dass sie etwa die gleiche Größe wie eine Zucchinischeibe haben. Das Gemüse mit Thymian und Rosmarin würzen. Alles Gemüse einschließlich der rohen Zucchini schichtweise in einer ofenfesten Form verteilen. Die Knoblauchzehen mit einer Messerklinge zerdrücken. Anschließend bei niedriger Hitze in etwas Öl braten. Mit weiterem Öl mischen und über das Gemüse gießen. Die Form mit Alufolie abdecken und für 30 Minuten in den heißen Ofen schieben. Mit frisch gehackten Kräutern bestreuen, mit Öl beträufeln und mit etwas Salz abschmecken (das ist vielleicht nicht nötig, denn die Aubergine ist ziemlich salzig). Anschließend servieren.

Quiche mit Lauch und Thymian

Die Grundlage für eine ganze Reihe guter Quiches besteht aus einer Mischung von Eiern, Sahne (oder Milch) und geriebenem Käse. Dann gebe ich noch etwas Gutes aus dem Tier- oder Pflanzenreich dazu, auch Reste kommen hier ganz groß raus. Ich liebe Lauch, nicht nur in einer Quiche, auch zu Fisch, Geflügel oder Rindfleisch passt er sehr gut. Für den Boden der Quiche eignet sich fertiger Blätterteig oder Mürbeteig aus dem Kühlregal, ein einfacher Mürbeteig ist aber auch ganz schnell selbst geknetet (siehe Seite 269).

Für 4 Personen
BUTTER FÜR DIE FORM
300 G MÜRBETEIG ODER BLÄTTERTEIG
4–5 DÜNNE LAUCHSTANGEN
BRÜHE
1 ZWIEBEL, FEIN GEHACKT
SPECKWÜRFEL (NACH BELIEBEN)
ÖL ODER BUTTER ZUM BRATEN
2 KLEINE THYMIANZWEIGE, BLÄTTER ABGESTREIFT
4–5 EIER
100 ML SAHNE
100 G PARMESAN
SALZ UND PFEFFER

Den Backofen auf 200 °C vorheizen. Eine Quicheform fetten und mit dem ausgerollten Teig auslegen. Der Rand sollte etwa drei Zentimeter hoch sein. Den Boden mit einer Gabel mehrfach einstechen und 15 Minuten vorbacken.
In der Zwischenzeit den Lauch in etwa drei Zentimeter große Stücke schneiden. Bei schwacher Hitze in Brühe etwa 10 Minuten garen. In einem Sieb gut abtropfen lassen. Die Zwiebel und nach Belieben Speckwürfel in etwas Öl oder Butter goldbraun braten. In den letzten 2 Minuten den Thymian dazugeben.
Eier und Sahne mit dem geriebenem Käse und der Zwiebelmischung verquirlen. Mit etwas Salz und Pfeffer würzen (nicht vergessen, dass Parmesan und Speck salzig sind).
Zwei Drittel der Mischung in den vorgebackenen Boden gießen. Die Lauchstücke auf den Boden stellen, dabei am Rand beginnen. Wenn die Form groß genug ist, den Rest der Eiermischung hineingießen.
Die Quiche auf der untersten Schiene in den Ofen schieben. Bei 180 °C backen, bis die Eiermischung stockt. Das dauert in meinem Backofen 35 Minuten, kann aber variieren, also gelegentlich nachschauen. Die Eiermischung darf in der Mitte noch etwas flüssig sein, sie stockt weiter, während die Quiche ruht. Vor dem Anschneiden 10–15 Minuten abkühlen lassen.

Tarte mit karamellisierten Zwiebeln und Camembert

Eine Tarte mit normannischen Wurzeln, perfekt geeignet, um Käsereste zu verwerten. Ich mache mir nur selten die Mühe, den Boden selbst zuzubereiten, und bevorzuge fertigen Blätterteig, den ich tiefgekühlt kaufe.

Für 4 Personen
4-6 ZWIEBELN, IN ACHTEL GESCHNITTEN
2-4 KNOBLAUCHZEHEN, HALBIERT
1-2 TL ZUCKER
1 TL SALZ
2 EL BUTTER
2 TL THYMIAN
1-2 BLÄTTERTEIGPLATTEN
1 CAMEMBERT, IN WÜRFEL GESCHNITTEN

Zwiebeln und Knoblauch mit Zucker und Salz vermengen, dann ein paar Minuten stehen lassen. Das entzieht den Zutaten Flüssigkeit und lässt sie schneller bräunen. Zum Abtropfen auf Küchenpapier geben.
In einer großen Pfanne die Butter erhitzen. Zwiebeln und Knoblauch bei mittlerer Temperatur 15 Minuten anbraten. Dabei häufig umrühren, bis die Zwiebelstücke schön gebräunt und karamellisiert sind, aber noch nicht zerfallen. Mit Thymian würzen.
Den Backofen auf 200 °C vorheizen. Ein Backblech mit Backpapier auslegen. Den Blätterteig zu einem Rechteck von etwa 20 × 40 Zentimetern ausrollen und auf das Blech geben. Die Ränder nach innen umschlagen.
Die Zwiebelmischung auf dem Teig verteilen und die Tarte auf der unteren Einschubleiste 10–15 Minuten backen, bis die Ränder aufgegangen und der Boden knusprig ist. Den Käse in kleinen Stücken auf der Tarte verteilen und ein paar Minuten mitbacken, bis er geschmolzen ist. Die Tarte vor dem Servieren etwas abkühlen lassen.

BOHNEN Es war zu Beginn der fröhlichen Achtzigerjahre und mein Vater war ein später Surfer auf der Hippiewelle. Die Bewegung hatte sich unterdessen schon recht weit von ihren Anfängen entfernt. Jetzt ging es um den Umweltschutz, darum, seinen Körper kennenzulernen und wie man als Vegetarier überlebt. Das größte Glück auf Erden bestand darin, aufs Land zu ziehen und Selbstversorgung zu üben. Das Ganze sollte der Beginn einer grünen Revolution sein.

Auf unserem Acker darbte eine kleine Versammlung gesunder Gemüse vor sich hin. Neben Kartoffeln gab es etwas Salat, einige Möhren und Pastinaken, Brokkoli, Blumenkohl, Grünkohl und Rosenkohl sowie die gefürchteten Bohnen. Es war keine imponierende Versammlung. Wenn ich mich heute daran erinnere, war der Salat oft von Schnecken angefressen, der Brokkoli blühte und der Grünkohl war so unappetitlich, dass ich immer bezweifelte, ob er für die menschliche Ernährung überhaupt geeignet ist.

Das Gemüse war außerdem ständig von Rehen, Elchen, Hasen und Ich-weiß-nicht-was-noch bedroht, von Tieren also, die in den nahe gelegenen Wäldern lebten und Gemüse liebten. Wir waren ihnen natürlich freundlich gesonnen, denn was ist natürlicher als wilde Tiere? Wir wären nie auf die Idee kommen, dieses Stück Land einzuzäunen, um sie fernzuhalten. Aber wie soll man einem Reh oder einem Hasen klarmachen, dass es sich von den Gaben des Waldes und der Wiese ernähren und vom Gemüse fernhalten soll?

Wir mussten einen Weg finden, mit den Tieren zu kommunizieren, und zwar zu den Bedingungen der Tiere. Auf eine natürliche Weise. Ich weiß nicht, woher die Idee kam, aber irgendwann war die Lösung gefunden. Jede Nacht, wenn jemand aufwachte und fühlte, dass das selbst gebraute Wacholderbier oder die Brause (in meinem Fall) vom vorhergehenden Abend auf die Blase drückte, sollte man nicht aufs Plumpsklo hinausgehen, sondern einen Nachttopf benutzen. Am nächsten Tag wurde die überriechende Flüssigkeit eingesammelt und in kleinen Portionen am Waldrand rund um den großen Acker ausgegossen. Der Geruch markierte, dass wir die Urheber waren, die Menschen, deren Eigentum der Acker war. Und das funktionierte. Rehe und andere Mitesser verschwanden. Aber es roch so streng, dass auch unsere Nachbarn lieber einen kleinen Umweg machten.

Trotz harter Arbeit Tag und Nacht, Zähneknirschen, Tränen und Urin – am Ende des Sommers war das Ergebnis immer das gleiche. Wenn die großen Tiere sich ferngehalten hatten, war es anderen natürlichen Feinden gelungen, den größten Teil der Gemüseernte zu erledigen. Das Einzige, was zuverlässig gedieh, waren die verschiedenen Bohnensorten und die Kartoffeln. Und wenn die Ernte des Sommers mit einem üppigen Bohnengericht beendet wurde, rebellierte ich. Ich mochte keine Bohnen und hatte den starken Verdacht, dass dies mit der Verwendung meiner Körperflüssigkeiten zu tun hatte. Mir missfiel der vernünftige Hippiegeschmack daran.

Heute habe ich fast ein schlechtes Gewissen, wenn ich an den Zehnjährigen denke, der ich einmal war. Im Garten gibt es kaum etwas, woran mir mehr liegt als an den Bohnen. Angefangen bei den Dicken Bohnen, deren hellgrüne Kerne man aus den Schoten befreien muss, bis zu den ersten Stangenbohnen, die vor Geschmack geradezu platzen.

Grüne Bohnen und Erbsen mit Knollensellerie und Pfirsich

Grüne Bohnen verlangen nicht nach Begleitung, aber etwas Süßes schmeckt gut dazu. Das Gericht basiert auf einem Rezept mit Mangos, das ich von Eyvind Hellstrøm bekam. Als ich eine Pfirsichschwemme hatte, kam ich auf die Idee, es damit zu probieren. Und im Herbst kann man Äpfel oder Birnen nehmen.

Für 4–6 Personen
SALZ
400 G GRÜNE BOHNEN
200 G GRÜNE ERBSEN
250 G KNOLLENSELLERIE, IN STREICHHOLZ-
    DÜNNE STÄBCHEN GESCHNITTEN
50 ML OLIVENÖL
3 EL WEISSWEINESSIG
1 EL DIJONSENF
ZUCKER
300–500 G PFIRSICHE, MANGOS, ÄPFEL ODER
    BIRNEN, GESCHÄLT UND IN 1 ½ CM DICKE
    UND 3-4 CM LANGE STÜCKE GESCHNITTEN
THYMIAN ZUM BESTREUEN (NACH BELIEBEN)

In einem Topf Salzwasser zum Kochen bringen. Die grünen Bohnen darin 3 Minuten garen, die Erbsen dazugeben und 3 Minuten mitkochen. Das Gemüse abgießen und in eine Schüssel füllen. Solange es noch warm ist, den Sellerie dazugeben und alles gut vermengen. Öl, Essig und Senf in einer kleinen Schüssel verrühren. Mit Salz und Zucker abschmecken. Das Dressing über das Gemüse gießen und erneut gut durchheben. Obst dazugeben, noch einmal vorsichtig mischen und servieren. Etwas frischer Thymian passt gut dazu.

Grüne Bohnen mit Knoblauch, Tomate und Kreuzkümmel

Ein einfaches Gericht, das italienischen Ursprungs sein könnte, tatsächlich aber aus Griechenland stammt. Hier koche ich die Bohnen nicht, sondern gebe sie nur kurz mit etwas Öl in die Pfanne. Empfindliche Menschen sollten sie besser 10 Minuten in Salzwasser vorgaren.

Für 4 Personen
50 ML EINFACHES OLIVENÖL
4 KNOBLAUCHZEHEN, ZERDRÜCKT
400 G GRÜNE BOHNEN
6 KLEINE STRAUCHTOMATEN ODER
    10 KIRSCHTOMATEN, HALBIERT
2 EL MINZEBLÄTTER
SAFT VON ½ ZITRONE
2 TL KREUZKÜMMELSAMEN ODER
    1 TL GEMAHLENER KREUZKÜMMEL
SALZ

Das Öl in einer Pfanne erhitzen. Knoblauch und Bohnen hineingeben und bei mittlerer Hitze 4 Minuten braten. Tomaten und Minze 2 Minuten mitgaren. Mit Zitronensaft abschmecken.
Alles in eine Schüssel füllen, mit Kreuzkümmel würzen, mit etwas Salz bestreuen und servieren.

Dicke Bohnen mit Schinken und Minze

Frische Dicke Bohnen gibt es nur für kurze Zeit. Es macht einige Mühe, sie vorzubereiten – erst müssen sie aus der Hülse heraus, danach gilt es, die zähen Häute zu entfernen –, aber das Ergebnis ist die Mühe wert. Beim Einkaufen immer daran denken, dass etwa zwei Drittel Abfall sind.
Der Geschmack der Bohnen kommt am besten zur Geltung, wenn man sie nicht mit zu vielen anderen Zutaten mischt. Ich begnüge mich mit Minze, Räucherschinken, Zitrone und ein wenig von meinem allerfeinsten Olivenöl.

Für 4 Personen

1 KG DICKE BOHNEN
SALZ
50 G GUTER RÄUCHERSCHINKEN, IN
    STREIFEN GESCHNITTEN
SAFT VON ½ ZITRONE
2 TL GEHACKTE FRISCHE MINZE
1 TL GEHACKTER FRISCHER THYMIAN
50 ML GUTES OLIVENÖL
FRISCH GEMAHLENER PFEFFER

Die Bohnenkerne aus den Schoten lösen. In einem Topf leicht gesalzenes Wasser zum Kochen bringen. Die Kerne darin 5 Minuten garen. In ein Sieb abgießen, etwas abkühlen lassen, dann die Kerne aus den weißen Häuten herausdrücken. Alle Zutaten in einer Salatschüssel mischen, solange die Bohnen noch warm sind. Vor dem Servieren einige Minuten durchziehen lassen.

Bohnenpaste

Dicke Bohnen sind schon an sich ein großer Genuss und brauchen wenig Unterstützung. Doch im Lauf des Sommers werden sie irgendwann etwas zu reif, etwas zu mehlig, um allein und unverarbeitet dazustehen. Deshalb bereite ich aus den letzten Bohnen des Jahres eine leckere Paste zu.
Sie schmeckt mit frischem Brot oder Focaccia, aber auch knackige Chicorée-blätter passen gut dazu.

300 G AUSGELÖSTE DICKE BOHNEN
SALZ
2 KNOBLAUCHZEHEN
3 EL OLIVENÖL UND ÖL ZUM BETRÄUFELN
1-2 TL ZITRONENTHYMIAN
1 EL ZITRONENSAFT

Die Bohnen in leicht gesalzenem Wasser kochen. Das kann 5–10 Minuten dauern, je nachdem, wie alt und groß sie sind. Die Bohnen in ein Sieb abgießen, etwas abkühlen lassen und aus den weißen Häuten drücken.
Die enthäuteten Kerne mit Knoblauch, Öl, Thymian und Zitronensaft in die Küchenmaschine geben und pürieren. Die Bohnenpaste in eine kleine Servier-schale füllen.
Vor dem Servieren mit etwas Öl beträufeln und mit Salz bestreuen.

KARTOFFELN Im Garten vor dem Haus habe ich schon mit vielen Kartoffelsorten experimentiert. Einmal hatte ich fast einhundert verschiedene. Ich hatte sie schlecht markiert, und am Ende des Sommers kam ein Sturm, der alle Zettel abriss, was uns einen interessanten Herbst bescherte. Mit jeder Pflanze, die herausgezogen wurde, warteten neue Überraschungen. Hier kam die wunderbare 'Kerrs Pink' zum Vorschein, ein rosafarbenes Wunder, dort deren blaue und lila Verwandten. Daneben verbargen sich 'Mozart', 'Lady Felicia', 'Solist', 'Beate' und 'Troll' – alle von der gleichen Erde bedeckt.

Kann man die Unterschiede herausschmecken? Besser, als ich gedacht hatte. Auch wenn ich nie mit Sicherheit sagen kann, ob ich gerade 'Cyrano' oder 'Venstrepolitikk' esse – aber wenn zwei verschiedene Sorten auf dem Teller liegen, treten die Unterschiede deutlich hervor. In dem Sommer, als wir so viele verschiedene Kartoffelsorten hatten, arrangierte ich eine Verkostung mit etwa 30 verschiedenen Sorten. Das Ganze war eigentlich eher als Spaß gedacht. Heutzutage sind ja Verkostungen von allem Möglichen denkbar, angefangen bei Wein und Oliven bis zu Salz und Käse. Warum also nicht auch Kartoffeln? Das Überraschende für Veranstalter und Teilnehmer war, wie viel wir dabei herausbekamen. Die Kartoffeln lagen gekocht und mit Raumtemperatur auf dem Tisch, ich sprach eine kleine Einleitung und dann begann die Verkostung. Nach einer Stunde saßen immer noch mehr als ein Dutzend Menschen da, die begeistert probierten und diskutierten. Es erwies sich als gar nicht so leicht, die verschiedenen milden Geschmacksrichtungen zu definieren und die Konsistenz der einzelnen Sorten zutreffend zu beschreiben.

Mit dieser ziemlich extremen Übung sind wir auf eine alte, fast vergessene Wahrheit gestoßen: Die Kartoffelsorten unterscheiden sich, und diese Vielfalt gilt es zu nutzen. In der traditionellen Landwirtschaft baut man in verschiedenen Teilen des Landes jeweils andere Sorten an. Selbst auf ein und demselben Hof kann und sollte man die unterschiedlichen Gegebenheiten für den Anbau verschiedener Sorten nutzen. Neben meinem Misthaufen beispielsweise werden sie durch die allzu reichhaltige Ernährung groß und blass. Auf einem kleinen Fleckchen Erde ganz oben am Hang gedeihen sie gut, ebenso an einer dritten Stelle auf sandigem Grund ganz unten in Strandnähe. Wenn wir diese Vielfalt nicht nutzen, sind Kartoffeln langweiliger, als sie sein müssten.

Man kann Kartoffeln nahezu überall anbauen. Die Kartoffeln, die ich zum Spaß in einer alten Badewanne draußen auf meiner Veranda auf Bislett anbaute, gehörten zu den besten, die ich je bekommen habe. Diejenigen, die ich neben den Komposthaufen setzte, kamen verblüffend gut zurecht, obwohl ich mich nie um sie kümmerte. (Einige Knollen, die in der Erde geblieben waren, überlebten sogar einen harten Winter, wahrscheinlich wegen der durch den Kompost erzeugten Wärme.) Sowohl auf den trockenen als auch auf den moorigeren Teilen meines Landes wuchsen gute Ernten, wobei die Kartoffeln, die in nasser Erde gestanden haben, einige Schönheitsflecken mehr aufwiesen. An der Küste sollte man unbedingt einmal mit Seetang experimentieren: den Seetang in die Erde mischen und dann die Kartoffeln einsetzen. Der Tang speichert Feuchtigkeit, gibt Nährstoffe ab und verhindert das Wachstum von Unkraut.

Wie kommt man an besondere Sorten heran?

Gute Kartoffeln zu finden ist in den letzten Jahren einfacher geworden. Es gibt eine Renaissance bewährter alter Sorten und an guten neuen herrscht kein Mangel, aber man wird sie nicht in jedem Supermarkt finden. In Norwegen gehören Kartoffelbauern wie Simen und Rita Volden zu den Protagonisten. Mehr als 200 verschiedene Sorten bauen sie auf ihrem Hof in Gausdal an. Generell sind die Chancen, auf weniger bekannte Sorten zu stoßen, in Hofläden und auf Bauernmärkten am besten. Und wer eine Sorte gefunden hat, die ihm besonders gefällt, braucht nur den Winter über gut auf die Knollen aufzupassen und sie im Frühjahr auszupflanzen – sei es im eigenen Garten oder im Topf auf dem Balkon. (Die Lagerung ist eigentlich nicht weiter schwierig. Kartoffeln sollten kühl und dunkel aufbewahrt werden, beispielsweise in einem Keller, aber sie überleben auch im Kühlschrank oder in der Speisekammer. Nur Frost vertragen sie nicht.)

Empfehlenswerte skandinavische Kartoffelsorten

Gulløye – eine alte Sorte, vorwiegend in Nordnorwegen angebaut, gelbfleischig und süßlich
Høyrepolitikk – eine Neuzüchtung aus 'Blå Congo' und 'Troll', kommt bald auf den Markt
Bruse – die norwegische Chipskartoffel, vorwiegend in Solør angebaut
Aksel – eine neue Frühkartoffelsorte, die erst im Jahr 2000 entwickelt wurde
Divernon – eine alte nordnorwegische Sorte
Laila – eine norwegische Züchtung von 1969
Kerrs Pink – eine britische Züchtung von 1907, mit rosa Schale
Sava – die beliebteste dänische Kartoffelsorte
Æggeblomme – goldgelbe Kartoffel aus Dänemark, mindestens hundert Jahre alt, sehr aromatischer Geschmack
Åspotet – die erste Züchtung der Landwirtschaftshochschule; während des Krieges beliebt

Kartoffelauflauf mit Kräutern

Ein supereinfaches, supergutes Kartoffel-
gericht, das einem Gratin ähnelt, aber
vollkommen ohne Sahne auskommt und
auch keinen Käse enthält. Der Auflauf passt
zu Fleisch, Geflügel und Fisch.
Am besten sieht er aus, wenn man verschiedene Kartoffelsorten verwendet, blaue,
rosafarbene und goldgelbe – was gerade
zur Hand ist.

Für 6–8 Personen
1,2 KG KARTOFFELN, ABGEBÜRSTET
1 ZWIEBEL
FRISCHE KRÄUTER
SALZ UND PFEFFER
100 ML MILCH
200 ML HÜHNERBRÜHE
50–100 G BUTTER

Den Backofen auf 225 °C vorheizen.
Die Kartoffeln und die Zwiebel mit einem
Gemüsehobel oder in der Küchenmaschine
in dünne Scheiben schneiden. Die Kartoffeln
und Zwiebeln mit Kräutern, Salz und Pfeffer
mischen. In einer ofenfesten Form verteilen,
Milch und Brühe dazugießen und auf der
Oberfläche Butterflöckchen verteilen. Die
Form mit Alufolie abdecken und in den
Ofen schieben. Nach 30 Minuten die Folie
abnehmen und die Kartoffeln 10–15 Minuten
weiterbacken, bis sie goldgelb und knusprig
sind.

Überbackenes Püree mit Pilzen

Das luxuriöseste Kartoffelpüree, das ich
kenne. Es verbindet die Cremigkeit des
Pürees mit den Vorzügen eines Gratins. Ein
Essen, das Leib und Seele wärmt.
Am besten schmeckt es mit unterschied-
lichen Kartoffel-, Pilz- und Käsesorten.

Für 6–8 Personen als Beilage
1 KG KARTOFFELN, GESCHÄLT
100–200 ML SAHNE
FRISCHE PILZE, GEBRATEN
2–3 EL GETROCKNETE PILZE, EINGEWEICHT
    UND FEIN GEHACKT
200 G GERIEBENER KÄSE
¼ TL GERIEBENE MUSKATNUSS
SALZ UND PFEFFER
100 G SEMMELBRÖSEL

Den Backofen auf 200 °C vorheizen.
Die Kartoffeln kochen. Fast das gesamte
Wasser abgießen, die Sahne in den Topf
geben und die Kartoffeln pürieren. Frische
und getrocknete Pilze sowie die Hälfte des
Käses unterrühren. Mit Muskat, Salz und
Pfeffer abschmecken.
Das Kartoffelpüree in eine ofenfeste Form
füllen. Mit dem restlichen Käse und den
Semmelbröseln bestreuen. Mit einer Gabel
ein Rillenmuster in die Oberfläche ziehen.
Das Püree 15–20 Minuten im Ofen über-
backen.

Tandoori-Kartoffeln

Wer sagt, dass eine Kartoffelbeilage sich damit begnügen muss, unauffällig im Hintergrund zu bleiben? Diese kurkuma-gelben und chiliroten Kartoffeln jedenfalls übersieht garantiert keiner, ob sie nun als Beilage zu einem Currygericht, zu gegrilltem Hähnchen oder einem Braten auf den Tisch kommen.

Für 6–8 Personen als Beilage

1 KG KARTOFFELN, ABGEBÜRSTET UND
    GEVIERTELT
1–3 TL CAYENNEPFEFFER
1–3 TL PAPRIKAPULVER
1–2 TL TANDOORI-GEWÜRZ
1–3 TL SALZ
2–4 EL PFLANZENÖL
1 LIMETTE ODER ZITRONE

Den Backofen auf 175 °C vorheizen.
Die Kartoffeln in eine ofenfeste Form legen. Mit den Gewürzen und Salz bestreuen und gut vermengen, damit die Gewürze gleichmäßig verteilt werden, und die Kartoffelspalten rundum überziehen. Mit Öl übergießen und nochmals gut vermengen. Die Kartoffeln etwa 45 Minuten im Ofen garen, bis sie weich sind. Vor dem Servieren mit Limetten- oder Zitronensaft beträufeln oder Limetten- oder Zitronenviertel dazu servieren.

Salat aus neuen Kartoffeln mit Blüten und Minze

Vielleicht ist es nur eine Illusion, aber ich habe den Eindruck, dass neue Kartoffeln möglichst klein am besten schmecken. Ich weiß, dass ich warten sollte, aber ich hole die ersten schon aus der Erde, wenn sie gerade so groß sind wie Murmeln. In zwei Wochen hätten sie ihr Gewicht sicher verdoppelt. Aber wer will schon so lange warten?
Salat aus neuen Kartoffeln stelle ich in immer neuen Varianten her. Gelegentlich reibe ich etwas Parmesan darüber, bei anderen Gelegenheiten gebe ich ein paar halbierte Kirschtomaten dazu, manchmal auch etwas Roquefort – das ergibt ein Geschmacks-feuerwerk und einen feinen Kontrast zu den süßlichen Kartoffeln. Anstelle von Minze passt auch Rosmarin, Fenchel, Dill oder Oregano sehr gut zu neuen Kartoffeln. Die Zutaten für den Salat vermengen, während die Kartoffeln noch warm sind. Durch die Wärme entfalten sich die Aromen besser.

Für 4 Personen

600–800 G IN DER SCHALE GEKOCHTE KLEINE
    NEUE KARTOFFELN
2 EL FRISCHE MINZE
2 EL ÖL
2 EL ZITRONENSAFT
SPECK, SCHINKEN, KÄSE (NACH BELIEBEN)
HORNVEILCHENBLÜTEN

Die noch warmen Kartoffeln mit Minze, Öl, und Zitronensaft mischen. Nach Belieben Speck, Schinken und Käse dazugeben. Zum Schluss mit den Blüten bestreuen. Den Salat vor dem Servieren mindestens 10 Minuten stehen lassen.

Gegrillte Kartoffeln mit Dill, Rosmarin und Butter

Junge Kartoffeln nehmen eine besonders schöne Konsistenz und ein feines Aroma an, wenn man sie nach dem Kochen auf den Grill legt. Auch mit Kartoffeln vom Vortag geht das gut.

Für 4 Personen

8 NEUE KARTOFFELN, NACH MÖGLICHKEIT VERSCHIEDENE SORTEN,
   MIT DER SCHALE GEKOCHT
WEICHE BUTTER
FEIN GEHACKTER DILL
2 KNOBLAUCHZEHEN, ZERDRÜCKT
1 TL FENCHELSAMEN (NACH BELIEBEN)

Die Kartoffeln am Rand des Grills garen, bis die Haut leicht verbrannt ist – das verleiht ihnen eine feine Süße. Nach Möglichkeit einen Kugelgrill verwenden und den Deckel auflegen. Die Butter mit Dill und Knoblauch, nach Belieben auch mit Fenchelsamen vermischen. Die Kartoffeln einschneiden und durch Drücken öffnen. Einen kleinen Klecks Butter in jede Kartoffel geben und servieren.

In Salz gebackene junge Kartoffeln

Wenn man die neuen Kartoffeln auf grobem Salz gart, verlieren sie Flüssigkeit und dann werden sie außen besonders knusprig, innen luftig und süß im Geschmack. Ich setze dem Salz gern ein paar kräftige Kräuter zu und bilde mir ein, dass sie den Kartoffeln zusätzliches Aroma geben.

Für 4–6 Personen

300-500 G GROBES SALZ
800 G NEUE KARTOFFELN, ABGEBÜRSTET
1 HANDVOLL GEMISCHTE KRÄUTER, ETWA LAVENDEL ODER ROSMARIN

Den Backofen auf 200 °C vorheizen. Das Salz in eine große ofenfeste Form füllen. Die Kräuter darauf verteilen. Die Kartoffeln mit einer Gabel anstechen und auf das Salz legen. 30–40 Minuten backen. Zwischendurch gelegentlich den Gargrad prüfen, denn die Zeit kann je nach Ofen und Größe der Kartoffeln variieren.

Rustikaler Kartoffelstampf

In diesem groben, leicht stückigen Püree bleiben die Kartoffeln immer noch erkennbar. Am besten mehligkochene Kartoffeln verwenden, es können auch mehrere Kartoffelsorten gemischt werden. Frische Kräuter sorgen für guten Geschmack, ohne den Kartoffeln die Schau zu stehlen. Das Püree schmeckt zu vielen gebratenen und geschmorten Speisen.

Für 4 Personen
4-6 MEHLIGKOCHENDE KARTOFFELN
SALZ
200 ML MILCH ODER EINE MISCHUNG AUS MILCH UND SAHNE
2 EL BUTTER ODER CRÈME DOUBLE
1 TL SCHNITTLAUCHRÖLLCHEN (NACH BELIEBEN)
2 TL FEIN GEHACKTER THYMIAN (NACH BELIEBEN)

Die Kartoffeln waschen, abbürsten und in Salzwasser gar kochen. Etwas abkühlen lassen, dann pellen. Die Kartoffeln wieder in den Topf geben und mit einem Kartoffelstampfer, einem Kochlöffel oder einer Gabel grob zerdrücken. Die Milch beziehungsweise Milch mit Sahne unterrühren und das Püree auf niedriger Temperatur wieder erhitzen. Kurz vor dem Servieren Butter oder Crème double sowie nach Belieben die Kräuter unterziehen.

Pytt-i-Panne mit Räucherspeck

Pytt-i-Panne ist ein typisch skandinavisches Resteessen. Aber so, wie ich es aus meiner Kindheit in Erinnerung habe, ist es auch ein Sinnbild der Resignation. Pytt-i-Panne kommt auf den Tisch, wenn man zu faul ist, einkaufen zu gehen oder richtig zu kochen oder zu pleite, um telefonisch eine Pizza zu bestellen. Ich glaube, als kleiner Junge habe ich nie eine auch nur einigermaßen gute Pytt-i-Panne bekommen.

Erst nachdem ich gelernt hatte, wie in Spanien eine Tortilla zubereitet wird, ist mir aufgegangen, wie wenig Mehraufwand es braucht, um aus einer langweiligen Pytt-i-Panne etwas Spannendes zu machen. Wenn man dem Rezept folgt und ein hochwertiges Olivenöl verwendet, kann nichts schiefgehen. Mit gutem Räucherspeck schmeckt die Pytt-i-Panne noch besser, mit spanischem Bellota-Schinken vom Pata-Negra-Schwein wird sie ein richtiger Genuss. In diesem Fall unbedingt auch das Fett des Schinkens mitverwenden.

Eins der Geheimnisse für das Gelingen ist eine relativ hohe Temperatur. Nicht so hoch, dass Kartoffeln und Zwiebeln verbrennen, aber hoch genug, damit die Zwiebel goldgelb, süß und aromatisch wird. Am besten eine beschichtete Pfanne verwenden.

Für 2 Personen

2-3 ZWIEBELN IN SCHEIBEN
1 TL SALZ
1 TL ZUCKER (NACH BELIEBEN)
50-100 ML ÖL
4 KARTOFFELN, GESCHÄLT UND IN WÜRFEL GESCHNITTEN
4-8 KNOBLAUCHZEHEN
PAPRIKAPULVER (NACH BELIEBEN)
FEIN GEHACKTE KRÄUTER (NACH BELIEBEN)
3 EIER, VERQUIRLT
SPECKWÜRFEL UND CHORIZO IN SCHEIBEN

Die Zwiebelscheiben mit etwas Salz in eine Schüssel geben und einige Minuten stehen lassen. Das Salz entzieht ihnen Flüssigkeit, sodass sie besser bräunen. Nach Belieben auch einen Teelöffel Zucker dazugeben, er macht alles noch effektiver. Die Zwiebelscheiben mit Küchenpapier abtupfen.

In einer großen Pfanne bei mittlerer Temperatur das Öl erhitzen. Zwiebeln, Kartoffeln und Knoblauch darin 15 Minuten braten. Von Zeit zu Zeit umrühren und darauf achten, dass nichts ansetzt. Nach Belieben Paprika und/oder Kräuter dazugeben, falls nötig mit Salz würzen. Kartoffeln und Zwiebeln müssen gut durchgebraten sein. Speckwürfel und Chorizoscheiben in die Pfanne geben, dann die verquirlten Eier dazugießen. Die Hitze herunterschalten und ein paar Minuten warten, bis die Eier leicht gestockt sind.

TOPINAMBUR Legen Sie eine Topinambur in die Erde, und Sie haben für immer Topinambur. Die Knolle übersteht den Winter ohne Probleme und hat keine speziellen Bedürf-
nisse, die erfüllt werden müssten. Was man im Herbst nicht aus der Erde holt, treibt im
nächsten Jahr neu aus und vermehrt sich fröhlich. Es gilt also vor allem zu verhindern, dass
die Pflanze im Gemüsebeet außer Kontrolle gerät.
Topinambur ist eine uralte Nutzpflanze, die auch schön aussieht. Bevor die Knollen unter
der Erde fertig entwickelt sind, tauchen oben schöne sonnenblumenartige Blüten auf. Der
Geschmack der Knollen ist mild mit einer gewissen Süße, und manche haben einen
trüffelähnlichen Duft – eine richtige Delikatesse.

Topinambursuppe mit Roggenbrotcroûtons

Eine cremige Suppe von ziemlich mildem Geschmack, in der das feine Aroma von Topinambur Gelegenheit bekommt, sich zu entfalten. Damit Suppen auf der Basis von Gemüsepüree nicht zu sehr an Kindernahrung erinnern, gebe ich gerne Croûtons hinein – in diesem Fall kleine Würfel aus dunklem dänischem Roggenbrot oder Pumpernickel, die in Butter und Honig gebraten werden, bis sie knusprig und süß sind. Die Suppe selbst ist ganz einfach zuzubereiten. Wer keine Küchenmaschine hat, verwendet einen Kartoffelstampfer oder einen Stabmixer. Zu meiner großen Verblüffung kommt dieses Gericht fast ganz ohne Fett aus. Und wer die Croûtons im Ofen bei 125 °C röstet, braucht dafür nicht einmal Butter. Das heißt aber nicht, dass ein Schuss Sahne etwas verderben würde.
Anstelle von Croûtons sind auch gehackte geröstete Nüsse einen Versuch wert.

Für 4 Personen

800 G TOPINAMBUR
300 ML MILCH
200 ML HÜHNERBRÜHE
1 LORBEERBLATT
2 SCHEIBEN DUNKLES BROT
1–2 EL BUTTER
1–2 EL HONIG
SALZ UND FRISCH GEMAHLENER SCHWARZER PFEFFER
PETERSILIE

Die Topinamburknollen mit einem Sparschäler schälen und in zwei Zentimeter große Stücke schneiden. Milch, Brühe und Lorbeerblatt in einen Topf gießen und aufkochen. Topinamburwürfel hineinlegen und zugedeckt 15–20 Minuten köcheln lassen, bis sie weich sind.
Während das Gemüse gart, die Croûtons zubereiten. Die Brotscheiben von der Kruste befreien, anschließend würfeln. In einer beschichteten Pfanne die Butter erhitzen. Die Croûtons 3 Minuten bei mittlerer Hitze anbräunen. Von Zeit zu Zeit wenden, die Temperatur herunterschalten und den Honig dazugeben.
Das Lorbeerblatt aus dem Topf herausnehmen und die Suppe in der Küchenmaschine fein pürieren. Anschließend wieder in den Topf zurückgießen. Wenn sie sehr dickflüssig ist, mit Brühe, Wasser oder Sahne verdünnen. Aufkochen und mit Salz abschmecken.
Die fertige Suppe in tiefe Teller schöpfen, mit Pfeffer und Petersilie würzen, mit den Croûtons bestreuen und servieren.

Kartoffelpüree mit Topinambur

Hier kommt der trüffelartige Geschmack besonders gut zur Geltung. Das Allereinfachste, was man mit Topinambur anstellen kann, besteht darin, sie zu schälen, zu kochen und zu einem Püree zu verarbeiten. Hier mische ich sie mit Kartoffeln und Sellerie. Die Sahne lässt sich durch Milch ersetzen. Für mich ist dieses Rezept ein Ausgangspunkt für viele Experimente. Ein paar Tropfen Trüffelöl zusätzlich sind gut, etwas geriebener Parmesan ebenfalls und warum nicht auch einige knusprig gebratene Salbeiblätter?

Für 4–6 Personen

500 G KARTOFFELN
200 G TOPINAMBUR
200 G KNOLLENSELLERIE
SALZ
100 ML SAHNE
50-100 G BUTTER
PFEFFER

Kartoffeln, Topinambur und Knollensellerie schälen und in zwei Zentimeter große Stücke schneiden. In Salzwasser etwa 15 Minuten kochen, bis sie weich sind. Abgießen und durch die Kartoffelpresse drücken oder zerstampfen. Nicht in die Küchenmaschine geben oder mit einem Stabmixer pürieren, dann wird die Konsistenz gummiartig.
Das Püree zurück in den Topf geben, Sahne zugießen und aufkochen, dabei vorsichtig umrühren. Die Butter unterziehen, das Püree mit etwas Pfeffer aus der Mühle würzen und servieren.

Gebackene Topinambur

Eine einfache Zubereitung, die nicht nur den Geschmack der Topinambur gut zur Geltung bringt, sondern auch ihre besondere Konsistenz. Ich würze die Garflüssigkeit mit Kreuzkümmelsamen. Das Ergebnis ist eine feine Beilage zu gebratenem Fisch, Hühnchen oder Fleisch.

Für 4 Personen

800 G TOPINAMBUR
2 TL KREUZKÜMMELSAMEN
10 PFEFFERKÖRNER, GROB ZERSTOSSEN
2 LORBEERBLÄTTER
400-500 ML HÜHNERBRÜHE

Den Backofen auf 175 °C vorheizen. Topinambur mit einem Sparschäler schälen und zusammen mit Kreuzkümmel, Pfeffer und Lorbeerblättern in eine kleine ofenfeste Form geben. Mit der Brühe übergießen und im Ofen etwa 45 Minuten backen – am besten nur mit Unterhitze. Die Topinambur zwischendurch zwei oder drei Mal wenden.

Fisch

Wer zum Fischen rausfährt, weiß nie, was er fangen wird. Während es im Leben sonst meistens darum geht, über seine Umgebung irgendeine Art von Kontrolle auszuüben, das, was man gesät hat, zu pflegen und zu ernten, geht es bei der Fischerei – jedenfalls so, wie ich sie betreibe – darum, den Zufall und das Glück zu nutzen.

»Fishing for a good time starts with throwing in your line«, singt Tom Waits, und wenn die Wellen unter dem Kiel des Bootes glucksen und die Angelschnur draußen ist, steht noch nicht fest, womit man zurückkommt. Manchmal bleibt am Ende nichts anderes als die Freude, den Tag auf dem Meer verbracht zu haben. Bei anderen Gelegenheiten ziehe ich nach nur einer kurzen Runde auf dem Fjord mehr ins Boot, als ich gebrauchen kann. In dem Augenblick, in dem ich die Jagd auf den großen Fang aufgegeben habe, beißen die Fische. Wenn ich voller Erwartung bin, weil die Makrelen endlich da sind, füllt sich der Eimer bis zum Rand mit Seelachs und Pollack.

Diese Ungewissheit hat auch Einfluss auf die Art, wie ich Fisch zubereite. Meine besten Fischsuppen haben mit fehlendem Anglerglück begonnen. Und einige meiner gelungensten Fischmahlzeiten sind aus zusammengewürfeltem Fang entstanden: Von einer Seezunge werden nicht alle satt, aber sie genügt, um jedem einen kleinen Vorgeschmack zu geben. Das gleiche gilt für den Glückstreffer, wenn eine einzige kleine Meerforelle angebissen hat. Sie ist zu fein, um sie zu kochen oder zu braten und wird roh mit etwas Zitrone und Kräutern verspeist. Dorsch und der Seelachs verwandle ich in Fischbuletten. Und den einzigen kleinen Rotbarsch – kaum größer als der Köder, bei dem er anbiss – backe ich in Salz. Vier Gerichte statt einem zuzubereiten erfordert Zeit. Aber es kommt ja darauf an, aus all den verschiedenen guten Dingen, die das Meer uns schenkt, etwas Gutes zu machen.

Natürlich kaufe ich gelegentlich auch beim Fischhändler oder an der Fischtheke im Supermarkt ein. Aber im Handel ist es um Qualität und Frische nicht immer gut bestellt. Deshalb ergeht es mir hier im Grunde nicht anders als beim Angeln: ich weiß vorher nie, was ich mit nach Hause nehmen werde. Denn ich esse lieber eine springlebendige Scholle als ein halb vergammeltes Heilbuttfilet, lieber einen fröhlichen Lachs als eine saure Krabbe.

Hat man den frischsten Fisch gefunden, gilt es, die beste Zubereitungsart für ihn zu bestimmen: im Ganzen zubereitet oder in Filets geteilt? Braten, kochen oder eventuell im Ofen backen? Oder soll er vielleicht roh bleiben? Wenn diese Wahlmöglichkeiten ausgeschöpft sind, bleibt nur noch wenig zu tun: ein paar Kräuter, ein wenig Butter oder Öl, vielleicht Zitrone, das ist alles. Wenn der Fisch frisch ist, geht es bei der Zubereitung eher darum, den guten Geschmack zu nutzen, als neue Geschmacksrichtungen zu schaffen oder zuzuführen. Deshalb sind die Rezepte in diesem Kapitel recht einfach.

DER LETZTE FISCH »Wenn man einem Mann einen Fisch schenkt, hat man ihm Essen für einen Tag gegeben. Wenn man einem Mann das Fischen beibringt, hat man ihn für den Rest seines Lebens mit Essen versorgt«, sagt eine alte chinesische Weisheit. Leider ist es auch notwendig, die Nachteile zu erwähnen, die mit der Fischerei verbunden sind. Erschreckend viele Fischarten weltweit sind in ihrem Bestand bedroht.

Fisch zu essen, ob man ihn nun selbst gefangen hat oder nicht, heißt, von den Ressourcen der Erde etwas zu verbrauchen. Das ist eine Verantwortung, deren wir uns immer bewusst sein sollten. Deshalb gibt es eine Reihe von Fischarten, die ich nach Möglichkeit meide – nicht etwa, weil ich sie nicht mag, sondern weil mir der Gedanke nicht gefällt, vielleicht das letzte Exemplar seiner Art zu verspeisen. Das gilt vor allem für einige Arten, die es in norwegischen Gewässern nicht gibt, wie etwa Thunfisch (der zu Beginn der 1970er-Jahre von der Trawler-Fischerei ausgerottet wurde; inzwischen ist er fast überall in seiner Existenz bedroht), Marlin und Schwertfisch (deren Fang oft unreguliert und nicht nachhaltig ist). Aber auch einige unserer lokalen Fischarten sind betroffen. Der World Wildlife Fund empfiehlt, sich bei Aal zurückzuhalten, bei Rotbarsch, Küstendorsch und wild gefangenem Heilbutt – zumindest im Laden. Vielfach entscheidet die Methode, mit der gefischt wird, darüber, ob der Fisch empfehlenswert ist – man sollte also kritischer darauf achten, wenn man Fisch einkauft. Wenn man aber gerade einen Küstendorsch im Netz hat, gibt es keinen Grund, ihn nicht zu essen. Beim Einkauf sollte auch das Siegel des MSC (Marine Stewardship Council) beachtet werden, ein Zertifizierungsprogramm für nachhaltige Fischerei. Und schließlich wäre es gut, wenn mehr Kunden sich für die Herkunft der Fische interessieren würden. Wer auf der Speisekarte eines Restaurants Thunfisch sieht, sollte fragen, wo und wie er gefangen wurde. In Norwegen ist das noch nicht sehr verbreitet. Aber es geht dabei um eine Verantwortung, die auch den Verbrauchern obliegt, nicht nur den Behörden. In manchen anderen Ländern ist das Bewusstsein dafür schon weiter entwickelt. In den USA hat selbst der Handelsriese Wal-Mart damit begonnen, MSC-zertifizierten Fisch ins Angebot aufzunehmen.

Auf Seetang gegarter Fisch

Gewöhnlicher Blasentang ist am Strand leicht zu finden. Er verleiht diesem Gericht sein besonderes jodig-salziges Aroma, und der Fisch bleibt schön saftig. Die Garflüssigkeit ist fast eine Suppe für sich. Damit dieser Fond nicht allzu salzig wird, gebe ich ein wenig Weißwein hinzu. Die Zubereitungsart ist immer dann perfekt, wenn es darum geht, mehrere unterschiedliche Fische zusammen zu garen.

Für 4–6 Personen
2 KG GANZE FISCHE (ETWA DORSCH, KLEINE FLUNDERN, SEELACHS)
SEETANG
100–200 ML WEISSWEIN
ZITRONENSCHNITZE (NACH BELIEBEN)

Die Fische ausnehmen, schuppen und abspülen. Eine dicke Schicht Seetang auf den Boden eines großen Topfs legen. Die Fische darauf verteilen, dabei darauf achten, dass sie nicht zu dicht übereinanderliegen. Am besten den größten Fisch ganz nach unten platzieren und die kleineren Fische obenauf, mit jeweils einer kleinen Schicht Seetang dazwischen.
Mit Seetang zudecken und mit Weißwein begießen. Den Topf mit einem Deckel verschließen. Die Fische bei hoher Temperatur 15 Minuten garen. Dann vorsichtig auf einer Servierplatte anrichten. Mit einem Teil des Garsuds übergießen. Nach Belieben mit Zitronenschnitzen servieren.

Dorsch mit Salbei und Tomate

Das Fleisch des Dorschs ist im Winter weiß und fest, im Sommer dagegen weicher. Zu jeder Jahreszeit verträgt es kräftige Aromen wie Salbei, Knoblauch, Zitrone und Tomate.

Für 2–3 Personen

1 KLEINER DORSCH VON 600-800 G, AUSGENOMMEN, GESCHUPPT
    UND IN STÜCKE GESCHNITTEN
2 EL BUTTER
2 EL SALBEI
2 KNOBLAUCHZEHEN, ZERDRÜCKT
1 LORBEERBLATT
1 EL KAPERN (NACH BELIEBEN)
SAFT VON ½ ZITRONE
GUTES OLIVENÖL
2-3 TOMATEN, IN SCHEIBEN GESCHNITTEN

Die Fischstücke vor der Zubereitung 15 Minuten in Eiswasser legen, so wird das Fischfleisch fester. In einem Topf die Butter erhitzen. Die Salbeiblätter 2–3 Minuten darin braten, damit sie viel von ihrem Geschmack abgeben. Die Fischstücke hineinlegen, das Lorbeerblatt sowie nach Belieben die Kapern. Auf mittlerer Hitze 5 Minuten braten. Den Zitronensaft, etwas Öl und die Tomatenscheiben dazugeben. Einen Deckel auflegen und den Topfinhalt vor dem Servieren weitere 3–5 Minuten ziehen lassen.

Gebratener Dorsch mit Kräutersauce

Mein Ausgangspunkt für die Kräutersauce war eine italienische *salsa verde*. Aber seit ich sie mit Kräutern aus meinem eigenen Garten zubereite, reflektiert sie mehr und mehr meinen eigenen Geschmack und zeigt an, was hier gut gedeiht. Anstelle von Dorsch lässt sich ebenso gut Seelachs oder Pollack verwenden. Und auch zum Steinbeißer oder zur Flunder passt die Sauce gut. Als Beilage empfehle ich Kartoffeln vom Vortag, mit etwas Butter in der Pfanne gebraten.

Für 4 Personen

800 G DORSCHFILET MIT HAUT

SALZ UND PFEFFER

2 EL WEIZENMEHL

FEIN GEHACKTER THYMIAN (NACH BELIEBEN)

ÖL ODER BUTTER

Für die Kräutersauce

2 GROSSE HANDVOLL KRÄUTER (VOR ALLEM PETERSILIE, AUSSERDEM OREGANO,
    THYMIAN, BASILIKUM, MINZE, SALBEI)

2 KNOBLAUCHZEHEN (ODER ETWAS BÄRLAUCHPÜREE (SIEHE SEITE 81)

1 EL DIJONSENF

1 TL ABGERIEBENE SCHALE VON EINER UNBEHANDELTEN ZITRONE

4-6 SARDELLENFILETS IN ÖL

2 EL KAPERN, ABGESPÜLT

100 ML GUTES OLIVEN- ODER RAPSÖL

2 EL ZITRONENSAFT

Den Fisch vor der Zubereitung 15 Minuten in Eiswasser legen, nach Belieben dem Wasser 5–10 Prozent Salz zugeben. Die Fischfilets gut trocken tupfen, mit Salz und Pfeffer würzen, dann mit Mehl bestäuben, nach Belieben auch mit ein wenig fein gehacktem Thymian. In einer großen beschichteten Pfanne Öl oder Butter erhitzen und den Fisch darin braten. Die Garzeit hängt von der Dicke der Filets ab. Sie sollten in der Mitte noch leicht glasig aussehen. Für die Kräutersauce alle Zutaten mit Ausnahme des Zitronensafts in den Mixer geben und pürieren. Den Mixer gelegentlich anhalten und den Rand des Mixbehälters abstreifen. Kurz vor dem Servieren den Zitronensaft unterrühren.

Seelachs in der Folie

Das Aroma der Kräuter durchdringt den Fisch beim Garen in der Folie. Ich lege ihn gern eine Viertelstunde vor der Zubereitung in Eiswasser, um das Fleisch zu festigen. Mit Kartoffeln oder einem Kartoffelsalat servieren (siehe Seite 272).

Für 2 Personen

1 KLEINER SEELACHS ODER DORSCH VON ETWA 600 G

SALZ

1 HANDVOLL KRÄUTER (ETWA ESTRAGON, SALBEI, ROSMARIN)

½ ZITRONE, IN DÜNNE SCHEIBEN GESCHNITTEN

1–2 EL BUTTER

Den Fisch mit Salz einreiben und einige Stunden im Kühlschrank ruhen lassen. Etwa 15 Minuten vor der Zubereitung in Eiswasser legen.
Den Backofen auf 225 °C vorheizen. Die Kräuter und Zitronenscheiben auf dem Fisch verteilen, mit Butterflöckchen belegen. Den Fisch vorsichtig in eine Bratfolie geben, die Folie gut verschließen. 15–20 Minuten im Ofen backen. Vorsicht beim Auspacken – es entsteht viel Dampf, der beim Öffnen der Folie entweicht.

Flunder mit Estragon und Kapern

Wenn ich gleich vor dem Bootshaus ein Netz auslege, fange ich nie viel, aber fast immer sind ein paar kleine Flundern dabei. Die Freude ist groß, wenn gelegentlich auch einmal eine Seezunge auftaucht, die besonders feines weißes und festes Fleisch hat, aber auch die anderen Plattfische sind Delikatessen.
Die Seezunge hat eine dicke Haut, die abgezogen werden sollte. Die Flundern schuppe ich nur. Ein Salat aus jungen Kartoffeln passt gut dazu.

Für 2 Personen

1–2 EL WEIZENMEHL

½ TL CURRYPULVER

SALZ UND PFEFFER

2–4 EL BUTTER

1–2 KLEINE FLUNDERN, AUSGENOMMEN UND GESCHUPPT

2 EL KAPERN

SAFT EINER HALBEN ZITRONE

1 EL FRISCH GEHACKTER ESTRAGON

Mehl und Gewürze auf einen großen Teller geben. In einer Pfanne die Butter erhitzen. Die Fische in der Mehlmischung wenden und 15 Minuten bei mittlerer Hitze braten. Kapern, Zitronensaft sowie die Hälfte des Estragons dazugeben und die Temperatur reduzieren. Noch 5–7 Minuten weiterbraten, bis der Fisch gar ist und das Fleisch sich leicht von der Mittelgräte löst, wenn man mit einer Gabel nachhilft. Mit dem restlichen Estragon bestreut servieren.

Scholle mit Krustentiersauce und Garnelen

Die rot getupfte Scholle ist der häufigste Plattfisch. Ihr weißes Fleisch ist zart, geschmackvoll und saftig – besonders, wenn man den Fisch im Ganzen brät. Aus kleinen Garnelen entsteht der Fond für die wunderbare Krustentiersauce.

Für 2 Personen

1 GROSSE SCHOLLE

SALZ

500 G KLEINE GARNELEN, GEKOCHT UND UNGESCHÄLT

3 EL BUTTER

1 ZWIEBEL, GEHACKT

1 KNOBLAUCHZEHE (NACH BELIEBEN)

200-300 ML WEISSWEIN

1 LORBEERBLATT

1 TL PAPRIKAPULVER

1 PRISE SAFRANFÄDEN

Die Scholle ausnehmen, schuppen und sorgfältig unter fließendem Wasser abspülen. Mit etwas Salz einreiben.

Die Garnelen schälen. In einem Topf ein Drittel der Butter zerlassen. Die Zwiebel darin anbraten, nach Belieben auch den Knoblauch. Die Garnelenschalen dazugeben, mit dem Wein ablöschen. Die Gewürze hinzufügen und 15–20 Minuten köcheln lassen. Den Fond durch ein Sieb gießen, die Garnelenschalen wegwerfen. Den Fond zurück in den Topf füllen und auf 100 Milliliter reduzieren.

Den Backofen auf 200 °C vorheizen. Den Fisch in eine ofenfeste Form legen und 15 Minuten braten. Die restliche Butter in den Krustentierfond rühren. Die Scholle auf einer vorgewärmten Platte anrichten, mit den Garnelen bestreuen und mit der Sauce übergießen.

Fischfrikadellen

Wenn ich gelegentlich den Fleischwolf hervorhole und Fischfrikadellen zubereite, stelle ich zunächst immer eine Grundmischung aus Fisch, Brot, Ei und Mehl her, die dann geteilt und unterschiedlich gewürzt wird. Eine Variante beispielsweise mit fein gehacktem Salbei und Knoblauch, eine andere mit Zitronengras (zerdrückt und danach fein gehackt) und Zitronenmelisse. Auch fein gehackter Ingwer und grüne Chilischoten passen gut zu den Fischfrikadellen, ebenso Currypulver oder Limette, Koriandergrün und Chili.
Oft verwende ich Seelachs oder Dorsch, aber auch jeder andere weißfleische Fisch ist geeignet, etwa Pollack oder Wittling. Makrele mag ich in Fischbuletten nicht, es sei denn, man würzt die Masse kräftig mit Zitronensaft und Ingwer, um den hohen Gehalt an Fischfett zu kompensieren, der den Frikadellen leicht einen tranigen Geschmack verleiht.

Für 4 Personen
800 G WEISSFLEISCHIGES FISCHFILET (ETWA SEELACHS ODER DORSCH)
1 SCHEIBE TROCKENES HELLES BROT
2 EIER
100–200 G WEIZENMEHL
2 TL SALZ
KRÄUTER ODER GEWÜRZE NACH GESCHMACK
BUTTER ZUM BRATEN

Den Fisch durch den Fleischwolf drehen, danach das trockene Brot ebenfalls durchdrehen – es wird bei der Reinigung des Geräts helfen. (Alternativ den Fisch mit einem scharfen Messer fein hacken. Auch bei energischem Hacken dauert das ein bisschen, ist aber besser als die dritte Möglichkeit, das Zerkleinern in der Küchenmaschine.) Fisch, Brot und Eier vermengen, dann so viel Mehl hinzufügen, dass der Teig formbar ist, salzen. Diese Mischung in mehrere Portionen teilen und nach Belieben unterschiedlich abschmecken. Wer die rohe Fischmasse nicht probieren möchte, brät eine kleine Probeportion und kann danach abschmecken und eventuell nachwürzen.
Die Masse mit einem Löffel oder den Händen zu Kugeln formen, dann etwas flach drücken. Hände oder Löffel immer wieder mit Wasser anfeuchten, damit nichts anklebt. Die Fischfrikadellen in Butter knusprig braun braten.

EIS IM EIMER Alle Fischläden sind voller Eis. Nicht etwa aus Angst, der Kühlschrank könnte kaputtgehen, sondern weil Fisch so empfindlich ist. Sobald ein Fisch getötet wurde, beginnt die Zersetzung des Fleischs. Das ist bei Fleisch nicht anders, bei Fisch setzt der Prozess jedoch schneller und bei niedrigeren Temperaturen ein. Die meisten Fischarten können sich bei null Grad eine Zeit lang halten, aber vier Grad (die gewöhnliche Kühlschrank-temperatur) sind bereits zu viel. Deshalb sollte Fisch auf Eis gelegt werden, wenn man ihn aufbewahren will.

Das gilt auch beim Angeln. Wer hat es nicht schon erlebt, dass an einem schönen Sommertag die Makrele, die man zuerst gefischt hat, nicht mehr richtig frisch war, als die Zeit kam, den Grill anzuzünden?

Deshalb nehme ich Eis auf die Fischtour mit. In einer großen Tüte friere ich Wasser ein und packe den ganzen Eisklumpen gut ein. Wenn ich Glück habe und etwas anbeißt, brauche ich nur das Eis zu hacken, damit es in kleinere Stücke bricht. Bleibt das Anglerglück aus, lege ich die Tüte in den Gefrierschrank zurück.

Auch für die Aufbewahrung im Kühlschrank empfiehlt es sich, den Fisch auf Eis zu lagern, aber nur, wenn man eine Möglichkeit findet, das Schmelzwasser ablaufen zu lassen, ohne den ganzen Kühlschrank zu verschmutzen. Der Fisch mag es nicht, im Wasser zu liegen, wie kalt es auch sein mag.

Gegrillte Makrele

Makrele lässt sich besonders gut grillen, da sie fett genug ist, um nicht auszutrocknen, wenn man sie großer Hitze aussetzt. Trotzdem beim Grillen immer eher ein paar Minuten zu wenig einkalkulieren – der Fisch muss eigentlich nur vollständig warm werden.

Zu diesem aromatischen Fisch passen starke Gewürze. Ich nehme hier eine selbst gemachte Chiliglasur. Eine andere empfehlenswerte Variante, die ich ebenfalls gern zubereite, besteht darin, den Fisch in Kräuter zu packen, die auf dem Grill verbrennen und einen guten, leicht bitteren Geschmack abgeben. In meinem Garten wuchert Zitronenmelisse, die ich niederzuhalten versuche, und folglich verwende ich sie viel. Auch gut: den Fisch in Speckscheiben wickeln. Sie schützen das empfindliche Fleisch und geben ihren herzhaften Geschmack ab. Es empfiehlt sich, beim Grillen einen Fischkorb zu verwenden, so vermeidet man, dass die Haut am Rost festklebt.

Für 4 Personen

4 MAKRELEN, AUSGENOMMEN UND GESCHUPPT
SALZ
4 ZITRONENSCHNITZE
FRISCHE KRÄUTER (NACH BELIEBEN)
1 TL GETROCKNETE CHILIFLOCKEN ODER 1–2 TL CAYENNEPFEFFER
100 G BRAUNER ZUCKER
2 TL SOJASAUCE
½ TL GEMAHLENER PIMENT ODER NELKEN
1 TL SCHARFES CURRYPULVER
SAFT VON ½ ZITRONE

Den Grill anheizen.

Den Fisch mit Salz einreiben, den Bauch mit Zitrone, nach Belieben auch mit Kräutern füllen. In einem kleinen Topf Chili, Zucker, Sojasauce, Piment, Currypulver und den Zitronesaft aufkochen und köcheln lassen, bis die Mischung eindickt. Die Haut der Makrelen einritzen. Die Fische mit der Chiliglasur einpinseln, solange sie noch warm ist. Die Makrelen 7 Minuten auf jeder Seite grillen, größere Exemplare etwas länger. Prüfen, ob der Fisch gar ist, indem man eine Gabel einsticht. Wenn sie sich beim Herausziehen warm anfühlt, ist der Fisch fertig.

Kurz gebeizte Makrele

Makrelen gibt es bei uns im Sommer reichlich. Eines meiner liebsten Sommeressen ist eine schöne gegrillte Makrele (oder eine warm geräucherte, siehe Seite 396). Aber ich probiere auch gern immer wieder neue Möglickeiten aus, diesen feinen Fisch zuzubreiten.

Für dieses Rezept muss der Fisch unbedingt topfrisch sein. Ich beize ihn nach einer speziellen Methode, sodass das Fleisch fast roh bleibt, aber dennoch sehr zart wird. Die Filets können ganz nach Wunsch nur ein paar Minuten in der Beize bleiben oder mehrere Stunden. Das Verfahren ähnelt der traditionellen Technik, mit der *gravlaks* hergestellt wird, allerdings ohne die enzymatischen Prozesse, die mehr Zeit erfordern.

Sternanis oder Anis verleiht der Makrele eine intensive Geschmacksnote.

Für 6–8 Personen als kleine Vorspeise oder Snack

3-4 MAKRELEN, AUSGENOMMEN UND GESCHUPPT
½ TL GEMAHLENER STERNANIS ODER ANIS
1 ½ TL ZUCKER
1 ½ TL SALZ
1-2 EL WODKA ODER ANDERER KLARER SCHNAPS
FRISCHER DILL

Die Fische gut waschen und abtrocknen. Den Anis im Mörser zerstoßen (oder im Mixer zerkleinern), mit Zucker und Salz vermengen. Die Makrelen filetieren. Dazu den Fisch am Schwanz festhalten und mit einem scharfen Messer an der Mittelgräte entlang in Richtung Kopf die Filets abtrennen. Wenn sie groß sind, der Länge nach halbieren, sodass aus jedem Filet zwei dünne Scheiben entstehen. Es empfiehlt sich, die Haut zu entfernen. Dazu das Filet mit der Hautseite nach unten auf die Arbeitsfläche legen, mit einem Küchentuch einen Zipfel der Haut gut festhalten. Das Messer zwischen Haut und Fleisch einführen und die Haut abschneiden. Beim ersten Mal wird es vielleicht nicht perfekt gelingen, aber mit der Zeit geht es besser – vorausgesetzt, das Messer ist scharf.

Die Hälfte der Zucker-Salz-Mischung auf eine flache Platte streuen, sodass diese von einer dünnen, gleichmäßigen Schicht bedeckt ist. Die Fischfilets auf die Platte legen (also auf die Zucker-Salz-Mischung). Sie sollten sich nach Möglichkeit nicht berühren. Den Rest der Mischung darüberstreuen, danach mit etwas Wodka beträufeln. (Noch besser ist es, den Alkohol mit einer Sprühflasche zu zerstäuben, so verteilt er sich ganz gleichmäßig.) Mit etwas Dill bestreuen. Die Platte mit Klarsichtfolie bedecken und für mindesten 30 Minuten, maximal 3 Stunden in den Kühlschrank stellen.

Die Makrelenfilets mit Küchenpapier abtupfen und mit dunklem Roggenbrot und grobem Senf servieren, nach Belieben auch mit Zwiebeln, Kapern und Gewürzgurken.

Frittierte Sprotten

Sprotten gelten bei uns als Armeleuteessen. Es gibt mancherlei Gründe dafür, dass diese Fische in Norwegen nicht mehr sehr geschätzt werden. Sie sind dem gleichen Vergessen anheimgefallen wie viele andere Gerichte der einfachen Küche. Früher bildeten Sprotten und andere Heringsfische die Grundlage der norwegischen Konservenindustrie und waren damit ein wichtiger Wirtschaftsfaktor – sozusagen unser Öl. Sprotten werden nicht das ganze Jahr über frisch angeboten, aber tiefgekühlte sind immer erhältlich und in der Regel von guter Qualität.

Frittierte Sprotten sind wunderbar knusprig und man kann, ja man sollte, sie ganz verspeisen, mit Kopf und Schwanz. Ein fabelhafter Snack, aber auch eine sehr gute Vorspeise. Ich mag sie so, wie sie sind, vielleicht noch mit etwas Salz und Cayennepfeffer bestreut. Aber wer der Meinung ist, Natur sei zu natürlich, serviert sie mit Zitronensaft, Petersilie und vielleicht sogar Aioli. Man kann die Sprotten auch in Butter oder Öl braten. Dann schmecken sie genauso gut, sie werden aber natürlich nicht so schön knusprig wie beim Frittieren.

Für 4–6 Personen als Snack

400 G SPROTTEN
WEIZENMEHL
SALZ UND PFEFFER
ÖL ZUM FRITTIEREN
CAYENNEPFEFFER
ZITRONENVIERTEL (NACH BELIEBEN)

Die Sprotten abspülen und trocken tupfen. Mehl in eine Schüssel geben, mit Salz und Pfeffer würzen und gut mischen. Einen großen Teller dick mit Küchenpapier auslegen.

In der Fritteuse oder in einem hohen Topf das Öl auf 180 °C erhitzen. Etwas zusätzliches Öl bereithalten, um das Öl abzukühlen, falls es zu heiß wird. Unter keinen Umständen jemals Wasser in das heiße Öl gießen!

Die Sprotten portionsweise im Mehl wenden und 3–4 Minuten frittieren, bis sie goldbraun sind. Nicht zu viele auf einmal in die Fritteuse geben.

Die fertigen Sprotten auf Küchenpapier abtropfen lassen. Mit Salz und Cayennepfeffer bestreuen, dann sofort servieren. Nach Belieben mit Zitronensaft beträufeln.

Sprottenpie

In Südeuropa findet man Pizza, Quiches oder Tartes mit Sardinen, und es gibt keinerlei Grund, unsere norwegischen Sprotten nicht für den gleichen Zweck zu verwenden, selbst wenn es nicht der gleiche Fisch ist. Sprotten aus der Dose sind ebenso gut geeignet wie frische. Die Anregung zu diesem Rezept kommt aus Großbritannien, wo es eine unglaublich gute Pie gibt, mit kleinen Fischen, die ihre Köpfe herausstrecken und in den Himmel gucken – sie heißt *stargazy pie*. Wenn die Zeit für den selbst gemachten Teig nicht reicht, einfach Mürbeteig aus dem Kühlregal nehmen.

Für 4 Personen

150 G WEIZENMEHL

150 G KALTE BUTTER UND BUTTER FÜR DIE FORM

1-2 EL KALTES WASSER

3 EIER

1 EL SENF

1 TL FEIN GEHACKTER THYMIAN

1 EL FEIN GEHACKTE PETERSILIE

2-4 EL GEHACKTE ZWIEBELN, NACH BELIEBEN ROH ODER ANGEBRATEN

100 G SPECK, GEWÜRFELT UND GEBRATEN

2 GEKOCHTE KARTOFFELN, GEWÜRFELT (NACH BELIEBEN)

ABGERIEBENE SCHALE VON 1 UNBEHANDELTEN ZITRONE (NACH BELIEBEN)

2 DOSEN ODER 200-300 G FRISCHE SPROTTEN

Für den Teig das Mehl mit der Butter in der Küchenmaschine zu groben Krümeln verarbeiten. Das Wasser dazugeben und die Maschine noch kurz weiterlaufen lassen, bis sich alles zu einem Teig verbindet. Die Hände ausgiebig mit kaltem Wasser abspülen, um sie abzukühlen. Anschließend gut abtrocknen. Den Teig kurz durchkneten, in Frischhaltefolie wickeln und für etwa 30 Minuten in den Kühlschrank stellen.

Den Backofen auf 200 °C vorheizen, eine Pie- oder Quicheform buttern. Den Teig mit einem Nudelholz dünn ausrollen und die Form damit auskleiden. Meine Form hat einen Durchmesser von 24 Zentimetern, und das funktioniert bestens. Den Boden mit einer Gabel mehrfach einstechen und 15 Minuten im Ofen vorbacken. Leicht abkühlen lassen.

Die Eier in einer Schüssel verquirlen. Mit Senf, Thymian, Petersilie, Zwiebel, Speck sowie nach Belieben Kartoffeln und Zitronenabrieb vermengen. Diese Mischung in den vorgebackenen Boden gießen. Die Sprotten hineinlegen. Die eine oder andere in der Mischung ertrinken lassen, aber mindestens zehn von ihnen sollten so zu liegen kommen, dass sie den Kopf herausstrecken, als schauten sie die Sterne an. Die Pie 25 Minuten im Ofen backen, bis die Eiermischung in der Mitte gestockt ist.

Marokkanisch inspirierter Sardinensalat

Auch aus einer Dose Ölsardinen lässt sich etwas Interessantes machen, wie dieses Rezept mühelos beweist.

Für 4 Personen als Vorspeise

2 DOSEN ÖLSARDINEN MIT HAUT UND GRÄTEN

3-4 EL OLIVENÖL

3 KNOBLAUCHZEHEN, ZERDRÜCKT

1 EL GEHACKTE PETERSILIE

1 EL GEHACKTER KORIANDER

2 TL PAPRIKAPULVER

1 TL KREUZKÜMMEL

1 PRISE CHILIFLOCKEN

1 EL ZITRONENSAFT

2 TL ABGERIEBENE SCHALE VON UNBEHANDELTEN ZITRONEN

GEMISCHTE SALATBLÄTTER (ETWA FELDSALAT, RUCOLA, PETERSILIE)

3-4 DATTELN

Die Sardinen vorsichtig mit Öl, Knoblauch, Kräutern, Gewürzen und Zitronensaft sowie Zitronenabrieb mischen. Die Salatblätter auf Teller verteilen. Die Sardinenmischung darauf anrichten. Die Datteln halbieren, Kerne entfernen und die Dattelstücke zwischen den Fischen platzieren.

HERING Ist Hering der beste Fisch in norwegischen Gewässern? Ich weiß es nicht. Er ist jedenfalls einer der gesündesten und obendrein einer der billigsten. An unsere Küsten kommt er in großen Schwärmen. Wenn ich mehr fange, als ich verbrauchen kann, habe ich die Wahl zwischen Einsalzen und Einfrieren. Ich ziehe es vor, ihn einzufrieren, weil es einfacher ist und weil ich den Fisch hinterher immer noch salzen kann. Die Heringe portionsweise in Gefrierbeutel legen, den größten Teil der Luft herauspressen und die Fische einfrieren. Zum Auftauen lege ich sie auf grobes Salz. Dann erst werden sie ausgenommen und auch von innen mit etwas Salz bestreut.

In einem guten Fischladen sollte es gelingen, frischen Hering zu bekommen. Hering ist ein fetter Fisch, und das Fett beginnt recht schnell zu oxidieren, nachdem der Fisch getötet wurde, mit dem unweigerlich auftretenden strengen Fischgeruch. Er lässt sich aber durch Säure – Zitrone oder Essig – ganz leicht neutralisieren. Dennoch ist es besser, tiefgekühlten Hering zu kaufen als einen Fisch von ungewisser Frische. Das Fleisch des Herings ist weicher als das der meisten anderen Fische.

Frischer Hering kann auf die gleiche Weise wie Makrele zubereitet werden – zumal gegrillt schmeckt er hervorragend.

Hering und Kartoffeln

Die klassische Methode, Hering auf den Tisch zu bringen – und meiner Meinung nach die beste. Ein guter Kartoffelsalat ist das A und O, der Hering wird ganz kurz in Essig gelegt. Wer anstelle von Matjesfilets frischen Hering verwendet, bestreut ihn mit 2–4 Teelöffeln Salz und lässt ihn über Nacht im Kühlschrank ruhen.

Für 4 Personen als Vorspeise

8 MATJESFILETS
2 EL ESSIG
8-12 NEUE KARTOFFELN, GEKOCHT
50 ML ÖL
1-2 EL GROBER SENF
2 SCHALOTTEN, IN DÜNNE SCHEIBEN
    GESCHNITTEN
2 EL FEIN GEHACKTE PETERSILIE
    ODER 1 EL SCHNITTLAUCHRÖLLCHEN
2 KNOBLAUCHZEHEN, FEIN GEHACKT
    (NACH BELIEBEN)
ZITRONENSAFT (NACH BELIEBEN)
PFEFFER

Die Heringsfilets abspülen und trocken tupfen. Den Essig in einen tiefen Teller gießen, dann den Fisch mit der Fleischseite nach unten hineinlegen. 2-10 Minuten ruhen lassen.
Für den Kartoffelsalat die noch warmen Kartoffeln in vier oder mehr Stücke schneiden. Das Öl mit dem Senf verrühren. Kartoffeln, Schalotten, Petersilie sowie nach Belieben Knoblauch und Zitronensaft hinzugeben. Alles gut vermischen und durchziehen lassen.
Matjesfilets und Kartoffelsalat auf Teller verteilen. Den Fisch mit Pfeffer aus der Mühle würzen.

Gebeizter Hering

Frischer Hering schmeckt besonders fein und leicht, wenn er nur kurz mit etwas Zucker, Salz und Dill mariniert wird. Der schwedische Heringskönig Leif Mannerström, von dem die Anregung zu diesem Rezept stammt, empfiehlt, den Fisch 2 Tage lang zu beizen, aber er ist auch schon nach 1-2 Stunden sehr gut. (Wer ihn länger in der Beize lassen will, nimmt weniger Salz und Zucker.)

Für 4 Personen als Vorspeise

4 FRISCHE HERINGE ODER 8 HERINGSFILETS
1 EL FEINES SALZ
2 EL ZUCKER
1 KLEINES BUND DILL
ETWAS AQUAVIT ODER BRAUNER RUM
HERINGS- ODER LACHSROGEN ZUM
    SERVIEREN
GEHACKTE ZWIEBEL (NACH BELIEBEN)

Die Heringe putzen und filetieren (oder den Fischhändler darum bitten). Die Filets nach Gräten absuchen und möglichst alle mit einer Pinzette herausziehen. Die Filets abspülen und trocken tupfen. Mit Salz, Zucker und fein gehacktem Dill bestreuen. Mit etwas Aquavit oder Rum beträufeln. Fest in Frischhaltefolie wickeln und mehrere Stunden stehen lassen.
Vor dem Servieren die Reste der Beize von den Filets abkratzen, den Fisch abspülen und trocken tupfen. Zusammen mit dem Rogen, nach Belieben auch mit Zwiebelwürfeln servieren.

Hering in Senfkruste mit Apfel-Speck-Salat

Ich kann mich noch erinnern, dass gebratener Hering zu den Speisen gehörte, die ich als Kind wirklich nicht mochte. Mein Großvater bereitete ihn oft zu, und irgendwann war mein Widerwille gegen den Fisch so stark, dass ich meine Großmutter dazu überredete, mit mir ins Café zu gehen, wenn es Hering geben sollte. Ich habe keine Ahnung, wer all den Hering aufgegessen hat. Heute weiß ich ihn durchaus zu schätzen. Was diese Kehrtwende meinerseits verursacht hat, kann ich nicht sagen. Vielleicht war der Fisch meiner Kindheit nicht frisch, vielleicht hat sich aber auch einfach mein Geschmack geändert.

Wer dieses Rezept nachkochen will, sollte eine gute Dunstabzugshaube haben oder alle Fenster auf Durchzug stellen. Denn gebratener Hering entwickelt einen starken Geruch. Ganz wichtig: den fetten Fisch mit starken Aromen zusammenbringen, entweder wie hier mit Senf und Speck, gut geeignet sind aber auch Chili, Curry und Essig.

Das Rezept gelingt am besten mit ungesalzenem Hering. Ersatzweise sehr milden Matjes verwenden, der vorher gut gewässert wird.

Für 4 Personen

100 G SPECK, IN WÜRFEL GESCHNITTEN

4 FRISCHE HERINGE ODER DOPPELTE HERINGSFILETS

2-3 EL SCHARFER SENF

2-3 EL SEMMELBRÖSEL

1 APFEL, GESCHÄLT UND GEWÜRFELT

2 FRÜHLINGSZWIEBELN, GEHACKT

1 MÖHRE, GERIEBEN

1 EL GROB GEHACKTE PETERSILIE

1-2 TL WEISSWEINESSIG

RAPSÖL (NACH BELIEBEN)

Die Speckwürfel in einer großen Pfanne braten, bis sie knusprig sind und den größten Teil des Fetts abgegeben haben. Mit einem Schaumlöffel herausnehmen. Das Fett in der Pfanne lassen. Die Heringe putzen und filetieren. Die Filets auf der Fleischseite mit Senf einreiben, danach mit Semmelbröseln bestreuen. Den Fisch mit der Brotseite nach unten 4 Minuten braten, bis er knusprig und goldbraun ist.

Für den Salat in einer Schüssel die Speckwürfel mit dem Apfel, den Frühlingszwiebeln, der Möhre und der Petersilie vermischen. Mit Essig beträufeln und nach Belieben etwas Rapsöl dazugeben. Den Salat mit dem Fisch auf Tellern anrichten und servieren.

Fischgratin

Wenn man mehrere Sorten Fisch hat, aber nicht die Zeit, verschiedene Gerichte zuzubereiten, ist ein Fischgratin die Rettung. Das Gleiche gilt für Reste, die von einer Fischmahlzeit übrig geblieben sind.

Kräuter der Provence und abgeriebene Orangenschale geben dem Gericht ein unverwechselbares Aroma.

Für 4 Personen

600 G FISCHSTÜCKE OHNE GRÄTEN UND HAUT

SALZ

2 EL ESSIG

3 TL KRÄUTER DER PROVENCE

50 G BUTTER

3 EL WEIZENMEHL

400 ML MILCH

SALZ UND PFEFFER

FRISCH GERIEBENE MUSKATNUSS

1–2 TL ABGERIEBENE SCHALE VON EINER UNBEHANDELTEN ORANGE

1 EL DIJONSENF

100 G GERIEBENER PARMESAN, CHEDDAR ODER RIDDER (NORWEGISCHER SCHNITTKÄSE)

3 EIER

50 G SEMMELBRÖSEL

Den Backofen auf 200 °C vorheizen.

Die Fischstücke in gut gesalzenem Wasser garen, nach 5–10 Minuten Essig und Kräuter der Provence dazugeben. Den Fisch in einem Sieb abtropfen lassen. Die Butter in einem Topf schmelzen, das Mehl einrühren, die Milch dazugießen und aufkochen. 3–5 Minuten köcheln lassen. Salz, Pfeffer, Muskat, Orangenschale, Senf und die Hälfte des Parmesans unterrühren. Abkühlen lassen. Die Eier aufschlagen und unterziehen.

Den Fisch in einer ofenfesten Form verteilen und mit der Sauce übergießen. Den restlichen Parmesan sowie die Semmelbrösel darüberstreuen. Den Auflauf 40 Minuten im Ofen backen.

Steinbeißer mit Miesmuscheln und Oliven

Der Steinbeißer ist ein ausgezeichneter Speisefisch, aber er muss ganz frisch sein – sonst wird er leicht mehlig. Hier dünste ich ihn zusammen mit Miesmuscheln in Weißwein. Auf diese Weise entsteht ein sehr aromatischer Fond.

Für 2 Personen
400 G STEINBEISSERFILET
12-16 MIESMUSCHELN
50-100 ML WEISSWEIN
2 TL GEHACKTER FRISCHER ESTRAGON
SALZ
1 EL BUTTER (NACH BELIEBEN)
3-4 EL SCHWARZE OLIVEN, HALBIERT
FRISCHE KRÄUTER (NACH BELIEBEN)

Fisch, Miesmuscheln, Weißwein und Estragon in einen Topf geben, salzen. Mit aufgelegtem Deckel 8 Minuten garen. Die Miesmuscheln sollten sich jetzt geöffnet haben.
Fisch und Muscheln auf eine Servierplatte geben, geschlossene Muscheln aussortieren und wegwerfen. Den Fond um die Hälfte einkochen. Nach Belieben die Butter einrühren und den Fond über den Fisch gießen. Mit Oliven und eventuell frischen Kräutern bestreuen.

WAS FÄNGT MAN MIT DEM KOPF AN? Ich glaube nicht, dass es viele Menschen gibt, die einen Steinbeißerkopf betrachten und denken: »Das sieht aber gut aus!« Doch nicht nur der Kopf des Steinbeißers, sondern der Kopf fast aller Fische ist eine Delikatesse, die doppelt Freude macht. Erstens findet man eine Menge gutes Fleisch im Nacken und in den Bäckchen sogar die allerbesten Stücke des ganzen Fischs. Außerdem enthält der Kopf viel Bindegewebe und Gräten, sodass ich daraus einen fabelhaften Fond zubereiten kann, der nicht nur als Grundlage für gute Fischsuppen dient, sondern in vielen Fällen so viel aufgelöste Gelatine enthält, dass er von allein fest wird.

Die besten Köpfe liefern Dorsch, Steinbeißer, Lachs und Heilbutt. In der Fischhandlung sind Köpfe in der Regel billig zu haben, häufig sogar umsonst. Im folgenden Rezept erkläre ich, wie ein Steinbeißerkopf gedünstet wird, man kann ihn aber auch im Ofen backen oder in Salzwasser oder Fond garen.

Gedünsteter Steinbeißerkopf

Ich bin einmal von einem Steinbeißer, als ich ihm den Kopf bereits abgeschnitten hatte, noch so gebissen worden, dass meine Fingernägel blau wurden. Das hatte zur Folge, dass ich nicht nur von Hunger beherrscht werde, wenn ich Steinbeißer zubereite. Auch Rachegelüste spielen noch immer eine Rolle.
Der Kopf eines Steinbeißers ist nicht nur Furcht einflößend, er schmeckt auch gut. Im Nacken sitzt gutes Fleisch und die Bäckchen gehören zum Allerbesten. Mir gefällt es, dass dieses Gericht gefährlich aussieht, aber ich würde es natürlich nicht jedem vorsetzen. Für zart besaitete Gemüter kann man das Fleisch auch auslösen. Pro Person rechne ich einen Kopf, wenn es ein Hauptgericht sein soll. Ich serviere ihn allerdings am liebsten als eine Art Beilage oder Vorspeise, dann reicht ein Kopf für mehrere Gäste.

1 STEINBEISSERKOPF
1–2 TL SALZ
1 LORBEERBLATT
1–2 TL GETROCKNETE KRÄUTER (ETWA KRÄUTER DER PROVENCE)
100 ML WEISSWEIN

Den Kopf von den Kiemen befreien und alle Blutreste gründlich abspülen. Den Kopf mit Salz einreiben, dann in einem Topf mit der Schnittseite nach unten auf das Lorbeerblatt legen. Mit den Kräutern bestreuen und mit Weißwein übergießen. Einen Deckel auflegen und den Kopf 15–20 Minuten garen. Vom Herd nehmen und vor dem Servieren noch 5 Minuten stehen lassen.

Eine anständige Fischsuppe

Eine von der klassischen französischen Bouillabaisse inspirierte Fischsuppe. Für den Fond verwende ich Plattfischgräten, einen Dorschkopf (die Kiemen entfernen) und andere Reste, je nach Verfügbarkeit. Darin gare ich dann Fischstücke, nach Möglichkeit verschiedene Sorten. Ich nehme fast ausschließlich magere, weißfleischige Fische. Seelachs, Dorsch, Wittling, Seeteufel, Rotbarsch und Heilbutt – sie alle sind gut geeignet. Makrele und Lachs dagegen verleihen der Suppe einen unangenehm bitteren Geschmack.

Für 8–10 Personen

150 ML OLIVENÖL
2 FENCHELKNOLLEN, GEHACKT
1 ZWIEBEL
2-4 KNOBLAUCHZEHEN
1 KG FISCHRESTE, KÖPFE UND GRÄTEN VON WEISSEM FISCH UND PLATTFISCHEN
2 L FISCHFOND
2 DOSEN TOMATEN
1 PRISE SAFRAN
2-3 TL PAPRIKAPULVER
CAYENNEPFEFFER
SALZ
1,5-2 KG FISCHSTÜCKE

Die Hälfte des Öls in einem Topf erhitzen. Fenchel, Zwiebel und Knoblauch 5 Minuten darin anbraten. Die Fischreste dazugeben, dann den Fond sowie die Tomaten und alles zum Kochen bringen. 30–45 Minuten köcheln lassen. Die Flüssigkeit durch ein grobes Sieb passieren. Die Rückstände im Sieb gut ausdrücken, damit Gemüsereste und Fisch möglichst viel Flüssigkeit abgeben.
Die Suppe nach Geschmack mit Safran, Paprika und etwas Cayennepfeffer würzen, dann salzen. Die Suppe aufkochen. Die Fischstücke hineingeben und in der Suppe 10–15 Minuten gar ziehen lassen. Mit dem restlichen Olivenöl beträufeln und sofort servieren.

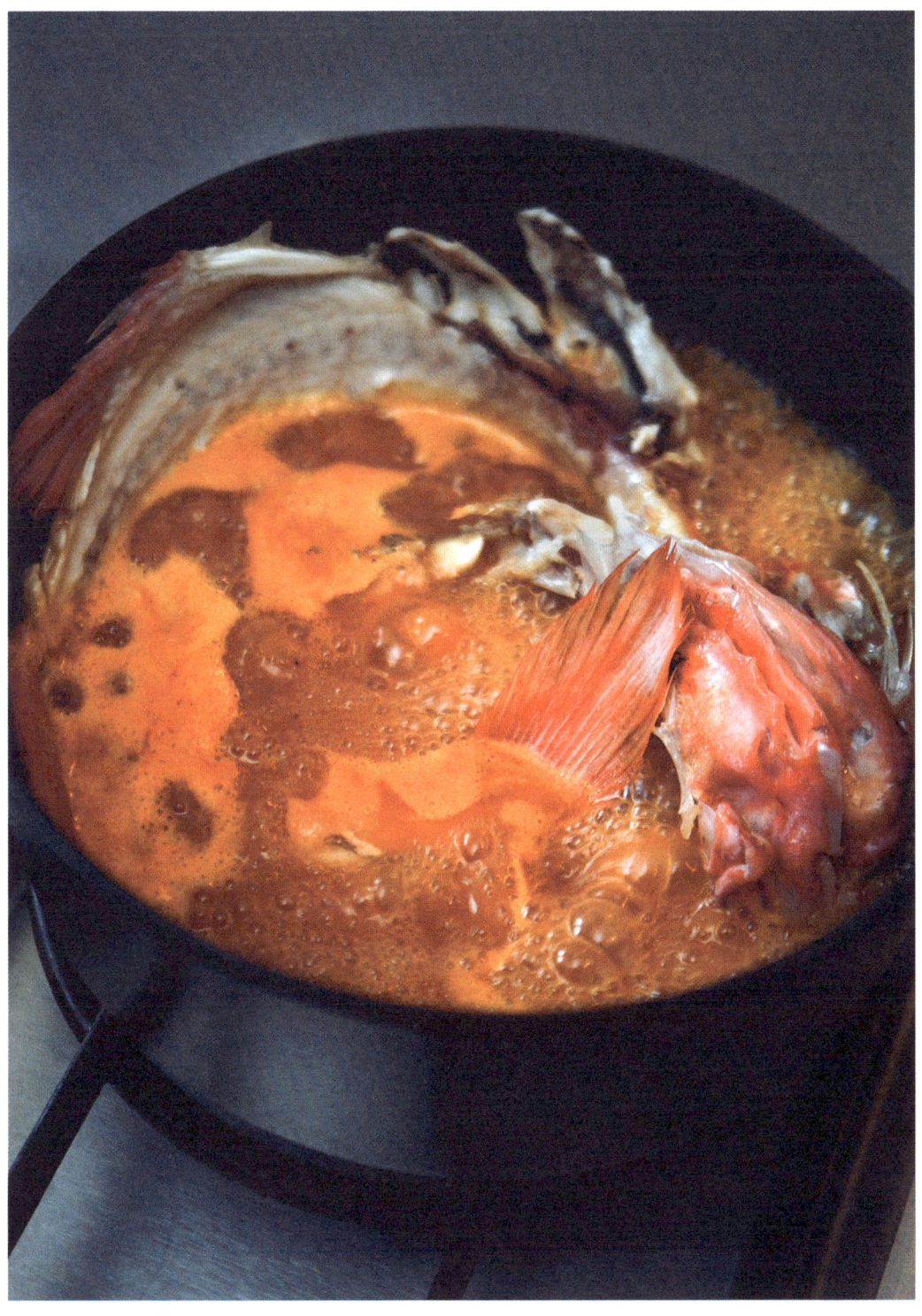

Eingesalzener Fisch mit Nussbutter und Gemüse

Wenn man einen guten Fang gemacht hat und nicht alles sofort verbrauchen kann, empfiehlt es sich, den Fisch einzusalzen, damit er länger frisch bleibt. Das funktioniert gut mit Dorsch, Seelachs und Pollack, bei Plattfischen ist es nicht unbedingt notwendig.

Nussbutter passt wunderbar zu gekochtem Fisch. Sie verleiht ihm einen schönen Bratengeschmack.

Zu diesem Gericht passt eine altmodische Gemüsemischung besonders gut, hier besteht sie aus Kartoffeln, Möhren und Rübchen. Ich koche das Gemüse, aber nicht so lange, wie meine Großmutter es getan hätte, dann gebe ich Salz, Dill und etwas Zitronensaft dazu.

Für 4 Personen

800–1000 G FILET VON WEISSFLEISCHIGEM FISCH, IN 4–6 CM GROSSE STÜCKE GESCHNITTEN
3 EL SALZ
6 KARTOFFELN, GEVIERTELT
3–4 MÖHREN, IN 2–3 CM GROSSE WÜRFEL GESCHNITTEN
2 RÜBCHEN, GEVIERTELT
1 EL FEIN GEHACKTER DILL
ZITRONENSAFT
100 G BUTTER, GEWÜRFELT

Den Boden einer ofenfesten Form mit einer alten Zeitung auslegen. Mit Küchenpapier abdecken. Den Fisch mit Salz einreiben und die Stücke auf dem Küchenpapier verteilen. (Die Zeitung zieht Flüssigkeit an, und das Küchenpapier verhindert, dass der Fisch Druckerschwärze aufnimmt.) Mit Frischhaltefolie zudecken und den Fisch 1–3 Tage im Kühlschrank stehen lassen. Wenn er mehr als 24 Stunden gestanden hat, empfiehlt es sich, ihn vor dem Garen mit etwas Eiswasser zu besprenkeln.

Es ist möglich, Gemüse und Fisch zusammen zu garen, aber ich ziehe zwei getrennte Töpfe vor. In einem Topf die Kartoffeln zum Kochen bringen. Nach etwa 15 Minuten Möhren und Rübchen dazugeben und 7 Minuten mitgaren. Für den Fisch Wasser mit Salz erhitzen. Den Fisch darin etwa 10 Minuten gar ziehen lassen.

In einem kleinen Topf die Hälfte der Butter erhitzen. Wenn sie kräftig brutzelt, die restlichen Butterwürfel einen nach dem anderen dazugeben, dazwischen jeweils kurz warten, damit die Butter bräunt, aber nicht verbrennt. Sobald der letzte Butterwürfel verbraucht ist, den Topf von der Kochstelle nehmen.

Das Gemüse abgießen, mit Salz, Dill und Zitronensaft würzen. Den Fisch aus dem Topf heben. Auf Teller verteilen, mit der Butter übergießen und sofort servieren.

Gebackener Klippfisch mit Zitrone

Der Klippfisch muss mindestens 24 Stunden gewässert werden. Die dicksten Stücke sind die besten. Hier gare ich den Fisch zuerst in Milch, bevor er im Ofen gebacken wird. Ich gebe Zitrone und Oliven dazu, das erinnert mich an portugiesische Klippfischerlebnisse. Auch Zwiebeln, Tomaten und Brokkoli sind gute Begleiter.

Für 4 Personen
400 G KLIPPFISCH
1 L MILCH
3 KNOBLAUCHZEHEN, ZERDRÜCKT
4 ZITRONENSCHNITZE
OLIVEN (NACH BELIEBEN)
OLIVENÖL
ZITRONENSAFT
GEHACKTE PETERSILIE

Den Fisch mindestens 24 Stunden wässern, dabei das Wasser mehrmals wechseln. Den Fisch abspülen und mit der Milch in einen Topf geben. Die Milch zum Kochen bringen, den Topf vom Herd nehmen und den Fisch in der heißen Milch gar ziehen lassen.
Den Backofen auf 225 °C vorheizen. Den Fisch aus der Milch herausnehmen, mit dem Knoblauch würzen und zusammen mit den Zitronenschnitzen und nach Belieben auch Oliven in eine ofenfeste Form legen. Die Fischstücke 5 Minuten backen. Vor dem Servieren mit Olivenöl übergießen, mit Zitronensaft beträufeln und mit Petersilie garnieren.

Im Kamin gebackener Fisch

Wer einen offenen Kamin hat, kann ihn auch zum Kochen nutzen. Hier gart der Fisch in Alufolie neben der Glut. Es ist schwierig, dafür eine präzise Zeitangabe zu machen. Die Technik eignet sich auch für andere Fischarten oder Teilstücke. Ich würze mit Fenchelsamen, Zitrone und etwas Zwiebel. Dazu kommen frische Kräuter nach eigener Wahl. Sie sollen den Fisch vor allzu großer Hitze schützen.

Für 2 Personen
1 KLEINE MEERFORELLE VON 400–500 G
SALZ
ZITRONENSCHEIBEN
1 TL FENCHELSAMEN
½ ZWIEBEL, IN SCHEIBEN GESCHNITTEN
FRISCHE KRÄUTER

Den Fisch mit Salz einreiben. Zusammen mit den anderen Zutaten in Alufolie einpacken. Das Päckchen an den Rand des Feuers in den Kamin legen, in der Nähe der Glut, aber nach Möglichkeit mit etwas Asche dazwischen. Das Päckchen mehrmals umdrehen. Es dauert etwa 15 Minuten, bis der Fisch fertig ist. Herausnehmen und mit einer Gabel einstechen: Ist die Gabel beim Herausziehen heiß, ist der Fisch fertig.

Lachstatar mit Gurke

Beim Filetieren von Fischen bleibt immer ein wenig Fleisch an den Gräten. Daraus lässt sich eine kleine Vorspeise machen. Hier wird roher Lachs zusammen mit einem einfachen Gurkensalat und Rogen serviert. Lachs- oder Forellenrogen findet man im Supermarkt im Kühlregal.

Für 6–8 Personen

250-300 G GURKE

1 TL SALZ

1 TL ZUCKER

400 G LACHS ODER EINE MISCHUNG AUS FRISCHEM LACHS UND RÄUCHERLACHS

1-2 TL DILL

2 EL FEIN GEHACKTE SCHALOTTEN

LACHS- ODER FORELLENROGEN

Die Gurke fein hacken, mit Salz und Zucker bestreuen und einige Minuten ziehen lassen. Den Lachs fein hacken. Die Gurke abgießen, mit Dill und Zwiebel mischen. Den Salat auf kleine Gläser verteilen, gehackten Lachs sowie ein wenig Rogen darauf anrichten.

Schalen- und Krustentiere

Manchmal fahre ich mit meinen Kindern zum Fischen. Der Fjord liegt glitzernd vor uns, und wenn ich den Außenbordmotor in Gang bekomme, gibt es nur wenige Dinge, die schöner sind, als rauszufahren. Der monotone Rhythmus meines einzylindrigen Marna hat auf Groß und Klein eine beruhigende Wirkung. Aber für lange Ausflüge reicht bei den Kleinen die Geduld noch nicht. Wenn der Fisch nicht sofort anbeißt, kann man es vielleicht noch eine Stunde lang versuchen, aber nicht zwei oder drei.

Das Sammeln am Ufer dagegen ist etwas, das Kinder niemals satt bekommen. Als ich selbst noch klein war, konnte ich den ganzen Tag unten am Bootshaus mit einer Vielzahl von Projekten verbringen: Krabben fischen, schöne Muscheln sammeln, Strandgarnelen fangen … Die Einsiedlerkrebse waren so daran gewöhnt, eingefangen zu werden, dass sie mir mit ihren Scheren zuwinkten, wenn ich auf sie zuging.

Heute erweitere ich mit dem Sammeln am Strand unseren Speiseplan. Es gibt dort viel mehr zu holen, als man sich vorstellen kann. Fast alles, was bei Ebbe auftaucht, ist essbar – angefangen bei Miesmuscheln, über Krabben und Schnecken bis hin zu den kleinen Garnelen, die unter Seetang und Algen Schutz suchen. Zu den Spezialitäten für Fortgeschrittene gehören Seeigel und Seeanemonen.

Wenn man weiter draußen im Fjord unterwegs ist, wird aus dem Spiel schnell Ernst. Das wurde mir zum ersten Mal klar, als ich mich mit der Aalgabel auf die Jagd nach Krabben machte und dabei in ein Handgemenge mit einem besonders wohlausgerüsteten Taschenkrebs geriet. Es war für keinen von uns beiden angenehm. Aber als der Krebs mit Mayonnaise auf dem Teller lag, fand ich, es hatte sich gelohnt.

Wer den Schalen- und Krustentieren weiter draußen im Fjord nachstellen will, muss besondere Fangmethoden perfektionieren – angefangen beim Krabbensammeln auf den kahlen Granitfelsen über das Tauchen nach Jakobsmuscheln und die Kaisergranatfischerei, bis hin zur durch und durch professionellen Garnelenfischerei.

Was auch immer man mit nach Hause bringt – es sollte mit der allergrößten Sorgfalt behandelt werden. Schalen- und Krustentiere gehören zum Exklusivsten und Wohlschmeckendsten, was das Meer zu bieten hat.

Die meisten Schalentiere eignen sich wunderbar für sommerliche Gerichte, haben aber leider in den Wintermonaten Saison. Einzige Ausnahme hier sind die Taschenkrebse, die im Spätsommer am besten schmecken.

MIESMUSCHELN Miesmuscheln vermehren sich im Frühling, wenn die Wassertemperatur zehn bis zwölf Grad erreicht hat. Die Männchen verspritzen ihre Milch und die weiblichen Muscheln senden ihre Eier aus – bis zu zehn Millionen schafft eine einzige Muschel. Danach sind sie verständlicherweise ziemlich ausgezehrt. Doch in den Monaten zuvor, wenn das Wasser noch kalt ist, sind die Muscheln vollgestopft mit Energie. Objektiv sind die Muscheln in dieser Zeit am besten.

Das Problem besteht darin, sie zu sammeln. Im März auf glatten Granitfelsen zu balancieren, kann ein riskanter Sport sein, und die Konsequenzen eines Fehltritts sind groß.

Es ist eine Sache, die Hände einmal in das eiskalte Meerwasser zu tauchen, oder auch zweimal, wenn man aber genug für ein Essen haben will, ist weit mehr erforderlich. Ich habe oft mit roten, vollkommen gefühllosen Armen meine Arbeit beendet. Wenn das Blut allmählich wieder zirkuliert und wie tausend Nadeln in die Arme sticht, dann überlege ich mir schon, ob es die Mühe wert ist.

Ein wenig später, vor dem Kamin mit einer großen Schüssel frisch gekochter Muscheln, ist klar, dass der Genuss größer ist als das Unbehagen. Es hat wehgetan, aber ja, und es war mehr als nur ein bisschen anstrengend. Aber auf eine gute Art und Weise. Die großen Muscheln füllen ihre Schalen fast vollständig aus, sie sind saftig und von einer wunderbaren, zarten, feinen Süße, wie man sie sonst nur bei guten Krustentieren findet. Ein kleiner Hauch Chili bringt den Blutkreislauf in Schwung und treibt uns eine Schweißperle auf die Stirn.

Subjektiv liebe ich die Muscheln im Sommer am meisten. Zwar ist der Geschmack nicht der gleiche wie im Winter und die Muscheln haben auch nicht den gleichen Überschuss zu bieten. Aber die Muscheln zu sammeln und anschließend draußen zu kochen, das ist für mich der Inbegriff sommerlicher Vergnügungen. Das Sammeln ist ein Spiel, bei dem man Zeit und Lust hat, jede Muschel etwas genauer anzusehen, sie in der Hand zu wiegen und einzuschätzen, ob sie allzu viel Schrubben erforderlich machen wird. (Ich schrubbe die Muscheln gleich dort, wo ich sie sammle, dann ist diese Arbeit erledigt.) In meinem Schuppen steht ein großer Gaskocher, und gelegentlich nehme ich einen Topf mit, eine Handvoll Kräuter, ein paar Zwiebeln und eine Flasche Weißwein, wenn ich mich auf die Muschelfelsen begebe, und damit bereite ich dort gleich das Essen zu. Wenn spielende Kindern dabei sind, ist es wichtig, um den

Topf herum eine Art »Flugverbotszone« einzurichten. Für mich ist das die perfekte Sommeridylle und so viel mehr als die Summe der einzelnen Bestandteile.

Wenn ich Muscheln sammeln möchte, halte ich nach einer Stelle ohne allzu viel Seetang oder Algen Ausschau. Zu meinem Land gehört ein kleiner Küstenstreifen, der zu Beginn des Sommers vollständig mit Muscheln bedeckt ist – die erste Stelle, die leer geräumt wird. Bevor der Sommer vorüber ist, lege ich dort einen Eimer mit besonders großen Muscheln ab. Einige von ihnen werden weggespült, bevor sie es schaffen, sich festzusetzen, aber der Rest wird wenigstens für ein nicht allzu schmerzhaftes Mittagessen im Winter oder im Frühjahr reichen.

Wer an der Küste wohnt, kann versuchen, Miesmuscheln anzusiedeln. Es ist eine natürliche und gar nicht arbeitsintensive Form der Aufzucht. Das entdeckte ich, als ich eine Boje hochnahm, die schon seit ein paar Jahren vor meinem Bootshaus im Wasser gelegen hatte. Das Tau und auch die Kette waren vollständig mit kleinen Miesmuscheln bedeckt. Manche waren nicht einmal gar so klein. So einfach ist das. Wenn die Strömungsverhältnisse gut sind, braucht man nichts weiter als ein Tau, um Miesmuscheln anzusiedeln. Ich habe gelesen, dass es am besten ist, altmodische Seile aus Hanf zu verwenden, aber meiner Erfahrung nach setzen sich die Muscheln fast überall fest. An einem frei hängenden Tau wachsen sie schneller und es setzt sich weniger Schlamm an ihnen fest. Es dauert im Durchschnitt zwei Jahre, bis die Muscheln groß genug sind, um gegessen zu werden.

GIFTIGE MIESMUSCHELN Miesmuscheln führen ihr Leben sozusagen mit offenem Mund. Sie filtern das Wasser und nehmen an Nährstoffen alles auf, was sie kriegen können. Das Problem dabei besteht darin, dass gute Inhaltsstoffe von den Muscheln ebenso aufgenommen werden wie schlechte. An Küstenabschnitten mit verunreinigtem Wasser sollte man daher mit dem Verzehr von Muscheln vorsichtig sein.

Auch bestimmte Formen der Algenblüte machen die Muscheln ungenießbar. Die Stoffwechselprodukte der Algen sind nur für den Menschen gefährlich, nicht für die Muscheln, sodass man es ihnen nicht ansieht, ob sie genießbar sind oder nicht. Zum Glück treten die giftigen Algen in Südnorwegen vorzugsweise von April bis Juni auf, in Nordnorwegen von Mai bis August. Das ist der Zeitraum nach dem Laichen, wenn die Muscheln ohnehin nicht schmecken. Die Vermehrung der Algen wird an einer Reihe von Messstationen an der Küste überwacht. Ob der Verzehr von Muscheln gerade unbedenklich ist, kann man im Internet unter www.matportalen.no (auch auf Englisch) erfahren.

DER KAUF VON MIESMUSCHELN Die Muscheln, die man im Laden kauft, haben meist eine längere Reise hinter sich, und es kann über eine Woche vergangen sein, seit man sie aus dem Meer geholt hat (empfohlene Haltbarkeit acht Tage). Ein Beutel Muscheln aus dem Laden ist in der Regel viel leichter als die gleiche Menge selbst gesammelter Muscheln. Obwohl diese Weichtiere die einzigartige Fähigkeit haben, ihre Schalen zu verschließen, um auf Hochwasser zu warten, verlieren sie nach und nach eine ganze Menge Flüssigkeit. Deshalb empfiehlt es sich, die Tüte mit den Muscheln in der Hand zu wiegen, bevor man sich zum Kauf entschließt. Wenn sich die Packung viel leichter anfühlt als das angegebene Gewicht am Tag der Verpackung – meist eineinhalb Kilo – sind die Muscheln dehydriert. Dann sollte man vielleicht besser etwas anderes kochen.

Zuchtmiesmuscheln wachsen schneller als wilde Muscheln. Das bedeutet, dass die Schalen viel dünner sind und folglich mit Vorsicht behandelt werden müssen.

Die Miesmuschelzucht ist eine für die Umwelt vergleichsweise schonende Sache und beruht in erster Linie darauf, dass die Muscheln an leichter zugänglichen Stellen angesiedelt werden. Den Muscheln wird aber keine zusätzliche Nahrung zugeführt.

MIESMUSCHELN PUTZEN UND GAREN Miesmuscheln lassen sich ganz einfach zubereiten. Unter Hitzeeinwirkung öffnen sie ihre Schalen. Das bedeutet, dass sie fertig sind. Dennoch gibt es einiges, das man sich merken sollte:

Miesmuscheln können frisches Leitungswasser nicht sonderlich gut vertragen, sodass es besser ist, die Muscheln gleich am Strand zu putzen als in der Küche. Sie dürfen in jedem Fall nicht lange in Leitungswasser liegen bleiben. Gesunde Muscheln sollten in der Lage sein, sich bei der Begegnung mit kaltem Wasser aus der Leitung und anderen Bedrohungen zu schließen. Muscheln, deren Schalen halb offen bleiben, sind wahrscheinlich krank oder tot und sollten weggeworfen werden.

Wenn man die Muscheln reinigt, ist es üblich, den »Bart« zu entfernen (die Byssusfäden, mit deren Hilfe sie sich am Untergrund festhalten). Das ist mit das Brutalste, was man einer Miesmuschel antun kann, oft nimmt man ihr damit das Leben. Deshalb ist es wichtig, den Bart erst möglichst kurz vor der Zubereitung zu entfernen. In den Rezepten heißt es gewöhnlich, dass die Muscheln so lange gegart werden sollen, bis sich alle geöffnet haben. Muscheln, die dann noch geschlossen sind, müssen aussortiert werden. Und daran sollten Sie sich halten, wenn Sie die Muscheln beim Fischhändler gekauft haben. Dieser besonderen Vorsicht bedarf es bei selbst gesammelten Muscheln nicht, bei denen man genau weiß, dass sie frisch und lebendig sind. Ich nehme den Topf vom Herd, wenn sich rund zwei Drittel geöffnet haben. So bleiben sie schön saftig und prall. Sollen viele Muscheln auf einmal gegart werden, empfiehlt es sich, mindestens einmal während des Kochvorgangs gut umzurühren.

Wer selbst gesammelte Miesmuscheln zubereiten will, sollte bedenken, dass diese Muscheln viel mehr Flüssigkeit enthalten – also Salzwasser – als gekaufte. Man sollte sie daher ein paar Minuten in ihrer eigenen Flüssigkeit garen und ein wenig von diesem Wasser abgießen, bevor eventuell Wein oder andere Geschmackszusätze in den Topf kommen.

EIN WICHTIGER HINWEIS Wenn Sie selbst Schalentiere am Strand sammeln wollen oder Jagd auf Krustentiere machen möchten, sollten Sie sich vorher unbedingt über die jeweils geltenden gesetzlichen Vorschriften informieren.

Miesmuscheln mit Knoblauchmayonnaise

Ich serviere sie entweder mit einer selbst gemachten Knoblauchmayonnaise mit Paprika (siehe Seite 29) oder einer etwas intensiveren Rouille (Rezept siehe unten) – am liebsten mit beidem.

Für 2 Personen
1–1½ KG MIESMUSCHELN
½ ZWIEBEL, FEIN GEHACKT
SCHNITTLAUCHRÖLLCHEN ODER 1 HANDVOLL ANDERE KRÄUTER (NACH BELIEBEN)
100 ML WEIN ODER BIER (NACH BEDARF)

Rouille:
1 PRISE SAFRANFÄDEN
2 TL WEISSWEINESSIG ODER ZITRONENSAFT
2–4 KNOBLAUCHZEHEN
CHILIFLOCKEN
1 TL GROBES SALZ
1–2 SCHEIBEN WEISSBROT OHNE KRUSTE, ZERKRÜMELT
200 ML ÖL
ETWAS KOCHENDES WASSER ODER FISCHFOND

Die Muscheln säubern, Bärte entfernen, kleine Seepocken abkratzen. Insbesondere selbst gesammelte Muscheln in ein Sieb legen, damit sie einen Teil ihrer Flüssigkeit abgeben können.

Die Rouille zubereiten: Den Safran in Essig oder Zitronensaft einweichen. Knoblauch und Chiliflocken zusammen mit dem groben Salz im Mörser fein zerstoßen. Den Essig einrühren (mit den Safranfäden). Nach und nach Brotkrümel und Öl untermischen, dabei mit dem Stößel stetig rühren. Falls nötig ein wenig kochendes Wasser dazugeben (oder Fischfond). Die fertige Rouille sollte dick und halbfest sein. Nach Geschmack mit mehr Chiliflocken würzen.

Zubereitung der Muscheln: *Selbst gesammelte Muscheln* benötigen keine zusätzliche Flüssigkeit. Einen Topf bei starker Hitze auf den Herd stellen. Die Muscheln hineingeben, Zwiebel und Kräuter darüberstreuen. Den Topf verschließen und die Muscheln 3–4 Minuten in ihrer eigenen Flüssigkeit garen. Für *gekaufte Muscheln* zunächst 100 Milliliter Wein, Bier oder Wasser im Topf erhitzen, bevor die Muscheln dazukommen. Umrühren und 3–4 Minuten garen, bis sich die Muscheln geöffnet haben. Den größten Teil der Garflüssigkeit vor dem Servieren abgießen. Insbesondere bei selbst gesammelten Muscheln ist sie sehr salzig.

Miesmuscheln in Bier

Miesmuscheln in Weißwein sind klassisch, aber auch mit Bier schmecken sie sehr gut. Ich brate zuerst die Zwiebel an, zusammen mit etwas Sternanis.

Für 4 Personen

2 KG MIESMUSCHELN
2 EL ÖL ODER BUTTER
2-3 ZWIEBELN, GEHACKT
1 STERNANIS
300 ML BIER

Die Muscheln säubern, Bärte entfernen, kleine Seepocken abkratzen. Insbesondere selbst gesammelte Muscheln in ein Sieb legen, damit sie einen Teil ihrer Flüssigkeit abgeben können.
In einem großen Topf, der alle Muscheln aufnehmen kann, Öl oder Butter erhitzen. Die Zwiebeln zusammen mit dem Sternanis in Öl oder Butter anbraten. Wenn die Zwiebeln schön gebräunt sind, mit etwa 100 Milliliter Bier ablöschen, gut umrühren und die Zwiebeln mit dem Schaumlöffel in eine kleine Schüssel umfüllen.
Die Muscheln in den Topf geben. Selbst gesammelte Muscheln benötigen keine zusätzliche Flüssigkeit, gekaufte Muscheln mit dem restlichen Bier aufgießen. Den Topf verschließen und die Muscheln 3–4 Minuten garen. Gut umrühren und falls nötig einen Teil des ausgetretenen Salzwassers abgießen. Die gebratenen Zwiebeln mit dem Bier hinzugeben, dann 3–4 Minuten weitergaren, bis sich die Muscheln geöffnet haben.

Miesmuscheln mit Anis

Der lakritzartige Geschmack von Anis passt gut zu Miesmuscheln, und er wird noch durch einen kleinen Schuss Pastis, Ouzo oder Raki verstärkt, die ebenfalls lakritzartig schmecken. Mit etwas frisch gehacktem Estragon abschmecken. Aquavit unterstreicht den Geschmack von Gewürzen wie Kümmel.

Für 4 Personen als Vorspeise

1 KG MIESMUSCHELN
BUTTER
3-4 EL PASTIS
1 TL ANISSAMEN
4 EL FEIN GEHACKTE ZWIEBEL
ESTRAGON (NACH BELIEBEN)
1 KNOBLAUCHZEHE, SEHR FEIN GEHACKT
    (NACH BELIEBEN)

Die Muscheln säubern, Bärte entfernen, kleine Seepocken abkratzen. Insbesondere selbst gesammelte Muscheln in ein Sieb legen, damit sie einen Teil ihrer Flüssigkeit abgeben können.
In einem großen Topf, der alle Muscheln aufnehmen kann, die Butter erhitzen. Die restlichen Zutaten hineingeben und 1 Minute köcheln lassen. Die Miesmuscheln in den Topf füllen und den Deckel auflegen. 8 Minuten garen, bis sich die Muscheln geöffnet haben. Zwischendurch den Topf ein paar Mal schütteln oder mit einem Kochlöffel umrühren.

Pasta mit Miesmuscheln

Linguine alle cozze ist ein klassisches süditalienisches Gericht, würzig und temperamentvoll. Es gehört zu meinen absoluten Favoriten im Sommer, aber wenn ich es mit den besonders guten Muscheln in der kalten Jahreszeit zubereite, kommt es mir vor, als wäre es eigentlich ein Wintergericht.

Auf Sardinien und Sizilien wird diese Pasta mit Spänen von Bottarga bestreut, eingesalzenem getrocknetem Fischrogen, der im ganzen Mittelmeerraum beliebt ist. Das ist zwar nicht unbedingt notwendig, verleiht dem Gericht aber zusätzlich Geschmack und Fülle. Ebenfalls gut dazu: ein wenig konzentrierter Garnelenfond oder frische Seeigel.

Für 4 Personen

1 KG MIESMUSCHELN
½ ZWIEBEL, FEIN GEHACKT
3–5 EL FEIN GEHACKTE GLATTE PETERSILIE (PETERSILIENSTÄNGEL AUFBEWAHREN)
100 ML WEISSWEIN (NACH BEDARF)
400 G CASARECCE ODER FRICELLI
200 G KIRSCHTOMATEN, GEHACKT
2 KNOBLAUCHZEHEN, ZERDRÜCKT
CHILIFLOCKEN
100 ML GUTES OLIVENÖL

Die Muscheln säubern, Bärte entfernen, kleine Seepocken abkratzen. Insbesondere selbst gesammelte Muscheln in ein Sieb legen, damit sie einen Teil ihrer Flüssigkeit abgeben können.

Die Miesmuscheln in einem großen Topf zusammen mit der Zwiebel und den Petersilienstängeln garen, selbst gesammelte Muscheln in ihrer eigenen Flüssigkeit, gekaufte in Weißwein. Die Muscheln garen, bis sie sich geöffnet haben. Dann in eine große Schüssel geben, die Garflüssigkeit auffangen und beiseitestellen. Wenn die Muscheln ein wenig abgekühlt sind, einige zum Garnieren beiseitestellen, die übrigen aus ihren Schalen lösen.

Die Pasta in leicht gesalzenem Wasser bissfest kochen. In der Zwischenzeit die ausgelösten Miesmuscheln mit Tomaten, Knoblauch, Chiliflocken und Öl vermengen.

Die fertigen Nudeln abgießen und unter die Muschel-Tomaten-Mischung heben. Mit der Garflüssigkeit der Miesmuscheln abschmecken, bis der Salzgehalt stimmt. Mit Petersilie bestreuen, durchheben und mit den restlichen Muscheln garniert servieren.

Paella

Nicht übertrieben authentisch, aber auf jeden Fall ein Hochgenuss. Ein spanisches Gericht mit dem Aroma skandinavischer Strände. Ich verwende, was ich an Muscheln in der Gezeitenzone finde und an Fisch gerade zur Hand habe.

Am allerbesten wird die Paella mit einem Fond aus Strandkrabben und Garnelenschalen.

Als ich die Paella zum ersten Mal zubereitete, habe ich Milchreis genommen. Das hat bestens funktioniert. In Spanien schwört man auf Calasparra- oder Bomba-Reis.

Für 4–6 Personen

500 G GARNELEN

1 KG STRANDKRABBEN, IN REICHLICH SPRUDELND KOCHENDEM WASSER
   GETÖTET (NACH BELIEBEN)

2-3 KNOBLAUCHZEHEN

½ ZWIEBEL, GROB GEHACKT

1-3 GETROCKNETE CHILISCHOTEN

ÖL

400 G RUNDKORNREIS

2 TL PAPRIKAPULVER

1 PRISE SAFRANFÄDEN

1 WÜRFEL FISCHBRÜHE (NACH BELIEBEN)

500 G FRUTTI DI MARE (TIEFGEKÜHLT UND AUFGETAUT)

1 KG MIESMUSCHELN, GEPUTZT

200 G KIRSCHTOMATEN

Die Garnelen schälen. Sowohl Schale als auch Fleisch aufbewahren. Die Strandkrabben halbieren. Strandkrabben, Garnelenschalen und -köpfe zusammen mit Knoblauch, Zwiebel und Chilischoten in einem Topf in etwas Öl anbraten. Mit eineinhalb Liter Wasser aufgießen und zum Kochen bringen. 20–25 Minuten kochen lassen. Durch ein Sieb gießen, die Schalen wegwerfen.

Den Fond zurück in den Topf füllen, den Reis hineingeben und aufkochen. Paprikapulver und Safran zufügen. Unter häufigem Rühren aufkochen lassen. Wenn der Reis zu trocken wird, etwas Wasser angießen. Nach Belieben für einen kräftigeren Geschmack den Brühwürfel darin auflösen. Wenn der Reis fast gar ist, die Meeresfrüchte und Miesmuscheln hineingeben und köcheln lassen, bis die Meeresfrüchte gar sind und die Muscheln sich geöffnet haben. Falls gewünscht die Schalen der Miesmuscheln entfernen. Vor dem Servieren Kirschtomaten und Garnelenschwänze in die Paella geben.

STRANDKRABBEN Als Kind gehörte es zu meinen Leidenschaften, auf Krabbenfang zu gehen. Was mit spielerischer Neugier begann, endete in einer Krabbenfangindustrie, in der verschiedene Fangmethoden ihre Effizienz unter Beweis stellen mussten. Den größten Erfolg hatte ich mit zerdrückten Miesmuscheln, die mit Wäscheklammern an Angelschnüren befestigt wurden. Manchmal hatte ich ein Dutzend Schnüre gleichzeitig draußen und rannte wie in Trance zwischen ihnen hin und her – besessen von dem Gedanken, dass es keiner Krabbe gelingen sollte, sich an Miesmuscheln satt zu fressen, ohne dass ich sie fing. Wenn ich es schaffte, 20 kleine Krabben zu fangen, setzte ich meine Fangquote für den nächsten Tag auf 30 herauf – und das, obwohl ich nichts anderes mit ihnen anzufangen wusste, als sie am Ende des Tages wieder freizulassen.

Für den Krabbenfang kann man auch kleine Reusen verwenden. Die einfachsten und preiswertesten bestehen aus Netzstoff. Sie sind nicht so haltbar wie Reusen aus Korbgeflecht oder Draht, und die Krabben schaffen es immer wieder, sich daraus zu befreien. Aber wenn man sie nur tagsüber benutzt, während man sie in regelmäßigen Abständen kontrollieren kann, sind sie gut genug.

Als Kind fragte ich immer wieder, ob ich ein paar der Krabben essen dürfe, bekam aber zur Antwort, sie seien zu klein. Ein paar Mal erhielt ich dann doch die Erlaubnis, einige von ihnen zu kochen, und es stellte sich heraus, dass die Erwachsenen recht hatten: Das Krabbenfleisch musste mit einer Nadel herausgepult werden, und es waren nur wenige Gramm einer fadenartigen Substanz, die ich zu mir nehmen konnte.

Dennoch sind Strandkrabben eine wahre Delikatesse. Nicht weil sie viel Essbares enthalten, sondern weil sie einen köstlichen Fond ergeben (nur übertroffen von einem Fond aus Kaisergranat). Der eigentliche Prozess verlangt nur wenig technisches Wissen. Ein großer Kochlöffel, ein paar Sekunden verzweifeltes Krabbeln, das Knirschen von dünnen Krabbenbeinen – dann ist es völlig still. Und kurze Zeit später füllt sich das Haus mit dem Geruch des kochenden Krustentierfonds. Sie lebend zu zerdrücken mag ziemlich gewalttätig erscheinen (und ist auch gar nicht überall erlaubt). Wer sich dazu nicht überwinden kann, wirft die Krabben in einen großen Topf mit sprudelnd kochendem Wasser. In manchen Ländern, so auch in Deutschland, verlangt das Tierschutzgesetz ohnehin, dass Krustentiere nur auf diese Weise getötet werden dürfen. Dann sind sie in Sekundenschnelle tot und können weiterverarbeitet werden wie im jeweiligen Rezept angegeben.

Strandkrabbenfond

Die kleinen Strandkrabben haben keinen großen kulinarischen Wert, aber wenn es darum geht, einen guten Krustentierfond herzustellen, sind sie nicht zu schlagen. In Ermangelung von Strandkrabben nimmt ein Taschenkrebs den Weg in den Kochtopf. Die kleinen Krabben brauchen nicht länger zu kochen als 15–20 Minuten, damit der gute Geschmack freigesetzt wird, und deshalb schmeckt der Fond frischer als andere, die längere Kochzeiten erfordern. Ich verwende den Fond für viele Gerichte, angefangen bei Fischsuppen bis zu Couscous und Risotto.

Ergibt etwa 1 Liter

ÖL

ETWA 15 KLEINE STRANDKRABBEN, IN REICHLICH SPRUDELND KOCHENDEM
 WASSER GETÖTET (ODER 1 KG GARNELEN ODER GARNELENSCHALEN)

2 SCHALOTTEN (ODER 1 ZWIEBEL), GROB GEHACKT

4 KNOBLAUCHZEHEN, HALBIERT

2 LORBEERBLÄTTER

5 PFEFFERKÖRNER

1 SCHUSS WEISSWEIN (NACH BELIEBEN)

In einem großen Topf bei hoher Temperatur das Öl erhitzen und die Krabben, die Zwiebel und den Knoblauch hineingeben. Die Krabben mit einem großen Kochlöffel zerdrücken.
Bei starker Hitze 3–5 Minuten braten. Gewürze, Wein und so viel Wasser hinzufügen, dass sich insgesamt etwas mehr als ein Liter Flüssigkeit im Topf befindet. Aufsteigenden Schaum abschöpfen. Den Fond 15 Minuten kochen lassen. Durch ein Sieb, am besten mit einem Küchentuch ausgelegt, abgießen.

Strandkrabbensuppe mit Dorsch

Die Strandkrabben für den Fond sammeln wir sozusagen vor der Haustür. Als Einlage eignet sich eigentlich jede Art von Fisch – falls ich Fisch kaufen muss, nehme ich gern Heilbutt.

Für 2 Personen
ÖL
3-4 STRANDKRABBEN, IN REICHLICH SPRUDELND KOCHENDEM WASSER GETÖTET
    (ODER DIE ENTSPRECHENDE MENGE GARNELENSCHALEN)
1 ZWIEBEL, GEHACKT
1 KNOBLAUCHZEHE, GEHACKT (NACH BELIEBEN)
WEISSWEIN (NACH BELIEBEN)
1 STANGE LAUCH, GEHACKT
2 MÖHREN, GEHACKT
100 ML SAHNE
100 G ERBSEN
300 G DORSCH, IN STÜCKE GESCHNITTEN
1 HANDVOLL GESCHÄLTE GARNELEN

In einem Topf das Öl erhitzen. Die Strandkrabben zusammen mit der Zwiebel sowie nach Belieben dem Knoblauch darin kräftig anbraten. Die Krabben mit einem Kochlöffel zerdrücken. Mit einem halben Liter Wasser übergießen, falls gewünscht einen Teil des Wassers durch Weißwein ersetzen. Aufkochen. Den grünen Teil der Lauchstange sowie die Hälfte der Möhren hineingeben und alles 20 Minuten kochen lassen. Die Flüssigkeit durch ein Sieb in einen sauberen Topf gießen und die Sahne dazugeben. Aufkochen und 5 Minuten köcheln lassen. Den Fisch sowie das restliche Gemüse 6–8 Minuten darin gar ziehen lassen. Die Suppe auf tiefe Teller verteilen, mit Garnelen bestreuen und servieren.

Garnelenrisotto

Dieser Risotto variiert ein Thema, auf das ich immer wieder zurückkomme. Auch hier verwende ich den Strandkrabbenfond von Seite 304. Der Risotto enthält Fischstücke sowie Garnelen. Ich habe auch etwas Chili hineingegeben, um ihm Temperament zu verleihen, aber das ist Geschmackssache.

Risottoreis wie Arborio oder Carnaroli gibt es heute in jedem Supermarkt, aber notfalls kann man auch Milchreis verwenden.

Was den Fisch betrifft, so nehme ich, was ich gerade zur Hand habe, gewöhnlich Dorsch, Pollack oder Lippfisch (Letzterer ist nicht mein Lieblingsfisch, eignet sich für den Risotto aber erstaunlich gut).

Für 4 Personen

2 EL BUTTER

2 SCHALOTTEN, FEIN GEHACKT

4 KNOBLAUCHZEHEN, FEIN GEHACKT (NACH BELIEBEN)

5 PFEFFERKÖRNER

2 LORBEERBLÄTTER

400 G RISOTTOREIS

200 ML WEISSWEIN

1 L KRUSTENTIERFOND, ERHITZT

KIRSCHTOMATEN

FISCHFILET IN STÜCKEN

GESCHÄLTE GARNELEN

In einem breiten Topf die Butter erhitzen. Schalotten, Knoblauch, Pfefferkörner, Lorbeerblätter und Reis hineingeben. Unter Rühren in der Butter anschwitzen.

Mit Weißwein ablöschen und unter Rühren kochen lassen, bis der größte Teil des Weins verdampft ist. 200–300 Milliliter Fond hineingeben und weiterkochen, dabei ständig umrühren. Wenn der Reis die Flüssigkeit aufgenommen hat, nach und nach weiteren Fond angießen, bis die Körner gar sind, aber innen immer noch einen festen Kern haben. Das dauert etwa 25 Minuten. Immer wieder probieren, das ist der Trick. Wenn der Fond verbraucht ist, falls nötig mit Wasser weitermachen. Zum Schluss Tomaten, Fischstücke und Garnelen in den Topf geben, einen Deckel auflegen und die Hitze herunterschalten. Servieren, sobald der Fisch gar ist und die Tomaten warm.

AUSTERN Viele tausend Jahre lang haben die Menschen auf Viestad Austern gegessen. Das belegen alte Gerichtsurteile zum Austernsammeln ebenso wie die Überreste einer steinzeitlichen Wohnsiedlung direkt gegenüber dem großen Acker. Erst seit etwa hundert Jahren gelten Austern nicht mehr als Alltagsessen, sondern als Luxusprodukt. Ähnlich ist die Entwicklung im ganzen Land verlaufen.

Austern gibt es fast überall an der norwegischen Küste, von der schwedischen Grenze bis etwa auf die Höhe von Trøndelag. Sie fühlen sich in ziemlich seichtem Wasser wohl, sodass man nur eine Taucher- oder Schwimmbrille benötigt, um sie zu sammeln.

Im Geschmack können sich wilde Austern stark von gezüchteten unterscheiden. Das liegt zum einen daran, dass unsere einheimischen Austern einer anderen Art angehören, sie sind flach und rund. Hinzu kommt, dass sie oft langsamer wachsen und ziemlich groß werden können. Auch das beeinflusst den Geschmack. Die Austern in der Bucht vor meinem Bootshaus sind oft üppig und groß, aber ihnen fehlt etwas von der Frische kleiner Austern, die in tieferen Gewässern und größerer Strömung gewachsen sind. Deshalb serviere ich sie gern gegart, entweder gegrillt, am Rand eines Feuers oder im Ofen gebacken.

Die Austern, die weiter draußen im Fjord wachsen – besonders die, die sich zwischen den beiden Inseln mit feinen Sandbänken und sehr guter Strömung angesiedelt haben – sind für den rohen Verzehr besser geeignet. Eine Grundregel besagt, dass kleine Austern milder schmecken als große. Wenn die Muscheln auf schlammigem Boden einen etwas modrigeren Geschmack angenommen haben, lege ich sie in eine Krabbenreuse und lasse sie einige Tage an einem Platz mit guter Strömung.

AUSTERN ÖFFNEN Wenn rohe Austern ein Genuss sein sollen, müssen sie vor allem frisch sein. Wer sie selbst öffnen will, sollte darauf achten, dass möglichst keine Splitter von der Schale auf dem Weichtier landen.

Am einfachsten lassen sie sich mit einem speziellen Austernmesser öffnen. Es gibt verschiedene Modelle, manche mit stumpfer, breiter Klinge, andere spitz. Die billigeren sind oft genauso gut wie die teuren. Mir scheint, mit den spitzen geht es am besten, weil sie präziser schneiden. Das erleichtert die Aufgabe und verringert die Gefahr abzurutschen und sich zu schneiden.

Die Auster beim Öffnen zum Schutz der Hand mit einem mehrfach gefalteten Küchentuch festhalten. Die gewölbte Schalenhälfte liegt unten, die flache oben. Die Messerklinge seitlich zwischen die Schalenhälften schieben und anschließend herumführen, bis der Schließmuskel erreicht ist. Wenn man diesen Muskel durchtrennt, öffnet sich die Schale. Damit die Austern auf der Servierplatte nicht umkippen, brauchen sie eine Unterlage. Viele Restaurants verwenden dazu zerstoßenes Eis. Das hat den Vorteil, dass es die Austern gleichzeitig kühlt. Für den Hausgebrauch ist grobes Salz oder leicht zusammengeknüllte Alufolie praktischer. Aber auch Seetang ist gut zu gebrauchen.

Begleiter zu rohen Austern

Schalottenessig: Die klassische Beigabe zu Austern ist Rotweinessig mit Schalotten. Dafür drei Teile Rotweinessig mit einem Teil fein gehackter Schalotte vermengen. Ein paar Tropfen über die Auster träufeln und verspeisen.

Ponzu-Sauce: Eine asiatische Variante. Ponzu-Sauce besteht aus Reisessig, Zitrussaft (in der Regel Yuzu) und Sojasauce. Es gibt sie fertig zu kaufen, aber man kann sie auch ganz leicht selbst zubereiten: frisch gepressten Limettensaft, etwas Essig (vorzugsweise Reisessig) und Sojasauce verrühren. Nach Belieben mit fein gehackter Chilischote bestreuen.

Tomatensauce: Dicken Tomatensaft oder pürierte Kirschtomaten mit fein gehackter Schalotte und ein wenig geriebenem Meerrettich verrühren.

Alle Saucen passen auch zu rohen Schwertmuscheln sehr gut.

Gebackene Austern

Wilde Austern können einen ziemlich bitteren Geschmack haben, sodass sie für den rohen Verzehr nicht uneingeschränkt infrage kommen. Ohnehin gibt es viele Menschen, die keine rohen Austern essen – sei es, weil sie sie nicht mögen oder gesundheitliche Bedenken haben. Aber auch für alle, die sich nicht trauen, selbst Austern zu öffnen, ist diese Variante von Austern à la Rockefeller die Rettung. Hier öffnen sich die Muscheln von ganz allein.

Für 2–4 Personen als Vorspeise

GROBES SALZ

12 AUSTERN

50 G DURCHWACHSENER SPECK, IN FEINE SCHEIBCHEN GESCHNITTEN

2 GROSSE HANDVOLL SPINAT (ODER JE 1 HANDVOLL SPINAT UND BRUNNENKRESSE)

1-2 TL FEIN GEHACKTE CHILISCHOTE

1 EL FEIN GEHACKTE ZWIEBEL

2 TL FEIN GEHACKTE PETERSILIE

2 TL PERNOD ODER ½ TL ANISSAMEN

1-2 EL SEMMELBRÖSEL

Den Backofen auf 225 °C vorheizen.

Den Boden einer ofenfesten Form dick mit grobem Salz bestreuen. Die ungeöffneten Austern mit der gewölbten Seite nach unten darauflegen. Den Speck in einer Pfanne knusprig braten. Spinat und eventuell die Brunnenkresse waschen, putzen, dann zum Speck in die Pfanne geben. Wenn der größte Teil des Wassers verdampft ist, die restlichen Zutaten dazugeben und 3 Minuten mitgaren.

Die Austern in den heißen Backofen stellen. Nach kurzer Zeit werden sie sich öffnen – in meinem Ofen dauert das 4-6 Minuten. Den flachen Teil der Schalen entfernen, ein wenig Füllung auf jede Auster legen und im Ofen überbacken, bis die Muscheln an den Rändern ein wenig schrumplig aussehen und sich zusammenziehen. Sofort servieren.

Gebackene Austern mit Salbei

Hier wickle ich die Austern in Salbeiblätter, und das schmeckt wunderbar, besonders wenn die Salbeiblätter groß und fein sind. Auch mit Salbei und dünnen Speckscheiben ein Genuss. Ich gare die Austern am liebsten auf dem Grill, aber man kann sie genauso gut in den Backofen schieben.

Für 2–4 Personen als Vorspeise

4 GROSSE AUSTERN
2 TL BUTTER
4 SALBEIBLÄTTER
2-3 TL ROTWEINESSIG
1 TL GERIEBENER MEERRETTICH
GROBES MEERSALZ

Die Austern aus der Schale lösen, die unteren Hälften ausspülen und aufbewahren. Auf jede Auster einen kleinen Klecks Butter geben. Die Austern mit je einem Salbeiblatt umwickeln. Falls nötig mit einem Zahnstocher befestigen. Anschließend wieder in die ausgespülten Schalenhälften setzen. Die Austern auf den Grill oder in die Glut des Kamins legen. Alternativ im auf 250 °C vorgeheizten Backofen auf einem Rost ganz unten einschieben. Die Garzeit beträgt nur wenige Minuten. Ständig beobachten, damit die Austern nicht zu stark bräunen. Die fertigen Austern mit etwas Rotweinessig beträufeln, Meerrettich sowie Meersalz dazugeben und servieren.

Engel zu Pferde

Eine britische Erfindung sind die mit Speckstreifen umwickelten und dann gebackenen oder gegrillten Austern. *Angels on horseback* heißen sie in ihrer Heimat. Ein leckerer kleiner Snack, der oft auch zusammen mit einem Pendant serviert wird, das aus getrockneten Pflaumen in Speckscheiben besteht, den sogenannten *devils on horseback*.
Für dieses Rezept sind auch Austern aus der Dose geeignet. Die Speckscheiben sollten möglichst dünn geschnitten und trocken sein. Feuchter Speck lässt sich nicht gut braten.

Für 2–4 Personen als Vorspeise

12 GROSSE AUSTERN
6 DÜNNE SCHEIBEN DURCHWACHSENER
    SPECK
PETERSILIENBLÄTTER (NACH BELIEBEN)
6 KLEINE HOLZSPIESSE

Den Backofen auf 225 °C vorheizen.
Die Austern öffnen. Die Speckscheiben halbieren. Die Austern damit umwickeln, nach Belieben ein Blatt Petersilie mit einrollen. Die Austern einzeln auf kleine Holzspieße stecken (auf Grillspieße passen mehrere Austern, aber reichlich Abstand dazwischen lassen).
Die Spieße auf ein Backblech legen und im heißen Ofen 5–7 Minuten backen.

KAMMMUSCHELN Sie sehen wie kleine Jakobsmuscheln aus. Als ich sie in der Bucht an meinem Badeplatz zum ersten Mal sah, dachte ich zunächst, es handele sich um männliche Jakobsmuscheln. Ich war ziemlich stolz darauf, eine solche Delikatesse gefunden zu haben, denn in den letzten Jahren erfreuen sich diese Schalentiere in Spitzenrestaurants immer größerer Beliebtheit. Und sie sind ein wirklicher Genuss. Inzwischen weiß ich, dass die Muscheln an meinem Badeplatz genau wie die Jakobsmuscheln zu den Kammmuscheln gehören, sie werden aber nicht so groß und können unterschiedliche Färbungen annehmen. Deshalb heißen sie wohl auch Bunte Kammmuscheln. Und die gute Nachricht: Bunte Kammmuscheln sind von Restaurants noch nicht entdeckt worden. Es gibt meines Wissens keinen kommerziellen Fang, und so betrachtet sind sie weit exklusiver als ihre größeren Verwandten.

Ähnlich wie bei der Jakobsmuschel ist es der Muskel, der an der Kammmuschel das Beste ist. Meistens verspeise ich sie gleich unten am Wasser – die Muscheln nur mit dem Austernmesser aufbrechen und dann ganz pur oder mit einem Tropfen Zitrone essen. Ansonsten kann man sie wie Miesmuscheln verwenden.

Es gibt verschiedene Arten von Kammmuscheln an der norwegischen Küste, die sich alle sehr ähnlich sehen – neben der Bunten Kammmuschel *(Chlamys varia)*, die Nördliche Kammmuschel *(Chlamys islandica)* sowie die Kleine Pilgermuschel *(Chlamys opercularis)*. Soweit ich es beurteilen kann, fallen die Unterschiede nicht sehr ins Auge und alle Arten sind sehr schmackhaft.

SCHNECKEN Mit einem Durchschnittstempo von fünf Zentimetern pro Minute sind die Schnecken ohne Chance. Eine Schnecke hier, eine Schnecke da, und nach kurzer Zeit ist mein Eimer voll.

Die Tiere, die wir am Ufer sammeln, sind nicht zu verwechseln mit den französischen Weinbergschnecken, die mit Knoblauchbutter auf den Tisch kommen.

Viele Menschen sind generell skeptisch, was den Verzehr von Schnecken betrifft, aber dafür gibt es keinen Grund – von gewissen Ausnahmen abgesehen: So habe ich in La Rochelle an der französischen Atlantikküste erlebt, dass ungekochte Strandschnecken serviert wurden, etwa so, wie weiter südlich am Mittelmeer ein paar Oliven auf den Tisch kommen. Die Schnecken lagen in einem Glas, aber sie waren ständig auf der Suche nach dem Rückweg zum Meer. Wenn sie über den Rand krochen, musste man sie verspeisen, nachdem man sie mit einer Nadel aus ihrem Haus geholt hatte. Sie schmeckten verblüffend gut – salzig und ein bisschen zäh, zugleich frisch und leicht. Die typischen Beigaben zu Austern, etwa Schalottenessig (siehe Seite 313), passen gut dazu.

Man kann die Meeresschnecken aber auch auf die gleiche Weise wie klassische Weinbergschnecken zubereiten – in Wein gekocht und danach mit Kräuterbutter gebacken. Das sind delikate kleine Happen, aber es dauert ziemlich lange, genügend Schneckenfleisch aus den Häusern zu lösen.

Die Schnecken sollten vor dem Kochen eine Nacht im Kühlschrank verbringen, damit sie sich entleeren, beispielsweise in einem Topf. (Unbedingt einen dicht schließenden Deckel auflegen. Ich habe schon erlebt, dass der Deckel ein wenig schief lag, und am nächsten Morgen entdeckte ich Schnecken in allen Winkeln des Kühlschranks – eine auf einer Weißweinflasche, eine andere auf der Butter, eine dritte unten im Gemüsefach neben dem Knoblauch.)

Strandschnecken in Knoblauchbutter

Es gibt eine Vielzahl guter Zubereitungen für ganz gewöhnliche Strandschnecken. Dies ist vielleicht die einfachste. Ich gare sie zuerst mit Weißwein und Kräutern, zum Schluss gebe ich die Butter dazu.

Für 4–6 Personen als Snack oder Vorspeise
1 L STRANDSCHNECKEN
2 EL FEIN GEHACKTE ZWIEBEL
FRISCHE ODER GETROCKNETE KRÄUTER
1 GLAS WEISSWEIN
50–100 G BUTTER
2–4 KNOBLAUCHZEHEN, ZERDRÜCKT
1–2 EL FEIN GEHACKTE PETERSILIE

Die Schnecken gut abspülen. Schnecken aussortieren, auf deren Häusern viele Fremdkörper sitzen. Zwiebel, Kräuter und Wein in einen Topf mit Deckel füllen und zum Kochen bringen. Die Schnecken dazugeben und 8–10 Minuten garen. Die Schnecken herausnehmen. Nach Belieben das Fleisch vor dem Servieren auslösen (mit einer Stecknadel geht das am besten), dann ist es später leichter, die Schnecken zu essen.
Die Garflüssigkeit einkochen, bis sie eindickt. Butter, Knoblauch und Petersilie dazugeben und ein paar Minuten köcheln lassen. Die Schnecken (mit oder ohne Gehäuse) in den Topf zurückgeben und servieren.

Weitere gute Ideen für die Zubereitung von Strandschnecken
Mit Senf und Zitrone: In der Provinz Zeeland in den Niederlanden werden die Strandschnecken in Wasser gekocht, dann aus ihren Häusern gelöst und in einer Sauce mit Senf und Zitrone fertig gegart.
Mit Bacon und Eiern: Ausgelöste Schnecken in Speckfett braten, eventuell zusammen mit Speckwürfeln, dann mit verquirlten Eiern übergießen. Eines Morgens hatten wir ein Frühstück mit Schnecken, Speck und Rühreiern, und das war sehr lecker. Der einzige Nachteil: Es dauert ziemlich lange, die Schnecken vorzubereiten, sodass aus dem Frühstück schnell ein Mittagessen werden kann.

GARNELEN Die kleinen Sandgarnelen, die sich zwischen Seetang und Algen verstecken, machen auf dem Teller nicht viel her. Aber sie sind schmackhaft und geben uns die Möglichkeit, eine seltene Delikatesse zu probieren – rohe Garnelen. Garnelen sind leicht verderblich, nachdem man sie aus dem Wasser geholt hat. Deshalb werden sie zumeist noch an Bord der Fangschiffe gekocht. Aber so sehr ich gekochte Garnelen auch schätze, die rohen sind noch viel besser – voller Süße und von einer samtweichen Konsistenz.

Wenn ich kleine Reusen auslege, um Strandkrabben zu fangen, finde ich darin oft eine Handvoll Garnelen, die am Boden der Reuse herumhüpfen. Das ist ein schöner Zusatzfang. Und wenn ich die Reusen weiter oben in Strandnähe aufstelle, können es gut noch mehr sein. Auch ein kleiner Kescher leistet beim Garnelenfang gute Dienste, ob nun mit oder ohne einen kleinen Köder. Dann legt man den Kescher ab und wartet darauf, dass sich die Garnelen möglichst zahlreich einfinden.

Rohe Garnelen bedürfen keiner besonderen Zubereitung. In der Regel esse ich sie noch unten am Strand, wo sie mir in dem einen Augenblick in die Hände hüpfen, um im nächsten Moment verspeist zu werden. Manchmal esse ich sie auch mit der Schale. Das ergibt eine feine, knusprige Konsistenz, aber der zarte Fleischgeschmack geht dabei unter. Der Kopf schmeckt nicht besonders gut, auf ihn verzichte ich gern.

Rohe Garnelen mit Sojamarinade

Wer rohe Garnelen als kleines Gericht auf den Tisch bringen will – es muss nicht mehr als ein Mundvoll für jeden sein, nur eine kleine Geschmacksprobe –, kann sie nach dem Schälen mit etwas Sojamarinade einpinseln. Sollte die Zeit knapp sein und meine Gäste unerschrocken genug, serviere ich eine kleine Schüssel lebender Garnelen. Dann schält sie jeder selbst und taucht sie anschließend in die Marinade. (Nicht vergessen, die Schüssel zuzudecken, denn die Garnelen springen mühelos heraus.)

ROHE GARNELENSCHWÄNZE

2 TL SOJASAUCE

½ TL SESAMÖL

½–1 TL LIMETTENSAFT

½ TL ZUCKER (NACH BELIEBEN)

Garnelen schälen und auf einem Teller oder einer Servierplatte anrichten. Sojasauce mit Sesamöl in einer kleinen Schüssel vermengen. Mit Limettensaft und Zucker abschmecken, um ein gutes Gleichgewicht zwischen salzig, säuerlich und süß zu erhalten (nicht zu süß.) Die Garnelen mit dieser Marinade einpinseln und servieren.

SCHWERTMUSCHELN Am Strand findet man ihre Schalen oft in Massen. Sie sehen wie große altmodische Rasiermesser aus. Es ist aber äußerst selten, dass man die Muschel lebend zu Gesicht bekommt. Erst glaubte ich, das läge daran, dass die Muscheln ausgestorben sind. Aber das ist nicht der Fall. Sie leben eingegraben im Sand, manchmal sogar ziemlich tief. Man sieht sie nicht, aber sie produzieren kleine Luftlöcher, durch die sie auch Nahrung aufnehmen. Es kann ziemlich schwierig sein, sie auszugraben, besonders dann, wenn der Sand grob ist wie bei mir.

Die Schwertmuscheln sind verblüffend stark. Sie können sich im Sand eingraben und mit erstaunlicher Geschwindigkeit wieder auftauchen. Das mache ich mir zunutze, um sie zu fangen. Was die Schwertmuscheln nicht besonders mögen, sind starke Veränderungen des Salzgehalts im Wasser. Wenn man eine kleine Kunststoffflasche mit etwa zwanzigprozentigem Salzwasser füllt und ein paar Tropfen davon in die Atemlöcher der Muscheln spritzt, kommen sie mit verblüffender Geschwindigkeit nach oben.

Durch ihre Lebensweise können Schwertmuscheln ziemlich sandig sein, sodass es sich empfiehlt, sie in einem Eimer mit Meerwasser ein paar Stunden liegen zu lassen. Manchmal hänge ich sie auch in einem Netz oder einer Reuse an eine Stelle mit kräftiger Strömung.

Schwertmuscheln hat man seit undenklichen Zeiten gegessen, aber in den letzten Jahren haben sie in Gourmetrestaurants eine Renaissance erlebt, besonders seit Ferran Adrià, der Spitzenkoch aus dem »elBulli«, sie auf die Speisekarte gesetzt hat. Aber Schwertmuscheln sind eins der Produkte, bei denen ich selbst Luxusrestaurants gegenüber im Vorteil bin. Es geht weniger um die Zubereitung, sondern um Frische. Die Schwertmuscheln, die ich im »elBulli« bekam, waren zwar lecker, aber nicht besser als die Muscheln, die ich selbst in der Gezeitenzone sammle und innerhalb weniger Stunden verspeise.

Schwertmuscheln lassen sich auf die gleiche Weise zubereiten wie Miesmuscheln und andere essbare Muscheln. Man kann sie kochen, dämpfen, aber am liebsten grille ich sie. Wenn ich nur wenige davon habe, bringe ich sie roh auf den Tisch.

Obwohl sie ganz anders aussehen, werden die Muscheln auf die gleiche Weise geöffnet wie Jakobsmuscheln: ein Messer zwischen die Schalenhälften schieben und den kräftigen Schließmuskel durchtrennen.

ROHE SCHWERTMUSCHELN Man kann rohe Schwertmuscheln mit den gleichen Zutaten servieren wie rohe Austern, aber da ich Schwertmuscheln nur sehr selten zur Verfügung habe und überdies meist nur einige wenige, genieße ich sie am liebsten möglichst unverfälscht. Ein kleiner Spritzer Zitronen- oder Limettensaft genügt vollkommen, eventuell auch ein wenig Yuzu-Sauce.

Gegrillte Schwert- und Miesmuscheln mit Kräuterbutter

Manche der Miesmuscheln, die wir in unserer Bucht finden, sind riesengroß, und zusammen mit Schwertmuscheln lassen sie sich auf dem Grill sehr schön zubereiten. Sie öffnen sich von selbst und garen in ihrem eigenen Sud. Ich gieße ein wenig von dem Sud ab und gebe einen kleinen Klecks Kräuterbutter hinzu. Auch mit Whiskybutter zu empfehlen.

Für 4 Personen als Vorspeise

100 G BUTTER
2 EL FEIN GEHACKTE KRÄUTER (ETWA THYMIAN UND OREGANO ODER EINE MISCHUNG AUS DILL UND ESTRAGON)
1 KNOBLAUCHZEHE, ZERDRÜCKT
20–24 GROSSE MIESMUSCHELN
12–15 SCHWERTMUSCHELN

Etwa 1 Stunde vor dem Grillen die Kräuterbutter herstellen. Die Butter bei Raumtemperatur weich werden lassen. Dann mit Kräutern und Knoblauch verrühren. Die Butter auf ein Stück Frischhaltefolie geben, zu einer Rolle formen und kalt stellen.
Den Grill anheizen. In der Zwischenzeit die Muscheln säubern. Auf den Grill legen, bis sie sich öffnen. Etwas von der Flüssigkeit aus den Schalen abgießen, dann ein kleines Stück Kräuterbutter auf jede Muschel geben. Die Muscheln servieren, sobald die Butter geschmolzen ist.

Whiskybutter

Für allerlei Grillspeisen gut, aber am besten zu gegrillten Muscheln – sowohl Schwertmuscheln als auch Miesmuscheln. Hier gilt es, einen klaren und unverfälschten Whiskygeschmack zu erreichen, möglichst ohne allzu viel Alkohol zu verwenden. Deshalb empfehle ich einen anständigen rauchigen Malt Whisky oder einen ziemlich süßen amerikanischen Bourbon.

100 G BUTTER
1 EL FEIN GEHACKTE ZWIEBEL
1 EL FEIN GEHACKTER SPECK, KNUSPRIG GEBRATEN
1–2 EL WHISKY
1 TL GROB GEMAHLENER PFEFFER

Alle Zutaten miteinander vermengen. Wenn die Butter weich ist, lässt sich das mit einer Gabel leicht bewerkstelligen, falls nicht, die Zutaten in der Küchenmaschine vermengen. Es ist aber auch möglich, die Butter in kleine Würfel zu schneiden und alles im Mörser zu mischen. In jedem Fall daran denken, das Speckfett aus der Pfanne mitzuverwenden. Die Butter auf ein Stück Frischhaltefolie geben, zu einer Rolle formen, dann in den Kühlschrank stellen, bis sie fest wird und verwendet werden kann. Das geht umso schneller, je dünner die Rolle ist. Wenn die Zeit drängt, die Butter ins Gefrierfach legen.

NAPFSCHNECKEN Sie haben sich dafür entschieden, ein noch ereignisloseres Leben zu führen als die Strandschnecken. Mit ihrem Saugfuß halten sie sich auf Felsen in der Gezeitenzone fest.

Ihr Geschmack ist gewöhnungsbedürftig und ziemlich salzig, die Konsistenz etwas zäh und zugleich leicht mehlig. In der Bibel der Meeresfrüchte, Alan Davidsons »North Atlantic Seafood«, gibt es eine Reihe von Rezepten mit Napfschnecken. Den meisten von ihnen ist allerdings gemeinsam, dass sie die Muscheln lediglich verwenden, um einen Fond zuzubereiten, das eigentliche Weichtier in der Schale aber nicht verspeist wird.

Aber da wir davon sprechen: Der Fond ist wirklich ein Genuss, besser als der Fond von Miesmuscheln, wie mir scheint. Deshalb gebe ich gern einige Napfschnecken mit in den Topf, wenn ich einen guten Fond kochen will, etwa zusammen mit Strandkrabben und Garnelen als Basis für eine Fischsuppe.

Bei der Suche nach weiterer Information zur Verwertung von Napfschnecken bin ich auch auf andere, weniger gastronomische Einsatzmöglichkeiten gestoßen. Wenn man sie kocht und anschließend sowohl das Innere als auch den Fond wegwirft, kann man die Schalen dazu benutzen, die Brustwarzen zu schützen, »wenn man viel joggt«. Diesen Hinweis möchte ich allen, die vielleicht für einen Marathon trainieren, nicht vorenthalten. Sportliche Menschen gibt es offenbar überall, sogar an der Gezeitenzone.

HERZMUSCHELN Die Herzmuscheln führen ihr Leben im Sand vergraben, aber im Gegensatz zu den Schwertmuscheln, die sich tief nach unten vorarbeiten können, halten sich die Herzmuscheln in der Nähe der Oberfläche auf. Man kann sie von der Gezeitenzone bis in ein einige Meter Tiefe finden und braucht keine Spezialwerkzeuge, um sie herauszuholen. An manchen Stellen der norwegischen Küste gibt es so viele von ihnen, dass der Strand ganz perforiert und durchlöchert aussieht, beispielsweise auf Frøya (dem norwegischen Schalentiermekka). Dort ist es schon seit Längerem üblich, dass Schulkinder sich ein paar zusätzliche Kronen damit verdienen, Herzmuscheln zu sammeln.

Herzmuscheln können genauso zubereitet und verwendet werden wie Miesmuscheln, auch wenn ihr Geschmack etwas anders ist. Sie sind milder, mit einer deutlichen Süße – selbst eine kleine Handvoll Herzmuscheln kann einer Fischsuppe oder einem Fisch- und Schalentiertopf eine zusätzliche Geschmacksdimension verleihen. Vor allem aber für ein Gericht sind sie mir lieb: Pasta mit Herzmuscheln nach italienischem Vorbild.

Herzmuscheln können Sand enthalten. Deshalb in eine große Schüssel mit Meerwasser (oder Salzwasser) legen. Meine selbst gesammelten Muscheln lege ich gern für paar Stunden in eine Reuse, damit sie ihren Sand abgeben.

Die Schalen der Herzmuscheln weisen deutliche Rillen auf, die von oben nach unten verlaufen. Im Profil betrachtet, zeigt die geschlossene Muschel einen herzförmigen Umriss.

Pasta mit Herzmuscheln

In Italien ist *pasta alle vongole* ein Klassiker, bei mir kommen die Nudeln vorzugsweise mit Herzmuscheln auf den Tisch. Die Nudeln sind so gut wie immer Linguine oder Spaghetti. Im Gegensatz zu Pasta mit Miesmuscheln, die kräftig und intensiv schmecken muss, soll dieses Gericht einen Hauch von Frische haben. Ganz wichtig: ein guter Schuss erstklassiges Olivenöl.

Für 4 Personen

2 KG HERZMUSCHELN
100 ML OLIVENÖL
2 KNOBLAUCHZEHEN, GEHACKT
2-3 GETROCKNETE PEPERONCINI, ZERKRÜMELT
100 ML WEISSWEIN
500 G LINGUINE ODER SPAGHETTI
1 HANDVOLL GEHACKTE GLATTE PETERSILIE

Die Muscheln gut waschen. Etwas Öl in einem großen Topf erhitzen und eine der Knoblauchzehen und einen Peperoncino darin anbraten, bis der Knoblauch goldbraun ist. Wein, Muscheln sowie restlichen Knoblauch und Peperoncino dazugeben. Zugedeckt 5 Minuten garen. Wenn die Muscheln sich geöffnet haben, alles in eine Schüssel füllen. Nach Belieben die leeren Muschelschalen herausnehmen.

In der Zwischenzeit die Nudeln kochen – sie müssen bissfest bleiben. Die Nudeln in ein Sieb abgießen, zurück in den Topf geben und mit den Muscheln und ihrem Garsud vermischen. Ein paar Mal umrühren, damit alles erwärmt wird, aber nicht zu lange. Die Pasta in eine große Schüssel füllen, Petersilie und restliches Olivenöl unterrühren und servieren.

Im Ofen gebackene Herzmuscheln

Herzmuscheln lassen sich auf die gleiche Weise zubereiten wie Miesmuscheln. Hier backe ich sie im Ofen. Ganz wichtig dabei: die Muscheln in einer Schicht nebeneinander in der Form verteilen, damit sie möglichst gleichzeitig gar werden und sich öffnen.

Dieses Gericht wird mit reichlich Petersilie sowie Zitrone abgeschmeckt. Die Zitronen gebe ich gern schon ein paar Minuten vorher in den Ofen, damit sich etwas von dem feinen ätherischen Öl aus der Schale löst. Mit dem Saft allein würde das Ganze zu säuerlich schmecken.

Für 4 Personen als Vorspeise

1 ZITRONE, IN ACHTEL GESCHNITTEN

1 KG HERZMUSCHELN

1 TASSE FEIN GEHACKTE GLATTE PETERSILIE

1 EL ABGERIEBENE SCHALE VON EINER UNBEHANDELTEN ZITRONE

2 KNOBLAUCHZEHEN, FEIN GEHACKT

100 ML GUTES OLIVENÖL ODER KALT GEPRESSTES RAPSÖL

Den Backofen auf 200 °C vorheizen. Eine große ofenfeste Form in den Ofen stellen, während er heiß wird.

Die Zitronenschnitze in die Form legen und 2 Minuten backen. Die Herzmuscheln dazugeben und in einer Schicht in der Form verteilen. Die Muscheln 5–6 Minuten im Ofen backen, bis sich die meisten geöffnet haben. Zwischendurch die Form einmal schütteln oder mit einem Kochlöffel umrühren.

In der Zwischenzeit Petersilie, Zitronenschale und Knoblauch vermengen.

Die Muscheln herausnehmen, mit der Petersilienmischung bestreuen und mit dem Öl übergießen. Auf Portionsschalen oder tiefe Teller verteilen und servieren.

JAKOBSMUSCHELN Jakobsmuscheln halten sich in der Regel in einer Tiefe von fünf bis 50 Metern auf, sodass es meist nicht reicht, nur Tauchermaske und Schnorchel anzulegen. Wer Jakobsmuscheln sammeln will, braucht eine richtige Taucherausrüstung. Und selbst ein guter Taucher kann sich nicht einfach so ins Wasser stürzen – selbst wenn er die guten Stellen kennt. Die Muscheln sind ziemlich empfindlich, was Temperaturveränderungen angeht, und überdies imstande, sich über verblüffend große Entfernungen hinweg zu bewegen. Das bedeutet, dass die Stelle, die noch vor einer Woche von Muscheln wimmelte, beim nächsten Besuch völlig verlassen sein kann. Daher ist es durchaus nützlich, sich mit jemanden zu verbünden, der die Verhältnisse gut kennt. Wo kommerziell nach Jakobsmuscheln getaucht wird, sind Hobbytaucher in der Regel nicht so gern gesehen. (Man kann aber Muscheln direkt von den Tauchern kaufen. Viele glauben, das sei ungesetzlich, was aber nicht stimmt.) Ich selbst tauche nicht, ich halte mich an den Taucherclub von Farsund, der mehrmals im Monat auf Fang geht.

Jakobsmuscheln sind im Laden zwar kostspielig, und selbst wenn norwegische Jakobsmuscheln durchgehend von guter Qualität sind, kann sich das, was ich im Laden finde, niemals mit dem messen, was in unmittelbarer Nähe gefangen wird. Ganz einfach, weil Frische eins der allerwichtigsten Qualitätskriterien ist. Deshalb lohnt es sich, gut zu zahlen, wenn man gute Muscheln angeboten bekommt.

Wenn man mit Tauchern und anderen Hobbysammlern Handel treibt, ist die Bezahlung mitunter ein Problem. Selbst wenn die Leute im Großen und Ganzen verständnisvoll und großzügig sind, wenn man ihnen Interesse und Freundlichkeit entgegenbringt, mögen sie es nicht, Dinge einfach zu verschenken – jedenfalls nicht auf Dauer. Deshalb sollte man auf Tauschhandel setzen. Hier sind Wein oder Champagner beliebt, aber auch etwas selbst Gemachtes kommt meistens gut an.

Jakobsmuscheln sollen lebend in den Handel kommen. Manche Fischhändler umwickeln die Schalen mit einer Kordel, um zu verhindern, dass sie austrocknen. Das ist nicht unklug, kann aber auch Betrug sein. Ich habe schon erlebt, dass ich beim Auspacken einer solchen Muschel entdecken musste, dass sie tot war – und dem Geruch nach zu urteilen, sogar bereits eine ganze Weile.

Es gibt zwei Arten der Jakobsmuschelfischerei. Die eine ist das Tauchen, die zweite die Fischerei mit Trawlern. Die Trawlerfischerei ist extrem zerstörerisch, denn sie verwüstet den Meeresboden. Man kann fast immer an den Muscheln erkennen, ob sie im Netz eines Trawlers oder von einem Taucher nach oben gebracht wurden. Mit Trawlern gefischte Jakobsmuscheln haben fast immer beschädigte Schalen. Jakobsmuscheln, die tiefgekühlt verkauft werden, sind so gut wie immer mit Trawlern gefischt worden – und sie sind nie besonders gut, jedenfalls nie so gut wie frische. Dass liegt allerdings nicht in erster Linie an der Fangmethode, sondern daran, dass die Muscheln mit ihrem empfindlichen weißen Fleisch das Tiefkühlen nicht gut vertragen und ihre ganz besondere Konsistenz dabei verloren geht.

Jakobsmuscheln öffnen und vorbereiten

Im Gegensatz zur Miesmuschel, bei der man den gesamten Inhalt isst, wird von der Jakobsmuschel nur der große Schließmuskel verwendet. Manche mögen auch den orangefarbenen
Rogensack (der eigentlich das Geschlechtsorgan ist). Die Muscheln lassen sich leicht öffnen,
aber man braucht ein scharfes Messer mit schmaler Klinge und etwas Geduld.

   Die Muschel mit der gewölbten Schalenseite nach unten in die Hand nehmen. Die Hand
am besten mit einem mehrmals gefalteten Küchentuch schützen. Dann das Messer neben dem
Scharnier einstechen, wo sich immer eine kleine Öffnung befindet. Die Messerklinge an der
flachen Oberseite der Muschel entlangführen, und zwar komplett um die Rundung herum bis
zur anderen Seite des Scharniers. Sobald der Schließmuskel von der oberen Schalenhälfte
abgetrennt ist, lässt sich die Muschel öffnen. Mit Ausnahme des Muskels und eventuell des
essbaren Rogens alles andere entfernen.

   Den Muskel auch von der unteren Schalenhälfte lösen. Dazu die Messerklinge mit kurzen
Schnitten an der Schale entlangbewegen.

Rohe Jakobsmuscheln mit Honig, Senf und Thymian

Ganz frische Jakobsmuscheln schmecken ohne viel Drumherum am allerbesten. Ich schneide den weißen Muskel in Scheiben, bestreiche ihn mit etwas Honig und ganz wenig grobem Senf, einige klitzekleine Zitronenthymianblätter oder Rosmarin aus dem Kräutergarten dazu – fertig. Früher habe ich auch etwas Öl dazugegeben, um Senf und Honig abzumildern, jetzt nehme ich lieber ein wenig Gurkenwasser, das ist frischer. Die Gurken können mit Apfelessig und Fenchelsamen angemacht und als kleiner Salat zu den Muscheln serviert oder anderweitig verwendet werden.

Für 4 Personen

¼ GURKE
1 TL ZUCKER
½ TL SALZ
2-3 TL HONIG
1-2 TL GROBER SENF
4-8 JAKOBSMUSCHELN
ROSMARIN
APFELESSIG (NACH BELIEBEN)
FLEUR DE SEL (NACH BELIEBEN)

Die Gurke in dünne Scheiben hobeln und in eine Schüssel legen. Mit Zucker und Salz bestreuen und gut vermengen. Die Schüssel mit einem umgedrehten Teller abdecken, gut schütteln und stehen lassen, damit die Gurken Wasser abgeben.
Eine Tasse in heißem Wasser erwärmen. Honig und Senf darin verrühren. Mit etwas von der Flüssigkeit abschmecken, die sich in der Gurkenschüssel angesammelt hat.
Die Jakobsmuscheln öffnen und putzen. Den Muskel in Scheiben schneiden und auf Portionstellern anrichten. Jede Scheibe mit ein wenig Gurkenflüssigkeit und der Senf-Honig-Mischung einpinseln. Mit Rosmarin garnieren. Soll der Rogen mit serviert werden, mehrmals einritzen und einige Sekunden in Essig legen, bevor man ihn auf die Teller verteilt. Die Muscheln nach Belieben mit Fleur de Sel bestreuen.

Jakobs- und Miesmuscheln in Champagnersauce

Die köstliche Sauce ist ganz einfach zu machen – eine Mischung aus Muschelsud und Sahne, der ich durch einen kleinen Schluck Champagner eine schöne Spritzigkeit einhauche. Ich bereite alle Zutaten vor und stelle sie bereit: Jakobsmuscheln auslösen, Miesmuscheln garen, Zwiebel hacken, Schnittlauchröllchen schneiden und Mango würfeln. Denn wenn die Jakobsmuscheln erst einmal in der Pfanne sind, muss alles ganz schnell gehen.

Für 4 Personen

24–32 MIESMUSCHELN

50–100 ML CHAMPAGNER ODER SEKT

4 GROSSE FRISCHE JAKOBSMUSCHELN

SALZ UND PFEFFER

THYMIAN

1 KNOBLAUCHZEHE, FEIN GEHACKT

KNOBLAUCH

1 TL WEIZENMEHL

BUTTER ODER SPECK

150–200 ML SAHNE

1 EL FEIN GEHACKTE ZWIEBEL

2 EL FEIN GEHACKTER APFEL, FEIN GEHACKTE MANGO ODER GRANATAPFELKERNE
     (NACH BELIEBEN)

2 TL SCHNITTLAUCHRÖLLCHEN

Teller vorwärmen.

Die Miesmuscheln in einem Topf mit Deckel dünsten, der für die Muscheln groß genug ist. Wenn die Muscheln ein wenig trocken wirken – was nicht gut ist – 50 Milliliter Champagner in den Topf gießen. Die Muscheln aus den Schalen lösen. Den Garsud und das Muschelfleisch aufheben, die Schalen wegwerfen.

Die Jakobsmuscheln mit Salz, Pfeffer, Thymian und Knoblauch würzen. Mit etwas Mehl bestäuben. In einer Pfanne die Butter erhitzen oder den Speck auslassen. Die Jakobsmuscheln darin 1 Minute auf jeder Seite braten, bis die Oberfläche leicht gebräunt ist. Einen Teil des Fetts weggießen, dafür Miesmuschelfond und Sahne dazugeben, aufkochen und die Temperaturzufuhr reduzieren. Die Zwiebel einrühren, nach Belieben auch die Fruchtwürfel oder Granatapfelkerne, um einen süß-säuerlichen Biss zu erhalten. Darauf achten, dass die Flüssigkeit in der Pfanne nicht verkocht. Die Muscheln auf die vorgewärmten Teller verteilen. Kurz vor dem Servieren 50 Milliliter Champagner in die Sauce geben, kurz erhitzen, dann über die Muscheln gießen, mit Schnittlauchröllchen bestreuen und servieren.

Jakobsmuscheln mit Steinpilzen

Frische Jakobsmuscheln und Steinpilze bringen so viel Aroma mit, dass ich sie am liebsten für sich selbst sprechen lasse. Alle Tischgäste müssen erwartungsvoll vor ihren Tellern sitzen, wenn ich die Pfanne auf den Herd stelle.

Für 2 Personen als Vorspeise

4 JAKOBSMUSCHELN, AUS DEN SCHALEN
    GELÖST
1 TL FRISCHER OREGANO
SALZ UND PFEFFER
1 STEINPILZ IN 4 SCHEIBEN
2 EL BUTTER
SCHNITTLAUCHRÖLLCHEN

Die Jakobsmuscheln mit Oregano, Salz und Pfeffer würzen.
Die Pilzscheiben 1 Minute in Butter braten, umdrehen und 1–2 Minuten auf der anderen Seite fertig braten. Mit Schnittlauchröllchen bestreuen. Die Jakobsmuscheln 1 Minute auf jeder Seite braten, halbieren und auf die Pilze legen. Sofort servieren.

Jakobsmuscheln mit Speck und Pfifferlingen

Ein kleines spätsommerliches Gericht mit Jakobsmuscheln und Pfifferlingen, aber auch Steinpilze passen gut. Frische, das heißt lebende Muscheln, schmecken besser als tiefgekühlte, wenn es aber nur tiefgekühlte Jakobsmuscheln gibt, unbedingt daran denken, sie langsam aufzutauen. Die Muscheln nebeneinander mit etwas Abstand auf einen Teller in den Kühlschrank legen.

Für 2 Personen als Vorspeise

50 G DURCHWACHSENER SPECK,
    FEIN GEHACKT
100–200 G PFIFFERLINGE
1 EL BUTTER
4–6 JAKOBSMUSCHELN, AUS DEN SCHALEN
    GELÖST, NACH BELIEBEN MIT ROGEN
SALZ UND PFEFFER
2 TL SCHNITTLAUCHRÖLLCHEN

Den Speck in einer beschichteten Pfanne bei mittlerer Hitze braten, bis er knusprig ist. Die Pfifferlinge dazugeben und 2–4 Minuten im Speckfett garen.
Pilze und Speck herausnehmen, dann die Butter in der Pfanne zerlassen. Die Temperatur auf mittlere Höhe einstellen. Die Jakobsmuscheln mit Salz und Pfeffer würzen und 90 Sekunden auf jeder Seite braten.
Den Rogen nach Belieben ganz zum Schluss dazugeben. Mit Schnittlauch bestreut servieren.

KRABBEN Der große Taschenkrebs, die am häufigsten verzehrte Krabbenart in Norwegen, ist ein Verwandter der Strandkrabbe. Beide werden jedoch auf verschiedene Weise gefangen und zubereitet, sodass es naheliegt, sie separat abzuhandeln.

Die einfachste Methode, Taschenkrebse und Strandkrabben zu fangen, ist die Verwendung von Reusen. So halten es auch die meisten Berufsfischer. Wenn man die guten Stellen kennt und etwas Glück hat, füllen sich die Krabbenreusen im Verlauf einiger Tage bis zum Platzen. Ich habe schon geholfen, Krabbenreusen hochzuholen, in denen sich nicht weniger als 15 große Taschenkrebse befanden und einige kleinere. Es waren so viele, dass sie aufeinander sitzen mussten. In diesem Fall muss man damit rechnen, dass einige von ihnen tot oder verletzt sind. Die Taschenkrebsfischerei mit Reusen ist seit einigen Jahren strenger geregelt, insbesondere weil viele Schlaumeier insgeheim mit Taschenkrebsreusen Jagd auf Hummer gemacht haben. Heute ist unter anderem vorgeschrieben, dass die Reusen eine Fluchtöffnung von mindestens 80 Millimeter haben müssen, wenn man südlich von Nordland fischt. Von der schwedischen Grenze bis Lista ist eine Mindesttiefe von 25 Metern festgesetzt worden.

Für mich ist die stimmungsvollste Methode, auf Krabbenfang zu gehen, die Jagd mit der Aalgabel. Das kann verblüffend effektiv sein, aber in erster Linie ist es ein magischer Moment. Das ist etwas, was man nur dann tut, wenn Wasser und Luft warm sind und der Fjord spiegelglatt daliegt. Als ich ein Kind war, wurden wir von einem Verwandten in den Fedafjord mitgenommen. Mit starken Lampen leuchteten wir die steilen Bergseiten an, an denen die Taschenkrebse nach oben wollten, um Kleinkrebse zu fressen, die auf den kahlen felsigen Inseln leben. Man sagt, dass das starke Licht die Taschenkrebse lähmt, aber das ist vielleicht auch nur eine ländliche Legende. Irgendwann fangen sie jedenfalls an, sich wieder zu bewegen, sodass man schnell und entschlossen handeln muss. Die Mutigen packen die Taschenkrebse mit den Händen – dabei kommt es darauf an, sich nicht kneifen zu lassen –, aber auch ein Kescher ist gut zu gebrauchen.

Unabhängig von der Fangmethode sollten unbedingt große Fischkisten sowie reichlich nasser Seetang oder in Salzwasser getauchte Stoffreste an Bord sein. Die Krabben brauchen einen gewissen Schutz vor der warmen Luft, mehr aber noch voreinander. Das Knacken zerdrückter Schalen höre ich gar nicht gern, denn es sagt mir, dass gerade jemand dabei ist, mein Essen zu vernichten.

Krabben können nicht nur, sie sollten sogar vor der Zubereitung einen Tag lang warten. Ohne Futter bleiben Magen und Darm leer, und damit entfällt die Sorge, auf diesem Weg Krankheitserreger aufzunehmen. Die besten Taschenkrebse, die ich je gegessen habe, hatten ein paar Monate in Gefangenschaft verbracht, wo sie mit Dorsch und Seelachs gefüttert worden waren. Eine völlig verantwortungslose und unökonomische Art, guten Fisch zu behandeln – aber die Taschenkrebse haben herrlich geschmeckt.

Taschenkrebse kochen

Wenn ich Taschenkrebse kochen will, nehme ich meinen größten Topf mit nach draußen und entzünde ein kräftiges Feuer. Dann ist die Sache im Handumdrehen erledigt. Wenn man sie in der Küche zubereitet, muss man sie möglicherweise in mehreren Portionen garen. So oder so: Es ist ganz wichtig, dass genug Wasser pro Taschenkrebs zur Verfügung steht und dass es sprudelnd kocht, damit die Tiere sofort tot sind und nicht unnötig leiden.

Ich gare die Taschenkrebse in Meerwasser. Leitungswasser muss mit 35 Gramm Salz pro Liter Wasser vermischt werden. Nach Belieben ein paar Lorbeerblätter und vielleicht auch Kräuter dazugeben. Den Topf mehr als zur Hälfte mit Salzwasser füllen und bei hoher Temperatur zum Kochen bringen. Wenn das Wasser große Blasen wirft, die Taschenkrebse hineinlegen und den Deckel schließen. Je weniger Taschenkrebse man im Topf hat, um so kürzer ist die Zeit, bis das Wasser wieder kocht. Wenn es so weit ist, die Temperaturzufuhr verringern. Nach etwa 20 Minuten die Taschenkrebse mit einem Schaumlöffel herausheben und auf Zeitungspapier legen, damit das Wasser abtropfen kann. Wenn sie Raumtemperatur (oder Lufttemperatur) angenommen, servieren oder in den Kühlschrank legen.

Taschenkrebs mit leichter Mayonnaise

Zu einem gekochten Taschenkrebs brauche ich nichts weiter als eine gute Mayonnaise. Etwas geschlagene Sahne macht sie leichter und frischer.

Für 4–6 Personen
100 G SCHLAGSAHNE, GUT GEKÜHLT
200 G MAYONNAISE
SAFT VON ¼ ZITRONE
2 TL ZUCKER
2 EL FEIN GEHACKTER DILL
4-6 TASCHENKREBSE, GEKOCHT

Die Schlagsahne muss gut gekühlt sein. Nach Belieben Rührbesen und Schüssel ein paar Minuten in den Kühlschrank stellen. Die Sahne schlagen, bis sie vollkommen steif ist. Mayonnaise, Zitrone, Zucker und Dill vermengen. Die geschlagene Sahne vorsichtig unterziehen. Die Taschenkrebse mit der Mayonnaise servieren.

Gegrillter Taschenkrebs

Es spricht nichts dagegen, Taschenkrebse auf den Grill zu legen, allerdings sollte man sie vorher in sprudelnd kochendem Wasser töten.

Für 4 Personen
4 TASCHENKREBSE, IN REICHLICH SPRUDELND KOCHENDEM WASSER GETÖTET
100 ML OLIVEN- ODER RAPSÖL
2 EL ZITRONENSAFT
2 TL ABGERIEBENE SCHALE VON EINER UNBEHANDELTEN ZITRONE
3 KNOBLAUCHZEHEN, GEHACKT
1 EL ZITRONENTHYMIAN, THYMIAN ODER OREGANO
SOJASAUCE ODER BALSAMICO-ESSIG (NACH BELIEBEN)
2 EL FEIN GEHACKTE ZWIEBEL

Den Grill anheizen.
Die Taschenkrebse vierteln. Die Scheren abdrehen und vorsichtig mit einem Hammer bearbeiten, bis die Schale bricht. Öl, Zitronensaft, Zitronenschale, Knoblauch und Kräuter in einer großen Schüssel vermengen. Die Taschenkrebsstücke in der Marinade wenden, dann 15–20 Minuten grillen.
Die Krabbenstücke in die Marinade zurückgeben, nach Belieben mit Sojasauce oder Balsamico abschmecken, mit Zwiebel bestreuen und gut durchheben. Die Taschenkrebsstücke auf den Grill zurücklegen, aber jetzt an den Rand der Glut. Weitere 10 Minuten bei indirekter Hitze garen – die Scheren brauchen am wenigsten Hitze, sie sollten ganz außen liegen.
Mit Zitronenspalten und einem Kartoffelsalat mit vielen Kräutern servieren.

Taschenkrebs mit Speck und Erbsen

Frische Erbsen sind unerhört süß und köstlich – eine knallgrüne Bestätigung für die Vortrefflichkeit des Sommers. In diesem Rezept verwende ich salzigen Speck, um die Süße der beiden Hauptzutaten noch zu betonen.

Für 2 Personen als Vorspeise

1 EL BUTTER
100 G DURCHWACHSENER SPECK, GEWÜRFELT
½ ZWIEBEL, FEIN GEHACKT
100 ML SAHNE
300 G AUSGELÖSTE ERBSEN
200 G TASCHENKREBSFLEISCH
MINZE ODER THYMIAN (NACH BELIEBEN)

In einem Topf die Butter zerlassen, den Speck darin anbraten. Die Speckwürfel herausnehmen, die Hitzezufuhr verringern und in dem Fett die Zwiebel anschwitzen. Sie soll weich und glasig werden, aber weder braun noch knusprig. Mit der Sahne aufgießen, dann die Erbsen dazugeben und 4–6 Minuten garen. Zwei Drittel der Erbsen mit der gesamten Flüssigkeit im Mixer fein pürieren. Das Erbsenpüree in tiefe Teller schöpfen. Mit den restlichen Erbsen, den Speckwürfeln und dem Krebsfleisch garnieren. Nach Belieben mit Minze oder Thymianblättchen bestreuen.

Taschenkrebssalat

Das weiße Taschenkrebsfleisch ist vielseitig verwendbar – in Salaten, Suppen, auf Butterbrot oder ganz einfach so, wie es ist. Aus dem braunen Fleisch bereite ich eine Sauce zu, die ich mit dem weißen Fleisch mische. Das ergibt eine Art Taschenkrebscocktail. Zwar nicht ganz so fein, aber mit ein paar Garnelen oder einigen kleinen Tomaten sehr hübsch anzusehen.

Für 4 Personen als Vorspeise

2-3 TASCHENKREBSE, GEKOCHT

1 EL KETCHUP

2 TL DIJONSENF

1 TL GERIEBENER MEERRETTICH

2 EL WEISSWEIN- ODER APFELESSIG

1 SARDELLE IN ÖL, GEHACKT (NACH BELIEBEN)

1 EL FEIN GEHACKTE ZWIEBEL

OLIVENÖL, RAPSÖL ODER SCHLAGSAHNE

FEIN GEHACKTE PETERSILIE

1 EL COGNAC (NACH BELIEBEN)

Die Taschenkrebse halbieren. Die braune Leber und den Rogen herauskratzen. Ketchup, Senf, Meerrettich, Essig, Sardelle und Zwiebel in eine Schüssel geben und vermengen. Das braune Taschenkrebsfleisch dazugeben und mischen oder im Mixer pürieren. Nach Belieben mit etwas Öl oder Sahne verrühren. Mit Kräutern bestreuen und eventuell mit etwas Cognac abschmecken.
Diese Sauce mit dem ausgelösten weißen Krebsfleisch (nach Belieben nur mit einem Teil) vermischen und servieren.

Weitere Zubereitungsmöglichkeiten für Taschenkrebse

Taschenkrebse kann man auch in der Pfanne braten: dazu die gekochten Krebse zunächst halbieren, die Scheren vorsichtig anknacken. Die Taschenkrebse mit Zwiebel und Knoblauch in Öl braten, mit Ingwer, Chili und Sojasauce würzen. Mit etwas Hoisin-Sauce und reichlich grob gemahlenem Pfeffer erinnern sie an chinesische oder malayische Pfefferkrabben – mit dunklem Bier wird es eher norwegisch. Einen Deckel auflegen und die Taschenkrebse 10–15 Minuten köcheln lassen.

Krustentiersalat

Ein einfacher Krustentiersalat, den ich gern als Vorspeise serviere oder als Belag für ein ganz besonders feines Sandwich. Die Kombination von Garnelen und kleinen Fischklößchen ergibt einen interessanten Kontrast von Texturen und Aromen.

Wenn ich diesen Salat hier auf dem Hof zubereite, mische ich so viele verschiedene Kräuter unter, wie der Garten nur hergibt, vorzugsweise aber solche, die ein wenig Süße mitbringen, wie Estragon, Kerbel, Dill und Fenchel. Wenn meine Pfirsiche Saison haben, gebe ich kleine Würfel davon in den Krustentiersalat. Das ist ein schöner Kontrast zu den salzigen Noten und zum Knoblauch. In der übrigen Zeit verwende ich Mango oder Birne.

Für 4 Personen als Vorspeise

500 G GESCHÄLTE GARNELEN

2 TASCHENKREBSSCHEREN

STÜCKE VON GEGARTEM FISCH (NACH BELIEBEN)

300 G FISKEBOLLER (FISCHKLÖSSCHEN, FERTIGPRODUKT)

200-300 ML SAURE SAHNE

100-200 G MAYONNAISE

SAFT VON ½ ZITRONE

2-3 KNOBLAUCHZEHEN, ZERDRÜCKT

½ ZWIEBEL, FEIN GEHACKT

FRISCHE KRÄUTER, FEIN GEHACKT

RINGELBLUMENBLÜTEN

½ MANGO, FEIN GEHACKT

½ GURKE, FEIN GEHACKT

PFEFFER

In einer Schüssel alle Zutaten vorsichtig vermengen. Den Salat mit Pfeffer abschmecken.

SEESPINNEN Es gibt auch noch andere Arten von Krabben, die ich gelegentlich in Reusen und mit der Leine fange. Das gilt besonders für die Seespinne, eine etwas kleinere Krabbe, die sich in Frankreich unter dem Namen *araignée de mer* großer kulinarischer Wertschätzung erfreut. Sie sieht aus wie eine Miniaturausgabe der Königskrabbe. Ähnlich wie diese ist sie eigentlich keine Krabbe, sondern gehört zur Krebsfamilie. In Norwegen wir die Seespinne wenig verwendet. Viele Fischer werfen sie einfach ins Meer zurück. Das ist dumm, denn ihr Fleisch ist sehr schmackhaft und hat diese besondere Süße, die man nur bei den besten Krustentieren findet. Die Seespinne hat zwar keine nennenswerten Scheren, dafür steckt viel köstliches Fleisch in den dicken Beinen. Mit einer guten Küchenschere kann man sie der Länge nach aufschneiden und das Fleisch herauslösen.

KAISERGRANAT Kaisergranat zählt zu den Dingen, die ich im Restaurant nur mit wenig Begeisterung bestelle – eine Folge meiner Tätigkeit als Restauranttester. Damals musste ich gelegentlich schlechten Kaisergranat essen. Und als ich später in Restaurants gearbeitet habe, habe ich erlebt, wie nachlässig diese feinen Krustentiere oft behandelt werden. Nichts finde ich schlimmer als ein schlecht zubereitetes gutes Produkt. Aber frisch aus dem Meer, mit seinen scharfen, aber nicht sehr kräftigen Scheren rasend und fechtend, gehört der Kaisergranat zum Besten, das ich kenne.

Kaisergranat zu fangen ist ziemlich anstrengend. Ich hatte ein paar Mal die Gelegenheit, mit meinem Nachbarn Lillegutt auf Kaisergranatfang hinauszufahren. Er war Hobbyfischer, aber auf einem fast professionellen Niveau. Und er freute sich, dass er seine Tricks jemandem zeigen konnte. Er hatte seine festen Stellen, an denen er Reusen aussetzte. In diese legte er die scheußlichsten Köder, die ich je gesehen habe: halb- und ganz verfaulten Fisch. Das stinkende Aas wurde in Wasserflaschen aus Kunststoff ausgelegt, in die er Löcher gestochen hatte. So wusste er zu verhindern, dass der erste Kaisergranat, der sich in die Reuse verirrte, das Aas verspeiste und damit den Marktwert der Reuse verdarb. Zusätzlich verhindert der herrliche Geruch, der ständig aus den kleinen Löchern hinausströmt, dass der Kaisergranat Lust bekommt, sich wieder davonzumachen.

Damit habe ich vermutlich ein gut gehütetes Geheimnis aus dem Leben des Kaisergranats enthüllt: Er ist ein ekliger kleiner Aasfresser, der tief unten in der Dunkelheit lebt. Ich versuche noch immer, die Erinnerung an den Gestank der ersten Reuse loszuwerden, die ins Boot gehievt wurde. Der schwarze Schlamm, in dem der Kaisergranat wohnt, ist so ziemlich das Unfrischeste, das ich je gerochen habe. Aber natürlich hatten die Ausflüge mit meinem Nachbarn Lillegut auch ihre guten Seiten: Durch sie kam ich in den Genuss einiger der besten kleinen Krustentiermahlzeiten, an die ich mich erinnern kann.

Wenn ich Kaisergranat nicht selbst fange, sondern kaufen muss, bestelle ich ihn beim Fischhändler oder direkt bei einem Fischer vor. Entscheidend ist, dass der Kaisergranat noch lebt, denn sobald er stirbt, beginnen Enzyme in der Leber (dem langen braungrauen Organ im Kopf, das wie Gehirn aussieht) das Fleisch anzugreifen. Dann nimmt es leicht eine unangenehm mehlige Konsistenz an, ein sicheres Zeichen dafür mangelnde Frische. Tiere mit Ammoniakgeruch in jedem Fall zurückweisen.

Ob man den Kaisergranat nun selber fischen oder kaufen will, eine Kiste voller Eis sollte man in jedem Fall dabeihaben. Die empfindlichen Krustentiere sofort auf das Eis betten und bis zur Verarbeitung dort lassen.

Ideal ist es natürlich, wenn man die Kaisergranate in frischem Meerwasser am Leben halten kann, am besten in einer Reuse. Auf Fedje habe ich erlebt, dass man die Kaisergranate in einem Kaninchenkäfig aufbewahrte. Das war zwar insofern nicht sehr schlau, als der Rahmen des Käfigs aus Holz war, und das Holz wurde ziemlich schwer, nachdem es eine Weile im Wasser gelegen hatte. Aber trotzdem erfüllte der Käfig seinen Zweck. Der Kaisergranat war quicklebendig, als ich ihn aus dem Käfig herausholte.

Gekochter Kaisergranat

Die simpelste Methode, Kaisergranat zu servieren, ist ganz einfach gekocht. So findet man ihn in der Regel auch beim Fischhändler und so kommt der milde, gute Geschmack zur Geltung. Die Tiere werden ebenso wie Hummer in Salzwasser gegart (siehe Seite 363), aber es geht natürlich schneller, 10–12 Minuten sollten ausreichen.
Die Beilagen sind die gleichen wie für Hummer und Taschenkrebse, entweder Kräuterbutter oder eine leichte Mayonnaise (siehe Seite 343).

Gegrillter Kaisergranat

Kaisergranat lässt sich gut braten oder grillen, so schmeckt sein Fleisch ganz besonders süß und köstlich. Das Grillen setzt einen Bräunungsprozess in Gang, bei dem lange Stärke-moleküle in Zucker umgewandelt und karamellisiert werden.
Für dieses Rezept unbedingt lebende Kaisergranate verwenden, notfalls Tiere, die roh tiefgekühlt worden sind (vorgekochter Kaisergranat nimmt auf dem Grillrost eine gummi-artige Konsistenz an).

Für 4 Personen als Vorspeise
4–8 KAISERGRANATE
100 G BUTTER
2–4 KNOBLAUCHZEHEN, ZERDRÜCKT
2 TL FEIN GEHACKTE GEMISCHTE KRÄUTER, PETERSILIE ODER THYMIAN
1 ZITRONE, GEVIERTELT

Die Kaisergranate auf Eis legen, bis sie für die Zubereitung gebraucht werden.
Den Grill anheizen. Die Butter schmelzen. Mit Knoblauch und Kräutern in einem tiefen Teller vermischen. Wenn der Grill heiß ist, den Kaisergranat in reichlich sprudelnd kochendem Wasser töten, anschließend der Länge nach halbieren. Den Kaisergranat mit der Schnittseite nach unten in die Buttermischung tauchen und anschließend auf den Grill legen. Nach 4 Minuten wenden, sodass nun die Schalenseite unten liegt. Noch etwas Butter auf die Schnittseiten geben.
Der Kaisergranat ist fertig gegrillt, wenn sich die Schale leicht vom Fleisch lösen lässt. Es macht nichts, wenn er nicht ganz durchgebraten ist. Nochmals durch die Buttermischung ziehen und den Kaisergranat wieder auf den Grill legen, bevor man ihn auf Serviertellern anrichtet. Mit Zitrone servieren.

Kaisergranat in Kaisergranatfond

An diesem kleinen Gericht gefällt mir vor allem die Reinheit der Aromen. Wem der Sinn nach Abwechslung steht, gibt etwas Sherry oder Sahne in den Fond und würzt ihn mit einem kleinen Stück Zimtstange, Safran, Cognac, fein gehacktem Ingwer oder Zitronengras. Auch gebratene Pilze sind möglich. Der Fond ist eine gute Basis für eine Fischsuppe.

Für 2–4 Personen

4 KAISERGRANATE
2 SCHALOTTEN, GEHACKT
400 ML TROCKENER WEISSWEIN
1 EL OLIVENÖL
2 CM FRISCHER INGWER (NACH BELIEBEN)
SALZ UND PFEFFER

Den Kaisergranat in reichlich sprudelnd kochendem Wasser töten.
Die Köpfe abtrennen. Das Schwanzfleisch erstreckt sich ein Stück in den Kopf hinein, sodass man versuchen sollte, auch das mitzubekommen. Die Schwänze schälen. Die beste Methode besteht darin, die Schale zusammenzupressen, sodass die Segmente, die den Schwanz auf der Unterseite zusammenhalten, brechen. Danach die Schale vorsichtig abziehen. Den schwarzen Darm entfernen, der sich über den gesamten Schwanz erstreckt. (Wenn er nicht zu sehen ist, liegt es daran, dass der Kaisergranat eine Zeit lang nichts gefressen hat. Dann braucht man sich nicht darum zu kümmern.) Die Schwänze auf einen Teller legen, mit Frischhaltefolie zudecken und in den Kühlschrank legen, während der Fond zubereitet wird.
Die Schalen zerdrücken und unter dem vorgeheizten Backofengrill oder in einer trockenen Pfanne bei großer Hitze rösten. In einem Topf die Schalotten in etwas Öl anschwitzen, sie dürfen aber nicht bräunen. Die Kaisergranatschalen in den Topf geben, den Weißwein und die gleiche Menge Wasser dazugießen und 20 bis 25 Minuten kochen lassen. Die Flüssigkeit durch ein mit einem sauberen Küchentuch ausgelegtes Sieb gießen (das Tuch mit heißem Wasser ausspülen, damit es nicht nach Waschmittel riecht). Diesen Fond ein wenig einkochen, mit Salz und Pfeffer abschmecken. Die Kaisergranatschwänze der Länge nach halbieren und auf Suppentassen verteilen. Mit dem kochenden Fond übergießen und servieren.

TINTENFISCH Die westlichen Zivilisationen lassen sich ganz grob in zwei Gruppen einteilen: diejenigen, die von Erdöl, Kartoffeln und Arbeit leben, und diejenigen, die sich auf Wein, Tintenfisch und Mittagsruhe verlassen. Beide Lebensformen haben etwas für sich, aber es besteht kein Zweifel, welche am angenehmsten ist.

Oft hört man, dass der Tintenfisch in Norwegen nicht heimisch ist. Aber ich habe schon ein paar Mal Besuch von Pfeilkalmaren gehabt – zehnarmigen Tintenfischen – und zwar in meinem Bootshaus. Das war irgendwie unwirklich. Erst wusste ich gar nicht, was das war. Ein Fisch? Ein schwimmender Papsthut? Ein geflügelter Penis? Nein, es war ein Pfeilkalmar, der zu Besuch kam, um mich daran zu erinnern, dass auch er in all seiner Eigenart da ist.

Ich habe es nie geschafft, einen zu fangen, und ehrlich gesagt habe ich es auch nie ernsthaft versucht, denn ich weiß nicht, wie ich diese Herausforderung in Angriff nehmen sollte. Aber der Pfeilkalmar geht als Beifang in großer Zahl ins Netz. Im Übrigen ist er ziemlich robust und er lässt sich einfrieren, ohne dass dies den Geschmack oder die Konsistenz sonderlich beeinträchtigt.

Es gibt zwei Methoden zur Zubereitung von Kalmar. Die eine ist schnelles und brutales Braten oder Grillen. Die andere besteht darin, ihn lange zu kochen. Es ist mir noch nicht gelungen, eine Alternative zu finden. Tintenfische müssen meiner Erfahrung nach immer ziemlich lange kochen.

Tintenfische zu reinigen ist gar nicht so leicht. Wo soll man anfangen? Das Prinzip ist einfach: alles entfernen, was nicht Körper oder Tentakel sind. Der Kalmar ist wie gesagt robust. Der Kopf muss weg, die dunkle Haut auf der Außenseite ebenfalls. Die Innereien ziehe ich beherzt heraus.

Wenn man die Tinte aufbewahren möchte, sollte man damit beginnen, den Tintensack in Sicherheit zu bringen. In der Nähe des Mundes (der wie ein Schnabel aussieht) einen Schnitt setzen und den Tintensack freilegen. Die ausgepresste schwarze Tinte in eine kleine Schale füllen. Im Körper selbst hat der Kalmar sein Skelett, eine Knorpelplatte. Diese lässt sich leicht entfernen. Am Ende sitzt man mit den essbaren Teilen da – den zehn Armen und dem torpedoförmigen Körper.

Gegrillter Kalmar

Im Frühsommer komme ich leicht an Pfeilkalmar heran, aber da herrscht selten Grillwetter. Deshalb grille ich am Ende den Tintenfisch im Kamin, was auch gut funktioniert. Entweder ich klemme ihn in einen Fischrost oder ich spieße einfach drei Kalmare auf ein Holzstäbchen. Vor dem Grillen den Körper des Kalmars rautenförmig einritzen, so wird das Fleisch zarter. Auch sonst behandle ich den Kalmar so brutal wie möglich: starke Hitze und kräftige Aromen wie Knoblauch, Chili und Limette.

Als Vorspeise für 4 Personen

4-6 KALMARE, GEREINIGT

2 EL ÖL

4 KNOBLAUCHZEHEN

1 CHILISCHOTE, FEIN GEHACKT

2 TL CAYENNEPFEFFER

2 EL ZUCKER

SAFT VON 1 LIMETTE ODER ZITRONE

SALZ

Die Haut des Kalmars rautenförmig einritzen. Aus den übrigen Zutaten eine Marinade anrühren und den Kalmar darin liegen lassen, solange es geht – mindestens ein paar Minuten, im Höchstfall einige Stunden. Bei starker Hitze grillen, bis der Kalmar an den Rändern gut gebräunt ist. Nach Belieben beim Grillen mit der Marinade bepinseln.

Meeresfrüchtesalat

In einen Meeresfrüchtesalat gehören unbedingt Tintenfische. Ganz wichtig: Je größer sie sind, umso zäher sind sie und umso länger müssen sie gekocht werden. Wer Baby-Tintenfische ergattern kann, sollte unbedingt zugreifen. Sie sehen süß aus und schmecken fabelhaft.

Für 12–15 Personen als Vorspeise

1,2 KG GANZE KALMARE ODER 800 G GEREINIGTE

300 G KAISERGRANAT ODER GARNELEN, GEKOCHT UND GESCHÄLT
    (ODER 300 ROHER FISCH, GEWÜRFELT)

500 G MIESMUSCHELN

3 EL PETERSILIE

1-2 ROTE CHILISCHOTEN

2 KNOBLAUCHZEHEN

2 UNBEHANDELTE ZITRONEN

100-200 ML WEISSWEIN ODER 2 EL WEISSWEINESSIG

100 ML GUTES OLIVENÖL

SALZ

Die Kalmare säubern. Große Exemplare in Stücke schneiden. Unter fließendem Wasser gut abspülen. Alle eventuell noch vorhandenen Reste von Eingeweiden und das Knorpelstück im Körper entfernen.

Kaisergranat reinigen. Miesmuscheln abspülen und bürsten. Alle wegwerfen, die sich im kalten Wasser nicht schließen.

Petersilie und Knoblauch hacken, die Chilischoten in feine Ringe schneiden. Die Zitronen waschen. Etwa einen Teelöffel der Schale mit einem Zestenreißer abschneiden.

In einem kleinen Topf den Wein mit dem Saft einer halben Zitrone aufkochen (oder 100 Milliliter Wasser mit drei Esslöffeln Weißweinessig). Die Tintenfische zugedeckt garen, bis sie weich sind. Das kann 2-20 Minuten dauern. Die Tintenfische sollen fest sein, aber nicht gummiartig werden. Aus dem Topf nehmen.

Die Miesmuscheln (und falls verwendet die Fischstücke) 5 Minuten in der kochenden Flüssigkeit garen. Die Miesmuscheln aus den Schalen lösen. Die Schalen wegwerfen.

Das Öl, den Saft einer halben Zitrone, Zitronenschale, Petersilie, Knoblauch, Chiliringe und Salz in einer Schüssel vermengen. Miesmuscheln, Kaisergranat (oder Fisch oder Garnelenschwänze) und Tintenfische dazugeben. Gut vermischen. Die zweite Zitrone in Schnitze schneiden und in die Schüssel geben. Mit weiterem Zitronensaft abschmecken, nach Belieben auch mit einem kleinen Spritzer Weißweinessig.

Gefüllter Kalmar

Die beste Art, kleine Pfeilkalmare zu servieren. Ich fülle sie gern mit stark gepökelter Wurst, das geht schnell und macht kaum Arbeit. Manchmal bereite ich aber auch eine kräftig gewürzte Fleischfarce zu. Klein gewürfelter Speck gibt ihr genau die richtige Salzigkeit. Hier gare ich den Pfeilkalmar in Weißwein, damit er schön zart wird. Man kann ihn auch in Zitronen- oder Essigwasser kochen, aber falls die Flüssigkeit hinterher für eine Sauce verwendet werden soll, ist Wein besser. Für die meisten Rezepte ist es völlig gleichgültig, ob man acht- oder zehnarmigen Tintenfisch verwendet, hier jedoch sollte es unbedingt Pfeilkalmar sein, der zu den zehnarmigen gehört. Er hat einen lang gestreckten Körper, der sich perfekt dazu eignet, mit guten Dingen gefüllt zu werden.

Für 4 Personen als Vorspeise
8 KLEINE PFEILKALMARE
200 G KOCH-CHORIZO ODER KRÄFTIG GEWÜRZTES WURSTBRÄT
150 ML WEISSWEIN
PETERSILIE ODER ANDERE FRISCHE KRÄUTER

Die Kalmare vorbereiten (siehe Seite 353). Gut abspülen und den Körper mit klein gehackter Chorizo oder Wurstbrät füllen.
In einem kleinen Topf den Wein aufkochen. Die Kalmare hineinlegen und 10 Minuten bei mittlerer Hitze garen. Mit einer Messerspitze einstechen, um zu prüfen, ob das Ganze schon weich ist. Die fertigen Kalmare herausnehmen, den Wein auf etwa 50 Milliliter einkochen. Die Kalmare damit übergießen und mit Petersilie bestreut servieren.

HUMMER Als ich klein war, aßen wir zu Hause nur selten Hummer. Eine Ausnahme gab es in den Herbstferien. In der ersten Oktoberwoche fuhren wir zum Hof, um Kartoffeln aus der Erde zu holen und vor Einbruch des Winters alle möglichen anderen Dinge zu erledigen. Heute bin ich mir gar nicht so sicher, ob ich viel zu allem beitrug, aber während die Arbeit ihren Lauf nahm, hatte ich das Gefühl, ein geschickter Helfer zu sein. Ich glaubte, die Blasen an meinen Händen seien ein Zeichen dafür, dass mir die Arbeit leicht von der Hand ging – während sie tatsächlich zeigten, dass ich einfach nicht daran gewöhnt war.

Am ersten Tag warfen wir immer einige der alten Hummerreusen ins Wasser, nachdem wir sie mit dem gefüllt hatten, was wir an Fisch im Tiefkühlgerät fanden. Wenn die Woche sich dem Ende zuneigte, war es an der Zeit, herauszufinden, was wir eigentlich schon wussten: dass die alten Reusen aus morschem Holz und geflochtenen Zweigen nicht mehr zu gebrauchen waren. Ich glaube, wir haben in all den Jahren nur einen einzigen Hummer gefangen. Einen anderen sahen wir mit einem Makrelenkopf in der Schere herausspazieren, als wir die Reuse ins Boot ziehen wollten. Oft kompensierten wir das fehlende Hummerfischerglück, indem wir einige bei einem unserer Nachbarn kauften, denn Hummer musste es sein. Genauer gesagt Hummer mit Kartoffelpüree.

Das Ganze nimmt sich im Rückblick sicher noch schöner aus, als es war, vor allem aus heutiger Sicht, da die Hummerfischerei streng reguliert ist. Meine Eltern haben nicht einmal die Erlaubnis beantragt, die unwahrscheinlich ineffektiven alten Reusen zu benutzen, die wir besaßen. (Die eigentlich eher als Futterstationen zu bewerten waren.) Es gibt viele Regeln, die den Hummerfischern heute auferlegt sind. So ist es etwa verboten, die Hummerreusen an Sonntagen herauszunehmen und auch in der Zeit von Sonnenuntergang bis eine Stunde nach Sonnenaufgang darf man sie nicht nach oben holen. In der Dämmerung kann schließlich leicht jemand behaupten, er habe sich geirrt und deshalb die Reusen des Nachbarn für seine eigenen gehalten. Noch wichtiger sind andere Regeln, etwa das Verbot, Hummer mit Rogen aus dem Wasser zu holen. Ich halte Hummerrogen zwar für einen Genuss, aber wenn man bedenkt, dass es gerade diese Hummereier sind, die der Bestand braucht, um sich zu regenerieren, ist es nur ein kleines Opfer.

Die wichtigsten Regeln für die Hummerfischerei in Norwegen

An der Küste von der schwedischen Grenze bis einschließlich Sogn und dem Kreis Fjordane ist es in der Zeit vom 1. Oktober bis einschließlich dem 30. November erlaubt, Hummer zu fangen. Für den Rest des Landes gilt die Genehmigung vom 1. Oktober bis 31. Dezember. Hummer mit Rogen auf dem Panzer ist das ganze Jahr über geschützt.

Hummer darf nur mit Hummerreusen gefangen werden. Die Reusen müssen mindestens eine kreisförmige Fluchtöffnung auf jeder Seite haben. Ihr Durchmesser beträgt mindestens 60 Millimeter. Das Mindestmaß für Hummer, der gefangen werden darf, liegt im ganzen Land bei 25 Zentimetern (von Kopf bis Schwanz, die Scheren nicht eingerechnet).

Hummer mit Kartoffelpüree

Für mich sind Hummer und Kartoffeln nicht nur aus geschmacklichen Gründen ein Traumpaar. Abgesehen davon, dass Kartoffelernte und Hummerfischerei zeitlich zusammenfallen, ergänzen sich die beiden auch deswegen so gut, weil das eine Produkt teuer und mit viel Geschmack ausgestattet ist, während das andere billig und gewillt ist, für andere Geschmacksrichtungen ein Medium zu sein.

»Hummer, du Dummer, davon wird man ja nicht richtig satt«, singt Cornelis Vreeswijk, er sieht ein, dass er – wie die meisten von uns – nicht zu denen gehört, die es sich ohne Weiteres leisten können, mit Hummer den Magen zu füllen. Stattdessen bittet er um ein Kilo braune Bohnen.

Hummer ist teuer, jedenfalls wenn man Wert darauf legt, das jeder einen ganzen Hummer für sich haben soll. Das muss aber gar nicht sein. Man bekommt viel Hummergeschmack, wenn man ihn längs teilt und brät oder grillt. Dazu mache ich ein schönes luftiges Kartoffelpüree mit viel Butter. So reicht ein 600 Gramm schwerer Hummer für zwei Personen.

Für dieses Rezept ist ein lebender Hummer unabdingbar. Gekochte, tiefgekühlte Hummer lassen sich nicht gut braten, sie werden dabei zäh. Wenn gekochter Hummer alles ist, was man hat, empfiehlt es sich, die Beine abzudrehen, sie in kleine Stücke zu zerhacken und in Butter zu braten. Mit etwas Weißwein übergießen und einkochen. Noch mehr Butter dazugeben. Das vermittelt zumindest eine Idee von dem reichen Aroma, das beim Braten der frischen Hummerhälften in der Pfanne entsteht.

Für 2 Personen

700 G KARTOFFELN
SALZ
100 ML KOCHENDE MILCH
200-250 G KALTE BUTTER, GEWÜRFELT
1 LEBENDER HUMMER VON 600-800 G
2 SCHALOTTEN, FEIN GEHACKT
100 ML WEISSWEIN
FRISCHE KRÄUTER (ETWA SCHNITTLAUCHRÖLLCHEN)

Mit der Zubereitung des Kartoffelpürees beginnen. Die Kartoffeln gut abbürsten. Mit einem Liter Wasser und einem Esslöffel Salz aufkochen und 20 Minuten garen. Mit einer Messerspitze einstechen, um zu prüfen, ob sie weich sind.

Die Kartoffeln in ein Sieb abgießen und etwas ausdampfen lassen, dann durch die Kartoffelpresse drücken. (Die Schale wird in der Presse hängen bleiben.) Das ergibt eine feine luftige Konsistenz. Kochende Milch unterrühren sowie drei Viertel der Butter (der Rest wird zum Braten des Hummers gebraucht), entweder mit einem Kochlöffel oder mit dem Schneebesen. Dabei möglichst viel Luft unterheben.

Den Hummer in reichlich sprudelnd kochendem Wasser töten, dann halbieren. In einer großen Pfanne mit Deckel die restliche Butter erhitzen. Den Hummer mit der Schnittfläche nach unten hineinlegen, die Schalotten darüberstreuen und ohne Deckel 3–4 Minuten braten. Den Wein in die Pfanne gießen, auf mittlere Hitze schalten und den Deckel auflegen. Den Hummer 10 Minuten garen, dann wenden und weitere 5 Minuten garen. Mit Kräutern bestreuen und nach Belieben noch etwas Butter dazugeben.

Auf jeden Teller eine großzügige Portion Kartoffelpüree häufen. Die Hummerhälften obendrauf legen und mit der Bratenjus aus der Pfanne beträufeln.

Gekochter Hummer

Wenn das Haushaltsbudget es zulässt, kann man auf das Kartoffelpüree verzichten und sich an Hummer satt essen. Den Hummer in kochendes Wasser geben, das etwa 3,5 Prozent Salz enthält. Ich rechne rund 15 Minuten für einen kleinen, 600 Gramm schweren Hummer und 20–25 Minuten für ein Exemplar von einem Kilo.

Der gekochte Hummer sollte mit einfachen Zutaten serviert werden, entweder mit geschmolzener Butter oder mit Mayonnaise und etwas Zitrone zum Beträufeln.

Die Hummerschalen ergeben einen guten Fond. Sie werden nach dem Rezept für Strandkrabbenfond auf Seite 304 verarbeitet.

GARNELEN Eine der besten und einfachsten Mahlzeiten des Sommers besteht aus frisch gekochten Garnelen, selbst gepult, und dazu knuspriges Brot mit Butter. Das ist perfekt und kann allenfalls noch durch eine selbst gemachte Mayonnaise verbessert werden. Aber sonst soll alles so sein, wie es immer war – mit Weißbrot und Zitrone, klebrigen Händen und eiskaltem Weißwein.

Hinterher bereite ich aus den Schalen einen Fond zu. Ich gebe alles in einen Topf, was von der Garnelenmahlzeit übriggeblieben ist – ohne Servietten und Zitronenschnitze –, und koche es eine Viertelstunde. Dann habe ich einen erstklassigen Krustentierfond zum Einfrieren.

Garnelencocktail

Ein klassischer Garnelencocktail, der vorzugsweise in einem Martiniglas oder einem anderen Glas mit Stiel serviert wird. An Klassikern sollte man meiner Meinung nach nicht herum-experimentieren, aber einige Kräuter und abgeriebene Zitronenschale können nicht schaden. Und für die Cocktailsauce nehme ich am liebsten selbst gemachte Mayonnaise. Das Schälen der kleinen Garnelen ist etwas mühsam. Aber wenn die Zeit nicht reicht, ist es eine gute norwegische Tradition, das Gericht »dekonstruiert« zu servieren. Das heißt, man lässt die Gäste ihr Essen selbst zubereiten: Ich serviere ein Glas Martini und lasse die Leute Garnelen pulen, während sie ihren Aperitif trinken. Wenn sie fertig sind, brauche ich nur noch Salat, Garnelen und Cocktailsauce in die Gläser zu schichten.

Für 4 Personen als Vorspeise

1 KG GARNELEN, GEKOCHT

200 G MAYONNAISE

2-3 EL KETCHUP

1 EL TOMATENMARK

1 EL FEIN GEHACKTE SCHALOTTEN

1 TL WEISSWEINESSIG

1 TL CAYENNEPFEFFER (NACH BELIEBEN)

1 TL GERIEBENER MEERRETTICH (NACH BELIEBEN)

SALATBLÄTTER

FEIN GEHACKTE PETERSILIE (NACH BELIEBEN)

ABGERIEBENE SCHALE VON 1 UNBEHANDELTEN ZITRONE

Die Garnelen schälen. Mayonnaise, Ketchup, Tomatenmark, Schalotten, Essig sowie nach Belieben Cayennepfeffer und Meerrettich mischen. Salat, Garnelen und Sauce auf vier Gläser verteilen. Mit Petersilie und abgeriebener Zitronenschale bestreuen.

Klare Krustentiersuppe

Eine frische und aromatische Brühe, die als Ausgangspunkt für Fischsuppen aller Art dienen kann. Wenn ich die Suppe weiter reduzieren möchte, um sie als kräftige Krustentiersauce zu gebratenem Fisch zu servieren, lasse ich Safran und Ingwer weg.

Für 4 Personen als Vorspeise

2 EL ÖL
2 SCHALOTTEN, FEIN GEHACKT
2 KNOBLAUCHZEHEN, FEIN GEHACKT
300 G GARNELENSCHALEN
1 PRISE SAFRAN
1 TL KRÄUTER DER PROVENCE
1 TL FEIN GEHACKTER ODER GERIEBENER INGWER
1 KLEINE CHILISCHOTE (NACH BELIEBEN)
300 ML WEISSWEIN
WEISSFLEISCHIGER FISCH (HEILBUTT, SEELACHS, DORSCH ODER SEETEUFEL,
    NACH BELIEBEN)
OLIVENÖL
SCHNITTLAUCHRÖLLCHEN

In einem Topf das Öl erhitzen. Schalotten und Knoblauch darin 3–5 Minuten bei mittlerer Hitze anschwitzen. Garnelenschalen, Safran, Kräuter der Provence, Ingwer sowie nach Belieben Chili dazugeben. Weitere 3–5 Minuten köcheln lassen. Mit dem Wein und einem halben Liter Wasser übergießen, dann 15–20 Minuten kochen lassen. Den Schaum entfernen, der sich an der Oberfläche sammelt. Die Suppe durch ein Sieb gießen, am besten durch ein sauberes Küchentuch (vorher mit heißem Wasser ausspülen, um Waschmittelreste zu entfernen).
Falls Fisch zugegeben werden soll, die Suppe in den Topf zurückgießen, wieder aufkochen, die Fischstücke zugeben und 7 Minuten ziehen lassen. Die Suppe in tiefe Teller gießen. Mit Olivenöl beträufeln, mit Schnittlauchröllchen bestreuen und servieren.

Garnelensuppe mit Whisky

Ich habe ziemlich lange gebraucht, bis mir aufging, dass ich eigentlich gar kein Whiskytrinker bin, und endlich aufhörte, im Duty-free-Shop die teuren Flaschen aus Schottland zu kaufen. In dieser Zeit habe ich immerhin herausgefunden, dass der rauchige Whiskygeschmack gut zu Krustentieren passt. Man kann auch andere Hochprozentige in der Suppe verwenden – mit einem Schluck Pernod oder Ouzo beispielsweise bekommt sie einen feinen Anisgeschmack, Aquavit gibt ihr ein schönes Kräuteraroma.

Man kann sich damit begnügen, Garnelenschalen für den Fond zu verwenden und die Suppe servieren, so wie sie ist, oder ein Stück Fisch hineingeben. Ich bemühe mich, die schönsten Garnelen beim Schälen nicht sofort zu verspeisen, sondern in eine Schale zu legen. Ich gebe sie erst in die Suppe, wenn ich zu essen beginne – am besten jeweils nur wenige, so behalten sie ihren wunderbaren Geschmack und die perfekte Konsistenz. Soll die Suppe besonders luftig und fein sein, schäume ich sie mit dem Stabmixer auf.

Für 4 Personen als Vorspeise

500 G GARNELEN MIT SCHALE

2 SCHALOTTEN, FEIN GEHACKT

2 KNOBLAUCHZEHEN, FEIN GEHACKT

1 LORBEERBLATT (NACH BELIEBEN)

2 EL BUTTER ODER ÖL

50 ML WHISKY

700 ML KOCHENDES WASSER

1 EL TOMATENMARK

200 ML SAHNE

GROB GEMAHLENER PFEFFER

200 G KIRSCHTOMATEN, HALBIERT

Die Garnelen schälen und das Fleisch beiseitelegen.

Schalotten und Knoblauch sowie nach Belieben das Lorbeerblatt in einem Topf in Butter oder Öl anschwitzen. 5 Minuten bei mittlerer Hitze braten. Die Garnelenschalen hineingeben und 3–5 Minuten bei etwas höherer Temperatur weiterbraten. Fast den gesamten Whisky dazugießen, anzünden und dann ausbrennen lassen. Mit 200 Milliliter Wasser ablöschen. Aufkochen und 15–20 Minuten kochen lassen. Aufsteigenden Schaum entfernen.

Die Suppe durch ein Sieb gießen, am besten durch ein sauberes Küchentuch (vorher mit heißem Wasser ausspülen, um Waschmittelreste zu entfernen), dann zurück in den Topf füllen. Tomatenmark und Sahne verrühren, in die Suppe geben, zusammen mit etwas grob gemahlenem Pfeffer und den Kirschtomaten. Einige Minuten köcheln lassen.

Die Suppe in tiefe Teller schöpfen, mit dem restlichen Whisky beträufeln. Die Garnelenschwänze in einer kleinen Schüssel separat reichen.

Pökeln und Räuchern

Meist überlassen wir das Pökeln und Räuchern den Experten. Und das nicht ohne Grund, denn es ist gar nicht so leicht, einen perfekten luftgetrockneten Schinken oder wenigstens guten Räucherspeck selbst herzustellen. Aber im Grunde genommen geht es dabei um ganz einfache Prozesse, zu denen Salz gehört und manchmal auch Rauch.

Es lässt sich natürlich nicht verhehlen, dass neben guten handwerklichen Kenntnissen ganz viel Erfahrung nötig ist, damit aus dem Hinterbein eines Schweins ein guter Schinken wird. Wer sich die berühmten luftgetrockneten Schinken aus Spanien oder Italien zum Vorbild nimmt, hat vermutlich eine Lebensaufgabe vor sich. Und wer es wagt, kann nicht sicher sein, dass das Ergebnis den hochgesteckten Erwartungen wirklich entspricht. Aber es muss ja nicht gleich ein ganzer Schinken sein. Wenn man sich ein realistisches Ziel setzt, ist der Einsatz überschaubar. Ein paar Kilo Salz, etwas Platz im Kühlschrank – und schon bald liegt das erste selbst gepökelte Fleisch auf Ihrem Teller. Ich finde, dass die von mir selbst zubereitete Pancetta und Guanciale besser sind als alles, was ich hier im Laden kaufen kann – falls ich an solche Delikatessen überhaupt herankomme.

Das Räuchern ist als Konservierungsmethode noch älter als das Pökeln. Rauch kann als eine Art fünfter Geschmack gelten (oder als sechster, wenn Umami auch dazuzählt), denn er hat die Fähigkeit, Lebensmittel geschmacklich zu verwandeln, ihre besondere Eigenschaften hervorzuheben oder einen Kontrast dazu zu bilden. Ebenso wie Zigarettenrauch früher bei allen möglichen Anlässen dazugehörte – in der Bar, auf dem Boot, bei Stress, bei Entspannung, unter Männern, auf der Bettkante – taucht Rauch heute in allen nur denkbaren Zusammenhängen in der Gastronomie auf, in einfachen Landgasthöfen ebenso wie in Luxusrestaurants. Er begegnet uns in Schinken oder Fisch, Chilischoten, Whisky oder Tee – und manchmal sogar als kleine Provokation in einem Dessert. Rauch ist die Tür zu einem eigenen Bereich in der Gastronomie, ein lebhafter, schwadengeschwängerter Raum, vielversprechend und fast grenzenlos, gleichzeitig auch ein wenig dunkel und gefährlich. Das Räuchern ist eine universelle Technik, die sich für fast alles verwenden lässt.

Und schließlich gibt mir das Räuchern die Möglichkeit, Höhlenmensch und Feinschmecker zugleich zu sein. Wenn ich oben auf der Leiter stehe und gerade dabei bin, Fleisch in den Schornstein zu hängen, fühle ich mich eher wie ein Held als wie jemand, der wirklich für seine Nahrung schuften muss. Und wenn mir das Räuchergut in den Kamin fällt und ich hinunterklettern muss, um es wieder herauszuholen, sehe ich bestimmt aus wie ein Höhlenmensch. Wenn aber Speck oder Räucherlachs fertig sind und ich solche Delikatessen aus dem eigenen Schornstein anbieten kann, bin ich mit mir ganz zufrieden. Was kann es da noch für eine Rolle spielen, dass der Pullover für immer nach Rauch riechen wird?

DIE MAGIE DES SALZES Wer Fleisch pökeln will, braucht dazu eigentlich nichts weiter als Salz. Mit seiner Hilfe lassen sich ganz unglaubliche Dinge bewirken. Es verwandelt Geschmack und Konsistenz von Lebensmitteln und bringt ein Stück Fleisch dazu, monatelang haltbar zu bleiben – und dabei immer besser zu schmecken.

Im Grunde genommen spielt es keine sehr große Rolle, welche Art Salz zum Einsatz kommt – alles Salz enthält in etwa die gleichen Inhaltsstoffe, zu mehr als 90 Prozent Natriumchlorid. Wichtig ist dagegen die Größe der Salzkristalle. Wenn ich Fleisch in Salzlake pökeln will, brauche ich nicht darauf zu achten, ob das Salz nun grob oder fein ist, da es ohnehin aufgelöst wird. Aber für trockenes Pökeln ist es wichtig – und das ist die Technik, die ich am häufigsten anwende. Feines Salz ist effektiver als grobes, weil es sich schneller auflöst und deshalb schneller wirkt. Im Großen und Ganzen verwende ich grobes Salz eher für das langsame Pökeln, gelegentlich auch eine Mischung aus feinem und grobem Salz. Ein Vorteil bei grobem Salz besteht darin, dass die Flüssigkeit besser ablaufen kann. Das Wasser, das dem Fleisch oder dem Fisch entzogen wird, entweicht sehr schnell. Mit feinem Salz entwickelt sich eine kräftige Salzlake, die unter anderem bewirkt, dass die Unterseite des Pökelguts viel salziger wird als die obere Seite.

Beim kommerziellen Pökeln wird sogenanntes Pökel- oder Nitritsalz verwendet. Nitrit wirkt nicht nur antibakteriell, es erhält gleichzeitig die frische, rosige Farbe des Fleischs. Der Nachteil besteht darin (jedenfalls, wenn es in großen Mengen verzehrt wird), dass es gesundheitsschädlich ist. Nitrit reagiert mit dem im Fleisch enthaltenen Eiweiß und kann Nitrosamine bilden, die als krebserregend gelten. Wenn ich Pökelsalz verwende, nehme ich deshalb auf jeden Fall weniger, als allgemein üblich. Es stört mich auch nicht, wenn meine selbst gemachte Pancetta eine etwas bräunlichere Farbe hat als gekaufte.

LUFTGETROCKNETER SCHINKEN Das Grundprinzip ist einfach. Ich habe mir sowohl in Spanien als auch in Italien angeschaut, wie es geht: Die Schweinekeulen werden mit einer dicken Schicht groben Salzes zugedeckt und mit Gewichten beschwert. So liegen sie drei bis sechs Wochen. Danach wird das Salz abgewischt und die Schinken an einem luftigen Ort zum Trocknen aufgehängt. Dort bleiben sie sechs Monate oder auch länger, bis sie genau den richtigen Geschmack und die perfekte Konsistenz haben. Aber was so einfach klingt, ist das Ergebnis jahrhundertelanger Erfahrung und nicht zuletzt besonderer naturgegebener Verhältnisse. Es ist kein Zufall, dass gerade die Gegend um Parma in Italien so guten Schinken liefert.

Wer mit dem Pökeln noch keine Erfahrung hat, sollte sich nicht direkt auf einen Schinken stürzen. Deshalb gibt es hier auch kein Rezept dafür, sondern nur einige allgemeine Informationen zur Vorgehensweise. Wer es genauer wissen will, findet in der Literaturliste (siehe Seite 503) weitere Informationen. Auf den folgenden Seiten stelle ich Ihnen einige einfachere Projekte vor, die auch für Anfänger gut zu bewältigen sind. Die Technik des Pökelns ist immer die gleiche, ob man nun Pancetta zubereitet oder geräucherte Schweinebäckchen.

Doch zurück zum Schinken. Schwer zu kontrollieren sind für den Amateur Temperatur, Luftfeuchtigkeit und der Einsatz von Schimmelpilzen. Auch der richtige Salzgehalt ist nicht leicht abzuschätzen: zu wenig, und das Fleisch verdirbt, zu viel, und es wird auch ungenießbar. All meine Versuche mit selbst gemachtem Schinken waren mit irgendeinem Makel behaftet, am allerhäufigsten war er zu salzig. Dann braucht es ein kleines oder größeres Maß an Wohlwollen, um das Ergebnis schätzen zu können. Aber darum mache ich mir keine Sorgen, denn die Worte »selbst gemacht« genügen meistens, um ziemlich viel Wohlwollen zu mobilisieren. Und ein zu salziger Schinken ist immer noch besser als einer, der schlecht wird.

Der gelungenste Versuch, an den ich mich erinnern kann, basierte auf feuchter Lagerung der Schinken, wie für italienischen Culatello oder spanischen Jamón ibérico üblich ist. Ich hatte die Schinken in der Garage aufgehängt, wo ständig ein wenig Wasser durch die Furche mitten im Fußboden läuft. Alle Teile wurden nach dem Pökeln mit Salz und Schimmelkulturen eingerieben. Etwas Schimmel findet sich oft an Schinkenknochen und an Wursthaut (der weiße Überzug auf gepökelter Wurst). Das feuchte Milieu (keine Feuchtigkeit direkt auf dem Schinken, aber eine relativ hohe Luftfeuchtigkeit) bewirkte, dass die Schinken bald von einer feinen Schimmelschicht bedeckt waren, die zwar verdächtig aussah, aber gut roch. Nach einem halben Jahr starb der Schimmelpilz ab und der Schinken schmeckte fantastisch – das ganz spezielle nussartige Aroma, wie es die besten spanischen Schinken auszeichnet. Wir hatten es geschafft! Aber die Freude war nur von kurzer Dauer. Unsere ziemlich unbeholfene Nachahmung dessen, wofür die Spanier Jahrhunderte gebraucht haben, erwies sich als sehr empfindlich. Nach ein bis zwei Monaten begannen sich andere, weniger gute Aromen durchzusetzen. Aber vorher war der Schinken wirklich ein Gedicht!

Selbst gemachter Schinken

Wer einen Versuch wagen will, beginnt am besten mit einer entbeinten Keule. Der Oberschenkelknochen wird vorsichtig herausgeschnitten, während der Unterschenkelknochen, nach Belieben auch der Huf, an Ort und Stelle bleibt. Das ergibt eine größere Oberfläche zum Einsalzen, und damit wird die Gefahr geringer, dass der Schinken verdirbt. Das erhöhte Risiko des Austrocknens muss dabei in Kauf genommen werden. Das Salz mische ich mit einem kleinen Anteil von Nitritpökelsalz (etwas weniger als auf der Packung empfohlen), gern auch mitetwas Rosmarin oder anderen Kräutern, die ebenfalls einiges an Antioxidantien enthalten und das Wachstum von Bakterien auf der Oberfläche hemmen. Mit grobem Salz bedecken undmit einem Gewicht beschweren – etwa doppelt so schwer wie der Schinken selbst – und dann 3 Tage pro Kilo Fleisch pökeln lassen. Es ist wichtig, dass die austretende Flüssigkeit gut ablaufen kann. In dieser Phase soll die Temperatur etwa 8 °C betragen. Danach muss das Fleisch 6–12 Stunden gewässert werden. Anschließend gut abtrocknen und 2 Wochen an einem trockenen und kühlen Ort aufhängen, die Temperatur sollte 4 °C möglichst nicht übersteigen.

Besteht die Möglichkeit, den Schinken zu räuchern, ist das umso besser, denn der Rauch verleiht ihm nicht nur einen guten Geschmack, er wirkt auch konservierend.

Zum Schluss den Schinken an einem trockenen und am besten auch luftigen Ort aufhängen, wo die Temperatur etwa 10 °C beträgt. Ein trockener Keller oder ein Schuppen ist gut geeignet. Das Fleisch oft prüfen, um sicherzugehen, dass sich kein unerwünschter Schimmel bildet. In der Praxis wird es kaum möglich sein, zu Hause auch nur annähernd die richtige Temperatur zu erreichen. Dabei ist sie gerade zu Anfang des Prozesses sehr wichtig. Aber es gibt keinen Grund zu verzweifeln – schließlich haben unsere Vorfahren all das seit undenklichen Zeiten auch ohne Kühlschrank und Thermometer zustande gebracht.

PANCETTA Wer italienische Kochbücher liest, wird feststellen, dass immer wieder eine Zutat namens *pancetta* auftaucht. In manchen Übersetzungen steht dann »Pancetta (oder Speck)«, denn durchwachsener Speck kommt diesem italienischen Produkt am nächsten.

Doch obwohl Speck und Pancetta aus dem gleichen Stück vom Schwein hergestellt werden, könnte das Ergebnis kaum unterschiedlicher sein. Während der Speck gepökelt und anschließend geräuchert wird, reift Pancetta nach dem Pökeln an der Luft. Typischerweise ist sie nur leicht gepökelt und oft mit Kräutern oder Gewürzen bedeckt.

Als ich in Boston wohnte, fuhr ich manchmal quer durch die Stadt, um bei einem Metzger aus den Abruzzen Pancetta zu kaufen. Er bereitete sie selbst mit Rosmarin und Knoblauch zu. Meine etwas frischere Variante lässt sich auch in der eigenen Küche ohne große Probleme realisieren. Obendrein ist es vermutlich die beste Möglichkeit, altmodischem salzigem Speck nahe zu kommen, wie er früher in jeder Speisekammer hing. Ein Produkt, das unseren Großmüttern in der Küche unersetzlich war, aber heute aus den Läden verschwunden zu sein scheint. Dass die von mir selbst gemachte Pancetta nicht nur besser, sondern auch billiger ist als irgendeine andere, die es zwischen dem North End in Boston und den Abruzzen zu kaufen gibt, ist dabei eigentlich zweitrangig.

In der Küche kann Pancetta wie Speck verwendet werden. Ich streue gern ein paar knusprige Würfel über Salate oder Gemüse, außerdem taucht sie bei mir in vielen einfachen, schnellen Gerichten auf, die ich nach einem langen Arbeitstag gerne koche – etwa in Pastasauce oder in dünnen Scheiben gebraten auf Sandwiches. Sogar mit Krustentieren habe ich sie schon zusammengebracht. Eine Handvoll Pancettawürfel, Speck oder gepökeltes Schweinebäckchen in der Pfanne auslassen – das ist eine gute Grundlage, um Fische und Schalentiere, Geflügel oder Pilze zu braten.

Selbst gemachte Pancetta

Ich bereite fast immer zwei verschiedene Varianten gleichzeitig zu. Eine würze ich mit zer-drücktem Knoblauch, Thymian, Rosmarin und Oregano, die zweite mit Pfeffer, Chili, Nelken und Zimt. Ich bedecke die Fleischstücke dick mit grobem Salz und stelle sie in einen kalten Raum (unter 10 °C) oder in den Kühlschrank. So lasse ich sie einige Tage liegen. Danach wässere ich das Fleisch mehrere Stunden, trockne es ab und bedecke es mit einer frischen Schicht Kräuter oder Gewürzen. Schließlich rolle ich es fest auf und lasse es mindestens 3 Wochen trocknen. Das Aufrollen ist nicht unbedingt erforderlich, liefert aber ein etwas festeres Ergebnis.
Anstelle von Schweinebauch lässt sich Pancetta auch aus entbeinter dicker Rippe zubereiten. Manchmal mische ich das grobe Salz mit etwas Pökelsalz, das Nitrit enthält. Es verleiht dem Fleisch eine schöne rosa Farbe und hemmt das Wachstum von Bakterien. Dazu trägt im Übrigen auch frischer Rosmarin bei.
Diese selbst gemachte Pancetta muss vor dem Verzehr gegart werden.

1 STÜCK SCHWEINEBAUCH ODER RIPPENFLEISCH OHNE KNOCHEN VON 1 ½ –2 KG
2 EL FEINES SALZ
2 EL ZUCKER
REICHLICH GETROCKNETE UND FRISCHE KRÄUTER ODER GEWÜRZE
REICHLICH ZERDRÜCKTE KNOBLAUCHZEHEN
500 G GROBES SALZ
100 ML WEISSWEINESSIG

Ein großes flaches Gefäß aus Edelstahl, Keramik oder Kunststoff bereitstellen.
Nach Belieben das Fleischstück teilen, um zwei unterschiedlich gewürzte Varianten her-zustellen. Das Fleisch mit feinem Salz, Zucker sowie Kräutern oder Gewürzen und Knoblauch nach Geschmack einreiben. Es sollte vollständig von der Mischung bedeckt sein. Mit grobem Salz in die bereitgestellte Form packen. Das Fleisch 3–5 Tage im Salz liegen lassen. Heraus-nehmen und gut abspülen. Dann 2–3 Stunden in eine große Schüssel mit kaltem Essigwasser legen.
Das Fleisch gut abtrocknen. Mit frischen Kräutern (vorzugsweise Rosmarin) und Knoblauch einreiben oder mit Gewürzen (reichlich grob gemahlener Pfeffer, Chili, Nelken und Zimt). Die Fleischstücke zusammenrollen und mit Küchengarn umwickeln. An einem kühlen (8–10 °C) und trockenen Ort mindestens 3 Wochen reifen lassen. Notfalls geht es auch im Kühlschrank, aber das ist nicht ideal. In diesem Fall nicht einpacken oder abdecken. Die fertige Pancetta hält sich gut, kann aber auch tiefgekühlt werden.

Gepökelte Schweinebäckchen

Ein Verwandter der Pancetta, aber vielleicht noch schmackhafter und für bestimmte Zwecke besser geeignet, ist das gepökelte Schweinebäckchen, auf Italienisch *guanciale*. Stellen Sie sich den besten Speck vor, den Sie je gegessen haben. Das Fett ist unglaublich zart, es schmilzt, wenn man es nur ansieht, und es hat eine Süße, die alle Salzigkeit durchdringt. Und die Fleischschichten dazwischen haben einen milden, aber fülligen Geschmack, wie ihn nur ein viel gebrauchter Muskel haben kann. Vielleicht ist ein Anflug von Pfeffer dabei und ein frischer Hauch Rosmarin.

Warum also haben bisher nur so wenige Menschen die Köstlichkeit probiert, von der ich hier schwärme? Ist sie entsetzlich teuer, geradezu unerschwinglich? Handelt es sich um eine dieser perversen Delikatessen von einem Teil des Tiers, über den niemand gern spricht? Nichts dergleichen. Das Stück ist unfassbar billig und es wird aus Schweinebäckchen hergestellt, sodass es nicht notwendig ist, irgendein Tabu oder eine Phobie zu überwinden. Der Grund ist ein ganz anderer. Das Problem ist, dass es Guanciale in Norwegen nicht gibt – es sei denn, man bereitet sie selbst zu. Guanciale wird aus den Bäckchen vom Schwein hergestellt, und ihre spezielle Qualität liegt im Fett. Das Schwein ist ja als ein bedächtiges Tier mit starkem Interesse an Essen bekannt. Folglich ist das Bäckchen einer seiner am aktivsten tätigen Teile – und das Fett des Bäckchens ist besser als das von irgendeinem anderen Teil des Schweins.

Guanciale ist ein Produkt für fortgeschrittene Genießer, keine Frage, aber was die Herstellung angeht, auch für Anfänger leicht zu bewältigen. Im Gegensatz zu anderen gepökelten Speisen geht es hier nicht um ein besonderes Erscheinungsbild. Und die Bäckchen lassen sich schon nach ein paar Tagen verwenden. Am besten ist es natürlich, wenn sie an einer trockenen und kühlen Stelle abhängen können, aber ich habe die ganze Prodezur auch schon mit guten Ergebnissen im Kühlschrank durchgeführt.

In der Küche verwende ich die gepökelten Schweinebäckchen immer dann, wenn ich Speck benötige, aber keinen Räuchergeschmack möchte. Die knusprige Konsistenz und die leckere Süße im Fett bewirken, dass die Schweinebäckchen auch in vielen Zusammenhängen gut sind, bei denen Speck sich zu sehr in den Vordergrund drängt. Wenn ich etwa Pilze brate, lasse ich oft zuerst kleine Stücke Guanciale in der Pfanne aus, statt Butter zu verwenden. Das Gleiche gilt für Jakobsmuscheln. Überdies ist Guanciale ein Must-Have, wenn es um die Zubereitung einer authentischen Pasta all'amatriciana oder Pasta carbonara geht. Ansonsten verwende ich Guanciale auf die gleiche Weise wie Pancetta.

Selbst gemachte Guanciale

Wer Guanciale selbst herstellen will, braucht ein Telefon, Salz, Kräuter, Pfeffer und Zeit. Als Erstes gilt es, den Metzger anzurufen und ein paar Kilo Schweinebäckchen zu bestellen. (Alle Schweine haben Bäckchen, aber kaum eine Metzgerei hat sie vorrätig.) Wenn sie ein paar Tage später ankommen, werden sie mit Salz, Pfeffer und Kräutern eingerieben und 3–4 Tage gepökelt. Danach sind sie grundsätzlich bereit für die weitere Verwendung. Am allerbesten schmecken sie aber, wenn sie ein paar Wochen an einem kühlen Ort reifen dürfen.

Ein paar dünne Scheiben Guanciale zusammen mit Spiegeleiern zum Frühstück gebraten sind etwas Wunderbares. Ich verwende sie außerdem in vielen Gerichten, für die ich Speck brauche, aber keinen Räuchergeschmack.

Damit die Schweinebäckchen nicht zu salzig werden (das ist besonders dann ein Problem, wenn ich sie sofort verwenden möchte), pökle ich sie in einer Mischung aus Salz und Zucker.

200–350 G GROBES SALZ
100–150 G ZUCKER
2 SCHWEINEBÄCKCHEN
2–3 EL GROB GEMAHLENER PFEFFER UND MEHR ZUM WÜRZEN
3 EL FEIN GEHACKTER ROSMARIN UND MEHR ZUM WÜRZEN

Salz und Zucker vermengen. Das Fleisch mit Pfeffer und Rosmarin einreiben, danach mit der Salz- und Zuckermischung. Die Bäckchen dicht an dicht in ein Gefäß aus Edelstahl, Glas oder Kunststoff legen (Eisen und Aluminium sind ungeeignet, denn diese reagieren mit dem Salz). Mit Frischhaltefolie zudecken und mit einem Gewicht beschweren. Dafür eignet sich so gut wie alles, angefangen bei vollen Saftkartons bis hin zu einem Ziegelstein. Die Bäckchen 4–6 Tage im Kühlschrank pökeln. Zwischendurch gelegentlich wenden.

Die Bäckchen herausnehmen und das Salz abwischen. Es empfiehlt sich, das Fleisch nochmals mit Pfeffer und fein gehacktem Rosmarin zu würzen. Das ist gut für den Geschmack und hemmt gleichzeitig das Wachstum von Bakterien. Die Bäckchen mit Küchengarn umwickeln und dann an einem trockenen und kühlen Ort aufhängen, am besten in der Speisekammer. Wenn keine geeignete Stelle vorhanden ist, die Bäckchen in Küchentücher wickeln und auf Zeitungspapier in den Kühlschrank legen. Küchentücher und Papier regelmäßig auswechseln.

Pasta all'amatriciana

Wenn ich diese Pasta mit selbst gemachter Guanciale oder Pancetta zubereite sowie Tomaten aus dem eigenen Garten, fühle ich mich wie ein italienischer Bauer. Das Gericht stammt aus den Abruzzen, etwa 150 Kilometer von Rom entfernt. Man kann verschiedene Sorten von Pasta verwenden, aber Bucatini, die spaghettiähnlichen Röhrennudeln, sind am authentischsten. Eine weitere wichtige Zutat ist Pecorino.

Für 4 Personen

SALZ

300 G GUANCIALE, IN STREIFEN GESCHNITTEN

3 KNOBLAUCHZEHEN

1 ZWIEBEL, GEHACKT

1 KG TOMATEN, ENTHÄUTET UND VON DEN
    SAMEN BEFREIT

1-2 TL CHILIFLOCKEN

500 G PASTA

FEIN GEHACKTE PETERSILIE (NACH BELIEBEN)

GERIEBENER PECORINO

In einem großen Topf reichlich Wasser mit etwas Salz zum Kochen bringen. In einem zweiten Topf oder in einer tiefen Pfanne Guanciale bei geringer Hitze anbraten. Knoblauch und Zwiebel dazugeben und 2 Minuten mitbraten. Die Tomaten hinzufügen, mit Chiliflocken würzen und köcheln lassen, während die Pasta gart.
Die Pasta bissfest kochen – Bucatini brauchen etwas länger als Spaghetti. Die Nudeln abgießen, mit der Sauce und gehackter Petersilie vermengen, mit geriebenem Pecorino bestreut servieren.

Waldpilze mit Dicken Bohnen und Pancetta

Im Spätsommer, nachdem wir geschlachtet haben, freue ich mich des Lebens. Zu dieser Zeit sind hier die Dicken Bohnen reif, und allmählich tauchen auch die ersten Waldpilze auf. Die Kombination aus den frischen Bohnenkernen (etwas völlig anderes als getrocknete), dem erdigen Pilzgeschmack und der salzigen Pancetta ist als Beilage zu fast allem ebenso gut wie als eigenständiges kleines Gericht.

Für 4 Personen als Vorspeise, für 6–8 als Beilage

SALZ

200 G DICKE BOHNEN, ENTHÜLST
    (600-750 G BRUTTO)

2-4 KNOBLAUCHZEHEN

100 G PANCETTA ODER GUANCIALE (ODER
    SPECK), GEWÜRFELT

ÖL

200 G WALDPILZE

ETWAS DILL, VORZUGSWEISE MIT BLÜTEN

Die Bohnenkerne in kochendem Salzwasser 4-6 Minuten garen. Die Kerne aus den weißen Häuten drücken. Den Knoblauch mit einer Messerklinge zerdrücken. Pancetta und Knoblauch in etwas Öl anbraten, bis die Pancetta knusprig und der Knoblauch goldbraun ist. Die Pilze dazugeben und zusammen mit der Pancetta weiterbraten. Dicke Bohnen untermischen, mit Dill bestreuen und dann servieren.

Penne carbonara

Meine Frau beweist außergewöhnliche Geduld mit mir und meinen oft raumgreifenden Experimenten mit Erde und rätselhaften Dingen in der Küche oder in anderen Teilen der Wohnung in Oslo, die plötzlich zu einer verbotenen Zone werden, weil ich unbedingt noch etwas herausfinden muss, um das ich mich besser gekümmert hätte, während wir uns noch auf dem Hof aufhielten. Einer der Hauptgründe dafür, dass sie all das gutheißt, ist die Gewissheit, dass es gerade solche Projekte sind, die dazu führen, dass ihr Lieblingsgericht, Penne carbonara, noch besser wird.

Dies ist das authentische römische Rezept. Die wichtigste Zutat für eine echte Carbonara ist Guanciale (oder Pancetta). Überdies wird sie mit Penne zubereitet, nicht mit Spaghetti. Von einer Sauce kann eigentlich nicht die Rede sein, nur von Käse und Eigelb. Ich mag das sehr, die Konsistenz ist superweich und cremig.

Für 2 Personen

250 G PENNE

SALZ

120 G GUANCIALE, PANCETTA ODER SPECK, GEWÜRFELT

3-4 EIGELB

30-40 G PECORINO ODER PARMESAN, GERIEBEN

GROB GEMAHLENER PFEFFER

Pasta in leicht gesalzenem Wasser bissfest kochen.

Guanciale, Pancetta oder Speck in einer beschichteten Pfanne bei mittlerer Hitze anbraten, aber nicht zu knusprig.

Wenn die Pasta gar ist, in ein Sieb abgießen. Ein paar Esslöffel Kochwasser auffangen, falls die Eier-Käse-Mischung allzu trocken ausfallen sollte. Die Pasta in eine gut vorgewärmte Schüssel füllen. Guanciale, Eigelb und den größten Teil des Käses dazugeben und gut durchmischen. Die Pasta auf Teller verteilen, mit Pfeffer aus der Mühle übermahlen und sofort servieren. Den restlichen Käse separat reichen.

RÄUCHERN Heute räuchern wir Speisen, weil wir den unverwechselbaren Geschmack mögen. Das war nicht immer die Motivation dafür. Das Räuchern ist ein Teil unserer Esskultur, seit wir imstande sind, das Feuer zu beherrschen. Unsere Vorfahren hatten zu bestimmten Zeiten des Jahres einen Überfluss an Fisch und Wild sowie einen lebensbedrohenden Mangel an Essbarem zu anderen Zeiten. Rauch wurde als Konservierungsmittel eingesetzt. Wenn man Fische über offenes Feuer hängte, trockneten sie schneller. Gleichzeitig hielt der Rauch die Fliegen fern. Nach längerem Räuchern war der Fisch nicht nur trocken, er war auch von einer dunklen Schicht bedeckt, die sowohl bakterienhemmend wirkte als auch gleichzeitig eine Art Versiegelung darstellte. Der Geschmack dürfte weniger wichtig gewesen sein, eher eine angenehme Begleiterscheinung.

Ich selbst entdeckte die Freude am Räuchern vor ein paar Jahren, als ich auf den alten Räucherraum im Keller des Hauses stieß, in dem ich in Oslo wohne. Das Haus hatte einige Jahre eine Wurstfabrik beherbergt. Es war ein ziemlich unangenehmer Raum, vollkommen schwarz, wie aus einem Horrorfilm, mit dunklem Fett, das an den Wänden herunterlief. Aber die Räucheröfen schienen zu funktionieren, sodass ich mir einen Sack Holzspäne kaufte und loslegte. Nach einigen kleinen Missgeschicken, zu denen ein Rauchalarm mitten in der Nacht gehörte, machte ich rasch Fortschritte. Mit einer professionellen Ausrüstung ist es nicht schwer, und in den folgenden Monaten experimentierte ich mit Lachs, Schweinebauch, Lammkeule, Käse und sogar Eiscreme (glauben Sie mir einfach – es ist besser, nur die Vanillestangen zu räuchern).

Auf Viestad habe ich einen Räucherofen angeschafft. Den verwende ich zum Kalträuchern von Fisch und Fleisch. Er sieht aus wie ein Garderobenschrank aus Metall.

Räuchern ohne Spezialausrüstung ist schwieriger, aber keinesfalls unmöglich. In den meisten Haushalten gibt es alles, was man dafür braucht. Am wichtigsten ist es, die eigenen Grenzen zu kennen. Das gilt besonders für das Räuchern im Haus. Wer im Haus räuchern möchte, muss gegenüber Rauchgeruch tolerant sein. Das Kalträuchern – das Räuchern unterhalb von 37 °C –, ist am schwierigsten. Dazu bedarf es einer richtigen Ausrüstung, die den Rauch vom Feuer trennt, sodass er sich leicht abkühlt, bevor er auf das trifft, was geräuchert werden soll. Unverfälschtes, traditionelles Warmräuchern dagegen ist nicht schwieriger, als eine Handvoll Sägespäne auf den Grill zu werfen oder ganz oben im Schornstein ein Stück Fleisch aufzuhängen.

Wer im Kamin räuchern will, muss bereit sein, aufs Dach zu klettern und den Fisch oder das Fleisch in den Schornstein zu hängen, ohne ihn zu verstopfen. Dieses Problem löse ich, indem ich einen Stock oben auf den Schornstein lege, an den ich das Räuchergut mit einem Haken hänge. So lässt es sich leicht in die richtige Position bringen. Das Räuchern beginnt mit einem sehr kleinen Feuer im Kamin (oder im Holzofen), damit die Hitze nicht zu stark wird. Größere Stücke können mehrere Tage hängen bleiben, müssen aber täglich kontrolliert werden.

KEIN RAUCH WIE JEDER ANDERE Jeder, der irgendwann einmal geraucht hat, weiß, wie gering die Geschmacksunterschiede bei Zigaretten sind. Im Großen und Ganzen ist es immer die gleiche Sorte Tabak, nur ein wenig anders aromatisiert. Wer dagegen Lebensmittel räuchern will, hat ein großes Maß an Freiheit und viele Wahlmöglichkeiten, die sämtlich den Geschmack beeinflussen. Die Unterschiede sind also viel größer als die Geschmacksnuancen zwischen Camel und Gitanes.

Beim Räuchern über einem offenen Feuer oder im Kamin ist es oft schwierig, die Temperatur und andere Faktoren zu kontrollieren, etwa die Rauchzufuhr. Doch auch hier ist das Holz der alles entscheidende Faktor. Ich halte mich an die Grundregel, nur Holz von Laubbäumen zu verwenden, am liebsten Eichenholz. Birke ist allerdings auch gut, Tannen und Fichten dagegen sind harzig und bitter.

Beim Räuchern mit Spänen, dem üblichen Verfahren, lässt sich der Geschmack gut beeinflussen. Die am häufigsten verwendeten Räucherspäne sind aus Buchenholz und ergeben ein klassisches Aroma. Ich verwende Buchenspäne als Basis und füge je nach Verwendung anderes Material hinzu, um interessante Geschmacksnuancen zu erzielen.

Für die Aromatisierung eignet sich in kleineren Mengen das Holz von Obstbäumen, neben Apfel etwa Kirsche, Pflaume und Birne. Getrocknete Schwarze Johannisbeeren ergeben ebenfalls einen feinen Geschmack, der aber leicht bitter werden kann, wenn man zu viel davon verwendet.

Wacholderzweige ergeben ebenfalls einen fabelhaften Geschmack – und nicht zuletzt Geräusche –, aber ich verwende sie sehr gern, sowohl frisch geschnitten als auch getrocknet.

Wenn der Rosmarin in meinem Garten gut durch den Winter gekommen ist und schöne dicke Zweige entwickelt hat, werfe ich ihn gern sehr großzügig aufs Feuer. Auch ihn verwende ich sowohl frisch wie getrocknet. Die meisten anderen Kräuter hingegen entwickeln getrocknet das beste Aroma.

In meinem Garten stehen auch ein paar Weinreben. Sie produzieren nur wenige oder gar keine Trauben, aber in jedem Sommer verwenden sie eine Menge Energie darauf, lange Triebe zu bilden. Sie müssen kräftig zurückgeschnitten werden, um gesund zu bleiben, und ich benutze die getrockneten Zweige zum Grillen und zum Räuchern. Sie ergeben einen besonders feinen Geschmack.

Chili und andere Gewürze lassen sich ebenfalls für das Räuchern verwenden. Eine Handvoll schwarzen Pfeffers oder ein paar getrocknete Chilischoten ergeben eine feine kleine Spitze. Die Gewürze entfalten in einem kleinen tiefen Räucherofen am meisten Aroma, ansonsten bedarf es großer Mengen, um ein gutes Ergebnis zu erzielen.

Selbst gemachter Speck

Eins meiner liebsten Pökel- und Räucherprojekte ist die Zubereitung von Speck. Es erfordert wenig an Ausrüstung und ist ein Vorhaben, das sich auf mancherlei Weise durchführen lässt. Das Pökeln hat sich als so gut wie idiotensicher erwiesen, und für das Räuchern stehen verschiedene Methoden zur Verfügung.

Speck lässt sich aus verschiedenen Teilen des Schweins gewinnen. Am fleischigsten ist der Rückenspeck, aber der beste, der einzige wirkliche Speck wird aus Schweinebauch gemacht. Was das Räuchern betrifft, rate ich zur Mäßigung. Ich war ein paar Mal etwas zu enthusiastisch. Das endete mit derart stark geräuchertem Speck, dass es unmöglich war, ihn in irgendeinem Gericht zu verwenden, ohne dass der Rauchgeschmack alles überlagert hätte. Deswegen ist es empfehlenswert, ganz vorsichtig zu beginnen und zwischendurch immer wieder einmal ein kleines Stück zu probieren.

2 KG SCHWEINEBAUCH
2-3 EL FEINES SALZ
100 G ZUCKER
300 G GROBES SALZ
GROB GEMAHLENER PFEFFER (NACH BELIEBEN)

Ein großes flaches Gefäß aus Edelstahl, Keramik oder Kunststoff bereitstellen.

Das Fleisch gut abspülen und trocknen. Mit feinem Salz und Zucker einreiben. Das Fleisch gegebenenfalls in zwei Teile schneiden, damit es in das ausgewählte Gefäß passt. Eine Schicht grobes Salz auf den Boden des Gefäßes streuen, das Fleischstück darauflegen. Mit weiterem Salz bestreuen. Eventuell das zweite Fleischstück darauflegen. Das Ganze mit weiterem Salz bestreuen. Mit Frischhaltefolie zudecken und beschweren, zum Beispiel mit einigen Tellern. Die Fleischstücke ein- bis zweimal täglich wenden, sodass sämtliche Stücke und beide Seiten aller Stücke einmal ganz unten, einmal in der Mitte und einmal ganz oben zu liegen kommen, und zwar jeweils für die gleiche Zeit. In den letzten beiden Tagen die Stücke nur noch wenden. Nach 4 Tagen ist das Fleisch fertig gepökelt.

Die Fleischstücke gut abspülen und abtrocknen. Jetzt sollten sie sich viel fester, aber nicht direkt hart anfühlen. Ein kleines Probestück abschneiden. Wenn es allzu salzig ist, das Fleisch einige Stunden wässern. (Je salziger der Speck ist, desto länger hält er sich allerdings.) Jetzt ist der Speck fertig zum Räuchern. Die verschiedenen Techniken werden auf Seite 388 erklärt.

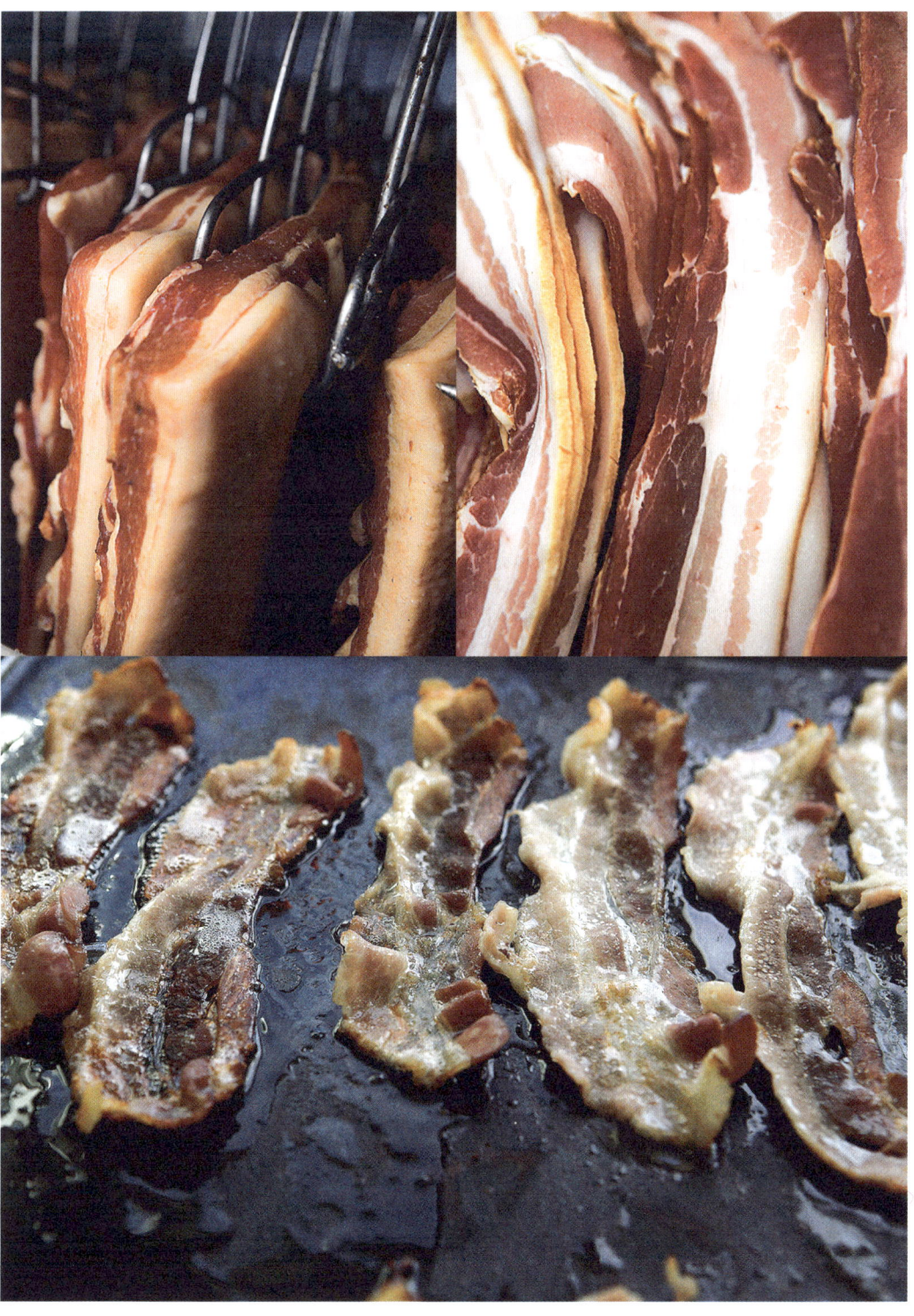

Räucherofen: Am besten ist ein richtiger Räucherofen oder etwas Vergleichbares. Holzspäne ganz unten in den Räucherofen legen und in einer der Ecken anzünden, entweder mit einem Kaminanzünder oder mithilfe glühender Holzkohle. Die Luftzufuhr so regulieren, dass keine offenen Flammen entstehen. Die Späne sollen so behutsam wie möglich glimmen. Den Speck einige Stunden räuchern, dann prüfen, ob er so ist, wie er sein soll. Eventuell weiterräuchern – je nach persönlichem Geschmack und Intensität des Rauches auch mehrere Tage.

Grill: Ein Kugelgrill lässt sich wie ein Räucherofen benutzen. Acht bis zehn Stücke glühende Holzkohle auf die eine Seite des Grills legen. Reichlich Räucherspäne auf ein Stück Alufolie oder in einen Metallbehälter legen. Die Späne auf den Kohlen platzieren. Den Speck möglichst weit entfernt von der glühenden Kohle auf den Rost legen. Die Glut gut abschirmen, damit keine direkte Hitze auf den Speck einwirkt. Dabei hilft ein Topfdeckel oder ein Stück Alufolie. Den Grill schließen. Den Räucherprozess nach Belieben mehrmals wiederholen.

Schornstein: Zum Räuchern im Schornstein wird ein kleines Feuer im Kamin oder Holzofen entzündet. Am besten Holz von Laubbäumen verwenden, Eiche oder Birke, nach Belieben mit Räucherspänen oder Wacholder ergänzt. Das Speckstück oben in den Schornstein hängen, am besten mit einem passenden Fleischerhaken. Es empfiehlt sich, hinaufzuklettern und zu prüfen, ob der Schornstein die richtige Temperatur hält. Er sollte nicht zu heiß sein, vorzugsweise unter 37 °C. Das ist nicht ganz einfach, aber die Temperatur darf auf keinen Fall 60 °C übersteigen. Je nach Hitze- und Rauchzufuhr kann der Speck mehrere Tage hängen bleiben, aber sicherheitshalber einmal täglich nachsehen. Sieht es so aus, als käme zu wenig Rauch oben an, gilt es, einen kleinen Rauchfang zu basteln. Dazu von oben ein Stück Alufolie um den Speck legen, das am unteren Ende trichterförmig ausläuft. Zwischen Speck und Folie etwas Platz lassen, damit der Schornstein nicht blockiert wird.

Nach dem Räuchern kann der Speck sofort verwendet werden, am besten schmeckt er aber, wenn er noch einige Tage an einem kühlen und luftigen Ort hängt, in einem kalten Dachboden oder einem trockenen Keller.

Geschützt vor zu viel Wärme und Feuchtigkeit hält sich der Speck hält mehrere Wochen bis zu ein paar Monaten. Ideal ist eine kühle Speisekammer, man kann ihn aber auch im Kühlschrank aufbewahren. Aber etwas so Gutes, auf das ich so viel Arbeit verwendet habe, möchte ich keinem Risiko aussetzen. Wenn ich also sehr viel Speck geräuchert habe, schneide ich ihn in kleinere Stücke und friere sie ein.

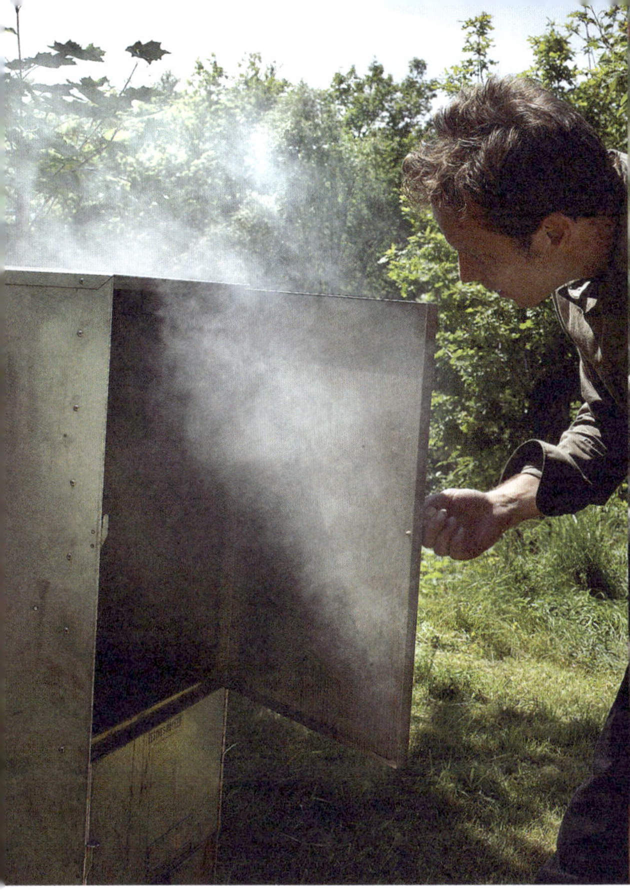
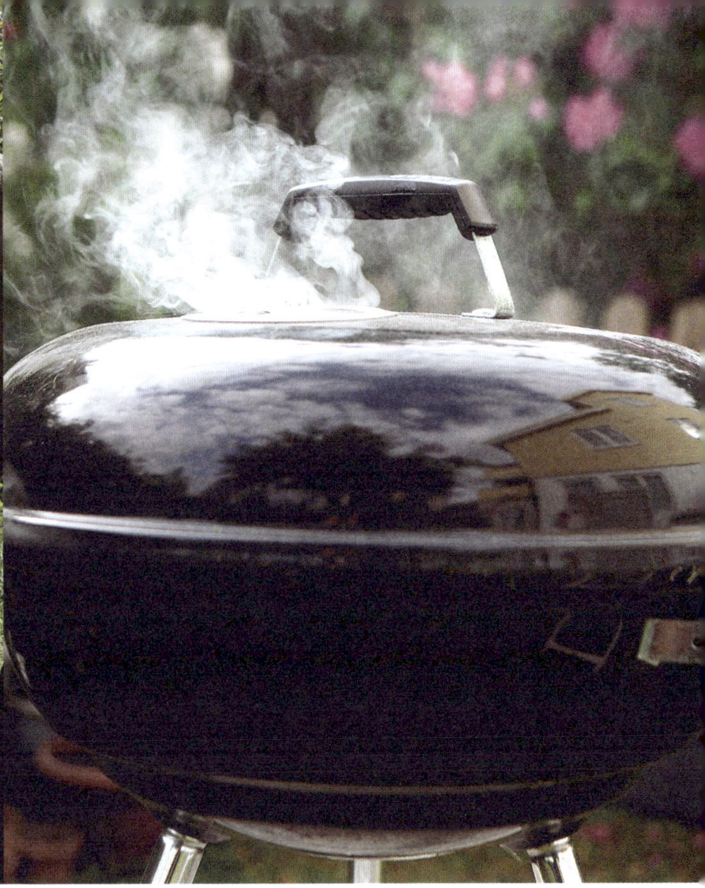
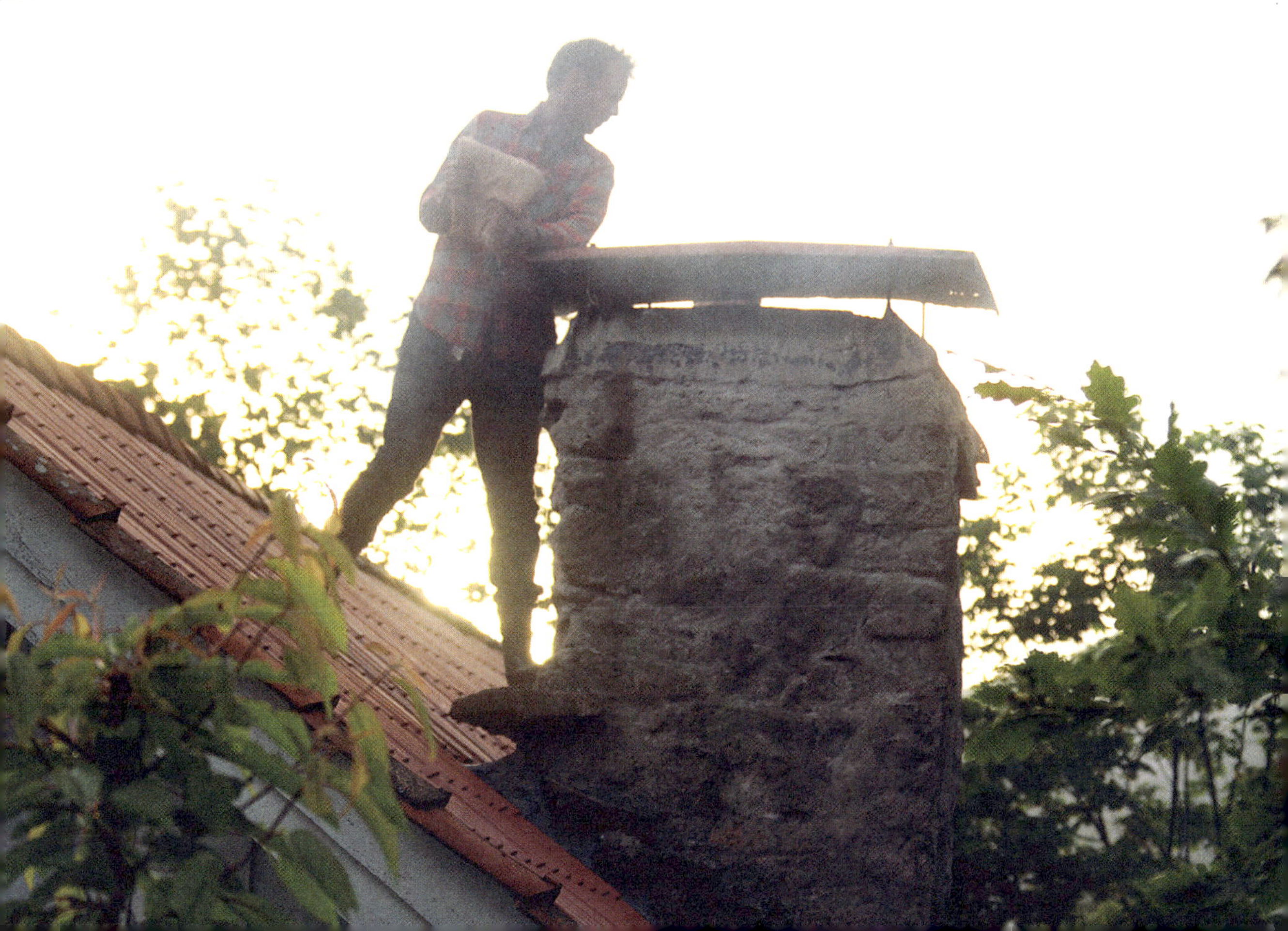

Wirsing mit Speck

Ich liebe den intensiven Rauchgeschmack des Specks zum Wirsing über alles, aber auch mit Pancetta oder Guanciale schmeckt das Gericht sehr gut. Von allen Vertretern der Kohlfamilie schätze ich den Wirsing am meisten. Wirsingköpfe aus dem Garten sind oft nicht sehr groß, aber das macht nichts – nur der Geschmack zählt.

Der Wirsing mit Speck schmeckt gut mit Pasta, aber auch ohne Nudeln als kleine Mahlzeit für sich ist er köstlich, ebenso als Beilage zu Schweinekoteletts oder Grillhähnchen und sogar zu gebratenem oder gekochtem Fisch.

Für 8 Personen

150-200 G SPECK, IN SCHEIBCHEN GESCHNITTEN

500 G WIRSING, IN FEINE STREIFEN GESCHNITTEN

1 ZWIEBEL, GEHACKT

2-6 KNOBLAUCHZEHEN, GEHACKT

100 ML WEISSWEIN ODER APFELSAFT

800 G NUDELN

100 ML SAHNE

GROB GEMAHLENER PFEFFER

FRISCH GERIEBENE MUSKATNUSS

1 HANDVOLL GERIEBENER PARMESAN ODER PECORINO (NACH BELIEBEN)

Eine tiefe Pfanne, zu der ein Deckel vorhanden ist, bei niedriger Temperatur auf den Herd stellen. Den Speck darin braten, bis die Stücke knusprig sind und ein großer Teil des Fetts ausgetreten ist. Wirsing, Zwiebel und Knoblauch dazugeben und 10 Minuten mitbraten. Den Wein angießen und den Deckel auflegen. 10 Minuten garen, in der Zwischenzeit die Pasta nach Packungsanweisung kochen. Die Sahne zum Wirsing gießen und ohne Deckel ein wenig einkochen lassen. Mit Pfeffer und Muskatnuss abschmecken. Nach Belieben etwas Käse einrühren und den Wirsing mit der fertig gekochten Pasta mischen.

Salat mit Speck und grünem Apfel

In diesen Salat passt jede Art von gepökeltem Fleisch. Ich bevorzuge Speck, denn der Räuchergeschmack harmoniert gut mit süßsaurem Apfel und dem etwas bitteren Salat.

Für 4 Personen

1 KOPF FRISÉESALAT
150 G SPECK, GEWÜRFELT
2 TL DIJONSENF
2 EL WEISSWEINESSIG
3-4 EL OLIVENÖL
1 GRÜNER APFEL
PFEFFER UND PETERSILIE

Den Salat waschen und trocken schleudern. Den Speck braten. Senf, Essig und Öl zu einem cremigen Dressing verrühren. Den Apfel vom Kerngehäuse befreien und würfeln, dann in das Dressing geben. Kurz vor dem Servieren den Salat mit den Speckwürfeln und dem Dressing mit den Apfelstücken vermengen. Mit Pfeffer würzen und mit Petersilie bestreuen.

Selbst gemachter Räucherlachs

Einen perfekten kalt geräucherten Lachs selbst herzustellen ist schwierig, aber keineswegs unmöglich. Die größte Herausforderung ist die Temperatur, die beim Kalträuchern 37 °C nicht überschreiten darauf. Man braucht also eine Rauchquelle, die viel Rauch und wenig Wärme erzeugt, gleichzeitig sollte es zwischen der Rauchquelle und dem Fisch einen gewissen Abstand geben. Wer keinen Räucherofen hat, kann eine Tonne oder einen alten Metallspind zweckentfremden. Das Räuchern im Schornstein ist auch eine Möglichkeit (siehe nächste Seite). Für das Feuer viele Späne verwenden und wenig Holz.
Im Übrigen ist auch warm geräucherter Lachs sehr gut, sodass kein wirklicher Schaden entsteht, wenn die Temperatur ansteigt.

2 LACHSFILETS VON ETWA 2 KG
2 EL FEINES SALZ
1 EL ZUCKER
EINE MENGE GROBES SALZ

Eine große flache Form aus Edelstahl, Keramik oder Kunststoff bereitstellen. Die Lachsfilets abspülen und trocknen. Feines Salz und Zucker vermengen. Die Filets mit dieser Mischung einreiben. Die Form mit reichlich grobem Salz ausstreuen, den Fisch darauflegen. Salz zwischen und auf die Filets streuen. Mit Frischhaltefolie bedecken und den Lachs 1–2 Tage kühl stellen. Nach 24 Stunden die Flüssigkeit abgießen. Prüfen, wie fest der Fisch ist – dies ist ein Hinweis darauf, wie viel Salz in den Fisch eingedrungen ist. Ich mag es, wenn der Fisch nicht so salzig ist, aber das hat zur Folge, dass er sich etwas schlechter hält. Das Salz abspülen. Den Fisch an einen Fleischerhaken hängen oder auf einen Rost legen.

Für das Räuchern stehen verschiedene Methoden zur Verfügung.

Räucherofen: Die beste Technik. Späne auf dem Boden des Räucherofens verteilen und in den Ecken anzünden, entweder mit einem Kaminanzünder oder mit ein paar glühenden Holzkohlen. Die Luftzufuhr so regulieren, dass keine offenen Flammen entstehen. Die Späne sollen so behutsam wie möglich glimmen. Den Lachs einige Stunden räuchern, dann prüfen, ob er so ist, wie er sein soll. Eventuell weiterräuchern – je nach persönlichem Geschmack und Intensität des Rauches auch mehrere Tage.

Je nach den verwendeten Spänen kann das Feuer erlöschen oder stark auflodern. Wenn es erlischt, ist das kein Problem; einfach wieder in Gang bringen. Wenn es auflodert, kann die Hitze zu stark werden, und dann gibt es am Ende warm geräucherten Lachs – aber auch das ist kein Unglück.

Grill: Ein Kugelgrill lässt sich wie ein Räucherofen benutzen. Acht bis zehn Stücke glühende Holzkohle auf die eine Seite des Grills legen. Reichlich Räucherspäne auf ein Stück Alufolie oder in einen Metallbehälter legen. Die Späne auf den Kohlen platzieren. Den Lachs möglichst weit entfernt von den Kohlen auf den Rost legen. Die Glut gut abschirmen, damit keine direkte Hitze auf ihn einwirkt. Dabei hilft ein Topfdeckel oder ein Stück Alufolie. Den Grill schließen. Die Luftzufuhr auf ein Minimum reduzieren. Wenn aus dem Grill kein Rauch mehr aufsteigt, mehr Späne nachfüllen, bis die Kohlen verbrannt sind. Das Ganze so oft wiederholen, bis der Fisch von einer dünnen, goldenen Räucherschicht bedeckt ist.

Schornstein: Selbst ein kleines Feuer im Kamin ist schnell zu stark, wenn das Ziel kalt geräucherter Lachs ist. Am besten funktioniert das Kalträuchern mit einem Kaminofen, weil man hier die Luftzufuhr regeln kann. Den Fisch ganz oben im Schornstein an einem quergelegten Stock aufhängen, ohne dass er die Seitenwände berührt. Aluminiumfolie darübergeben, sodass die Durchströmung im Schornstein beinahe, aber nicht ganz gestoppt wird. Räucherspäne in einem dicken Streifen mitten in den Ofen legen. Die Späne zum Glimmen bringen, dazu lege ich ein paar trockene Wacholderzweige hinein und zünde sie an. Dann schließe ich den Ofen. Wenn die Zweige zu brennen beginnen, und das geschieht ziemlich schnell, die Luftzufuhr auf ein Minimum reduzieren und die Zweige verbrennen lassen. Weil sie Geräusche machen, lässt sich leicht einschätzen, wie der Brand verläuft, ohne dass die Ofentür geöffnet werden muss. Anschließend werden die Späne wahrscheinlich von allein zu rauchen beginnen. Falls nicht, mit mehr Wacholderholz und vielleicht mit etwas größerer Luftzufuhr alles wiederholen. Es ist aber auch möglich, zwischendurch ein paar kleine Zweige zwischen die Späne zu legen und sie anzuzünden. Die Temperaturkontrolle ist einfach: Solange man den Ofen mit der Hand berühren kann, ist die Hitze richtig.

Nudeln mit Räucherlachs

Ein einfaches Rezept, das auch mit einer Kombination aus Räucherlachs und frischem Lachs gut funktioniert.

Für 4 Personen

500 G BANDNUDELN
SALZ
100 ML SAHNE
200 G RÄUCHERLACHS, IN STREIFEN
    GESCHNITTEN
GROB GEMAHLENER PFEFFER
DILL ODER FENCHELGRÜN (NACH BELIEBEN)

Die Nudeln in leicht gesalzenem Wasser nicht ganz gar kochen. Das Wasser abgießen – ein wenig zurückbehalten – und die Pasta wieder in den Topf geben. Die Sahne dazugießen und die Hälfte der Lachsstreifen untermischen. 2 Minuten unter Rühren erhitzen. Nach Bedarf mit etwas Kochwasser verdünnen. Den restlichen Lachs dazugeben, mit Pfeffer sowie nach Belieben Dill oder Fenchel würzen.

Räucherlachs mit Pfirsich

Das beste Räucherlachsgericht, das ich je zubereitet habe. Ich hatte aus dem Mandalselv einen Wildlachs bekommen und selbst geräuchert, die Pfirsiche waren im Treibhaus auf den Punkt reif geworden. Danach habe ich die Kombination noch mehrmals zubereitet – aber nie wieder in der gleichen Perfektion.

Für 4–6 Personen als Vorspeise

400 G RÄUCHERLACHS
2-3 KLEINE PFIRSICHE
3-4 EL LACHSROGEN
PFEFFER

Den Lachs in dünne Scheiben schneiden, die Pfirsiche in dünne Spalten und auf Portionstellern verteilen. Zum Schluss den Rogen dazugeben. Mit Pfeffer aus der Mühle bestreuen.

HEISSRÄUCHERN Das Heißräuchern ist eine Technik mit einem breiten Spektrum von Möglichkeiten. Das beginnt mit einer Handvoll Späne auf glühender Holzkohle. In seiner elaboriertesten Form wird es vielleicht in den USA kultiviert. Ein echtes amerikanisches Barbecue erfordert viel Zeit, einen Kugelgrill und präzise Temperaturen. In technischer Hinsicht geht es darum, Fleisch oder Fisch gleichzeitig durch Erhitzen zu garen und durch Rauch zu aromatisieren. Ich nutze die Technik am liebsten in ihrer einfachsten Form, für die außer einem Kugelgrill keine besondere Ausrüstung erforderlich ist. (Selbst mit einem einfachen Grill funktioniert das Heißräuchern zur Not. Das Grillgut muss nur mit einem geeigneten Gegenstand abgedeckt werden, um den Rauch einzufangen, zum Beispiel mit einem Deckel oder mit Alufolie.)

Im Eimer geräucherte Bachforelle

Unter den Techniken des Heißräucherns diejenige mit der geringsten Temperatur. Benötigt wird ein Zinkeimer oder ein großer Topf sowie ein Deckel.
Ich räuchere auf diese Weise zumeist kleine Bachforellen, von denen ich entweder gar keine fange oder sehr viele. Die Methode ist auch für andere kleine Süßwasserfische geeignet sowie für Makrelen.

Für 4 Personen
4 KLEINE BACHFORELLEN, AUSGENOMMEN UND GESCHUPPT, MIT KÖPFEN
SALZ
FRISCHE KRÄUTER (ETWA ROSMARIN ODER ZITRONENMELISSE), FEIN GEHACKT

Den Fisch mit Salz und Kräutern einreiben und am besten über Nacht im Kühlschrank liegen lassen. Wenn dazu die Zeit nicht reicht, wenigstens einige Minuten kalt stellen.
Auf den Boden des Eimers eine dünne Schicht Räucherspäne legen. Die Fische durch das Maul auf einen Spieß ziehen. Der Spieß sollte etwas kürzer sein als der obere Durchmesser des Eimers, damit der Spieß in den Eimer eingehängt werden kann.
Es gibt zwei Möglichkeiten, den Räucherprozess in Gang zu bringen. Die eine besteht darin, den Eimer auf eine heiße Platte oder auf eine Gasflamme zu stellen. Bei der anderen – der ich den Vorzug gebe – wird ein Stück glühende Holzkohle auf die Späne gelegt. Den Eimer mit dem Deckel verschließen. Darauf achten, dass die Späne nicht verbrennen. Auf dem Deckel kann es sehr wohl etwas warm werden, aber innen darf es keine offenen Flammen geben. Die Fische 30–60 Minuten räuchern. Falls mehr Hitze gewünscht wird, noch etwas glühende Kohle auffüllen. An einem der Fische prüfen, ob sie fertig sind.

Heiß geräucherte Makrele

In einem Kugelgrill ist das Räuchern von Fischen ein Kinderspiel. Wer keinen Grill mit Deckel hat, muss sich mit Alufolie behelfen. Es ist wichtig, dass nur auf einer Seite des Grills Holzkohle liegt, damit der Fisch keine direkte Hitze abbekommt – anderenfalls wird er nur gebraten. Für das eigentliche Räuchern empfiehlt sich eine Mischung aus Räucherspänen und Wacholderzweigen. Wenn der Fisch nach dem Räuchern in der Mitte noch leicht glasig ist, entweder im Backofen weitergaren oder mit etwas Limettensaft übergießen und mit Kräutern und Öl servieren – eine Art warm geräuchertes Ceviche.
Ich fülle den Bauch der Makrelen gern mit etwas Lavendel, das gibt ihnen einen frischen, aromatischen Geschmack.

Für 3 Personen
3 MAKRELEN, AUSGENOMMEN UND GESCHUPPT, MIT KÖPFEN
GROBES SALZ
2 TL WACHOLDERBEEREN, ZERSTOSSEN
RÄUCHERSPÄNE UND WACHOLDERZWEIGE
FRISCHER LAVENDEL (NACH BELIEBEN)

Den Fisch mit Salz und Wacholder einreiben.
Den Grill anzünden, dabei die Holzkohle nur auf eine Seite legen. Warten, bis die Kohle nur noch glüht. Räucherspäne und Wacholderzweige in einem Metallbehälter oder auf Alufolie auf den glühenden Kohlen platzieren. Den Fisch so weit wie möglich von der Kohle entfernt auf den Rost legen, vor direkter Hitzeeinwirkung schützen und den Deckel schließen. Nach 45 Minuten prüfen, ob der Fisch fertig ist. Wenn der Deckel auf dem Grill zu heiß ist, um ihn anfassen zu können, ist die Temperatur wahrscheinlich zu hoch. In diesem Fall den Fisch schon vorher prüfen.

Gegrillte und geräucherte Lammkoteletts

Ich werfe ein paar Rosmarinzweige auf die glühende Holzkohle, aber der größte Teil des Räuchergeschmacks kommt von Räucherspänen. Auch Schweinekoteletts lassen sich nach diesem Rezept zubereiten, in diesem Fall nehme ich gerne Apfelholz. Wer zum Räuchern Sägespäne verwenden will, sollte sicherstellen, dass das Holz unbehandelt ist und keine Reste von Farbe oder Imprägnierung enthält.

Zu den Koteletts passen Kartoffeln sowie Joghurt mit etwas Minze und Knoblauch.

Für 4 Personen

800 G LAMMKOTELETTS
1 EL FEIN GEHACKTER ROSMARIN
3 KNOBLAUCHZEHEN, FEIN GEHACKT
SALZ
2 EL OLIVENÖL
SAFT VON 1 ZITRONE

Die Lammkoteletts in eine Schüssel legen. Rosmarin, Knoblauch, Salz, Öl und etwas Zitronensaft zugeben. Gut mischen.

Den Grill anzünden. Die Holzkohle auf eine Seite des Grills schieben. Die Lammkoteletts 3 Minuten grillen, dann wenden und weitere 3 Minuten auf der anderen Seite grillen. Dann die Koteletts auf den weniger heißen Teil des Grills schieben.

Eine Handvoll Räucherspäne auf die Kohle streuen. Die Koteletts mit einem Deckel oder mit Folie zudecken und 3–4 Minuten räuchern. Wird mehr Räuchergeschmack gewünscht, auch länger – dabei aber aufpassen, dass die Koteletts nicht trocken werden.

Mit etwas Zitronensaft und Olivenöl beträufeln, mit Salz und etwas Rosmarin würzen.

Wurst, Terrinen, Sülze und eingelegter Fisch

»Je weniger die Leute davon wissen, wie Würste und Gesetze gemacht werden, desto besser schlafen sie.« Diese Einschätzung stammt von Otto von Bismarck und nach allem, was wir über die industrielle Wurstproduktion wissen, läge er damit auch heute noch richtig. In die Wurst kommt in der Regel all das, was sonst keiner essen will. Aus schlechten Zutaten kann aber keine gute Wurst entstehen. Warum also nicht einmal den Fleischwolf aus dem Keller holen und selber Würste, Terrinen oder wenigstens einen richtig guten Hackbraten herstellen? Dann weiß man jedenfalls, dass nichts drin ist, was man nicht selbst hineingetan hat.

Ich mag Würste und Terrinen aus zwei Gründen: Zum einen schmecken sie gut und zum anderen helfen sie mir dabei, Fleisch zu verwerten, von dem ich nicht genau weiß, was ich sonst damit anfangen soll. Wenn ich zum Beispiel versucht habe, ein Tier selbst zu zerlegen, bleiben immer viele kleinere Stücke übrig, manchmal tauchen auch im Tiefkühlgerät verschiedene Reste auf, die es zu nutzen gilt. Dann ist Wurst meine Rettung. Probieren Sie es selbst, spätestens wenn die Grillsaison kommt – ich garantiere Ihnen, Ihre Würstchen werden besser sein als die meisten, die Sie im Laden kaufen können.

SELBST GEMACHTE WURST Es gibt unglaublich viele verschiedene Sorten Wurst, aber alle haben eins gemeinsam: Sie stecken in einer Haut, vorzugsweise in einem Schweinedarm. Das ist weniger abstoßend, als es vielleicht klingt, zumal, wenn schon gewaschener und fertig vorbereiteter Naturdarm zum Einsatz kommt. (Wer ihn selbst vorbereiten will, darf Gerüchen gegenüber nicht empfindlich sein.)

Ich bin kein besonders fantasievoller Wurstmacher. Meistens bereite ich Bratwürstchen zu, aber immer mehrere unterschiedlich gewürzte Sorten. Für mich geht es dabei nur um den Geschmack, die eigentliche Fleischmischung ist in der Regel mehr oder weniger die gleiche. Das heißt, ich stelle eine vergleichsweise grobe Mischung aus Schweinefleisch und Fett her und teile sie in entsprechende Portionen auf. Eine würze ich dann vielleicht mit Fenchel und klein gehacktem Schinken, die nächste mit Salbei und Knoblauch, und zum Schluss versuche ich mich noch an einer Art Chorizo. Unter Wurstliebhabern herrscht allgemein Einigkeit darüber, dass Schweinefleisch die beste Grundlage für die Wurstproduktion ist, ich habe aber schon erfolgreich versucht, ein wenig Rind- oder Lammfleisch unterzumengen, gelegentlich auch Wild, so wird die Wurst magerer und der Fleischgeschmack kräftiger.

Am Ende habe ich eine Reihe verschiedener Würste im Tiefkühlgerät. Manche finden mehr Anklang als andere, einige passen am besten zu Pastagerichten, andere gehören eher auf den Grill, und durch unterschiedliche Würzungen stelle ich sicher, dass es nicht langweilig wird, selbst wenn ich kiloweise Wurst produziert habe.

Würste sind nur dann Würste, wenn sie in einer Pelle stecken – alles andere kann nur als eine Art Frikadelle gelten. Eine große Menge an Wurstmasse in einen Darm zu füllen ist nicht ganz einfach und erfordert eine besondere Ausrüstung, einen Wurstaufsatz für die Küchenmaschine oder den Fleischwolf. Außerdem sind zwei helfende Hände sehr erwünscht, dann kann ich die Farce in die Maschine geben und mein Helfer nimmt den gefüllten Darm entgegen und dreht die Würste ab. Wer keine Wursttülle hat, kann es auch mithilfe eines Trichters probieren. Das ist dann allerdings wirklich ein mühsames und zeitraubendes Geschäft.

Die Wurstfarce

Der Ausgangspunkt für jede Art von Wurst ist eine gute Farce. Ich nehme dafür vorzugs
weise Schweinenacken, den ich selbst durch den Fleischwolf drehe. Das ist etwas aufwendiger
und etwas teurer, als einfach beim Metzger Schweinehack zu kaufen – aber für eine gute
Wurst scheue ich keine Mühe. Der Fettanteil in der Wurstmasse sollte immer 20 bis 25 Prozent
betragen, ganz egal, welches Fleisch jeweils verwendet wird. Der von mir bevorzugte Schweinenacken zum Beispiel enthält bereits viel Fett – zwischen 15 und 20 Prozent –, folglich
benötige ich dafür weniger Speck, magere Fleischstücke dagegen können die Zugabe von
vollen 500 Gramm Speck erfordern.
Und auf keinen Fall das Salz vergessen. Das ist nicht nur für den Geschmack wichtig, sondern
auch für die Konsistenz der Wurst. Damit sich das Salz gut verteilt, die gewürzte Farce nach
Belieben noch einmal durch den Fleischwolf drehen.

2,5 KG SCHWEINEFLEISCH
BIS ZU 500 G FETTER SPECK (JE NACH FETTGEHALT DES FLEISCHS)
50 G SALZ

Fleisch und Speck in kleinere Stücke schneiden, mit Salz bestreuen und diese Mischung ein-
oder zweimal durch den Fleischwolf drehen, je nachdem, wie grob oder fein die Würste werden
sollen. In der Regel begnüge ich mich damit, die Grundfarce einmal durchlaufen zu lassen,
bevor ich sie in mehrere Portionen aufteile. Dann kann ich einen Teil der Masse grob lassen,
während der Rest feiner wird.

Selbst gemachte Würste mit Knoblauch, Salbei und Fenchel

Zu meinen Favoriten zählen diese italienisch inspirierten Würstchen, die für manche Pastagerichte unentbehrlich sind, aber auch gegrillt ausgezeichnet schmecken.
Um die Wurstmasse in den Darm zu füllen, wird ein besonderer Vorsatz für die Küchenmaschine oder den Fleischwolf benötigt. Kleine Mengen lassen sich auch mithilfe eines Trichters abfüllen, aber das ist recht mühsam.

Ergibt etwa 2,5 Kilogramm Wurst

2,5 KG WURSTFARCE (SIEHE SEITE 403)
2 TL GROB GEMAHLENER SCHWARZER PFEFFER
2 TL GETROCKNETER SALBEI ODER 2 EL GEHACKTER FRISCHER SALBEI
2–3 TL FENCHELSAMEN
1 TL CHILIFLOCKEN ODER ½ TL CAYENNEPFEFFER (NACH BELIEBEN)
2–6 KNOBLAUCHZEHEN, FEIN GEHACKT
100 ML MILCH (NACH BELIEBEN)
ETWAS ÖL ODER BUTTER
SCHWEINEDARM (BEIM METZGER VORBESTELLEN)

Die Wurstfarce mit den Gewürzen gründlich vermengen. Den Knoblauch nach Belieben in der Pfanne anbraten, damit der Geschmack milder wird, und ebenfalls untermischen, falls gewünscht zusammen mit der Milch.
Die Farce einige Minuten stehen lassen. Die Mischung probieren, dafür einen kleinen Löffel voll abstechen und in Öl oder Butter braten. Falls nötig nachwürzen. Soll die Konsistenz der Würste fein sein, die fertig gewürzte Farce jetzt noch einmal durch den Fleischwolf drehen.
Mithilfe des Wurstaufsatzes die Masse in den Schweinedarm füllen. Dabei in regelmäßigen Abständen abdrehen. Anfang und Ende der Wurst verknoten, nach Belieben mit Küchengarn.
Die Würste portionsweise verpacken und einfrieren, falls sie nicht innerhalb weniger Tage verbraucht werden. Die tiefgekühlten Würste vor der Verwendung vollständig auftauen lassen und 10–12 Minuten gründlich durchbraten.
Ich serviere sie gern mit Kartoffelpüree, dazu Dijonsenf und Tomatensalsa (siehe Seite 408).

Weitere Wurstvarianten

Wenn ich Wurst zubereite, teile ich die Farce zunächst immer in mehrere Portionen und schmecke sie dann unterschiedlich ab. Die rohe Farce richtig zu würzen ist nicht ganz leicht. Deshalb forme ich daraus ein kleines Klößchen und brate es. Nachwürzen ist dann immer noch möglich. Ich staune aber jedes Mal, welche Mengen an Gewürzen und Kräutern die Fleischmasse aufnimmt, ohne dass es zu viel wäre.

Salbei, Cayennepfeffer oder Chili und Muskatnuss: Vor allem mit der Muskatnuss vorsichtig umgehen. Es ist zwar eine essentielle Zutat, die aber leicht allzu aufdringlich hervorschmecken kann.

Schweine- und Kalbfleisch mit Salbei, Muskatnuss und Pfeffer: Dazu passen gut kleine Apfelstücke, die der Wurst ein wenig Frische geben.

Ingwer, Nelken, Zitronenschale und Muskatnuss: Ich verwende eine Mischung aus frischem und getrocknetem Ingwer. Darauf achten, dass von der Zitrone nur die gelbe Schale verwendet wird und nichts Weißes.

Thymian und Knoblauch: Ich verwende eine Mischung aus frischem und getrocknetem Thymian, gebratenem und rohem Knoblauch.

Kartoffeln und Schnittlauchröllchen: Ein altes norwegisches Rezept. Auch andere frische Kräuter passen gut dazu.

Parmaschinken: Abschnitte von einem Parmaschinken fein hacken und in die Wurstfarce geben, nach Belieben auch zusammen mit einer der genannten Gewürzmischungen.

Scharfe Lammwürstchen

Die scharf gewürzten roten Merguez gehören zu den besten Würsten, die ich kenne. Traditionell bestehen sie aus Lamm, manchmal mit etwas Rindfleisch gemischt. In Nordafrika, woher sie stammen, ist Schweinefleisch tabu, aber wer besonders saftige Lammwürstchen zubereiten will, nimmt die Wurstfarce von Seite 403 als Ausgangspunkt und ersetzt einen Teil des Schweinefleischs durch Lamm.

Merguez eignen sich zum Braten und Grillen, verleihen aber auch manchen nordafrikanischen Schmorgerichten ihren charakteristischen Geschmack. Gegrillt schmecken sie mit einem frischen grünen Salat besonders gut.

Ergibt etwa 1 Kilogramm Merguez

1 KG LAMMFLEISCH MIT ETWA 20 % FETTANTEIL

20 G SALZ

1 TL KORIANDERSAMEN

1 TL FENCHELSAMEN

2 KNOBLAUCHZEHEN

1 EL PAPRIKAPULVER

1 TL CAYENNEPFEFFER

2 TL KREUZKÜMMELSAMEN

1 EL GEHACKTER FRISCHER KORIANDER

LAMM- ODER SCHWEINEDARM (BEIM METZGER VORBESTELLEN)

Sollen die Würstchen eine besonders feine Konsistenz haben, alle Zutaten vermengen und durch den Fleischwolf drehen. Für eine etwas gröbere Konsistenz zunächst das Hackfleisch nur mit dem Salz mischen. Danach etwa 100 Gramm abnehmen und diese mit dem Rest der Zutaten vermengen, dann durch den Fleischwolf drehen. Mit dem Rest des Hackfleischs vermischen.

Ein kleines Fleischbällchen zur Probe in Öl oder Butter braten. Die Wurstmasse nach Bedarf mit weiteren Gewürzen abschmecken.

Weiterverarbeiten wie auf Seite 404 beschrieben.

Einfache Tomatensalsa

Ich serviere fast alle meine selbst gemachten Würste mit Senf. Meine Kinder lieben Ketchup, das aber leicht alles überdeckt. Wenn ich etwas Ketchupartiges dabeihaben will, bereite ich lieber eine einfach Tomatensalsa zu. Auch die pflege ich unterschiedlich zu würzen, die eine Hälfte mild für die Kinder, die andere schärfer für die Erwachsenen (falls sie zu scharf wird, habe ich sie für mich allein).

Für 4–6 Personen
700 G KIRSCHTOMATEN
3-4 EL FEIN GEHACKTE ZWIEBEL
2 EL FEIN GEHACKTER FRISCHER KORIANDER
1 TL ZUCKER
2 TL SALZ
SAFT VON 1 LIMETTE
ETWAS TOMATENMARK (NACH BELIEBEN)
FEIN GEHACKTE CHILISCHOTE ODER CAYENNEPFEFFER (NACH BELIEBEN)
2 TL GROB GEMAHLENER KREUZKÜMMEL (NACH BELIEBEN)

Die Tomaten fein hacken und etwas von der Flüssigkeit abtropfen lassen. Zwiebel, Koriander, Zucker, Salz und Limettensaft untermischen. Wenn der Zwiebelgeschmack nicht so stark sein soll (für die Kinder), die Zwiebelwürfel in ein feines Sieb geben und unter fließendem Wasser abspülen. Dann wird der Geschmack milder. Diese Mischung nach Belieben in zwei Portionen teilen und die eine Hälfte mit Chili und Kreuzkümmel verrühren, die andere mit etwas Tomatenmark (dann erinnert das Ganze mehr an Ketchup).

HACKBRATEN, TERRINEN UND SÜLZE Sie alle haben einen gemeinsamen Ursprung – den Wunsch, beschränkte Ressourcen auszuschöpfen und jedes kleinste Stück Fleisch oder Fett zu nutzen. Aber es ging nicht immer nur darum, weniger gute Stücke zu verwerten, auch der Gedanke der Konservierung in Zeiten des Überflusses spielte dabei eine Rolle.

Ein sehr einfaches und ursprüngliches Verfahren ist die Herstellung einer Sülze. Ein Schweinskopf wird in Essigwasser gekocht und in der so entstandenen gelierenden Brühe für einige Tage haltbar gemacht. Fische lassen sich in Salzwasser oder Öl einlegen. Dabei verändert sich der Geschmack, der Fisch wird im Lauf der Zeit reifer und entwickelt andere Aromen. Die Menschen brauchten sicher nicht lange, um dahinterzukommen, dass sich Wasser oder Fett beim Konservieren mit zusätzlichen Geschmacksstoffen aromatisieren ließ, und so entstanden Lebensmittel, die auch für ihren Genusswert geschätzt wurden.

Während die Sülze einfachen, bäuerlichen Traditionen entstammt, zählen Terrinen und Pasteten zu den Genüssen der gehobeneren Art. Die meisten Menschen verbinden sie eher mit festlichen oder anderen besonderen Gelegenheiten, und das hat sicher nicht nur mit der französischen Herkunft dieser Leckereien zu tun. Aber im Prinzip geht es auch dabei um nichts anderes als um die Aufwertung weniger wertvoller Fleischstücke.

Das ist last but not least auch beim Hackbraten der Fall. Beim Blick auf manche zweifelhaften und verdächtig lange haltbaren Fleischprodukte im Supermarkt mögen sich berechtigte Zweifel regen, aber selbst gemacht und frisch aus dem Ofen kann auch das ein großer Genuss sein.

Für mich geht es beim Hackbraten und seinen Verwandten nicht zuletzt um den alljährlichen Frühjahrsputz im Gefrierschrank und in der Speisekammer. Nach einer langen Wintersaison finde ich dort manchmal noch die unglaublichsten Dinge. Eine Taubenbrust oder ein Stück Elchfleisch, das nicht beschriftet ist, etwas abgeschnittenes Fett von einem Schinken, etwas Johannisbeergelee, von dem niemand mehr weiß, woher es kommt. Alles zusammen kommt in den Fleischwolf und verwandelt sich auf geheimnisvolle Art in etwas Köstliches.

Schweinskopfsülze

Der Kopf des Schweins – und des Kalbs – ist nicht zu verachten, denn er enthält mit das beste Fett und sehr viel Gelatine, sodass eine Schweinskopfsülze ganz von allein fest wird. Eine solche Sülze ist einerseits urnorwegisch, andererseits war sie in früheren Zeit fast überall ein fester Bestandteil der bäuerlichen Küche. Es gibt vergleichbare Rezepte in Deutschland und Frankreich. Mein Favorit ist *fromage de tête* – wörtlich übersetzt »Kopfkäse«.
Ich schätze besonders die bei uns traditionell verwendeten Gewürze für die Schweinskopf-sülze, und jedes Mal, wenn ich sie selbst zubereite, überrascht es mich, welche Mengen sie verträgt. Die Form für die Sülze lege ich mit einem Leinentuch aus, aber das ist nicht unbedingt erforderlich. Wichtig ist nur, dass die Sülze in der Form sorgfältig gepresst wird. Wer einen Schweinskopf kochen will, braucht auf jeden Fall einen großen Topf. Eventuell den Schlachter bitten, den Kopf zu teilen.
Vielfach wird zur Herstellung von Sülze aufgelöste Gelatine verwendet. Das ist hier nicht erforderlich, denn der Witz an der Schweinskopfsülze ist ja, dass im Garsud bereits genügend Gelatine aus der Schwarte und aus den Knochen gelöst ist.

Für 6–8 Personen
1 SCHWEINSKOPF, DER LÄNGE NACH HALBIERT
SALZ
ESSIG
4 EL GROB GEMAHLENE NELKEN
6 EL GROB GEMAHLENE SENFKÖRNER
6 EL GROB GEMAHLENE KORIANDERSAMEN
2 EL GROB GEMAHLENER GETROCKNETER INGWER
4 EL GROB GEMAHLENER PFEFFER

Den Schweinekopf gut abspülen und Blutreste entfernen. Die Schwarte von allen Borsten befreien. Am einfachsten geht das mit einem Einwegrasierer (die Borsten mit kochendem Wasser übergießen, etwas Öl als Rasiercreme benutzen).
Die Hälften in einen großen Topf mit leicht gesalzenem Wasser legen, dem reichlich Essig zugegeben wurde. Den dicksten Teil des Kopfs mit dem Nacken nach unten drehen, sodass die Schnauze nach oben zeigt. Aufkochen und 2 Stunden köcheln lassen, bis das Fleisch sich von den Knochen löst. Den Kopf herausnehmen und in einen Bräter legen.
Schüsseln oder Kastenformen mit sauberen Leinentüchern auslegen. Die Schwarte von den Schweineköpfen abziehen und die Formen damit auskleiden.
Das Fleisch ablösen und in die Formen einschichten. Die Gewürze in einer kleinen Schale mischen und jede Fleischschicht damit bestreuen. Nach Belieben mit etwas Essig beträufeln. Beim Würzen daran denken, dass die Sülze kalt gegessen wird und die Gewürze dann weniger intensiv schmecken.

Alles am Schwein ist gut – und deshalb darf in meiner Sülze die Schnauze nach oben gucken und sichtbar sein. Ich verwende auch das Gehirn, denn es ist gut, wenn auch sicher nicht jedermanns Sache. Bei den Augen allerdings muss selbst ich passen. Und die Ohren kommen nicht in die Sülze, sie werden knusprig gegrillt und separat serviert (siehe Seite 113). Im Großen und Ganzen ist das Zerlegen des Schweinskopfs und das Einschichten des Fleischs in die Schüssel eine Arbeit, die gut mit den Händen zu erledigen ist, die Zunge allerdings sollte mit einem Messer in dünne Scheiben geschnitten werden. Es empfiehlt sich, zügig zu arbeiten, denn beim Abkühlen werden sowohl Fett als auch Gelatine fest.

Wenn die Form gefüllt ist, das Leinen darüberschlagen, am besten ziemlich straff, damit sich die Fleischschichten in der Schüssel gut verbinden. Es sollte in der Form recht feucht sein, anderenfalls noch etwas von der Kochflüssigkeit dazugießen. Die Sülze mit einem Gewicht beschwert stehen lassen. Um die Sülze zu pressen, können auch mehrere Formen übereinandergestapelt werden. Vor dem Servieren 24 Stunden kühl stellen.

Variationen

Eine einfachere Variante der Schweinskopfsülze lässt sich aus dem Bauchfleisch von Schweinen, Lämmern oder Kälbern zubereiten. Das Grundprinzip ist einfach, aber die Zubereitung erfordert dennoch eine gewisse Zeit. Am besten das Fleisch zunächst 2–3 Tage pökeln, dann gegebenenfalls mit einem scharfen Messer in Stücke schneiden. Jede Schicht gut würzen (mit der gleichen Gewürzmischung wie bei der Schweinskopfsülze). Zusammenrollen, in ein Leinentuch wickeln und die Enden mit Küchengarn zubinden. 2–3 Stunden in leicht gesalzenem Wasser gar ziehen lassen.

In Öl eingelegter Lachs

Nach diesem Rezept lassen sich auch andere Fische einlegen, am besten funktioniert es aber mit den fetteren Sorten. Bei den Gewürzen habe ich auf typisch italienische Aromen zurückgegriffen. Wer ein traditionell norwegisches Pendant ausprobieren möchte, findet auf Seite 416 ein Rezept.

Der Fisch gart hier bei ziemlich geringer Temperatur und sollte vorher noch eine Weile durchziehen, damit er die Aromen aus dem Öl gut aufnimmt. Mir schmeckt er frisch am allerbesten, aber er lässt sich auch einige Zeit aufbewahren.

Bei der Zubereitung leistet ein Bratenthermometer gute Dienste, das die Kerntemperatur anzeigt.

2-3 KG LACHS (ODER HEILBUTT, NACH BELIEBEN AUCH BEIDES GEMISCHT)

SALZ

FRISCHER ODER GETROCKNETER THYMIAN

FRISCHER OREGANO

ROSMARIN (NACH BELIEBEN)

3-10 KNOBLAUCHZEHEN

2 TL FENCHELSAMEN

1 CHILISCHOTE, GEHACKT

1 TL PFEFFERKÖRNER

1 HANDVOLL KAPERN (NACH BELIEBEN)

2 UNBEHANDELTE ZITRONEN

GUTES OLIVENÖL

Den Fisch in zwei bis vier Zentimeter dicke Scheiben schneiden, dann in eine große Schüssel legen. Mit Salz bestreuen und vermengen. Kräuter, Gewürze und nach Belieben auch Kapern darüberstreuen und alles gut vermischen. Zitronen mit der Schale in Scheiben schneiden. Den Fisch und die Zitronenscheiben in Gläser mit Schraubverschluss schichten oder in eine ofenfeste Form legen. Mit Öl übergießen, bis die Fischstücke vollständig bedeckt sind. Nach Möglichkeit 1 Stunde bei Raumtemperatur stehen lassen oder über Nacht in den Kühlschrank stellen.

Den Backofen auf 150 °C vorheizen. Die Gläser oder die Form mit dem Fisch hineingeben und garen, bis die Kerntemperatur 68–70 °C beträgt (falls der Fisch aufbewahrt werden soll). Wird er sofort verspeist, reichen bereits 50 °C Kerntemperatur. Es geht auch ohne Bratenthermometer: den Ofen ausstellen, sobald die Flüssigkeit im Glas beginnt, Blasen zu werfen.

Die Gläser etwas abkühlen lassen, mit Öl auffüllen und die Deckel zuschrauben. Der Fisch ist jetzt verzehrbereit, kann aber auch einige Zeit aufbewahrt werden.

Makrele in Tomatensauce

Wer keinen Knoblauch mag, sollte weiterblättern. Die Makrelen in Tomatensauce stecken voller kräftiger südländischer Aromen. Ich schätze dieses Rezept, weil es mir hilft, die alljährliche Makrelensaison gut zu nutzen. In der kräftig gewürzten Sauce hält sich der Fisch mehrere Tage.

Für 6 Personen
6 MAKRELEN, OHNE KOPF, AUSGENOMMEN UND GESCHUPPT
SALZ
2-3 AUBERGINEN
100-200 ML OLIVENÖL
2 ZWIEBELN, GEHACKT
1 KNOBLAUCHKNOLLE
3 DOSEN TOMATEN
3 LORBEERBLÄTTER
KRÄUTER (ETWA SALBEI UND OREGANO, GEHACKT)
GETROCKNETE ODER FRISCHE CHILISCHOTE

Die Fische abspülen, dann innen und außen mit Salz einreiben. Anschließend in kleine Stücke schneiden und in den Kühlschrank legen. Die Auberginen würfeln und ebenfalls mit Salz bestreuen. Etwa 30 Minuten stehen lassen, dann die ausgetretene Flüssigkeit und das restliche Salz mit Küchenpapier abtupfen.
In einem großen Topf reichlich Öl erhitzen. Die Auberginenwürfel 5 Minuten darin anbraten. Die Zwiebeln dazugeben. Die Knoblauchzehen schälen und zerdrücken, dann ebenfalls in den Topf geben. (Der Knoblauch sollte frisch sein und ohne grüne Keime. Die Menge ist beträchtlich, aber ich finde, dass sie dem Gericht sehr zum Vorteil gereicht.) 5 Minuten mitbraten.
Tomaten, Lorbeerblätter und Kräuter dazugeben, nach Belieben auch Chili. 5-10 Minuten köcheln lassen. Die Fischstücke in die Sauce legen. Darauf achten, dass alle gut bedeckt sind. Bei reduzierter Hitze 5-7 Minuten köcheln lassen. Die Herdplatte ausschalten und den Fisch noch ein bisschen ziehen lassen. Jetzt sollte er perfekt gegart sein, das heißt noch saftig an der Mittelgräte. Sollen die Makrelen ein paar Tage aufbewahrt werden, am besten 3-4 Minuten länger garen.

Eingelegter Lachs mit Dill

Die skandinavische Ausgabe des Rezepts von Seite 413. Hier verwende ich Raps- statt Olivenöl und pochiere den Fisch in einem Topf und nicht in Einmachgläsern. Unbedingt darauf achten, das fette Bauchstück zu bekommen – das ist das beste!

Für 4–6 Personen

1 LACHSFILET MIT DER FETTEN BAUCHPARTIE

SALZ

2-3 EL GEHACKTER DILL

1-3 TL DILLSAMEN

1 EL GEHACKTER OREGANO (NACH BELIEBEN)

2 EL ESSIG

RAPSÖL

1 ZWIEBEL IN SCHEIBEN

GEWÜRZNELKEN

Den Fisch in Stücke schneiden. Großzügig mit Salz bestreuen und mit Kräutern, Gewürzen und Essig vermengen.

In einem Topf reichlich Öl auf etwa 75 °C erhitzen. (Wer kein Bratenthermometer hat, gibt einen Löffel Wasser dazu. Wenn es am Topfboden zu brodeln beginnt, ist die Temperatur erreicht.) Fisch und Zwiebel hineinlegen, wieder auf 75 °C erhitzen und bei dieser Temperatur 10-15 Minuten garen. Den Topf von der Kochstelle nehmen und den Fisch im Öl auskühlen lassen.

Hackbraten

Ich verwende eine Mischung aus Schwein und Kalb und binde die Masse mit Eiern und Semmelbröseln. Wenn das geschafft ist, kann sie ganz nach Wunsch gewürzt werden – es steht jedem frei zu verwenden, was er mag oder zur Hand hat, solange das Verhältnis von Fleisch und Fett etwa gleich bleibt.

Für 6 Personen
700 G HACKFLEISCH VOM SCHWEIN ODER KALB (ODER GEMISCHTES HACKFLEISCH)
200 G WILDFLEISCH
100 G SCHWEINEFETT, ABSCHNITTE VON SCHINKEN ODER SPECK,
    DURCH DEN FLEISCHWOLF GEDREHT
2-3 EL JOHANNISBEER- ODER PORTWEINGELEE
400 ML MILCH
50-100 G SEMMELBRÖSEL
3-4 EL SPEISESTÄRKE
GROB GEMAHLENER PFEFFER
SALZ
200-300 ML ROTWEIN UND 1 GEHACKTE ZWIEBEL (NACH BELIEBEN)
1 LORBEERBLATT (NACH BELIEBEN)
BUTTER ODER ÖL FÜR DIE FORM
3-4 EL GEHACKTE PISTAZIEN- ODER HASELNUSSKERNE
APFELSCHEIBEN ZUR DEKORATION (NACH BELIEBEN)
HONIG

Fleisch und Fett mit Johannisbeergelee, Milch, Semmelbröseln, Speisestärke und Gewürzen vermischen. Rotwein und Zwiebel kochen, eventuell auch mit einem Lorbeerblatt und vielleicht einem Schluck Portwein, bis die Flüssigkeit fast vollständig verdampft ist. In die Fleischmischung einrühren.
Ein Probierbällchen formen und in der Pfanne braten. Falls nötig mit mehr Salz, Gewürzen und Johannisbeergelee abschmecken.
Die Mischung in eine gut eingefettete Kastenform geben. Die Oberfläche mit gehackten Nüssen und nach Belieben auch Apfelscheiben garnieren. Die Äpfel mit etwas Honig einpinseln, damit sie nicht braun werden.
Den Hackbraten in den kalten Ofen schieben und die Temperatur auf 150 °C einstellen. Das Bratenthermometer in die Mitte des Hackbratens einstechen. Backen, bis die Kerntemperatur 70 °C beträgt. Das dauert etwa 1 Stunde. Den Backofen ausstellen und den Hackbraten bei geöffneter Tür abkühlen lassen.

Italienischer Hackbraten mit Parmesan

Polpettone ist ein italienischer Hackbraten, der meist mit hart gekochten Eiern gefüllt wird. Als ich das zum ersten Mal sah, fand ich es irgendwie seltsam, aber inzwischen denke ich, dass etwas Wichtiges fehlt, wenn ich einen Hackbraten aufschneide und mich von drinnen kein Ei anlacht.

Der Fleischteig besteht zumeist aus einer Mischung von Kalbs- und Rinderhack, manchmal kommt auch Schweinefleisch dazu. In Italien habe ich auch schon gesehen, dass Wurstbrät verwendet wurde. Wer einen Fleischwolf hat, kann die Hackmasse mehrmals durchlaufen lassen, aber notwendig ist das nicht.

Der Polpettone sollte ziemlich hell sein und deutlich nach Parmesan schmecken. In Italien kommt er oft als Rolle daher, mit einzelnen Schichten aus Schinken und Käse.

Für 6 Personen

800 G HACKFLEISCH VOM KALB ODER SCHWEIN (ODER GEMISCHTES HACKFLEISCH)

3 EIER

½ BROT, IN KLEINE STÜCKE ZERRISSEN UND IN 300 ML MILCH EINGEWEICHT

100–150 G PARMESAN, GERIEBEN

2–3 EL FEIN GEHACKTE PETERSILIE

BUTTER ODER ÖL FÜR DIE FORM

4 HART GEKOCHTE EIER

200 G EMMENTALER IN GROSSEN DÜNNEN SCHEIBEN

200 G SCHINKEN IN DÜNNEN SCHEIBEN

Den Backofen auf 175 °C vorheizen.

Hackfleisch, Eier, Brot, Parmesan und Petersilie mischen. Nach Belieben mehrmals durch den Fleischwolf drehen oder in der Küchenmaschine fein zerkleinern.

Eine Kastenform mit Butter oder Öl fetten. Die Form mit Käse- und Schinkenscheiben auskleiden, sodass die Scheiben über den Rand der Form hängen. Die Form zur Hälfte mit der Hackmasse füllen. Die hart gekochten Eier auf dem Fleisch aufreihen. Mit dem restlichen Hackfleisch auffüllen, mit Käse und Schinken bedecken. Den Polpettone auf der untersten Schiene im Ofen 45 Minuten backen. Sollte die Oberfläche gegen Ende der Garzeit noch sehr hell sein, den Grill einschalten oder für 10 Minuten die Backofentemperatur auf 200 °C erhöhen.

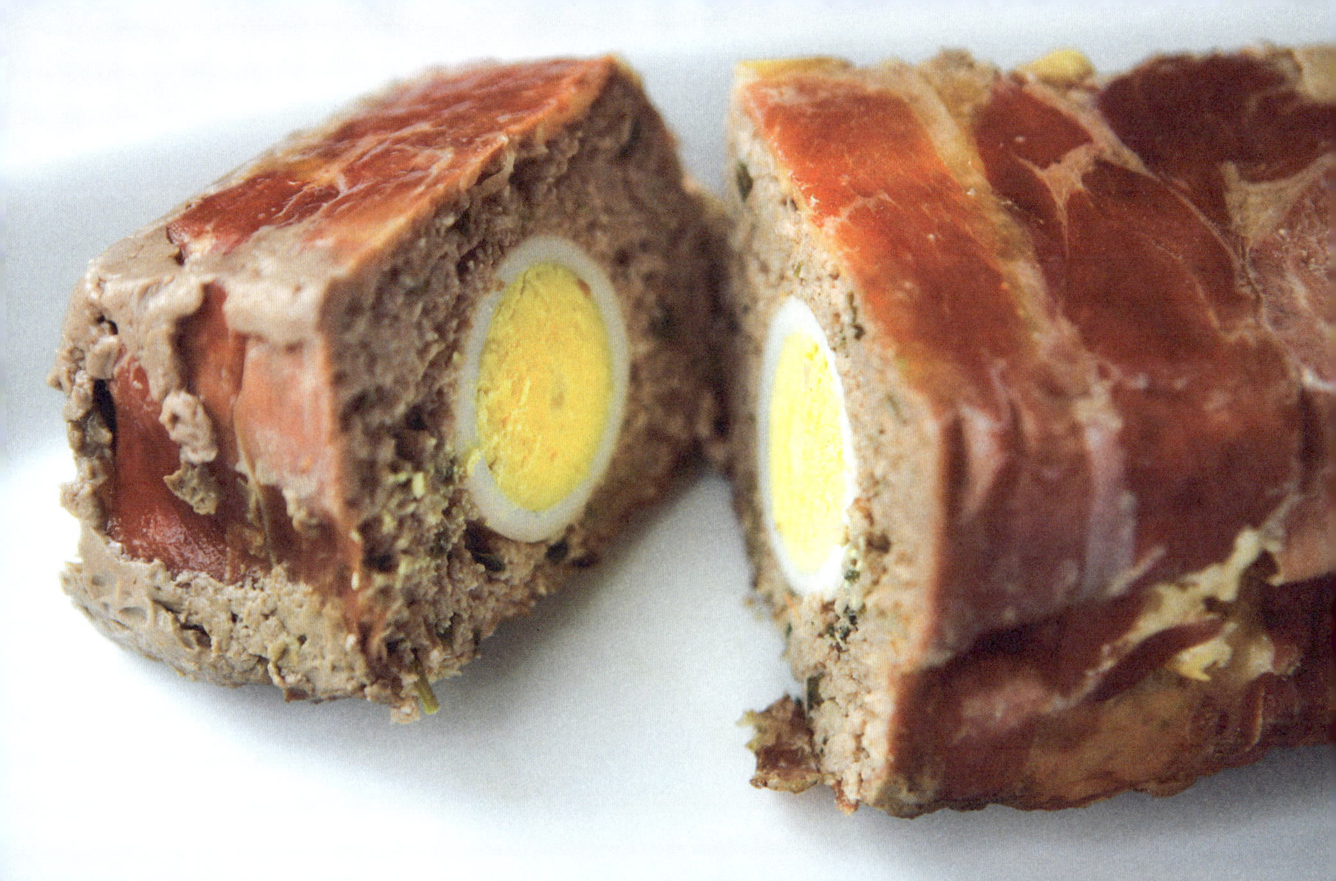

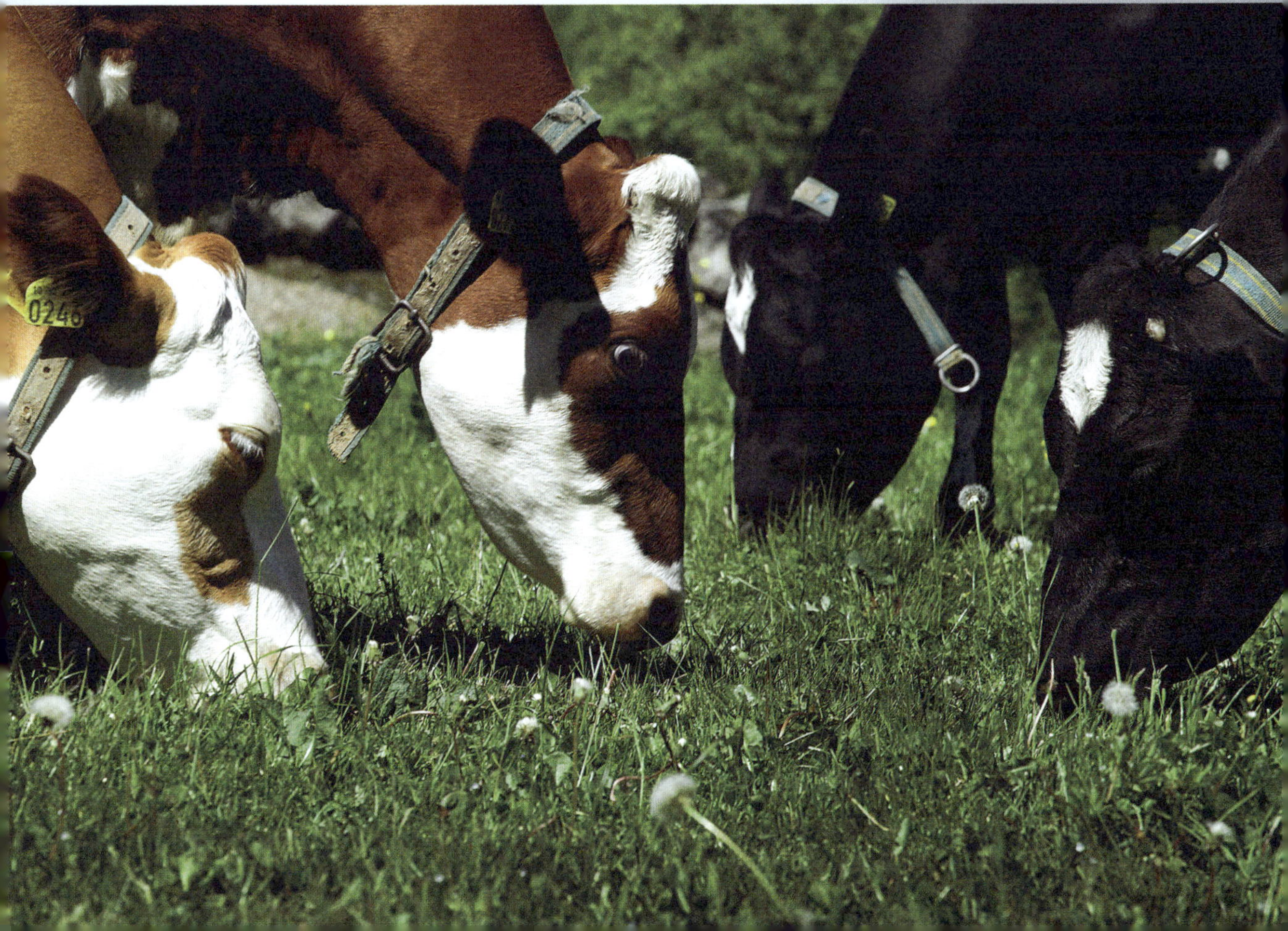
0246

Bauernterrine

Ähnlich wie bei einem Hackbraten sind auch hier den Variationsmöglichkeiten kaum Grenzen gesetzt. Ich verwende am liebsten ausschließlich Schweinefleisch und Leber. Die Terrine schmeckt aber auch mit Wild oder Ente ausgezeichnet. In diesem Fall kräftiger abschmecken und statt Weinbrand vielleicht lieber Whisky verwenden.

Ich verwende die Fleischmasse auch dann als Grundlage, wenn ich richtig edle Terrinen mit Foie gras zubereiten will.

Die Terrine ist nach ein bis zwei Tagen am besten, sodass es sich empfiehlt, rechtzeitig mit der Zubereitung zu beginnen.

Ergibt etwa 1,5 Kilogramm Terrine

1 EL ZUCKER

1 ZWIEBEL, GROB GEHACKT

6 SCHALOTTEN, GROB GEHACKT

6 KNOBLAUCHZEHEN, FEIN GEHACKT

OLIVENÖL ODER BUTTER

2 TL GETROCKNETER THYMIAN

1 LORBEERBLATT

600 G FETTES SCHWEINEFLEISCH (BAUCHFLEISCH ODER DICKE RIPPE OHNE KNOCHEN)

300 G MAGERES SCHWEINEFLEISCH

300 G SCHWEINELEBER

3 EL SALZ

FEIN GEHACKTE PETERSILIE (NACH BELIEBEN)

GERIEBENE MUSKATNUSS (NACH BELIEBEN)

50 ML RUM ODER COGNAC

100 ML SAHNE

2 EIER (NACH BELIEBEN)

BUTTER ODER ÖL FÜR DIE FORM

6 SCHEIBEN SPECK

4 SARDELLENFILETS

Zucker, Zwiebeln und Knoblauch gut mischen und einige Minuten stehen lassen. In einer großen Pfanne Öl oder Butter erhitzen und die Zwiebelmischung zusammen mit dem getrockneten Thymian und dem Lorbeerblatt 10 Minuten bei mittlerer Hitze braten. Bei reduzierter Temperatur einige Minuten weiterbraten, bis die Mischung goldbraun ist und einen intensiven, süßen Geschmack angenommen hat.

Das Fleisch und die Leber möglichst mit einem scharfen Messer von Hand fein hacken. Das nimmt einige Zeit in Anspruch, ergibt aber das beste Ergebnis. Ansonsten Fleisch und Leber durch den Fleischwolf drehen. (Möglichst nicht in der Küchenmaschine zerkleinern, dann wird die Masse leicht allzu fein.) Das Fleisch gut mit Salz vermengen, anschließend nach Belieben Petersilie sowie Muskat dazugeben. Zum Schluss die Zwiebelmischung und den Cognac gründlich untermischen. Nach Möglichkeit einige Stunden oder über Nacht kühl stellen.

Den Backofen auf 180 °C vorheizen.

Die Hackmischung mit der Sahne, nach Belieben auch mit den Eiern vermengen. Eine Terrinen- oder Kastenform mit Butter oder Öl einfetten und danach mit Speckscheiben auskleiden. Die Hackmasse gleichmäßig in der Form verteilen. Die Oberfläche mit Sardellenfilets garnieren und überstehende Speckscheiben nach innen umschlagen.

Die Terrine in den Bräter stellen, in den Bräter kochendes Wasser gießen. Die Terrine im Ofen 1 ½ Stunden backen. Den Ofen ausschalten. Die Tür nur leicht öffnen und die Terrine so weit abkühlen lassen, dass sie herausgenommen werden kann. Nach dem vollständigen Auskühlen in den Kühlschrank stellen, am besten mit einem Gewicht beschwert. Am folgenden Tag aus der Form stürzen und servieren.

Geflügelleberterrine mit Portwein, Pfeffer und Speck

Eine delikate und unglaublich einfache Geflügelleberterrine, die nicht einmal im Ofen gebacken werden muss.

Ursprünglich habe ich sie mit Portwein zubereitet, aber neuerdings verwende ich meistens fertig gekauftes Portweingelee, das ist preiswerter und das Ergebnis etwa das gleiche. Auch Johannisbeergelee lässt sich gut verwenden – oder was immer an süßem Brotaufstrich gerade wegmuss. Wann etwa gedenken Sie das Quittengelee zu verbrauchen, das Sie aus dem Urlaub mitgebracht haben? Hier ist die Gelegenheit!

Die Oberfläche der Terrine wird mit geschmolzener Butter versiegelt. Manchmal verziere ich sie auch noch mit Nüssen oder Mandeln oder mit halbierten Trauben, Feigen oder Rosinen, die ich zuvor in Weinbrand oder Portwein getaucht habe.

Ich fülle die Terrine in kleine Schraubgläser oder Souffléförmchen, denn je kleiner die Portionen, umso größer die Chance, dass sie auch wirklich aufgegessen werden. Was nicht innerhalb einiger Tage verbraucht wird, friere ich ein.

Hähnchenleber gibt es tiefgekühlt oder frisch, aber mancherorts nur an bestimmten Tagen oder auf Vorbestellung.

Ergibt etwa 600 Gramm Terrine

150 G WEICHE BUTTER SOWIE ZERLASSENE BUTTER ZUM VERSIEGELN
1 ZWIEBEL, FEIN GEHACKT
250 G HÄHNCHENLEBER
100-150 ML PORTWEIN (ODER 2-4 EL PORTWEINGELEE)
1 EL GROB GEMAHLENER SCHWARZER PFEFFER
4 WACHOLDERBEEREN, ZERDRÜCKT (ODER 2 TL FEIN GEHACKTER INGWER, NACH BELIEBEN)
SALZ
MEHRERE SCHEIBEN GEBRATENER SPECK (NACH BELIEBEN)

In einer Pfanne etwas Butter erhitzen und die Zwiebel darin anschwitzen, bis sie weich und glasig ist. Die Leber dazugeben und 3-4 Minuten bei großer Hitze braten. Die Temperatur herunterschalten, dann den Portwein oder das Gelee unterrühren. 3-5 Minuten weitergaren. Mit Pfeffer und nach Blieben auch mit Wacholderbeeren oder Ingwer würzen, salzen.

150 Gramm weiche Butter dazugeben. Wenn sie fast ganz geschmolzen ist (sie soll nicht braten), alles in die Küchenmaschine füllen und fein pürieren.

Kleine Gläser oder Förmchen zu etwa drei Vierteln mit der Lebermischung füllen. Nach Belieben ein kleines Stück Speck obenauf legen. Zum Versiegeln die Terrinen mit einer nicht zu dünnen Schicht zerlassener Butter übergießen.

Brot und Pizza

Seit der alte Backofen auf Viestad restauriert ist, muss ich keine Rauchvergiftung mehr befürchten, wenn ich Feuer mache. Es ist ein gemauerter Ofen, der auf traditionelle Weise befeuert wird, das heißt mit einem Holzfeuer, das die Steine aufheizt. Die letzte Glut wird herausgekehrt und in der Restwärme backt dann das Brot. Nach einer Stunde herrschen in der Küche tropische 30 °C. Es kann sogar noch wärmer werden, vor allem im Hochsommer. Das Brot geht in diesem Backofen schön auf. Es wird luftig, locker und intensiv im Geschmack. Ein guter Teil des Erfolgs ist sicher dem Ofen geschuldet, aber ein nicht unbedeutender Teil des Genusses verdankt sich der Tatsache, das Brot selbst gemacht zu haben. Wenn ich gebacken habe, kann es passieren, dass wir uns an Brot mit Butter oder Aioli satt essen.

Zu Beginn dachte ich, eine Beschäftigung im Haus wie das Backen wäre ein schöner Kontrast zu den Aktivitäten draußen im Freien, vor allem zur Gartenarbeit. Aber bei allen Unterschieden habe ich doch auch viele Gemeinsamkeiten entdeckt. Letztlich ist auch das Brotbacken eine Art Anbau, nur verwende ich statt Samen und Erde Hefepilze und Mehl, um sonst ungenießbare Dinge in etwas Gutes zu verwandeln, das für unsere Ernährung notwendig ist. Das tägliche Brot gehört in meiner Heimat nach wie vor zu den Hauptnahrungsmitteln. Es ist mir wichtig, möglichst viel daraus zu machen.

Beim Brotbacken gibt es vier entscheidende Faktoren: der Ofen, die Hefe, das Mehl und schließlich die Zeit, die man dem Teig gönnt – meiner Meinung nach das Allerwichtigste.

DER BACKOFEN Auf Viestad (und auf dem Hof in Südafrika) backe ich in einem mit Holz befeuerten Steinofen. Ein solcher Ofen entwickelt eine ganz besondere Hitze, hinzu kommt die ganze Atmosphäre drumherum und selbstverständlich zum Schluss das Ergebnis. Nichts geht über ein Brot aus dem Steinofen, und wenn es am Boden ein bisschen angesengt aussieht, ist es perfekt.

Wer die Möglichkeit hat, einen eigenen Backofen zu bauen, sollte das unbedingt tun. Es ist jedoch eine größere Unternehmung. Man braucht dafür Platz, Mauersteine, eine isolierende Schicht Verputz, eine dicht schließende Backofentür und Grundkenntnisse der Konstruktionsarbeit. Der Ofen sollte eine gewölbte Decke haben, mindestens 1,20 Meter lang sein und eine Tür haben, die 62 bis 65 Prozent der Ofenhöhe entspricht. (Es gibt einige gute Bücher über den Bau von Backöfen, siehe Seite 502.)

Aber trotz der Begeisterung, die ich solchen traditionellen Öfen entgegenbringe, ist der Backofen vermutlich der unwichtigste unter allen Faktoren, die zur Entstehung eines guten Brots beitragen. Abgesehen von einem leichten Hauch Rauch (und in meinem Fall ein paar kleinen Stücken Mauerputz, die immer herunterfallen, wenn ich backe), kann man mit einem ganz gewöhnlichen elektrischen Haushaltsbackofen fast das gleiche Ergebnis erzielen.

Ein holzbefeuerter Steinbackofen hat unbestritten seine Vorzüge. Aber die meisten davon lassen sich in einem elektrischen Haushaltsbackofen in etwa reproduzieren. Dazu gehört vor allem die Art des Wärmeaustauschs, wenn das Brot oder die Pizza in direktem Kontakt mit dem Steinboden steht. So geht der Teig wirklich gut auf und die Pizza bekommt einen ungleichmäßigen, leicht angebrannten Boden. Ein vergleichbares Ergebnis lässt sich in einem gewöhnlichen Ofen mithilfe eines Back- oder Pizzasteins erreichen. Es handelt sich dabei um Platten aus feuerfester Keramik, die in Küchenläden und Baumärkten erhältlich sind. Ich finde sie allerdings oft einfach zu dünn. Wer auf einem dickeren Stein backen will, nimmt einen hitzebeständigen Naturstein oder schlicht und einfach Ziegelsteine. Die sind billig und sehr gut geeignet. Pizza- oder Ziegelsteine dürfen aber niemals auf den Boden des Backofens gelegt werden, sie gehören auf ein Blech oder ein stabiles Gitter. Auf dem Backofenboden können die Steine zu Überhitzung führen, die den Ofen zerstört.

Um die besondere Hitze eines Steinofens nachzuahmen, empfiehlt es sich, die Temperatur im Backofen zum Aufheizen auf die höchste Stufe zu stellen. Mit den Steinen braucht der Ofen länger, um seine Maximaltemperatur zu erreichen, lassen Sie ihm Zeit. Und keine Sorge, er kann nicht zu heiß werden. Wenn Sie die Ofentür öffnen, um die Brote hineinzuschieben, fällt die Temperatur rasant ab.

Damit sich das Brot optimal entwickeln kann, braucht es nicht nur Hitze, sondern auch Feuchtigkeit. Professionelle Backöfen sind oft mit einem eigenen Dampfventil ausgestattet. Der Dampf fördert den Wärmeaustausch und lässt gleichzeitig das Brot gut aufgehen, bevor sich die Kruste bildet. Diesen Effekt können Sie in Ihrem Backofen sehr einfach nachahmen, indem Sie etwas heißes Wasser auf das Blech gießen, nachdem Sie die Brote in den Ofen geschoben haben.

HEFE UND SAUERTEIG Ein weiterer wichtiger Faktor beim Brotbacken ist die Hefe. Sie wird gebraucht, damit der Teig aufgeht. Den Gärungsprozess in Gang zu setzen gleicht ein wenig dem Anzünden der Holzkohlen beim Grillen: Zündpaste kann dabei sehr nützlich sein, aber zu viel Zündpaste hinterlässt einen unangenehmen Geschmack. So sollte auch Hefe stets mit Vorsicht dosiert werden. Ich versuche, mit möglichst wenig Hefe auszukommen – oder verwende gleich Sauerteig.

Wenn die Hefemenge im Teig gering ist, entwickelt sich der Pilz behutsamer und natürlicher. Oft nehme ich nicht mehr als ein Gramm Hefe. Das ist ein Stückchen von der Größe einer Erbse. Je weniger Hefe der Teig enthält, um so länger dauert es, bis er genügend aufgegangen ist. Es gibt jedoch eine Möglichkeit, den Prozess zu beschleunigen. Dazu muss zunächst ein Vorteig angesetzt werden: Ich mische die Hefe mit etwas Wasser und Mehl zu gleichen Teilen und stelle das Gefäß an einen warmen Platz. Nach einer Stunde ist daraus eine schaumige Masse geworden, die ich mit dem restlichen Mehl und Wasser laut Rezept verknete.

Richtig spannend wird das Brotbacken, wenn Sauerteig ins Spiel kommt. Erstens, weil er dem Brot einen besonders guten Geschmack verleiht, eine charakteristische Tiefe und Komplexität. Und zweitens, weil ich nie sicher bin, ob der Backtag mit einem Erfolg oder einem Fiasko enden wird.

Meinen ersten Sauerteig erhielt ich von einem Professor aus Cambridge, den ich bei einem Workshop über Molekularküche auf Sizilien kennenlernte. Nachdem wir über eine Reihe eher

Hightech-orientierter Themen und extravaganter Zubereitungsarten diskutiert hatten (bei diesem Workshop führte Heston Blumenthal sein Rührei-mit-Speck-Eis vor), begannen wir über das Backen zu sprechen. Jack Lang, wie der Professor hieß, prahlte, er habe einen fabelhaften Sauerteig, und da ich mein Interesse für dieses Thema zum Ausdruck brachte, bot er an, mir einen »Ableger« mit der Post zu schicken. Ein paar Wochen später erhielt ich ein Päckchen, das seltsam roch. Darin lag eine Portion Teig, die sich aus einer Plastiktüte zu befreien versuchte. Der Sauerteig, den ich damals bekam, war beim Backen nicht leicht zu verwenden, denn das Aufgehen nahm immer viel mehr Zeit in Anspruch als angenommen. Er hatte jedoch einen guten Duft. Als ich ihn meinem Kumpel Øyvind zeigte, der Bäcker ist und in Oslo die Åpent Bakeri betreibt, fragte er mich gleich, ob der Sauerteig mit Trauben zubereitet worden sei. Ich wusste es nicht und schickte eine Mail an Jack, der es ebenfalls nicht wusste, und so mailte er den Leuten etwas zu, von denen er den Teig erhalten hatte, und diese nahmen wiederum mit anderen Kontakt auf – und so weiter. Nach einigen Wochen kam die Antwort: Ja, der Teig sei mit weißen Zinfandel-Trauben 1994 in Kalifornien angesetzt worden. Für mich war das vollkommen unglaublich – der Teig war also zu der Zeit schon fast zehn Jahre alt, und mein Freund der Bäcker konnte immer noch den Duft von Trauben riechen.

Das sagt sehr viel darüber aus, was an Sauerteig so besonders ist. Er ist etwas Lebendiges. Ich hatte diesen Teig mehrere Jahre, bis er schließlich während einer meiner langen Auslandsaufenthalte verhungerte. Danach habe ich noch mehrere Sauerteige besessen. Der, den ich jetzt habe, ist mit Chardonnay-Trauben aus Südafrika hergestellt worden und meiner Meinung nach noch besser, aber das hat vielleicht auch damit zu tun, dass ich an seiner Entstehung selbst beteiligt war.

Sauerteig lässt sich auf unterschiedliche Weise herstellen. Der allereinfachste Sauerteig entsteht aus grob gemahlenem, ungebleichtem Biomehl, verrührt mit der gleichen Menge Quellwasser (Leitungswasser kann Chlor enthalten). Ich lasse die Mischung offen stehen und warte darauf, dass die natürlich vorkommenden Hefepilze, die sich auf dem Getreide und in der Raumluft befinden, ihre Arbeit aufnehmen. So dürfte wohl auch der erste Sauerteig entstanden sein. Die Hefepilze entwickeln sich allerdings nicht immer in der gewünschten Weise, und gelegentlich siedeln sich auch die falschen an, sodass der Teig zwar sauer riecht, aber kaum aufgeht. In der Regel ist das aber kein Beinbruch. Durch die Zugabe von ein wenig Hefe kommt der Prozess meist doch noch in Gang. Die Zugabe von naturbelassenem Fruchtsaft oder Früchten kann den Säuerungsprozess beschleunigen. Sie sollten am besten aus dem eigenen Garten stammen, denn sie dürfen nicht gespritzt sein. Auch unbehandelte Apfelschalen sind gut geeignet.

Manchmal setzt die Gärung auch von ganz allein ein. Als ich einmal den Kühlschrank sauber machte, stellte ich fest, dass meine selbst gekochte Aprikosenkonfitüre auf ziemlich beunruhigende Weise begonnen hatte, zu schäumen und Blasen zu bilden. Statt das Zeug wegzuwerfen, mischte ich es mit Mehl und Wasser, und schon bald hatte ich wunderbar nach Aprikose duftendes Brot.

Wenn man sich entschlossen hat, einen Sauerteig anzusetzen, braucht er einen Ort zum Überleben. Mindestens einmal pro Woche möchte er mit Mehl und Wasser gefüttert werden. Ab und an sollte er auch ein wenig auf der Küchenbank stehen dürfen, denn bei Raumtemperatur wächst er schneller und besser. Die meiste Zeit jedoch kann der Sauerteig im Kühlschrank auf seinen nächsten Einsatz beim Brotbacken warten. Er lässt sich auch einfrieren, aber das stresst ihn, sodass ich das nur tue, wenn ich längere Zeit nicht da bin.

MEHL Ein oft unterschätzter Faktor beim Brotbacken ist das Mehl. Ein Brot kann nicht besser werden als das Mehl, das ich für die Zubereitung verwende. In der herkömmlichen kommerziellen Bäckerei ist glutenreiches weißes Mehl beliebt, denn es lässt sich leicht verarbeiten und ergibt große luftige Brote. Ich finde allerdings gewöhnliches weißes Weizenmehl ziemlich langweilig. Weitaus spannender und lebendiger sind grobe Mehlsorten und Mischungen. Hier gilt es einen gewissen Pragmatismus an den Tag zu legen, um die richtige Balance zwischen interessant, geschmackvoll und luftig zu finden.

Ich empfehle, zu Anfang auf der sicheren Seite zu bleiben und mit ziemlich viel feinem Weizenmehl zu beginnen. Wer etwas mehr Zutrauen in seine eigenen Fähigkeiten gewonnen hat, kann nach und nach damit beginnen, gröbere und interessantere Mehlsorten auszuprobieren. Es gibt viel gutes Mehl, auch aus alten Getreidesorten wie Einkorn, Emmer und Dinkel, aber auch aus Roggen und Weizen.

ZEIT Der wichtigste Faktor ist Zeit. Der Brotteig ist ein lebendes Wesen, und das gilt es beim Backen zu respektieren. Es gibt viele Gründe dafür, dass industriell hergestelltes Brot so langweilig ist – vor allem aber ist es gedopt, vollgepumpt mit Hefe und viel zu schnell gebacken.

Der Teig braucht Zeit, um aufzugehen und sich zu entwickeln. Das bedeutet allerdings nicht unbedingt mehr Arbeit für den Bäcker. In Rezepten lese ich zwar immer wieder, dass ein gutes Brot nur mit viel Zeit und Arbeit entstehen kann. Aber eigentlich ist das nur die halbe Wahrheit. Natürlich braucht der Teig Zeit, um aufgehen zu können, doch muss ich dabei nichts weiter tun, als Geduld zu haben. Und selbst wenn es gilt, dem Rhythmus des Teiges und der Hefe zu folgen, kann ich sie dazu bringen, sich auch meinen Bedürfnissen ein Stück weit anzupassen. Ich setze den Teig am Morgen oder Abend an, und dann stelle ich ihn in den Kühlschrank, bis ich so weit bin. Und meistens stimmt unser Timing.

Kräuterbrot

Wer keinen Steinofen hat, kann das Brot auf einem Back- oder Pizzastein backen oder schiebt Ziegelsteine in den Backofen (siehe Seite 428).

Ich verwende für dieses Brot am liebsten Rosmarin, aber das ist Geschmackssache. Der Teig wird kräftig gesalzen, und immer, wenn ich wie hier mit Kräutern backe, gebe ich gern auch etwas gutes Öl dazu. Notwendig ist das aber nicht.

Im Rezepttext erkläre ich die einfachste Zubereitungsmethode, aber das Brot wird noch besser, wenn man einen Vorteig herstellt. Dazu 200 Milliliter von der Wassermenge sowie 200 Gramm Weizenmehl abnehmen und mit ein paar Gramm Hefe verrühren. Das Ganze einige Stunden bei Zimmertemperatur stehen lassen oder über Nacht in den Kühlschrank stellen. Dieser Vorteig wird mit den restlichen Zutaten vermischt, weitere Hefe ist in diesem Fall nicht erforderlich.

Für die ersten Versuche empfiehlt sich möglichst feines Mehl. Mit zunehmender Erfahrung sind auch Experimente mit gröberem Mehl möglich.

Ergibt 1 Brot

900 G WEIZENMEHL

100 G FEINES ROGGENMEHL SOWIE ROGGENMEHL ZUM BEARBEITEN

650 ML LAUWARMES WASSER

10-20 G FRISCHE HEFE

15 G SALZ

FEIN GEHACKTE KRÄUTER, VORZUGSWEISE ROSMARIN

50 ML OLIVENÖL

Weizen- und Roggenmehl in einer großen Schüssel oder in der Küchenmaschine mischen. Die Hefe in das lauwarme Wasser einrühren. Je weniger Hefe verwendet wird, umso länger braucht der Teig zum Aufgehen, aber dafür schmeckt das Brot besser. Den Teig im Verlauf einer halben Stunde mehrmals durchkneten. Beim letzten Kneten Salz, Kräuter sowie die Hälfte des Öls dazugeben.

Mit dem restlichen Öl eine große Schüssel einfetten. Den Teig in die Schüssel legen, mit einem Küchenhandtuch abdecken und bei Zimmertemperatur gehen lassen, bis er sein Volumen etwa verdoppelt hat.

Den Backofen auf 250 °C vorheizen. 100-200 Milliliter Wasser aufkochen. Ein scharfes Messer bereitlegen. Wenn der Backofen seine Temperatur erreicht hat, den Teig direkt auf den Stein legen. Die Oberfläche des Brotes einschneiden. Ein wenig Wasser auf die Steine neben dem Brot gießen (oder auf das Blech). Es unterstützt die Bildung einer schönen Kruste. Sobald die Temperatur im Ofen wieder 225 °C erreicht hat, auf 190 °C reduzieren. Das Brot etwa 40 Minuten backen.

Einfaches Baguette

Ein simples Rezept für ein baguetteartiges Weißbrot. Die beste Kruste entsteht, wenn es auf Stein gebacken wird.

Ergibt 5–6 kleine Brote

1 KG WEIZENMEHL SOWIE MEHL ZUM
    BESTREUEN
650 + 50 ML LAUWARMES WASSER
20 G FRISCHE HEFE
15 G SALZ
ÖL

Zwei Drittel des Mehls mit 650 Milliliter lauwarmem Wasser mischen. Gut kneten, dann 20 Minuten stehen lassen. Die Hefe in dem restlichen Wasser auflösen. Das Hefewasser mit dem Salz sowie dem restlichen Mehl verrühren und zu dem Teig geben. Von Hand oder mit dem Knethaken der Küchenmaschine kneten, bis der Teig geschmeidig ist.

Den Teig in eine große geölte Schüssel legen und mit einem Küchentuch bedeckt bei Raumtemperatur gehen lassen, bis er sein Volumen etwa verdoppelt hat – das kann bis zu 2 Stunden dauern. Den Teig in Stücke von 250 bis 350 Gramm teilen. Damit die Baguettes einheitlich backen, müssen sie ungefähr gleich groß sein. Die Teigstücke einige Male auseinanderziehen und wieder zusammenfalten, dann weitere 20 Minuten gehen lassen. Zu Baguettes formen, mit etwas Mehl bestreuen und auf ein gefettetes oder mit Backpapier bedecktes Blech legen. Mit einem Tuch bedeckt kurz ruhen lassen. Den Backofen auf 225 °C vorheizen. Die Baguettes auf der untersten Schiene 15–20 Minuten backen.

Baguette mit Vorteig

Ein etwas anspruchsvolleres Verfahren mit einem Vorteig. Er kann sich über Nacht im Kühlschrank entwickeln.

Für den Vorteig:

1–2 G FRISCHE HEFE
150 ML LAUWARMES WASSER
150 G WEIZENMEHL

Ein erbsengroßes Stück Hefe im Wasser auflösen. Das Mehl einrühren, bis die Masse feucht und gleichmäßig ist. Mit Frischhaltefolie bedeckt an einen 10–15 °C kühlen Ort stellen. Alternativ den Vorteig zunächst 1 Stunde bei Raumtemperatur stehen lassen, danach einige Stunden oder über Nacht im Kühlschrank.

Für den Teig:

15 G FRISCHE HEFE
1 L LAUWARMES WASSER
1,4 KG WEIZENMEHL SOWIE MEHL ZUM
    BESTREUEN
30 G SALZ
ÖL

Die Hefe in dem Wasser auflösen. Mehl und Salz dazugeben, dann kneten, bis ein gleichmäßiger Teig entstanden ist. Den Vorteig dazugeben und weiter kräftig kneten. Nach Bedarf noch etwas Mehl hinzufügen.

Den Teig in eine große geölte Schüssel legen und mit einem Küchentuch bedeckt bei Raumtemperatur gehen lassen, bis er sein Volumen etwa verdoppelt hat. Die Baguettes wie im Rezept links formen und backen.

Brot aus dem Topf

In einem gusseisernen Bräter entwickeln sich ähnliche Bedingungen wie in einem Steinbackofen – sowohl starke direkte Hitze als auch Feuchtigkeit. Teig, der im Topf gebacken wird, darf weicher sein als anderer Brotteig und garantiert auf jeden Fall ein saftigeres Ergebnis.

Das Verhältnis zwischen Mehl und Wasser sollte nach Möglichkeit 10 zu 8 betragen, also ein Kilo Mehl und 800 Milliliter Wasser. Pro Kilo Mehl 20 Gramm Salz dazugeben. Es empfiehlt sich, die verwendeten Mengen beim ersten Mal zu notieren, um sich dann nach und nach an das perfekte Ergebnis heranzuarbeiten.

Je weniger Hefe verwendet wird, umso besser, denn dann entfalten sich Geschmacksnuancen aus dem Getreide umso besser. Ich empfehle, mit zehn bis 15 Gramm Hefe zu beginnen und dann mit zunehmender Erfahrung die Menge zu verringern.

Es ist nicht genau vorherzusagen, wie lange der Teig zum Aufgehen braucht. Das hängt unter anderem davon ab, wie warm es in der Küche ist. Er sollte sein Volumen etwa verdoppeln.

Ergibt 1 großes Brot

1 KG WEIZENMEHL (ODER 900 G WEIZENMEHL UND 100 G FEINES ROGGENMEHL)
    SOWIE ROGGENMEHL ZUM BESTREUEN

20 G SALZ

10-15 G HEFE

800 ML LAUWARMES WASSER

Mehl und Salz in einer Schüssel mischen. Die Hefe in dem Wasser auflösen, dazugeben und alles mit einem Rührlöffel bearbeiten, sodass ein weicher Teig entsteht. 2 Stunden bei Raumtemperatur aufgehen lassen (oder über Nacht in den Kühlschrank stellen; in diesem Fall rechtzeitig vor dem Backen herausnehmen, damit der Teig Zimmertemperatur annehmen kann). Den Teig mit einem Rührlöffel noch einmal gut durcharbeiten.

Einen schweren gusseisernen Topf mit Deckel in den Backofen setzen. Der Topf sollte etwa vier Liter fassen. Den Backofen auf 220 °C vorheizen.

Wenn der Teig gut aufgegangen ist und große Luftblasen aufweist, den Topf aus dem Ofen nehmen und großzügig mit Mehl ausstreuen. Auch die Hände mit reichlich Mehl bestäuben. Den Teig dann in den Topf geben. Den Deckel aufsetzen und den Topf in den Ofen stellen. Die Temperatur auf 200 °C absenken.

Nach 30 Minuten den Deckel abnehmen und das Brot noch 15 Minuten weiterbacken, bis die Kruste goldbraun ist. Ein Holzstäbchen in die Mitte stechen, um zu prüfen, ob es durchgebacken ist. Das fertige Brot aus dem Ofen nehmen. Falls nötig mit einem Messer am Rand entlangfahren, um das Brot aus dem Topf zu lösen.

Grobes Mischbrot

Ein gutes Brot für alle Tage. Im Gegensatz zu den meisten anderen Broten backe ich dieses gern in einer Form, denn der Teig ist vergleichsweise weich und läuft auseinander.

Als Flüssigkeit für den Teig kommt nicht nur Wasser infrage, auch Milch, Fruchtsaft oder Bier ist geeignet. Ich selbst mache es so, wie meine Großmutter es mir beigebracht hat, und verwende das, was ich gerade zur Hand habe, gern Reste, wie Milch mit abgelaufenem Haltbarkeitsdatum oder schal gewordenes Bier. Dem Brot tut es gut und nichts muss weggeworfen werden.

Hier geht der Teig zweimal auf. Das erfordert etwas mehr Zeit. Es ist aber auch möglich, gleich zu Beginn alle Zutaten zusammenzumischen. Dann wird entweder mehr Hefe (40 bis 50 Gramm) nötig sein oder viel mehr Zeit, bis der Teig sein Volumen verdoppelt hat.

Ergibt 2 Brote

1,3 L WASSER, MILCH, SAFT, BIER ODER ANDERE FLÜSSIGKEIT
700 G DUNKLES WEIZENMEHL
400 G DUNKLES ROGGENMEHL
150 G HELLES ROGGENMEHL
40 G HAFERFLOCKEN, IN WASSER AUFGEKOCHT
2 TL SALZ
2-3 EL HONIG (NACH BELIEBEN)
10-20 G FRISCHE HEFE
400 G HELLES WEIZENMEHL SOWIE MEHL ZUM BESTREUEN

Einen Liter der Flüssigkeit mit dem dunklen Weizenmehl, dem Roggenmehl, den Hafer-flocken, dem Salz sowie nach Belieben dem Honig in einer Schüssel verrühren. Das ergibt eine ziemlich klebrige Mischung. Mit Frischhaltefolie bedecken und bei Zimmertemperatur stehen lassen.

Die restliche Flüssigkeit auf 37 °C erwärmen. In eine zweite Schüssel gießen, die Hefe darin auflösen, danach das helle Weizenmehl unterrühren. 45 Minuten gehen lassen, bis die Masse schäumt und Blasen wirft.

Die beiden Teige mischen, am besten in der Küchenmaschine mit dem Knethaken. Der Teig soll immer noch klebrig sein. Zudecken und mindestens 1 Stunde gehen lassen, bis er sein Volumen etwa verdoppelt hat.

Den Teig halbieren und in zwei mit Mehl ausgestreute Brotformen geben. Mit einem Tuch bedecken und weitere 30 Minuten gehen lassen.

Den Backofen auf 200 °C vorheizen. Die Brote auf der zweiten Schiene von unten 50 Minuten backen. Die Temperatur in den letzten 20 Minuten auf 175 °C herunterschalten, damit die Brote nicht zu dunkel werden.

Focaccia

Für Focaccia verwende ich am liebsten ein feines Weizenmehl (Type 550) mit hohem Gluten-anteil, das hat sich gut bewährt.

Der Teig braucht mindestens 45 Minuten Zeit zum Aufgehen, wenn es schneller gehen muss, etwas mehr Hefe zugeben (aber Vorsicht: der Hefegehalt wirkt sich auf den Geschmack aus). Ich setze den Teig in der Regel recht früh an, und wenn er gut aufgegangen ist, bevor ich ihn brauche, knete ich ihn noch einmal durch und lasse ihn von Neuem gehen – er wird durch das zweimalige Aufgehen nur besser.

Das Rezept lässt sich problemlos verdoppeln oder vervierfachen. In diesem Fall aber die Hefemenge nicht im gleichen Umfang erhöhen. Wenn Teig übrig bleibt, einfach über Nacht in den Kühlschrank stellen. Am nächsten Morgen kann man daraus die wunderbarsten frischen Brötchen backen.

Das ist das Grundrezept, ohne irgendwelche Geschmackszutaten. Mehrere Varianten folgen auf den nächsten Seiten.

Reicht für 1 Backblech

500 G HELLES WEIZENMEHL

10 G SALZ

15 G FRISCHE HEFE

350 ML LAUWARMES WASSER

2–3 EL OLIVENÖL SOWIE ÖL ZUM EINFETTEN

Mehl und Salz in eine Schüssel geben und gut mischen. Die Hefe in dem lauwarmen Wasser auflösen (Trockenhefe direkt zum Mehl geben). Das Hefewasser zusammen mit dem Öl ins Mehl gießen und alles gut verkneten, bis ein gleichmäßiger, glatter Teig entstanden ist.

Die Schüssel mit Frischhaltefolie und einem Küchentuch bedecken und den Teig an einem warmen Ort aufgehen lassen. Wenn es schnell gehen muss, den Teig gleich auf ein gefettetes Backblech geben, zudecken und das Backblech auf den Ofen stellen, während dieser vor-geheizt wird. Besser ist es jedoch, den Teig zunächst in einer Schüssel und danach auf dem Backblech aufgehen zu lassen.

Den Backofen auf 200 °C vorheizen.

Das Backblech auf einer der unteren Leisten in den Ofen schieben. Die Temperatur auf 175 °C absenken und die Foccacia 15–20 Minuten backen.

Focaccia mit Tomaten, Knoblauch und Kräutern

Eine Focaccia voller sommerlicher, südlicher Aromen. Gut zu einem Glas Wein oder mit Gegrilltem.

1 REZEPTMENGE FOCACCIA-TEIG
(SIEHE SEITE 441)
10 KIRSCHTOMATEN
2–4 KNOBLAUCHZEHEN, IN SCHEIBEN
GESCHNITTEN
SALZ
FRISCHE KRÄUTER (ETWA BASILIKUM
ODER ROSMARIN), GROB GEHACKT
2 EL FEIN GERIEBENER PARMESAN
(NACH BELIEBEN)
OLIVENÖL

Den Backofen auf 200 °C vorheizen. Den Teig auf einem geölten Blech verteilen. Mit den Fingern Vertiefungen hineindrücken. Die Tomaten halbieren, mit Knoblauch, Salz und Kräutern mischen, nach Belieben geriebenen Parmesan hinzufügen. Die Tomatenmischung gleichmäßig auf dem Teig verteilen. Die Focaccia auf einer der unteren Einschubleisten bei 175 °C 20 Minuten backen. Vor dem Servieren mit etwas Olivenöl beträufeln.

Focaccia mit Oliven

Es gibt zwei Möglichkeiten: entweder einen Teil des Ziegenkäses und der Oliven als Füllung in den Teig geben oder die gesamte Menge als Belag auf der Focaccia verteilen. Freie Wahl beim Käse: von Camembert bis Blauschimmelkäse, alles geht.

½ REZEPTMENGE FOCACCIA-TEIG
(SIEHE SEITE 441)
100 G ZIEGENKÄSE
1 HANDVOLL SCHWARZE OLIVEN,
IN SCHEIBEN GESCHNITTEN
1 ZWEIG ROSMARIN
OLIVENÖL

Den Backofen auf 200 °C vorheizen. Soll die Focaccia gefüllt werden, den Teig möglichst dünn ausrollen, dann einen Teil des Ziegenkäses, der Oliven und des Rosmarins auf der einen Teighälfte verteilen, die andere darüberschlagen. Den Teig auf ein gefettetes Backblech legen. Die Oberfläche mit den restlichen Zutaten bestreuen. Die Focaccia mit einem Küchentuch bedecken und noch mindestens 15 Minuten aufgehen lassen. Sie sollte ziemlich dick sein. Die Focaccia auf einer der unteren Einschubleisten bei 175 °C 15–20 Minuten backen.

Focaccia mit Kräutern, Knoblauch und Salz

Eine einfache und gute Focaccia, die immer schmeckt. Ich knete gern frische Kräuter in den Teig und verwende zum Bestreuen getrocknete Kräuter sowie Salz. Die Salzkristalle tragen viel zum Geschmackserlebnis bei, deshalb lohnt es sich, hier Fleur de Sel zu verwenden.

½ REZEPTMENGE FOCACCIA-TEIG (SIEHE SEITE 441)
1 EL FEIN GEHACKTE FRISCHE KRÄUTER (ETWA BASILIKUM, ROSMARIN UND THYMIAN)
1-2 TL GETROCKNETE KRÄUTER
1-2 KNOBLAUCHZEHEN, FEIN GEHACKT
FLEUR DE SEL
OLIVENÖL

Den Backofen auf 200 °C vorheizen.
Die frischen Kräuter auf den Teig streuen und gut unterkneten, damit sie sich gleichmäßig verteilen. Den Teig auf ein gefettetes Backblech geben. Die Teigschicht sollte ziemlich dick sein, also nicht auf einer allzu großen Fläche verteilen. Mit getrockneten Kräutern, Knoblauch und Salz bestreuen. Mit einem Küchentuch bedecken und noch mindestens 15 Minuten aufgehen lassen. Das Backblech auf einer der unteren Leisten in den Ofen schieben. Die Temperatur auf 175 °C herunterschalten und die Focaccia 15–20 Minuten backen.

Andere gute Geschmackskombinationen
ZWIEBEL, PARMESAN UND SPECK
GEBRATENE PILZE UND SPECK ODER LARDO
CAMEMBERT, TALEGGIO ODER GORGONZOLA UND SALBEI
SARDELLEN UND OLIVEN
AUSGELÖSTER OCHSENSCHWANZ UND GEBACKENER KNOBLAUCH
SCHINKEN, SENFKÖRNER UND GEBACKENER FENCHEL

Brot auf dem Grill

Brot lässt sich sehr gut grillen, und wer einen Back- oder Pizzastein besitzt, darf auf ein perfektes Ergebnis hoffen. (Der Stein braucht allerdings ziemlich lange, um auf dem Grill richtig heiß zu werden.) Etwas rustikaler wird es ohne Pizzastein: Der Teig bäckt dann direkt auf dem Rost.
Auf jeden Fall muss der Teig für dieses Rezept gut aufgegangen sein. Ich lege ihn zusammen mit Gemüse auf den Rost, dann muss ich ganz zum Schluss nur noch Fleisch oder Fisch grillen.

½ REZEPTMENGE FOCACCIA-TEIG
(SIEHE SEITE 441)
KRÄUTER UND SALZ ODER EIN GESCHMACKS-
ZUSATZ NACH WAHL

Aus dem Teig einen flachen runden Laib formen, der mehrere Zentimeter dick ist. Den Grill anheizen. Wenn die Holzkohle glüht, so verteilen, dass zwei unterschiedliche Temperaturzonen entstehen.
Das Brot auf den heißen Teil des Grills legen. Zu Anfang nicht allzu oft wenden, aber immer darauf achten, dass die Unterseite nicht verbrennt. Das Brot mehrmals wenden. Wenn sich nach und nach schwarze Flecken auf beiden Seiten zeigen, das Brot auf die nicht so heiße Seite des Grills schieben.
Nach etwa 7 Minuten ist das Brot durchgebacken. Dazu passt mit frischen Kräutern aromatisiertes Ölivenöl.

Brot aus der Dose

Eine weitere gute Lowtech-Methode, um Brot zu backen. Der Teig kommt in einer Konservendose auf den Grill oder in den offenen Kamin. Ganz wichtig: die Dose regelmäßig drehen!

½ REZEPTMENGE FOCACCIA-TEIG
(SIEHE SEITE 441)
GESCHMACKSZUSÄTZE NACH WAHL
MEHL ZUM BESTREUEN

Eine leere, gesäuberte Konservendose großzügig mit Mehl ausstreuen und den Teig hineinfüllen. Die Dose darf nicht mehr als halb voll sein. 15 Minuten gehen lassen.
Auf dem Grill: Die Dose auf eine einigermaßen heiße Stelle legen. Alle 5 Minuten eine Vierteldrehung ausführen. Darauf achten, dass der Teig nicht verbrennt. Abhängig von der Temperatur kann es 20–30 Minuten dauern, bis das Brot fertig ist. In den letzten Minuten bei etwas weniger Hitze backen.
Im offenen Kamin: Das Feuer im Kamin sollte fast heruntergebrannt sein, mit viel Glut am Boden. Etwas Glut beiseiteschieben. Dort die Dose hinlegen, oft drehen.
Um festzustellen, ob das Brot fertig ist, mit einem spitzen Messer hineinstechen. Das Messer 15 Sekunden im Brot lassen. Beim Herausziehen sollte es sich warm anfühlen, und an der Klinge dürfen keine Teigreste haften. Im Zweifelsfall noch ein paar Minuten länger backen.

PIZZA Ich war lange Zeit so etwas wie ein Pizza-Fundamentalist. Meine Vorbilder kamen aus Neapel und im Schweiße meines Angesichts eiferte ich ihnen nach. Was neapolitanische Pizzabäcker schon seit 150 Jahren so meisterhaft beherrschten, sollte auch für mich nicht unmöglich sein.

In letzter Zeit sehe ich die Sache aber etwas entspannter. Selbst wenn nichts besser ist als eine echt neapolitanische Pizza, habe ich manchmal etwas anderes vor Augen, wenn ich zu Hause einen Pizzateig ansetze.

Wenn ich mitten im Sommer im Steinofen Feuer mache, um Pizza zu backen, entstehen ganz andere Pizzas als im Herbst oder Winter. Im Sommer neige ich zum Experimentieren und bin auf mancherlei Weise italienischer, weil ich das verwende, was an frischen Zutaten gerade zur Hand ist (während ich mir für meine Versuche, neapolitanische Pizza herzustellen, oft Dosentomaten und importierten Käse leiste). Um eine Pizza mit weißem Ziegenkäse, Rosmarin aus dem Garten, Zucchini und Zucchiniblüten zu machen, brauche ich keine Inspiration von irgendwo sonst. Sie ist genau hier und jetzt entstanden, und sie muss nicht mit anderen, ewigen Wahrheiten konkurrieren. Und so experimentiere ich weiter, jede Woche bringt neue Varianten. Inzwischen habe ich auch Interesse für pizzaähnliches Gebäck aus anderen Ländern entwickelt, etwa für den elsässischen Flammkuchen. Der Name klingt nicht sehr sexy, aber dahinter verbirgt sich ein fantastisches Winteressen, ein dünner Teigfladen mit Sauerrahm, Zwiebeln und Speck. Während die neapolitanische Pizza in einem speziellen Ofen gebacken wird, einer vermutlich relativ neuen Erfindung, braucht man für den traditionellen Flammkuchen einen Brotofen, wie ich ihn hier zur Verfügung habe.

Eine echt neapolitanische Pizza dagegen muss in einem gewölbten Steinofen gebacken werden, in dem die Glut rundum bewegt wird (während ich sie aus dem Brotofen entferne). Die Temperaturen können gut und gern 500 °C betragen, und die Pizza ist nach nur 60 bis 90 Sekunden fertig. Das stellt extreme Anforderungen an die Ausrüstung, an den Koch und nicht zuletzt an den Teig, der ganz fantastisch luftig und dünn sein muss.

Auch beim Pizzabacken im elektrischen Backofen versuche ich, möglichst hohe Temperaturen zu erreichen. Es empfiehlt sich, einen Pizzastein oder Ziegelsteine zu erhitzen, wie es schon zu Anfang dieses Kapitels erklärt wird (siehe Seite 428). Da die automatische Temperaturregelung in meinem Backofen nicht allzu perfekt funktioniert, kann ich den Pizzastein auch auf mehr als die üblichen 300 °C erhitzen. Dazu lege ich ihn auf einen Rost ganz oben im Ofen, direkt unter die Grillschlange, und lasse die Tür offen. Auf diese Weise habe ich schon 400 °C erreicht.

Der perfekte italienische Pizzateig

Ein Pizzateig ist schnell gemacht, aber die perfekte Version erfordert ein bisschen Zeit. Er entsteht in zwei Schritten: Zunächst wird ein Vorteig angesetzt, am nächsten Tag dann ein neuer Teig, der mit dem Vorteig vermengt wird. Das mag seltsam klingen, aber wer einmal das fertige Ergebnis mit den großen Luftlöchern gesehen hat, begreift rasch den Zweck der Übung.

Für einen authentischen Pizzateig verwende ich am liebsten feines italienisches Weizenmehl mit der Bezeichnung »Tipo 00«. Man findet es in italienischen Lebensmittelgeschäften. Die Menge reicht für 6 Pizzas.

Für den Vorteig

150 ML WASSER
2 G FRISCHE HEFE
150 G WEIZENMEHL

Alle Zutaten verrühren, sodass ein zäher Teig entsteht. Über Nacht im Kühlschrank oder einige Stunden bei Raumtemperatur stehen lassen, bis er aufgegangen ist. Dann einen weiteren Teig zubereiten, bestehend aus:

200 ML WASSER
2-5 G FRISCHE HEFE
10-15 G SALZ
325 G MEHL

Die beiden Teige verkneten. Eine große Schüssel einölen, den Teig hineinlegen, mit einem Küchentuch bedecken und mindestens 1 Stunde gehen lassen, nach Bedarf auch länger. Der Teig soll weich sein und wird am besten mit den Händen bearbeitet, nicht mit einem Nudelholz.

Tipp

Auch ohne einen Pizzaofen lassen sich die neapolitanischen Backtemperaturen fast erreichen: Es gibt kleine Elektro-Backöfen, die recht gut und nicht allzu teuer sind. Ich besitze ein Modell namens »Napoli«, das mehr als 500 °C heiß wird. Solche Geräte sind im Fachhandel für Gastrobedarf erhältlich und verblüffend leistungsfähig.

Einfacher Pizzateig

Kein Teig, für den es einen Meisterbrief gibt, aber dafür im Nu fertig, einfach und gut. Wenn er geschmeidiger sein soll, etwas Öl dazugeben.

Ergibt etwa 4 Pizzas

500 G MEHL
1 TL SALZ
350-400 ML LAUWARMES WASSER
10-25 G FRISCHE HEFE

Mehl und Salz in einer Schüssel mischen. Die Hefe im Wasser auflösen und mit dem Mehl vermengen. Gut durchkneten, bis der Teig gleichmäßig, weich und geschmeidig ist. Mit Frischhaltefolie bedeckt bei Zimmertemperatur gehen lassen.

Belag für eine italienische Pizza

Ich nehme am liebsten frische, reife Tomaten. Sie werden nur gehackt und mit etwas Salz und eventuell Basilikum sowie Knoblauch vermengt. Wenn es keine guten Tomaten gibt, gehackte Dosentomaten zu einer dicken Sauce einkochen und mit Salz, Knoblauch und Kräutern würzen.
Der ideale Käse für die Pizza ist echter Büffelmozzarella. Ich reiße oder schneide ihn in kleinere Stücke. Danach habe ich freie Bahn: Sardellen (in Öl), Kapern, Salamischeiben, Pilze, Gemüse, Schinken, Basilikum, Trüffel und Rucola erst unmittelbar vor dem Servieren auf die fertige Pizza legen.

Pizza mit Ziegenkäse und Rosmarin

Ich dekoriere die Pizza mit Zucchiniblüten, das sieht gut aus und weckt Erinnerungen an Italien. Wer keine Zucchini im Garten hat, kann vielleicht über den Gartenzaun mit der Nachbarin verhandeln oder verwendet stattdessen Rucolablätter. Dann sieht das Ergebnis zwar etwas anders aus, aber der Effekt ist der gleiche – etwas Frisches und Ungebackenes auf der Pizza. Ich nehme hier keine Tomatensauce, sondern fein gehacktes Fleisch von frischen enthäuteten Tomaten. Wichtig ist, dass die Tomaten schön reif sind und die Samen entfernt werden.

Ergibt 3 dünne Pizzas
250 G WEIZENMEHL SOWIE MEHL ZUM BESTREUEN
150 ML LAUWARMES WASSER
15 G HEFE
2 TL SALZ
2–3 TOMATEN, ENTHÄUTET, VON DEN SAMEN BEFREIT UND GEHACKT
200 G ZIEGENKÄSE
2 EL FRISCHER ROSMARIN
OLIVENÖL
ZUCCHINIBLÜTEN ZUR DEKORATION

Mehl, Wasser, Hefe und Salz in einer Schüssel mischen. Kneten, bis der Teig eine gleichmäßige Konsistenz angenommen hat. Eine große Schüssel mit Öl ausstreichen. Den Teig hineinlegen, mit einem Küchentuch bedecken und bei Zimmertemperatur 30 Minuten gehen lassen.
Den Backofen auf 300 °C vorheizen, am besten auf einer der unteren Einschubleisten einen Pizzastein einschieben. Den Teig in drei gleich große Stücke teilen und dünn ausrollen.
Mit einer dünnen Schicht fein gehackter Tomaten belegen, Rosmarin und ein paar dünne Scheiben Ziegenkäse darübergeben. Auf dem Pizzastein 3–5 Minuten backen, bis der Teig Blasen wirft und der Käse schmilzt. Mit Olivenöl beträufeln und mit Zucchiniblüten dekorieren.

Früchte

Der Unterschied zwischen im Supermarkt gekauften und selbst gezogenen oder gesammelten Beeren ist enorm. Und dabei ist der Einsatz, der uns abverlangt wird, nirgends geringer. Eine Beere aus meinem eigenen Garten ist allemal besser als jede, die ich im Laden kaufen kann – sogar fast unabhängig davon, wie gut oder schlecht ich meine Pflanzen behandelt habe. Und eine wilde Erdbeere aus dem Wald übertrifft alles, was im Garten wächst.

Die Früchte, die wir im Laden kaufen, entstammen wie andere Lebensmittel einem industriellen System. Am entgegengesetzten Ende der Skala befinden sich die Beeren, die wir selbst pflücken, vor allem die wilden Beeren. Blaubeeren, Brombeeren und Moltebeeren gehören zum Besten, was es gibt, und ihre Qualität verdanken sie gerade der Tatsache, dass sie ohne menschliches Zutun gedeihen.

Selbst im Garten herrschen oft ziemlich wilde Zustände. Ein gesunder und produktiver Obstgarten braucht viel Pflege. Ich kann mich aber auch mit geringeren Erträgen begnügen, und trotzdem viel Gutes aus ihm herausholen. Natürlich ist das Ergebnis besser, wenn Sträucher und Bäume die richtigen Nährstoffe erhalten und gut gepflegt werden, aber im Gegensatz zu Gemüse kommen sie zumindest eine Zeit lang auch ohne menschliche Fürsorge ganz gut über die Runden.

Ich bin früher oft in den Garten eines verlassenen Hauses gegangen, um mir Obst zu holen. Die Äpfel und Birnen, die ich dort fand, waren gut, obwohl die Ernte Jahr für Jahr zurückging. Auf meinem Hof entdeckte ich vor ein paar Jahren einige Beerensträucher auf einem verwilderten Stück Land, wo sie allmählich verkümmerten, vollkommen von Unkraut überwuchert. Nachdem ich angefangen hatte, die Fläche freizuschlagen, lohnten sie es mir mit guten Erträgen. Das Gleiche gilt für die Johannisbeerbüsche oberhalb des Gemüsebeets.

Es gibt Menschen, die das Obst aus dem eigenen Garten nicht mehr essen, weil sie sich Sorgen wegen der Umweltverschmutzung machen. Ich halte das für übertrieben, zumal ich weiß, dass kommerziell produziertes Obst oft bis zu vierzig Mal gespritzt wird. Ich habe einmal mitten in einem Obstanbaugebiet gewohnt und schlief meist zum Geräusch der Spritzgeräte ein, die sich durch die Apfel- und Birnengärten hindurcharbeiteten, und das in jeder einzelnen Nacht.

Der beste Apfel kommt für mich direkt vom Baum, eine Beere direkt vom Strauch – damit gibt mir der Sommer das Süßeste und Feinste, was er zu bieten hat. Da gilt es in der Küche fast immer, so wenig wie möglich zu tun. Deshalb entschuldige ich mich vor mir selbst damit, dass der Respekt vor dem guten Produkt und nicht etwa meine Faulheit der Grund dafür ist, warum alle meine Desserts so einfach sind. In diesem Kapitel stelle ich die wesentlichen Techniken und Grundrezepte vor, mit denen sich frei jonglieren lässt, je nachdem, was gerade Saison hat und verfügbar ist. Ein Dessert mit Erdbeeren wird ein wenig später in der Saison vielleicht mit Schwarzen Johannisbeeren zubereitet, wenn die Himbeeren allmählich knapp werden, während gleichzeitig die ersten Kläräpfel reifen, dann mische ich beides.

ERDBEEREN Nichts ist wie Erdbeeren – oft nicht einmal Erdbeeren. Die Sorten tragen Namen, die den Gaumen kitzeln: Zephyr, Corona, Bounty und Senga Sengana. Das klingt fast wie Zärtlichkeiten, die Verliebte einander in fremden Sprachen zuflüstern. Aber die Erdbeeren in unseren Träumen, die Erdbeeren, an die wir uns erinnern, die Erdbeeren, nach denen wir uns sehnen, sind nicht die Erdbeeren, die wir im Garten oder im Laden finden. Die Beeren unserer Kindheit und unserer Träume sind dunkelrot, klein und voller Geschmack, während die Beeren in den Plastikkörbchen allzu oft diesen oder jenen kleinen Fehler haben. Das hindert uns gleichwohl nicht daran, jedes Jahr wieder auf die Jagd nach der perfekten Beere zu gehen. Und das liebe ich am Sommer. Es fängt damit an, dass ich eine Beere aus dem Körbchen nehme, gern gleich, nachdem ich den Laden verlassen habe, noch bevor ich nach Hause komme. Sie schmeckt nicht schlecht, aber vielleicht etwas zu säuerlich oder etwas zu feucht, sodass ich eine zweite Beere nehmen muss, um mich zu vergewissern. Auch die ist nicht ganz vollkommen. Sie ist zwar gut, aber es fehlt immer noch etwas, sodass ich noch eine nehme und dann noch eine. Und wenn das Körbchen leer ist, habe ich immer noch Lust auf mehr, denn selbst wenn ich alles aufgegessen habe, bin ich noch nicht am Ziel angekommen. Ich habe es noch nicht geschafft, das Wunderbarste wiederzufinden. Wenn der Sommer vorbei ist, habe ich wahrscheinlich nicht mehr als vier perfekte Beeren gegessen, vielleicht nicht einmal das. Aber die Suche danach war fabelhaft, und deshalb liebe ich den Sommer.

Sahnebaiser mit Erdbeeren

Ein Traumdessert. Hier verwende ich frische Erdbeeren, aromatisiert mit etwas selbst gemachtem Balsamicosirup. Wenn die Erdbeeren allmählich aromatischer werden, ersetze ich den Sirup durch Weißwein, gemischt mit einigen Tropfen Weißweinessig. Ein paar Blätter Minze oder Zitronenmelisse passen ebenfalls gut zu den Beeren. Wer einmal das Grundprinzip für die Herstellung von Baiser verstanden hat, kann unendlich viele verschiedene Varianten erfinden. Es empfiehlt sich, den Belag im Lauf der Saison zu variieren, und immer die Beeren zu verwenden, die gerade am besten sind, auch Mischungen sind gut. Wer das Baiser zusätzlich aromatisieren möchte, kann Vanillemark, Instant-Kaffeepulver oder einen Schluck Cointreau zum Eischnee geben.

Für den Boden:

3 EIWEISS
¼ TL SALZ
200 G FEINER ZUCKER
1 EL SPEISESTÄRKE
1 TL WEISSWEINESSIG

Für die Füllung:

100 ML SCHLAGSAHNE
1 TL GEMALENE GELATINE (NACH BELIEBEN)
2 EL BALSAMICO
50 G ZUCKER
500 G ERDBEEREN, GEVIERTELT
1 TL ABGERIEBENE SCHALE VON EINER UNBEHANDELTEN ZITRONE

Den Backofen auf 150 °C vorheizen.
Für den Boden die Eiweiße mit dem Salz steif schlagen. Drei Esslöffel kaltes Wasser dazugeben und weiterschlagen, bis die Mischung wieder schön fest ist. Den Zucker mit der Speisestärke mischen und nach und nach in kleinen Portionen einstreuen, dabei stetig weiterschlagen. Zum Schluss den Essig hinzufügen und weiterschlagen, bis die Masse gleichmäßig und glänzend ist.
Den Eischnee kreisförmig auf ein mit Backpapier ausgelegtes Blech streichen (oder in eine mit Backpapier ausgelegte Springform geben). Die Masse sollte am Rand etwas dicker sein als in der Mitte. Das Baiser 35–40 Minuten im Ofen backen, bis die Oberfläche fest und knusprig ist, die Mitte aber noch weich und luftig, fast wie ein Marshmallow. 1 Stunde zum Abkühlen beiseitestellen.
Für die Füllung die Sahne steif schlagen, dann kühl stellen. An heißen Tagen oder wenn der Kuchen im Freien serviert werden soll, empfiehlt es sich, einen Telelöffel gemahlene Gelatine

in etwas Wasser aufzulösen und diese Mischung unter die geschlagene Sahne zu heben – dann bleibt sie länger steif.

In einem Topf Balsamico und Zucker mit ein paar Esslöffeln Wasser verrühren und erwärmen, bis der Zucker geschmolzen ist. Von der Kochstelle nehmen und die Hälfte der Erdbeeren hinzugeben. Gut durchheben. Wenn die Mischung abgekühlt ist, den Rest der Erdbeeren dazugeben, außerdem die Zitronenschale.

Den abgekühlten Baiserboden mit Schlagsahne überziehen und mit den Erdbeeren garnieren.

Erdbeeren mit Calvados und Minze

Ein richtiges Rezept ist dafür eigentlich gar nicht nötig. Die Erdbeeren einfach in Scheiben schneiden und in eine Schüssel geben. Mit etwas Zucker bestreuen und mit wenig Calvados beträufeln. Einige Minzeblättchen klein zupfen, dazugeben und alles gut mischen. Ein Klecks Schlagsahne würde dazu passen, aber ich finde, dass sie dem Ganzen etwas von seiner wunderbaren Frische nimmt.

Tarte Mariann

Ein unglaublich guter Kuchen, eine Kombination aus frischen Beeren und einer dicken Vanillecreme. Wer den Mürbeteig nicht selbst machen will, nimmt fertigen aus dem Kühlregal. Und was die Beeren angeht: ganz nach Saison und Geschmack. Ich verwende Himbeeren, Blaubeeren, Rote und Schwarze Johannisbeeren.

Für 4 Personen

120 G BUTTER, GEWÜRFELT, SOWIE BUTTER
    FÜR DIE FORM
150 G WEIZENMEHL
4-5 ESSLÖFFEL ZUCKER
1 BECHER CRÈME FRAÎCHE
2-3 KLEINE EIER
AUSGEKRATZTES MARK VON 1 VANILLESCHOTE
GEMISCHTE BEEREN

Butter, Mehl und einen Esslöffel Zucker in der Küchenmaschine zu feinen Krümeln verarbeiten. 1–3 Esslöffel kaltes Wasser dazugeben und alles mit den Händen zu einem homogenen Teig verkneten. In Frischhaltefolie wickeln und 30 Minuten im Kühlschrank ruhen lassen (wenn es schnell gehen muss, 10 Minuten im Tiefkühlfach).
Den Backofen auf 200 °C vorheizen.
Den Teig ausrollen und eine gefettete Kuchenform damit auslegen. Den Boden mit einer Gabel mehrfach einstechen, mit Backpapier abdecken und beschweren. 10 Minuten vorbacken, dann abkühlen lassen.
Crème fraîche, Eier, Vanillemark und restlichen Zucker verrühren. Auf den Boden gießen und mit Beeren garnieren. Die Tarte 12–15 Minuten backen, bis sie in der Mitte fast fest ist. Vor dem Servieren abkühlen lassen.

Himbeertorte mit Schokolade

Gerade im Sommer freue ich mich über Kuchen und Torten, für die ich keinen Backofen anheizen muss. Hier bereite ich den Boden aus zerkrümelten Keksen, Feigen und Mandeln zu. Schlagsahne oder Eiscreme schmeckt gut dazu.

Für 4 Personen

3 GETROCKNETE FEIGEN
6 BUTTERKEKSE
50 G MANDELN
2 TL HONIG
1 EL BUTTER (NACH BELIEBEN)
100 G DUNKLE SCHOKOLADE
3 EL MILCH ODER SAHNE
FRISCHE HIMBEEREN

Falls sie sehr trocken sind, die Feigen einige Minuten in etwas kochendem Wasser einweichen. Zusammen mit Keksen, Mandeln, Honig und nach Belieben Butter in der Küchenmaschine zerkleinern. Die Mischung in eine kleine Springform geben, auf dem Boden gut festdrücken und kühl stellen.
Kurz vor dem Servieren die Schokolade in kleine Stücke hacken und zusammen mit Milch oder Sahne auf einem Wasserbad schmelzen. Umrühren, bis die Mischung homogen ist. Auf 45 °C abkühlen lassen, sodass die Sauce zähflüssig wird. Die Schokolade auf den Boden gießen. Reichlich Himbeeren daraufhäufen, während die Schokolade noch flüssig ist. Die Beeren sollten in der Mitte einen kleinen Hügel bilden.

Zwei-Schichten-Gelee mit Himbeeren

Ich bereite nicht oft Gelee zu, aber wenn ich es mache, verwende ich lieber einfache gemahlene Gelatine als fertige Mischungen, die meistens Farb- und Aromastoffe enthalten. Die Gelatine ist leicht zu verarbeiten, und ich kann damit genau den Geschmack erzielen, den ich haben will. Hier bereite ich das Gelee in zwei Schichten zu: eine rosa Schicht mit Himbeeren und Himbeersaft sowie eine hellgelbe Schicht mit Weißwein. Die Weißweinschicht enthält keinen Zucker, sodass sie schön frisch und säuerlich schmeckt. Ich habe ein solches Gelee auch schon einmal mit Zitronenlimonade zubereitet, und das war ziemlich lustig, denn ein Teil der Kohlensäure wird im Gelee eingeschlossen –eine witzige alkoholfreie Alternative.

Für 10 Portionen
700 G HIMBEEREN
100-150 G ZUCKER
2 EL GEMAHLENE GELATINE
300 ML WEISSWEIN

Eine Schicht Himbeeren in einer Schüssel mit flachem Boden verteilen. Den Rest der Beeren zusammen mit dem Zucker in einem kleinen Topf aufkochen. Wasser wird nicht erforderlich sein, denn wenn die Beeren warm werden, geben sie Flüssigkeit ab. Notfalls einen kleinen Schuss Wasser oder Wein zugeben.
Die Beeren in ein Sieb abgießen und den Saft auffangen. Es werden 300–400 Milliliter sein. Diesen Saft durch ein Tuch oder einen Kaffeefilter gießen. Die Hälfte der Gelatine in etwas kaltem Wasser auflösen. 2–3 Minuten quellen lassen. Den Himbeersaft bis kurz vor dem Siedepunkt erhitzen und die aufgelöste Gelatine einrühren. Diese Mischung über die Himbeeren in der Schale gießen und kühl stellen.
Wenn das Gelee fest geworden ist, die nächste Schicht mit Weißweingelee zubereiten. Dafür die restliche Gelatine in Wasser auflösen. 100 Milliliter Weißwein aufkochen und mit der Gelatine verrühren. Kurz abkühlen lassen, dann den restlichen Weißwein dazugeben. (Auf diese Weise behält das Weingelee mehr Frische.) Die Weinmischung über das Himbeergelee gießen und kalt stellen, bis alles schön fest geworden ist.
Zum Servieren die Form 30 Sekunden in warmes Wasser tauchen. Dann das Gelee auf einen Servierteller stürzen.

Beeren mit Vanillesauce

Kaum jemand macht noch eine richtige Vanillesauce, dabei ist das eigentlich keine große Kunst. Das Wichtigste: unablässig rühren – auch wenn der Topf bereits von der Kochstelle genommen wurde. Dieses Rezept ergibt eine großzügige Portion. Aber es ist schwierig, kleinere Mengen zuzubereiten, da die Sauce dann leichter gerinnt. Hier verwende ich eine Kombination aus Himbeeren, Brombeeren und Johannisbeeren.

Für 4 Personen

400 G GEMISCHTE BEEREN
3 EIGELB
3–4 EL ZUCKER
1 VANILLESCHOTE
100 ML SAHNE
200 ML MILCH

Die Beeren putzen.
In einem kleinen Topf die Eigelbe mit dem Zucker verquirlen. Die Vanilleschote der Länge nach aufschneiden, das Mark herauskratzen und dazugeben. Sahne und Milch in den Topf gießen. Unter ständigem Rühren erhitzen, bis die Masse eindickt. Die Sauce ist fertig, wenn sie einen Kochlöffel deckend überzieht. Den Topf von der Kochstelle nehmen und noch 2–3 Minuten weiterrühren, bis der Topfboden so weit abgekühlt ist, dass man ihn anfassen kann, ohne sich zu verbrennen.

Eiscreme mit Schwarzen Johannisbeeren oder Brombeeren

Wenn der Sommer am schönsten ist, kommt die Zeit für Brombeeren und Schwarze Johannisbeeren. Ich mag sie pur am allerliebsten, aber auch mit ein paar Tropfen Cognac oder braunem Rum oder mit einer Kugel Eiscreme kommt ihr intensiver Geschmack gut zur Geltung.

Dieses Rezept ist eigentlich eine Mogelpackung, denn ich verwende dafür fertig gekauftes Eis. Es wäre natürlich noch viel besser, die Eiscreme selbst zu machen, aber wenn die Beeren gut sind, finde ich das ganz in Ordnung so. Ich mische Rum und Beeren in das angetaute Eis, und zum Schluss gebe ich die heiße Sauce dazu, dann wird flambiert.

Am meisten liebe ich die wilden Brombeeren, die aber leider überaus gemeine Stacheln tragen. Die Sträucher sind in der Mitte am üppigsten mit Beeren besetzt, wo es am schwierigsten ist, sie zu erreichen. Ich habe einige Lieblingsstellen, an denen ich die Sträucher schon früh im Jahr zurückschneide, sodass es Öffnungen gibt. So beschert mir eine Viertelstunde Arbeit mit der Gartenschere im Mai oder Juni einen Überfluss köstlichster Beeren im August.

Für 6–8 Personen
1 L VANILLEEIS
100 ML BRAUNER RUM ODER COGNAC
500 G SCHWARZE JOHANNISBEEREN ODER BROMBEEREN
ZUCKER (NACH BELIEBEN)

Das Eis aus dem Tiefkühlgerät nehmen und weich werden lassen. Dann die Hälfte des Rums und zwei Drittel der Beeren unterrühren. Das Eis mindestens 30 Minuten tiefkühlen. Kurz vor dem Servieren die restlichen Beeren in einem Topf erhitzen, nach Belieben mit etwas Zucker. Sie sollen dabei aber nicht zerfallen.

Das Eis auf Tellern anrichten, mit den Beeren garnieren. Den Rest des Rums in einem sauberen Topf erwärmen, anzünden und dann über das Eis gießen.

Klassischer Mürbeteig

Ein ganz einfacher Teig, sowohl für süßes wie für salziges Gebäck geeignet. Ich bereite ihn am liebsten mit leicht gesalzener Butter und einem kleinen Teelöffel Zucker zu. Wer das nicht mag, lässt den Zucker weg oder nimmt lieber ungesalzene Butter. Wenn eine größere Menge Teig gebraucht wird, empfiehlt es sich, ihn in mehreren Arbeitsgängen zu kneten und nicht einfach die Zutatenmengen zu verdoppeln. Keine Sorge – es geht mit jedem Mal schneller. Mit einer Mischung aus Butter und Schweineschmalz bekommt der Teig eine ganz besonders gute Konsistenz.

Für 2 kleine Formen (22 cm)

100 ML EISKALTES WASSER
150 G LEICHT GESALZENE BUTTER (ODER BUTTER UND SCHWEINSCHMALZ)
  SOWIE BUTTER FÜR DIE FORM
300 G WEIZENMEHL SOWIE MEHL ZUM BESTREUEN
1 TL ZUCKER

Ein bis zwei Eiswürfel in das Wasser geben und energisch umrühren, damit es richtig schön kalt wird.

Die Butter in Würfel schneiden. Butter und Mehl in eine Schüssel oder in die Rührschüssel der Küchenmaschine füllen. Den Zucker dazugeben. Wenn der Teig von Hand zubereitet wird, besteht die Herausforderung darin, Butter und Mehl zu vermengen, ohne dass die Mischung zu warm wird. Die Hände gründlich mit kaltem Wasser abspülen, um sie zu kühlen, gut abtrocknen. Mit den Fingern Butter und Mehl zu Krümeln verreiben, aber darauf achten, dass die Butter nicht schmilzt. Alternativ Butter und Mehl in der Küchenmaschine zu feinen Krümeln verarbeiten. Den größten Teil des Wassers dazugießen und weitermachen, bis die Krümel sich zu einem Teig verbinden. Wenn er zu trocken erscheint, noch etwas Wasser hinzufügen. Mit dem Handballen zusammendrücken, dann den Teig zu einer Kugel formen. Die Kugel flach drücken, in Frischhaltefolie wickeln und für mindestens 1 Stunde in den Kühlschrank legen. (Gut verpackt hält sich der Teig im Kühlschrank auch mehrere Tage.)

Den Teig rechtzeitig vor dem Ausrollen aus dem Kühlschrank nehmen, damit er Zimmertemperatur annehmen kann. Die Arbeitsfläche dünn mit Mehl bestreuen. Den Teig darauflegen, ebenfalls dünn mit Mehl bestreuen und rund ausrollen, bis er etwa vier Zentimeter größer ist als die Kuchenform. Die Kuchenform ausfetten. Den Teig locker um das Nudelholz legen und in die Form gleiten lassen. Den Teig an Boden und Rand vorsichtig andrücken, nach Belieben den Rand sauber abschneiden. Den Boden mit einer Gabel mehrfach einstechen. Vor dem Backen mindestens 30 Minuten kühl stellen, damit sich der Teig später nicht zusammenzieht.

Je nach Rezept wird der Boden nun sofort gefüllt und gebacken oder zunächst blindgebacken. Dazu den Teig mit einem großen Stück Backpapier abdecken und mit Backbohnen oder anderen getrockneten Hülsenfrüchten beschweren. Sie verhindern, dass sich der Teig beim Backen verformt. Den Boden auf einer der unteren Schienen bei 180 °C 15–20 Minuten vorbacken, bis der Teig goldgelb und fest ist. Die Zeit kann je nach Backofen variieren, sodass es sich empfiehlt, rechtzeitig nachzuschauen.

EINFACHER MÜRBETEIG Wer keine Zeit hat, den Mürbeteig selbst zu machen, nimmt einfach fertigen Mürbeteig aus dem Kühlregal oder tiefgekühlten Blätterteig. Das Ergebnis ist natürlich nicht ganz das Gleiche, aber schließlich ist die Füllung ja das Wichtigste.

Es gibt aber auch eine ultraschnelle Methode, um eine Art Mürbeteig zuzubereiten. Er ist meist ziemlich bröckelig, aber das macht nichts. Ich gebe dafür 150 Gramm Butter und 150 Gramm Weizenmehl in die Küchenmaschine und verarbeite alles zu feinen Krümeln. Dann gebe ich zwei Esslöffel eiskaltes Wasser dazu und presse zum Schluss mit den Händen die Krümel zu einer Kugel zusammen. Die Kugel flach drücken, in Frischhaltefolie wickeln und kurz in den Kühlschrank stellen. Wenn es ganz schnell gehen muss, den Teig sofort in die gefettete Form geben und backen.

Blaubeerkuchen

Schummeln Sie ruhig mit fertigem Teig aus dem Kühlregal. Auch mit Blätterteig funktioniert das Rezept wunderbar.

Für 4–6 Personen
BUTTER FÜR DIE FORM
1 REZEPTMENGE MÜRBETEIG
    (SIEHE SEITE 468)
3-4 EIGELB
200 ML SAHNE
100 ML MILCH
3-5 EL ZUCKER
1-5 EL SPEISESTÄRKE
300 G BLAUBEEREN
MARK VON ¼ VANILLESCHOTE

Den Backofen auf 200 °C vorheizen. Eine gefettete Kuchenform mit dem Teig auskleiden. Den Boden mit einer Gabel einstechen, mit Backpapier abdecken, beschweren und etwa 15 Minuten backen, bis er goldbraun ist.
Eigelbe, Sahne, Milch und Zucker in einem Topf erwärmen, dabei stetig rühren. Wenn die Sauce dicklich geworden ist, ein Drittel davon beiseitestellen.
Den Rest mit Speisestärke und Blaubeeren verrühren und erwärmen. Umrühren, bis die Sauce durch und durch knallblau ist. Auf den vorgebackenen Boden gießen. Bei 175 °C etwa 25 Minuten backen.
Die restliche Sauce mit dem Vanillemark verrühren, dann kühl stellen. Kurz vor dem Servieren auf den abgekühlten Kuchen gießen.

Blaubeer-Smoothie

Am besten schmeckt so ein Smoothie natürlich mit frisch gepflückten Blaubeeren, aber wer tiefgekühlte Beeren nimmt, braucht keine Eisstücke dazuzugeben. Ich püriere die Blaubeeren in zwei Portionen – die erste Hälfte fein, die zweite Hälfte nur ganz kurz, sodass die Beeren ihre Konsistenz behalten.

Für 2–3 Personen
ETWAS ZUCKER ODER HONIG
100 ML MILCH
200 G NATURJOGHURT
200-300 G BLAUBEEREN
10 EISWÜRFEL

Zucker oder Honig in der Milch auflösen. Joghurt, Milch, die Hälfte der Blaubeeren und alle Eisstücke in den Mixer geben und fein pürieren. Den Rest der Beeren dazugeben und den Mixer noch kurz weiterlaufen lassen, bis sie grob zerkleinert sind.

Eis am Stiel mit Blaubeer-Nuss-Mantel

Dafür ist das einfachste gekaufte Eis am Stiel gerade richtig. Ich tauche das Eis in geschmolzene Schokolade – eine hochwertige Schokolode mit 70 Prozent Kakaoanteil, etwa die gute Valhrona, muss es sein – und wende es in Nüssen und Blaubeeren. Tiefgefrorene Blaubeeren haften am besten.

Selbst wenn eine schöne dicke Schicht Luxusschokolade das Eis überzieht, braucht man insgesamt keine große Menge, aber meiner Erfahrung nach lohnt es sich nicht, weniger als 200 Gramm Schokolade zu schmelzen. Es ist also vorteilhaft, gleich eine größere Menge zuzubereiten und auf Vorrat einzufrieren.

DUNKLE SCHOKOLADE (70 % KAKAOANTEIL)
BUTTER (ETWA ¼ DER SCHOKOLADENMENGE)
GROB GEHACKTE HASELNÜSSE
TIEFGEKÜHLTE BLAUBEEREN
FERTIGES EIS AM STIEL (MILCHSPEISEEIS)

Schokolade und Butter in eine hitzebeständige Schüssel geben und über einem Wasserbad schmelzen. Alufolie auf einem Brett ausbreiten, um später das Eis daraufzulegen – das Brett muss hinterher auch Platz im Tiefkühlfach haben.

Die Nüsse und die tiefgekühlten Blaubeeren auf zwei separate Teller geben. Wenn Schokolade und Butter geschmolzen sind, vom Wasserbad nehmen und gut umrühren. Die Schokolade ein wenig abkühlen lassen, bis die Konsistenz leicht dicklich wird. Wenn die Schokolade zu heiß ist, besteht die Gefahr, dass das Eis schmilzt.

Das Eis aus dem Gefriergerät nehmen. Jedes Eis zunächst in die Schokolade tauchen, danach in die Blaubeeren und Nüsse drücken. Anschließend auf die Alufolie legen. Wenn alle Portionen fertig sind, das Eis gut verpacken und wieder ins Tiefkühlfach zurücklegen.

Blaubeerschnaps

Das feine Vanillemark ist hier eigentlich
gar nicht unbedingt erforderlich, denn auch
die Schote enthält genügend Aroma, das
durch den Alkohol gelöst wird. Das Mark
nach Belieben für einen anderen Zweck
aufbewahren.

Ergibt 750 Milliliter

100 G BLAUBEEREN
2 EL HIMBEEREN
1 VANILLESCHOTE, DER LÄNGE NACH
    HALBIERT
750 ML WODKA ODER ANDERER
    NEUTRALER ALKOHOL

Einige Beeren zerdrücken, damit sie mehr
Farbe abgeben, dann alle in eine Flasche
füllen. Die Vanilleschote dazugeben, mit
dem Alkohol übergießen. Einige Wochen
ziehen lassen, bis der Geschmack intensiv
genug ist. Immer wieder probieren. Den
Alkohol durch ein Sieb in eine schöne
Flasche umfüllen, Vanilleschote und
Beerenreste entfernen.

Rhabarber-Kokos-Gratin

Der säuerliche Rhabarber verursacht
Verfärbungen an Aluminium, deshalb hier
unbedingt eine ofenfeste Form aus Glas oder
Keramik verwenden. Die jungen, dünnen
Rhabarberstangen sind die besten. (Tipp:
Wer Rhabarber im Garten hat, sollte in
regelmäßigen Abständen die Stängel ernten.)

Für 6–8 Personen

500 G JUNGER UND SAFTIGER RHABARBER
2 TL SPEISESTÄRKE
100 G ZUCKER
2 EL ZERLASSENE BUTTER SOWIE BUTTER
    FÜR DIE FORM
1 EI
200 G KOKOSRASPEL

Den Backofen auf 200 °C vorheizen. Eine
ofenfeste Form mit etwas Butter einfetten.
Den Rhabarber schälen und in etwa drei
Zentimeter lange Stücke schneiden. Den
Rhabarber in der Form verteilen, mit der
Speisestärke sowie zwei Esslöffeln Zucker
bestreuen.
Den restlichen Zucker mit der Butter, dem
Ei sowie den Kokosraspeln verrühren und
auf dem Rhabarber verteilen. Das Gratin auf
einer der unteren Einschubleisten etwa
20 Minuten backen. Mit einer Messerspitze
prüfen, ob der Rhabarber weich ist.
Gegebenenfalls im Ofen stehen lassen,
während das Gratin abkühlt, oder bei 125 °C
noch einige Minuten weiterbacken.

PFLAUMEN Wie kann ich bloß die kurze Pflaumensaison möglichst gut nutzen? Kaum sind sie da, so süß und saftig, dass ich einfach nicht widerstehen kann, sind sie auch schon wieder verschwunden. Ich esse sie mit Müsli, Cornflakes oder Haferflocken, ich backe Pflaumenkuchen und natürlich mache ich sie ein.

So ein Pflaumenbaum ist sehr ergiebig und schenkt uns viel mehr als nur die reifen Früchte im Sommer. Das beginnt schon im April oder Mai, wenn die Pflaumenbäume blühen. Oft sitzen allzu viele Blüten an einem Ast. Ich pflücke den Überschuss und verwende ihn für spannende Saucen oder Eiscreme. Die nach Bittermandel schmeckenden Blüten enthüllen die Verwandtschaft der Pflaume mit dem Mandelbaum und bereichern interessante Desserts für Erwachsene. Im Juni hängt der Baum voll mit unreifen Früchten. Sie sind klein und haben es noch nicht geschafft, saftig zu werden. Und der Stein ist nicht mehr als die Andeutung eines mandelähnlichen Samens. Außerdem sind sie abschreckend sauer und bitter. Sie schaffen es, die Geschmacksnerven für mindestens eine halbe Stunde außer Gefecht zu setzen, wenn man unvorsichtig genug ist, sie zu kosten. Das verbindet sie mit frischen Oliven (jeder, der einmal eine Olive direkt vom Baum probiert hat, weiß, wie unangenehm das sein kann).

Man kann sie wie Oliven behandeln und in Salzlake legen, das Resultat ist erstaunlich. Nach einer Woche sind sie sehr salzig und leicht säuerlich. Wenn man sie anschließend ein wenig wässert und dann in Öl legt, werden sie mild und saftig. Jeder, der sie bei mir gegessen hat, war irritiert. Die Leute vermuten, dass es sich um Oliven handelt. Aber warum haben sie keinen Stein?

Pflaumenoliven

Wenn die Pflaumen etwa die Größe einer Olive erreicht haben, ist der richtige Zeitpunkt zum Einlegen gekommen. Das erfordert etwas Zeit, denn sie müssen eine Woche lang in Salzlake liegen. Das Ergebnis ist überraschend, sie schmecken wie leicht säuerliche Oliven.

Die unreifen Pflaumen in ein Glas legen, mit einer zehnprozentigen Salzlake übergießen (also 50 Gramm Salz auf 500 Milliliter Wasser). Die Salzlake jeden Tag erneuern, bis die Pflaumen ein wenig zu salzig schmecken und nicht mehr so sauer. Dann 24 Stunden in frisches Wasser legen. Anschließend in einem guten Essig, nach Möglichkeit Weißweinessig, ein wenig ziehen lassen. Die Pflaumen in ein Glas geben und mit Öl übergießen. So halten sie sich monatelang. Frühestens nach ein paar Tagen probieren. Das Öl kann nach Belieben mit Geschmackszusätzen versehen werden, etwa mit getrockneten Kräutern oder Trüffelöl.

Gegrillte Pflaumen und Nektarinen

Beim Grillen geht es durchaus nicht immer nur um Fleisch, es gibt sogar Desserts vom Grill.
Da hier das Obst in Alufolie verpackt ist, nimmt es keine fremden Aromen auf.
Welche Früchte Verwendung finden, ist eine Frage des persönliches Geschmacks und der
Saison. Wichtig ist ein gutes Gleichgewicht zwischen Säure und Süße. Dieses Rezept wurde
mir zuerst von dem norwegischen Grillkönig Craig Whitson demonstriert, und er verwendete
eine Kombination aus Pflaumen und Nektarinen. Etwas Besseres habe ich bisher nicht
gefunden.

Für 6–8 Personen

1 KG PFLAUMEN UND NEKTARINEN
100 ML ROTWEIN
50 G BUTTER
1 ZIMTSTANGE
2 EL BRAUNER ZUCKER
MINZEBLÄTTER (NACH BELIEBEN)

Den Grill anheizen, vorzugsweise einen Kugelgrill mit Deckel.
Die Früchte aufschneiden und die Steine entfernen. Eine doppelte Lage Alufolie von etwa
50 × 50 Zentimetern auf der Arbeitsfläche ausbreiten. Die Früchte in die Mitte legen, die Seiten
nach oben umschlagen. Wein, Butter, Zimtstange und Zucker dazugeben und die Folie
rundherum gut verschließen.
Wenn die Holzkohle weiß glüht, das Päckchen auf den Grill legen und 5 Minuten bei starker
Hitze garen. Anschließend an eine weniger heiße Stelle schieben, den Deckel auflegen und
10 Minuten weitergrillen.
Mit Minze garnieren. Eiscreme und Sahne passen gut dazu.

Bellini

In meinem Treibhaus steht ein Pfirsichbaum, der jeden Sommer eine Flut an klitzekleinen, aber herrlich süßen Früchten liefert. Nach ein paar Tagen schmeckt alles nach Pfirsich. Dieser Cocktail ist ein italienischer Klassiker, der eigentlich mit weißen Pfirsichen zubereitet wird. In »Harry's Bar« in Venedig – wo der Bellini erfunden wurde – gießt man das Glas natürlich mit italienischem Prosecco auf. Cava oder Sekt passt aber genauso gut.

Wenn ich keine eigenen Pfirsiche mehr habe, verwende ich vorzugsweise eine Sorte mit kleinen, flachen Früchten, die supersaftig und süß sind, mit rötlicher Haut und weißem Fruchtfleisch – das kommt dem italienischen Original schon sehr nahe. Gelegentlich nehme ich auch Pflaumen, aber dann ist meist etwas Zucker nötig.

Es empfiehlt sich, die Pfirsiche im Kühlschrank aufzubewahren oder das Pfirsichpüree schon vorher zuzubereiten und zu kühlen. Für das Pfirsichpüree die Früchte in kochend heißes Wasser tauchen, dann häuten. Die Pfirsiche halbieren, den Stein entfernen und das Fruchtfleisch in der Küchenmaschine fein pürieren.

Für 1 Person

1 TEIL PFIRSICHPÜREE
2 TEILE PROSECCO (ODER ANDERER SCHAUMWEIN)

Alle Zutaten müssen gut gekühlt sein, die Gläser ebenfalls. Das Pfirsichpüree in ein Glas füllen. Vorsichtig mit Prosecco aufgießen, das Glas dabei schräg halten.

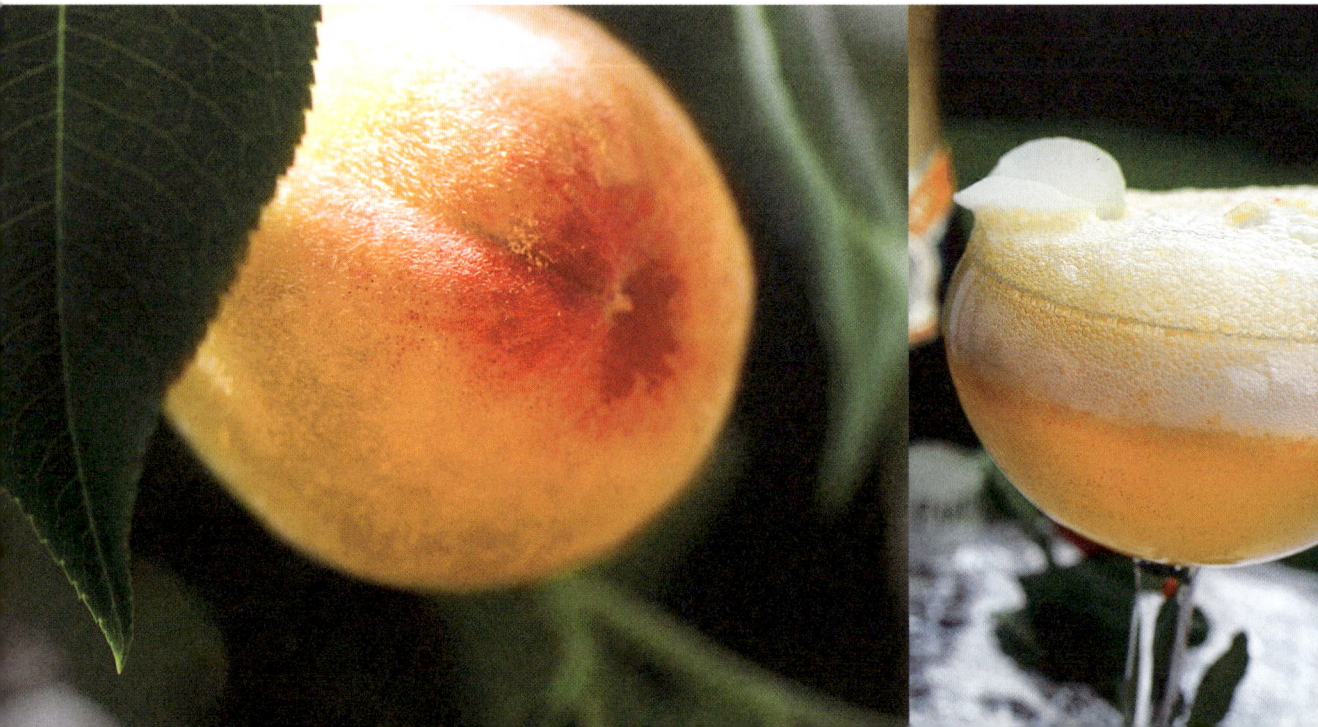

Gebackene Kirschen mit Vanille

Ein ganz einfaches Rezept. Die Kirschen garen in ihrem eigenen Saft, nur mit einer Vanilleschote und etwas Zucker. Dazu serviere ich am liebsten Eiscreme.
Man kann die Kirschen auch mit Streuseln bedecken, die aus zerkrümeltem Zwieback, Butter und Zucker im Handumdrehen gemacht sind. Im Ofen werden sie dann schön knusprig.
Wenn die Kirschen entsteint werden, sind sie einfacher zu essen. Ich finde allerdings, dass es viel Spaß machen kann, im Freien zu sitzen und Steine zu spucken. Außerdem verlieren die Früchte viel weniger Flüssigkeit, wenn sie intakt bleiben.

Für 6–8 Personen
700 G KIRSCHEN
1 EL BUTTER
100 G ZUCKER
1 VANILLESCHOTE, DER LÄNGE NACH HALBIERT
100 ML ROTWEIN (NACH BEDARF)

Den Backofen auf 150 °C vorheizen.
Die Kirschen nach Belieben entsteinen. In einer ofenfesten Form verteilen. Mit Butterflöckchen bedecken und mit Zucker bestreuen. Die Vanilleschote zwischen die Kirschen stecken. Wenn die Kirschen nicht entsteint wurden, den Rotwein in die Form gießen.
Auf der unteren Einschubleiste etwa 25 Minuten backen, bis die Flüssigkeit Blasen wirft und der Zucker geschmolzen ist.

Stachelbeerkompott

Was kann man eigentlich mit Stachelbeeren anfangen? Nicht viel, wenn Sie mich fragen. Und genau das macht ihren Charme aus. Einmal habe ich Stachelbeersaft zubereitet. Niemand hat ihn getrunken. Konfitüre war ebenfalls kein Erfolg. Das Geheimnis liegt wohl darin, nicht zu versuchen, die kurze Saison der Stachelbeeren zu verlängern. Hätten wir sie das ganze Jahr über, würden sie mir sicher nicht besonders gefallen. Aber an einem schönen Sommertag ganz schlicht mit Zucker, Sahne und gehackten Mandeln serviert, am liebsten im Freien, sind sie genau richtig.

Ich mische gern etwas Crème fraîche unter die Schlagsahne, sie macht den Geschmack säuerlicher und frischer. Das Rezept lässt sich auch mit anderen Beeren zubereiten – Himbeeren würde ich allerdings nur ganz kurz garen und nicht so stark zuckern.

Für 4 Personen

300 G STACHELBEEREN
100-150 G ZUCKER
150 ML SCHLAGSAHNE, GUT GEKÜHLT
50 G CRÈME FRAÎCHE, GUT GEKÜHLT
50-100 G GROB GEHACKTE MANDELN

Stachelbeeren und Zucker in einen kleinen Topf geben und erhitzen. Die Stachelbeeren mit einer Gabel zerdrücken. Einige Minuten kochen und dann nach Belieben im Mixer pürieren. Abkühlen lassen.

Sahne und Crème fraîche steif schlagen. In eine Glasschale abwechselnd Stachelbeeren und Sahne schichten. Mit den Mandeln bestreuen.

ÄPFEL »An apple a day keeps the doctor away«, sagt ein englisches Sprichwort. Heute könnte man genauso gut sagen, dass ein Apfel am Tag viele Ingenieure in Lohn und Brot hält. Hinter der perfekten Oberfläche eines Apfels aus dem Supermarkt verbirgt sich fortschrittlichste Technik. Nur in wenigen Bereichen ist die Lebensmittelindustrie weiter gekommen als gerade hier.

Denken Sie an die Äpfel, die im August oder Anfang September in die Geschäfte kommen. Der Herbst liegt in der Luft und da scheint es passend, Äpfel zu kaufen, schöne, glänzende Äpfel. Auf dem Karton steht wahrscheinlich »Südtirol«. Und in dem Fall sind die Äpfel fast ein Jahr alt.

Früher waren Äpfel Saisonware. Doch wir wollten sie das ganze Jahr über zur Verfügung haben. Leider ist dieser Wunsch in Erfüllung gegangen. Es fing damit an, dass Obst vom anderen Ende der Welt geholt wurde, wenn die Früchte aus heimischem Anbau schrumplig zu werden begannen. Inzwischen hat es die Technik möglich gemacht, Äpfel ein ganzes Jahr lang zu lagern, vielleicht sogar noch länger. Die Früchte werden geerntet, wenn sie den für die Lagerung optimalen Zustand erreicht haben, das heißt, sobald der Zuckergehalt hoch genug ist, aber bevor sie richtig reif sind. Dann bringt man sie in sogenannte CA-Lager, Räume mit kontrollierter Atmosphäre (*controlled atmosphere*). Dort liegen die Äpfel bei Temperaturen zwischen +1 °C und -1 °C in einer künstlichen Atmosphäre fast ohne Sauerstoff, in der die natürlichen Reifungsprozesse stark verlangsamt sind. Falls es einem Menschen einfallen sollte, eine solche Lagerhalle zu betreten, würde er sofort ohnmächtig und nicht lange danach sterben. Die Leiche würde sich immerhin genauso gut halten wie die Äpfel.

Und falls Sie jetzt glauben, das sei die schlechte Nachricht, dann muss ich Sie enttäuschen. Nicht alle Äpfel eignen sich nämlich gleich gut für diese Form der Lagerung, und deshalb gibt es im Handel nur noch wenige Sorten. Früher wurden die Früchte nach zwei Hauptkriterien angebaut. Da ging es einerseits um den Geschmack und die Verwendung: Manche Sorten eigneten sich besonders für Saft, andere fürs Backen oder für Apfelmus, wieder andere als Dessertäpfel. Das zweite Kriterium war die Haltbarkeit, aber auf eine ganz andere Weise als heutzutage. Um die Apfelsaison möglichst lange auszudehnen, baute man Apfelsorten mit unterschiedlicher Reifezeit und Lagerfähigkeit an. Es gab frühe Sorten und Winteräpfel. Die frühen Sorten waren nicht wirklich interessant, aber zu Beginn der Saison gab es nur Kläräpfel auf dem Markt. Mit ihrer frischen Säure und dem Geschmack, der sich von Tag zu Tag veränderte, gehörten sie in meiner Kindheit zu den ersten Herbstboten. Ein Kompott aus Kläräpfeln und den letzten Himbeeren, dazu Schlagsahne und Zucker markierte auf dem Tisch den Übergang vom Sommer zum Herbst. Mitten in der Apfelsaison bogen sich die Bäume unter den Früchten, und selbst gegen Ende hingen immer noch einige am Baum – selbst wenn auf dem Boden schon Raureif lag –, die noch nicht ganz ausgereift waren. Erst nach einiger Zeit im Keller erreichten die letzten Winteräpfel ihren Bestzustand.

Wenn ich den Apfelgarten meiner Großeltern besuchte – was ich in sehr unregelmäßigen Abständen tat –, hatte ich immer wieder einen anderen Favoriten. Früher glaubte ich, mein Geschmack hätte sich von Jahr zu Jahr und Monat zu Monat verändert. Doch das ist allenfalls ein Teil der Erklärung. Die Äpfel selbst änderten ihren Geschmack, und wenn der Graven-steiner eine Woche lang mein Lieblingsapfel war, so schmeckte er drei Wochen später nicht mehr genauso. Saure Äpfel wurden süß, süße Äpfel mehlig. Im August waren fast nur Klar-äpfel essbar, im September herrschte eine starke Konkurrenz zwischen Gravensteiner und anderen Sorten, und im Spätherbst, wenn die Bäume schon alle Blätter verloren hatten, hingen immer noch ein paar wunderbare rote Äpfel am Baum, die intensiv nach Banane und Melone dufteten und sich besonders lange hielten.

Heutzutage sind es hauptsächlich zwei Kriterien, die darüber entscheiden, welche Äpfel wir im Laden bekommen: Aussehen und Haltbarkeit. Äpfel sollen makellos aussehen und sich lange halten, damit der Verbraucher das ganze Jahr über die gleichen Äpfel im Laden finden kann. Der Vorteil ist, dass ich das ganze Jahr über einen grünen Apfel kaufen kann. Der Nachteil besteht darin, dass es nicht mehr ist als eben das: ein Apfel, der grün ist.

Deshalb esse ich Äpfel in erster Linie im Herbst und weniger im Winter – nur ganz wenige im Frühjahr und im Sommer. Am liebsten Äpfel von knorrigen Bäumen, deren Sorte niemand mehr kennt, es sind Äpfel von Nachbarn, die über den Zaun meines Grundstücks hängen, einige sind etwas zu reif und beschädigt, sodass ich einen Teil wegschneiden muss, der braun geworden ist, andere sind immer noch hart und sauer. Ich esse schrumplige, unvollkommene Äpfel aus meinem eigenen Garten mit großer Freude und ich kaufe auch gern die etwas kleineren und nicht so glänzenden norwegischen Äpfel, wenn ich sie im Laden finde. Seit ich ihr Geheimnis kenne, können mich die schönen Dorian-Gray-Äpfel jedenfalls nicht mehr in Versuchung führen.

Apfelsorbet

Eine Lowtech-Methode, um selbst Sorbet zuzubereiten. Eine Tüte voller Eiswürfel und Salz kühlt die Sorbetmasse genauso gut ab wie eine Eismaschine. Das nötige Equipment lässt sich sogar zu einer Bootsfahrt oder zum Picknick mitnehmen, um das Sorbet an Ort und Stelle zuzubereiten.
Mit dieser Technik stelle ich auch Eiscreme aus Milch oder Sahne her.

Für 4 Personen

2 EL ZUCKER
SAFT UND SCHALE VON ½ UNBEHANDELTEN ZITRONE
500 ML APFELSAFT
200 G FEINES SALZ
REICHLICH EISWÜRFEL

Zucker, Zitronenschale und etwas Wasser in einen Topf geben, aufkochen und umrühren, bis der Zucker sich aufgelöst hat. Zum Abkühlen beiseitestellen. Die kalte Flüssigkeit zusammen mit Zitronensaft und Apfelsaft in einen Gefrierbeutel gießen (am besten in eine Ziploc-Tüte mit einem Liter Fassungsvermögen). Den Beutel verschließen. Eiswürfel und Salz in eine Plastiktüte füllen, die groß genug ist, um den Gefrierbeutel aufzunehmen (zusätzlich zu dem Salz und den Eisstücken – zum Beispiel eine Ziploc-Tüte mit drei Liter Fassungsvermögen). Gut mischen und 50 Milliliter Wasser einfüllen, um den Prozess in Gang zu setzen.
Die kleine Tüte in die Tüte mit Eis legen und in kurzen Abständen schütteln, bis der Apfelsaft zu einem Sorbet gefroren ist. Das dauert in der Regel 15–20 Minuten.

Apfelgranita mit Chili

Was ist frischer als ein grüner Apfel? Und was könnte an einem heißen Sommertag angenehmer sein als eine eiskalte Apfel-Granita? Wenn dann dieser kleine Hauch von Chili kommt – wow!

Sie finden Vitaminpulver in einem Dessert eigenartig? Sie haben recht, aber Vitamin C ist ein starkes Antioxidans und verhindert, dass der frische Apfelsaft braun wird, was sonst blitzschnell passieren würde.

Am besten wäre hier ein Entsafter, zur Not die Äpfel in der Küchenmaschine pürieren, das Fruchtpüree in einem feinen Sieb abtropfen lassen und den Saft auffangen. Mit fertig gekauftem Apfelsaft geht es auch, aber das Ergebnis ist nicht ganz so frisch.

Für 4 Personen

1,5 KG FRISCHE GRÜNE ÄPFEL
1 MESSERSPITZE VITAMIN-C-PULVER
2–3 EL FRISCH GEPRESSTER ZITRONENSAFT
2 TL GERIEBENER INGWER
100 G ZUCKER
2–4 CHILISCHOTEN, FEIN GEHACKT

Aus den Äpfeln Saft pressen, am besten mit einem Entsafter. Alternativ die Äpfel schälen, entkernen und in der Küchenmaschine fein pürieren. Die Masse in ein Sieb geben und den abtropfenden Saft auffangen. Den Saft in eine Metallschüssel gießen, das Vitamin-C-Pulver darin auflösen. Zitronensaft, Ingwer und Zucker hinzufügen. Gut umrühren, sodass der Zucker sich auflöst. Die Hälfte der gehackten Chilischoten beifügen, probieren und nach Belieben weitere Chilistücke dazugeben.

Die Mischung ins Tiefkühlfach stellen. Nach 1 Stunde herausnehmen und am Rand mit einer Gabel entlangfahren und durchrühren. Alle 20 Minuten wiederholen, bis die Granita die richtige grobkörnige Konsistenz hat. Alternativ die Masse zu einem festen Eisblock gefrieren lassen und dann in der Küchenmaschine zerkleinern.

Apfel-Blaubeer-Kuchen

Statt der Blaubeeren eignen sich auch Brombeeren oder Schwarze Johannisbeeren. Wer Süßes zu schätzen weiß, verwendet anstelle der Äpfel Birnen aus der Dose. Ich mag diesen herbstlichen Kuchen, weil er ein wenig säuerlich ist, und serviere dazu statt geschlagener Sahne oder Eiscreme lieber einen Klecks dicken Sauerrahm. Mit tiefgekühlten Blaubeeren funktioniert das Rezept genauso gut.

Für den Boden entweder selbst gemachten Mürbeteig verwenden (siehe Seite 468) oder fertigen Teig aus dem Kühlregal.

Für 6 Personen

4–5 ÄPFEL

3–6 EL ZUCKER

1–2 EL SPEISESTÄRKE

DAS MARK VON ½ VANILLESCHOTE ODER 1–2 TL FEIN GEHACKTER ROSMARIN
(NACH BELIEBEN)

1 EL COGNAC ODER CALVADOS (NACH BELIEBEN)

1 REZEPTMENGE MÜRBETEIG

BUTTERFLÖCKCHEN (NACH BELIEBEN) SOWIE BUTTER FÜR DIE FORM

200–300 G TIEFGEKÜHLTE BLAUBEEREN

Den Backofen auf 200 °C vorheizen.

Die Äpfel schälen, vom Kerngehäuse befreien und in Spalten schneiden. In eine Schüssel legen, mit Zucker und Speisestärke bestreuen, nach Belieben auch Vanillemark oder Rosmarin sowie Cognac zufügen. Gut mischen.

Den Teig dünn ausrollen, eine gefettete Kuchenform damit auskleiden. Den Boden mit einer Gabel einstechen, mit Backpapier abdecken, mit Backgewichten oder getrockneten Hülsenfrüchten beschweren und etwa 15 Minuten backen, bis er goldbraun ist.

Die Apfelmischung auf dem vorgebackenen Boden verteilen, mit den Blaubeeren bestreuen. Die Oberfläche nach Belieben mit Butterflöckchen belegen.

Den Kuchen in den Ofen schieben, nach 15 Minuten die Temperatur auf 175 °C herunterschalten und den Kuchen noch 10–15 Minuten fertig backen.

Eine Art Apfelstrudel

Ein knuspriges, buttriges Gebäck, das an Apfelstrudel erinnert, aber bei der Zubereitung kein besonderes Geschick verlangt. Am besten schmeckt die Füllung mit einem Schuss Rum oder Calvados. Der Blätterteig kommt aus dem Kühlregal, tiefgekühlten Teig vorher auftauen lassen.

Für 4–6 Personen

1,5 KG ÄPFEL
50 G BUTTER, ZERLASSEN
200 G BRAUNER ZUCKER
50 G ROSINEN
1 VANILLESCHOTE
1 STERNANIS
1 EL SPEISESTÄRKE
1–2 EL RUM ODER CALVADOS
1 PACKUNG BLÄTTERTEIG
50 G HASELNÜSSE
2–3 HAFERKEKSE
1 EI, VERQUIRLT

Den Backofen auf 200 °C vorheizen.
Die Äpfel schälen, entkernen und reiben. Mit Butter, Zucker, Rosinen und Gewürzen mischen, dann die Speisestärke unterrühren. Die Masse aufkochen und wieder abkühlen lassen. Nach Belieben Rum oder Calvados dazugeben. Die Gewürze herausnehmen.
Nüsse und Haferkekse in der Küchenmaschine zerkleinern, am besten zusammen mit etwas Butter. Eine Platte Blätterteig auf ein Stück Backpapier legen. Zu einem Quadrat von etwa 30 × 30 Zentimetern ausrollen. Mit verquirltem Ei bepinseln. Die Hälfte der Nussmischung daraufstreuen. Eine zweite Blätterteigplatte auf ein Stück Backpapier legen und auf die gleiche Größe ausrollen. Mit Ei einpinseln. Mithilfe des Backpapiers auf die erste Blätterteigplatte legen, sodass sich die Nussmischung in der Mitte befindet. Anschließend von der obersten Blätterteigplatte das Backpapier entfernen.
Die Apfelfüllung auf dem Teig verteilen, dabei rundherum reichlich Platz lassen. Die Teigecken diagonal zur Mitte umklappen und gut zusammendrücken.
Den Strudel auf dem Backpapier auf ein Blech oder in eine ofenfeste Form legen. Empfehlenswert ist eine Form mit einem Rand, damit der Strudel besser die Form behält.
Den Strudel 35 Minuten backen – darauf achten, dass er nicht zu dunkel wird. 10 Minuten vor Ende der Backzeit mit etwas Butter einpinseln und mit der restlichen Nussmischung bestreuen.

Apfelpfannkuchen

Köstliche kleine Pfannkuchen, am besten frisch aus der Pfanne serviert, dazu ein warmes Apfelkompott und als Krönung eine Kugel Apfeleis.

Für den Pfannkuchenteig:

3-4 EL BUTTER

2 GROSSE EIER

½ TL SALZ

1-2 TL HONIG ODER ZUCKER

120 G WEIZENMEHL

200 ML MILCH

50-100 ML APFELSAFT

Für das Apfelkompott:

1 EL BUTTER

2-3 ÄPFEL, GESCHÄLT UND GEHACKT

2 EL BRAUNER ZUCKER

ETWAS ROSMARIN, FEIN GEHACKT

CALVADOS (NACH BELIEBEN)

Für das Apfeleis:

500 ML VANILLEEIS

1 GRÜNER APFEL

Für das Apfeleis die Eiscreme im Kühlschrank weich werden lassen. Den grünen Apfel fein hacken und mit dem Eis verrühren. Das Eis zurück ins Gefrierfach stellen.

Für den Pfannkuchenteig zwei Esslöffel Butter zerlassen. Eier, Salz und Honig in eine große Schüssel geben. Das Mehl nach und nach unterrühren, danach die Milch, den Saft sowie die flüssige Butter hinzufügen. Falls der Teig Klümpchen aufweist, durch ein feines Sieb streichen. 1 Stunde stehen lassen. Die Konsistenz sollte zähflüssig sein, aber nicht zu dick.

In der Zwischenzeit für das Kompott die Butter schmelzen, die Äpfel mit dem Zucker dazugeben und köcheln lassen, bis sie weich sind. Mit etwas Rosmarin abschmecken (für Erwachsene nach Belieben auch mit Calvados).

Die Pfannkuchen backen. In einer Eisenpfanne etwas Butter erhitzen. Drei bis vier Esslöffel Teig in die Pfanne geben und backen, bis die Oberseite fest wird. Den Pfannkuchen wenden und braten, bis auch die andere Seite große braune Sprenkel aufweist.

Die Pfannkuchen mit dem warmen Apfelkompott und einer Kugel Apfeleis servieren.

Birnensorbet

Es gibt zwei simple Möglichkeiten, um Birnensorbet zuzubereiten. Die einfachste Methode besteht darin, eine Dose Birnen einzufrieren und diese tiefgekühlte Mischung in der Küchenmaschine zu pürieren. Birnen aus der Dose sind oft zu süß, aber auf Eis und Sorbet reagiert unser Geschmackssinn weniger sensibel. Wenn ich die Birnen mit dem Saft einer Limette in die Küchenmaschine gebe, erhalte ich ein schönes, frisches Sorbet.

Für die zweite Methode werden frische, reife Birnen geschält, vom Kerngehäuse befreit und anschließend in einem Topf mit 300 Gramm Zucker pro Kilo Fruchtfleisch erhitzt. Wenn der Zucker sich aufgelöst hat, die Mischung in Gefrierbeutel füllen und tiefkühlen. Dann genauso verfahren wie mit den Dosenbirnen.

Zusätzliches Aroma gibt frischer, fein gehackter Rosmarin.

Für 6 Portionen

1 KG GEGARTE BIRNEN ODER BIRNEN AUS DER DOSE, MIT DER FLÜSSIGKEIT TIEFGEKÜHLT
SAFT VON 1 LIMETTE

Die tiefgekühlten Birnen grob zerkleinern und in der Küchenmaschine fein pürieren. Sofort servieren oder das Sorbet ins Tiefkühlfach stellen, bis es gebraucht wird.

TIEFKÜHLEN Im Spätsommer biegen sich überall Bäume und Sträucher unter der Last reifer Früchte. Aber auch auf dem Markt ist das Angebot so groß wie sonst nie. Und etwa um die gleiche Zeit bemerke ich zum ersten Mal eine gewisse Kühle in der Luft. Der ganze Körper spürt, dass der Sommer zu Ende geht und der Winter bevorsteht. Ebenso zuverlässig, wie sich die Gänse lärmend und schreiend in den Süden aufmachen, regt sich bei den Bewohnern des Nordens der Wunsch, die Heizung anzudrehen.

All die Beeren und Früchte, die jetzt in üppiger Fülle in den Läden liegen, werden bald verschwunden sein. Dann nehmen selbst die importierten Pfirsiche und Nektarinen etwas Bleiches und Fades an. Und wenn ich mich nicht entschließen kann, das zu tun, was alle Hausfrauen seit undenklichen Zeiten getan haben, wird fast ein Jahr vergehen, bis ich wieder Stachelbeeren, Johannisbeeren und Blaubeeren essen kann, von Pflaumen ganz zu schweigen.

Die Früchte des Sommers einzumachen ist eine Kunst für sich. Es gilt Zeit zu investieren, um Gläser zu sammeln, sie zu sterilisieren, dann kommt das Einmachen selbst und die richtige Lagerung. Wer das alles auf sich nehmen möchte, kann den Geschmack des Sommers in Gläser und Flaschen füllen. Aber auch für Menschen wie mich, die keine Geduld für derlei aufbringen, gibt es eine Lösung.

Ich besitze ein wunderbares Buch aus den Sechzigerjahren von einer Autorin namens Bjørg Eliassen. Sie hat seinerzeit im Auftrag des Dypfrysningkontoret (Tiefkühlamt) die Losung ausgegeben »Wir frieren ein«. »Jetzt ist Schluss mit dem Konfitürekochen«, schreibt sie. Die Hauswirtschaftslehrerin weiß, dass die moderne Frau den Aufwand scheut, der mit dem Einmachen verbunden ist, und deshalb hat sie dem Kapitel zu diesem Thema den Titel gegeben: »Einmachen? Nein – tiefkühlen!« Das ist modern und pragmatisch. Das Einfrieren hat überdies einen entscheidenden Vorteil: Dank der modernen Technik genießen wir das ganze Jahr über gutes Obst und köstliche Beeren. Und da wir nicht mehr gezwungen sind, unsere ganze Aufmerksamkeit darauf zu richten, beim Einkochen bloß keinen Fehler zu machen, können wir uns auf etwas anderes konzentrieren – auf den Geschmack. Deshalb sind meine Konfitüren – tiefgekühlt, versteht sich – kleine, frische Aromabomben. Das Einfrieren ist ein schönes Beispiel dafür, wie die moderne Technik uns auch mal dabei hilft, geschmacksintensivere Lebensmittel zu bekommen.

Frische Beeren lassen sich sehr gut einfrieren. Ich lege sie zunächst nebeneinander auf ein Tablett, möglichst so, dass sie sich nicht berühren, und friere sie einzeln ein, bevor sie in Tüten oder Dosen verpackt werden. Himbeeren, Johannisbeeren und Brombeeren vertragen das Tiefkühlen und Auftauen recht gut. Tiefgekühlte Früchte halten sich am besten, wenn es gelingt, die Luftzufuhr möglichst zu unterbinden. Ein mehr oder weniger massiver Block ist weniger anfällig als einzelne Früchte. Das Gefriergut in Tüten packen und vor dem Verschließen die Luft möglichst vollständig herauspressen.

Für meine Konfitüren koche ich die Früchte vor dem Einfrieren kurz auf. Dabei gilt die Grundregel: nur so kurz wie eben nötig kochen lassen. Gerade lange genug, damit sie ein wenig Flüssigkeit abgeben. Und wenn ich Zucker zusetze, dann nur ganz wenig. Nachzuckern kann ich hinterher immer noch.

Nach dem gleichen Prinzip bereite ich auch Saft zu. Der Vorteil ist, dass die Früchte nicht so lange kochen müssen, bis sie ihre Frische verlieren. Das Obst grob zerkleinern, zusammen mit Zucker in einen Topf geben und kochen, bis es seine Flüssigkeit abgegeben hat. Das Fruchtfleisch in ein Sieb gießen, den Saft auffangen. Nach Belieben das Fruchtfleisch zurück in den Topf geben und zusammen mit etwas Wasser ein zweites Mal aufkochen. Dieser zweite Auszug wird etwas weniger frisch schmecken. Beide Säfte mischen und tiefkühlen.

Gute Geschmackskombinationen:
Basilikum – zu Erdbeeren
Piment – zu Pflaumen, Äpfeln, Himbeeren und Erdbeeren
Rosmarin – zu Äpfeln und Birnen
Thymian – zusammen mit Honig gut zu den meisten Früchten
Vanille – zu fast allen Beeren und Früchten empfehlenswert
Zimt – zu Pflaumen, Schwarzen Johannisbeeren, Äpfeln, Birnen und Blaubeeren
Zitronenmelisse – zu Erdbeeren und Äpfeln

Konfitüre aus Blaubeeren und Schwarzen Johannisbeeren mit Zimt

Die Kombination aus Schwarzen Johannisbeeren, Blaubeeren und Zimt gehört zu meinen Lieblingskonfitüren. Mit Schrecken habe ich festgestellt, dass die meisten gekauften Konfitüren etwa 50 Prozent Zucker enthalten – Grund genug, sich selbst an den Herd zu stellen.
Ich mag es lieber, wenn die Konfitüre nach Frucht schmeckt und nicht nach Bonbons. Blaubeeren und Schwarze Johannisbeeren halten sich sehr gut und vertragen auch das Tiefkühlen problemlos. So lässt sich diese Konfitüre das ganze Jahr über mit tiefgekühlten Beeren zubereiten.

Ergibt etwa 2,5 Kilogramm
300 G ZUCKER
1 ZIMTSTANGE
1 KG BLAUBEEREN
1 KG SCHWARZE JOHANNISBEEREN

400 Milliliter Wasser mit dem Zucker und der Zimtstange zum Kochen bringen, dann 5 Minuten kochen lassen. Einige Minuten warten, damit die Zimtstange Geschmack abgeben kann. Zunächst die Schwarzen Johannisbeeren einrühren (sie brauchen etwas länger), dann die Blaubeeren und insgesamt 10–20 Minuten köcheln lassen. Die Konfitüre etwas abkühlen lassen, dann in Gefrierdosen oder -beutel füllen. Die Zimtstange in mehrere Teile brechen und auf die einzelnen Portionen verteilen. Die Konfitüre tiefkühlen.

Erdbeersorbet

Wer im Sommer Erdbeeren einfriert, kann sie das ganze Jahr über wie frische Beeren verwenden.
Die nach diesem Rezept zubereiteten Beeren lassen sich entweder noch gefroren in der Küchenmaschine zu einem fruchtigen Sorbet verarbeiten oder aufgetaut als Brotaufstrich verwenden. Der Weißwein gibt den Beeren noch mehr Frische. Wenn Kinder mit am Tisch sitzen, daran denken, dass der Alkohol auskochen sollte.

Ergibt 1,5 Liter Sorbet
200-300 G ZUCKER
200 ML WEISSWEIN ODER WASSER
1 KG ERDBEEREN

Zucker und Weißwein oder Wasser in einem großen Topf aufkochen. Die Beeren hineingeben, gut umrühren und 3–5 Minuten köcheln lassen. Den Topf von der Kochstelle nehmen. Wenn die Mischung Raumtemperatur angenommen hat, in Gefrierbeutel füllen, dann tiefkühlen.
Für ein Sorbet einen Beutel Beeren etwa 30 Minuten in den Kühlschrank legen. Gleichzeitig eine Metallschüssel in das Tiefkühlgerät stellen.
Die tiefgekühlten Beeren in der Küchenmaschine pürieren, bis eine gleichmäßige Masse entstanden ist. Dieses Sorbet in die gekühlte Schüssel geben und sofort servieren oder tiefkühlen, bis es so weit ist. Die aufgetauten Beeren schmecken auch als Brotaufstrich, mit Joghurt oder in Desserts.

DANK

Bei diesem Buch haben mir viele Menschen geholfen. Mein Dank geht zu allererst an Osmund Viken, der viel Zeit geopfert hat, um sein Wissen an mich weiterzugeben.

Außerdem danke ich:

Theis Martin und Ruth Theisen, meinen Nachbarn auf Viestad. Theis Martin ist der Mann, an den ich mich wende, wenn ich Rat und Hilfe brauche.

Paul Clüver, durch dessen Großzügigkeit ich in Südafrika einen Traumgarten anlegen konnte, und an seine Familie, die mich mit offenen Armen empfangen hat.

Tore und Liv-Anne Gjesteland für viele Anregungen und für die Hilfe bei der Suche nach Produkten aus der Region.

Marit Jordal, ein Bindeglied zur Generation meiner Eltern und eine Art Zeugin dafür, dass es den Hof Holmen Gård tatsächlich gab. Es hat mir große Freude bereitet, ihren ökologischen Hof in der Nachbargemeinde Lyngdal zu besuchen, und ich liebe die gute Milch, die ich von ihr bekomme.

Jorunn Os, Besitzerin des schönsten Gartens in Spind, hat mir gezeigt, dass vieles möglich ist – und dass es sich lohnt, systematisch und geduldig zu arbeiten.

Dem Taucherclub Farsund und nicht zuletzt Venke Moe für einen Einblick in das Leben unter Wasser.

Meinen guten und großzügigen Nachbarn Halvor und Jenny Onarheim.

Ein verspäteter Dank an Lillegut, der das Meer mehr liebte als irgendein Fischer außerhalb der schönen Literatur.

Dank an die Gemeinde Farsund und alle örtlichen Kräfte, die mich mit Produkten und Ratschlägen unterstützt haben, an das Meeresforschungsinstitut und die Lebensmittelaufsicht, die mir in einer Reihe kleiner und großer Fragen geholfen haben.

Gutta auf Haugen, mein immergrüner und fruchtbarer kleiner Acker mitten in der Stadt, wo alles das ganze Jahr über Saison hat.

Last but not least möchte ich dem Verlag und meinen Partnern bei diesem Projekt danken:

Allen voran der Fotografin Mette Randem, meiner engsten Partnerin. Mettes Vision hat den Rezepten Farbe verliehen.

Ich danke »Dagbladet«, mehr als zehn Jahre mein fester Arbeitsplatz. Selbst wenn ich nie im Haus bin, bin ich immer beschäftigt. Besonderen Dank an Lillian Vambheim, Jane Throndsen, Kjersti Skotheim, Trond Erling Pettersen, Asbjørn Halvorsen und alle anderen im Magasinet.

Bei Cappelen Damm möchte ich Anne Søyland danken, meiner langjährigen Redakteurin. Es war immer eine Freude, mit ihr zu arbeiten. Elvy Karterudseter, deren wachsame Augen, Hingabe und lange Erfahrung mithalfen, dumme Fehler zu korrigieren. Ingrid Skjæraasen, die dem Buch seine Form gab. Dank geht auch an Ole Rikard Høisæther, Anne Østgaard und Liv Grønback.

Dieses Buch ist mehr als jedes andere, das ich je geschrieben habe, ein Vorhaben, an dem meine ganze Familie beteiligt war. Dank an Vibeke, Hector und Vilma, die Spiel und Ernst mit mir geteilt haben. Dank auch an meine Mutter Astri, an die Freunde und Familienmitglieder, die in fast allen Schritten an der Entstehung dieses Buches Anteil genommen haben. Nicht zuletzt danke ich meinem Vater Haftor, der den Traum von einem kleinen Bauernhof an mich weitergegeben hat.

LITERATUR

»Ich kam zu dem Schluss, dass es interessant wäre, sich damit zu beschäftigen, und so kaufte ich mir ein Buch darüber.« Das kann vielleicht nur einem Stadtbewohner einfallen, aber es ist sicher keine schlechte Idee. Ich habe nicht gezählt, wie oft ich schon Unternehmungen in Angriff genommen habe, um am Ende viel Zeit und Energie in ein Vorhaben zu investieren, das nicht durchführbar war – wie etwa der Versuch, im Juni Ahornsaft zu zapfen oder Bohnen auszusähen, ohne sie zuvor in Wasser gelegt zu haben. Falls Sie, wie ich, nicht auf dem Land aufgewachsen sind, empfehle ich Ihnen, sich durch Lektüre ein wenig kundig zu machen, bevor Sie Ihre Träume in die Tat umsetzen. Diese sehr subjektive Auswahl enthält die Bücher, die für mich wichtig waren, darunter sowohl klassische Dichtung wie auch praktische Handbücher, Werke, in denen man sich Anregungen und handfeste Tipps holen kann.

DIE KLASSIKER

Meine Vorratskammer: Selbstgemachtes das ganze Jahr genießen
Bob Flowerdew, Christian Verlag
Wenn sich der Apfelbaum unter der Last seiner Früchte biegt, geht es ans Eingemachte. Wie Sie die Schätze der Natur haltbar machen, zeigt dieses umfangreiche Buch.

Georgica/Vom Landbau
Vergil, Reclam Verlag
Eine der schönsten Dichtungen der Antike und zugleich ein Handbuch zum Thema Landbau.

Pig Earth
John Berger, in englischer Sprache, vergriffen
Der erste Band einer Romantrilogie schildert das harte Leben von Kleinbauern in einem Gebirgsdorf in den französischen Alpen. Eine kleine ländliche Gemeinschaft, die vor dem Untergang steht – ergreifend, poetisch, unvergesslich.

The River Cottage Cookbook
Hugh Fearnley-Whittingstall, Ten Speed Press, in englischer Sprache
Ein modernes Buch vom Leben auf dem Land mit unzähligen praktischen Tipps und vielen feinen Rezepten von einem der besten britischen Gastro-Schriftsteller.

Chez Panisse Café Cookbook
Alice Waters, Harper Collins, in englischer Sprache
Alice Waters zählt zu den wichtigen Protagonisten der ökologischen Bewegung in den USA. Die Gerichte in ihrem Restaurant »Chez Panisse« in Berkeley basieren auf guten, frischen Produkten aus der Region, sind einfach und anregend. Dies ist in vielerlei Hinsicht ihr nützlichstes Buch und gleichzeitig das beste, um eine wichtige Autorin kennenzulernen.

Das große Buch vom Leben auf dem Lande. Ein praktisches Handbuch für Realisten und Träumer
John Seymour, Otto Maier Verlag, vergriffen

Das neue Buch vom Leben auf dem Lande
Dorling Kindersley

BACKEN

Holzbacköfen im Garten. Bauanleitungen für
Lehm- und Steinöfen
Herausgegeben von Claudia Lorenz-Ladener,
Ökobuch Verlag
Ein nützliches und praktisches Buch für jeden, der
einen eigenen Backofen bauen will.

Richard Bertinet
Brot für Genießer, Christian Verlag
Eins der besten Bücher über das Backen. Schritt-
für-Schritt-Anleitungen zeigen das Brotbacken
nach allen Regeln traditioneller Handwerkskunst.

FISCH UND MEERESFRÜCHTE

Edible Seashore
John Wright, Bloomsbury, in englischer Sprache
Ein gleichzeitig umfassendes und anregendes
Handbuch. Es nimmt sich sämtlicher Aspekte an,
wie dem Sammeln von Muscheln in der Gezeitenzone, der richtigen Ausrüstung und nicht zuletzt
der Zubereitung.

North Atlantic Seafood
Alan Davidson, Prospect Books,
in englischer Sprache
Das vermutlich beste Buch über Fisch und
Meeresfrüchte aus dem Atlantik, gut geschrieben
und unterhaltsam.

Fisch: Warenkunde und Kochschule.
100 Rezepte für Fisch und Meeresfrüchte
Mitch Tonks, Christian Verlag
Fundierte Informationen von einem ausgewiesenen
Experten, der als bester Fischhändler Groß-
britanniens gilt.

FRÜCHTE

Obst aus unserem Garten
Martin Stangl, BLV Buchverlag
Viele gute Informationen, von der Auswahl der
Sorten über das Pflanzen und Düngen bis hin zu
Ernte und Lagerung.

Obstsorten-Atlas
Robert Silbereisen u. a., Eugen Ulmer Verlag
Die wichtigsten Sorten Kernobst, Steinobst und
Beerenobst mit ihren Vorzügen. Ein unerschöpf-
liches Kompendium.

SAMEN

Die gängigen Sorten findet man in jedem
Gartencenter, aber wer auf der Suche nach etwas
Besonderem ist, wird eher im Internet fündig. Eine
meiner Lieblingsquellen ist die italienische
Samenfirma Franchi (www.franchisementi.it oder
über den britischen Versender www.seedsofitaly.
com). Eine weitere gute Adresse in Großbritannien
ist die Firma Thompson and Morgan, auch sie
verschickt weltweit: www.tandmworldwide.com.
Zwei meiner amerikanischen Lieblingslieferanten,
an die ich mich besonders oft gewandt habe, als ich
mein ziemlich ehrgeiziges Gartenprojekt in
Südafrika aufbaute, ist www.tomatofest.com und
www.seedsavers.org. Tomatofest führt eine der
weltweit größten Sammlungen von Tomatensamen,
mehrere hundert verschiedene Sorten. Seed Savers
Exchange begann als Tauschbörse für ökologische
Sämereien unter Gartenfreunden und ist heute eine
unschätzbare Ressource für Hunderte ungewöhnlicher und seltener Samen.

GARTEN

Der Biogarten

Marie-Luise Kreuter, BLV Buchverlag

Das Standardwerk für den naturgemäßen Anbau von Obst und Gemüse, mit umfangreichem Bezugsquellenverzeichnis.

Genial Gärtnern: Biologisch und naturnah

Monty Don, Dorling Kindersley

Großes, nützliches und unterhaltsames Allround-Gartenbuch von Großbritanniens bestem Gartenautor. Hier finde ich praktische Ratschläge, Anregungen und Ideen.

Garten und Gabel

Monty und Sarah Don, Busse Seewald

Monty Don geht zu Tisch, was so viel heißt wie, dass Monty im Garten arbeitet und seine Frau in der Küche. Ein nützliches und sehr schönes Buch.

Tender – A Cook and His Vegetable Patch

Nigel Slater, HarperCollins Publishers,
in englischer Sprache

Großbritanniens bester Gastro-Schriftsteller hat ein dreibändiges Werk mit einem Ausgangspunkt in seinem Küchengarten begonnen.

Mischkultur im Hobbygarten

Christa Weinrich, Eugen Ulmer Verlag

Wie beeinflussen sich Pflanzen gegenseitig und auf welche Weise lässt sich das ausnutzen?

NUTZTIERE

Tiere halten hinterm Haus. Geflügel, Kaninchen, Schafe, Ziegen, Esel

Alice Stern, Kosmos Verlag

Ein nützliches Handbuch für Hobbylandwirte.

Small-Scale Pig Raising

Dirk Van Loon, Storey Publishing,
in englischer Sprache

Mit diesem Buch erregt man im Bus immer Aufsehen. Nützlich und praktisch.

SCHLACHTEN, PÖKELN UND RÄUCHERN

Hausschlachten – Schlachten, Zerlegen, Wursten

Bernhard Gahm, Eugen Ulmer Verlag

Eine Einführung in das Schlachten, mit vielen Abbildungen und allen rechtlichen und hygienischen Vorschriften.

Räuchern, Pökeln und Wursten: Schwein, Rind, Wild, Geflügel

Franz S. Wagner, Leopold Stocker Verlag

Eine grundlegende Einführung in das Pökeln, Räuchern und Wursten, ein unverzichtbares Nachschlagewerk.

Terrinen und Pasteten

Stéphane Reynaud, Christian Verlag

Einfache und anspruchsvolle Rezepte für die Herstellung von Pasteten und Terrinen, nicht nur aus Schweinefleisch.

Das saugute Kochbuch

Stéphane Reynaud, Christian Verlag

Viele Rezepte und Informationen – vom besten luftgetrockneten Schinken bis zur selbst gemachten Blutwurst.

REGISTER

Unser Verlagsprogramm finden Sie unter www.christian-verlag.de

Übersetzung aus dem Norwegischen: Hans-Joachim Maass
Textredaktion und Satz: Carmen Söntgerath
Korrektur: Petra Tröger
Umschlaggestaltung: Caroline Daphne Georgiadis, Daphne Design

Copyright © 2012 für die deutschsprachige Ausgabe:
Christian Verlag GmbH, München

Die Originalausgabe mit dem Titel *Ekte mat* wurde erstmals 2010 im Verlag
Cappelen Damm, Oslo, veröffentlicht.

Copyright © 2010 für den Text: Andreas Viestad
Copyright © 2010 für die Fotos: Mette Randem
Copyright © 2010 für Layout und Design: Ingrid Skjæraasen

Die Deutsche Nationalbibliothek verzeichnet diese Publikation in der Deutschen
Nationalbibliografie; detaillierte bibliografische Daten sind im Internet über
http://dnb.d-nb.de abrufbar.

Printed in Latvia, Livonia Print

Alle deutschsprachigen Rechte vorbehalten.

ISBN 978-3-86244-146-4

Alle Angaben in diesem Werk wurden vom Autor sorgfältig recherchiert und auf
den aktuellen Stand gebracht sowie vom Verlag geprüft. Für die Richtigkeit der
Angaben kann jedoch keinerlei Haftung übernommen werden. Für Hinweise und
Anregungen sind wir jederzeit dankbar. Bitte richten Sie diese an:
Christian Verlag
Postfach 400209
80702 München
E-Mail: lektorat@verlagshaus.de